Commitment and Compassion

Essays on Georg Büchner
Festschrift for Gerhard P. Knapp

Amsterdamer Beiträge zur neueren Germanistik 81 2012

Herausgegeben von

William Collins Donahue
Norbert Otto Eke
Martha B. Helfer
Gerd Labroisse

Commitment and Compassion

Essays on Georg Büchner
Festschrift for Gerhard P. Knapp

Edited by
Patrick Fortmann and Martha B. Helfer

Rodopi

Amsterdam - New York, NY 2012

Die 1972 gegründete Reihe erscheint seit 1977 in zwangloser Folge in der Form von Thema-Bänden mit jeweils verantwortlichem Herausgeber.

The paper on which this book is printed meets the requirements of "ISO 9706:1994, Information and documentation - Paper for documents - Requirements for permanence".

ISBN: 978-90-420-3533-1
E-Book ISBN: 978-94-012-0807-9

Printed in The Netherlands

Contents / Inhalt

Acknowledgments

The essays on Georg Büchner collected in this volume are dedicated to Gerhard P. Knapp, who, for decades, has worked tirelessly to promote this extraordinary author in his research and in his teaching as Professor of German and Comparative Literature at the University of Utah. The editors have titled the volume *Commitment and Compassion* for reasons obvious to everybody who has encountered Gerhard P. Knapp as scholar, teacher or human being over the course of his long and distinguished career – as he himself lives these qualities, it is only natural that he continually worked on an author who embodied them like few others. If there is any upside to the volume's belated appearance, it is that it now honors Gerhard P. Knapp in his retirement and also celebrates Georg Büchner with new readings of his works on the eve of his bicentenary birthday in 2013.

Our thanks as the editors of this collection go first to the individual contributors, who not only made this publication possible in the first place, but also waited patiently until it finally materialized. Michelle Reyes has been an invaluable help in preparing the manuscript and also a pillar of stability in turbulent times. Her assistance was supported by a scholarship from the office of the Provost of the University of Illinois at Chicago. Gerd Labroisse (Berlin) generously volunteered his expertise as long-standing series editor of Rodopi's *Amsterdamer Beiträge zur neueren Germanistik.*

Patrick Fortmann & Martha Helfer
Chicago & New Brunswick, November 2011

List of Contributors / Anschriften der Autorinnen und Autoren

Prof. Dr. Paul Coates
(pcoates2@uwo.ca)
The University of Western Ontario
Department of Film Studies
CA- London, Ontario, N6A 3K7

Prof. Dr. William Collins Donahue
(wcd2@duke.edu)
Duke University
Germanic Languages & Literatures
USA- Durham, NC 27708

Prof. Dr. Norbert Otto Eke
(norbert.eke@t-online.de)
Universität Paderborn
Fakultät für Kulturwissenschaften
D-33098 Paderborn

Dr. Patrick Fortmann
(fortmann@uic.edu)
University of Illinois at Chicago
Department of Germanic Studies
USA- Chicago, IL 60007

Prof. Dr. Bernhard Greiner
(bernhard.greiner@uni-tuebingen.de)
Universität Tübingen
Deutsches Seminar
D-72074 Tübingen

Dr. Anna Guillemin
(aguillem@uic.edu)
University of Illinois at Chicago
Department of Germanic Studies
USA- Chicago, IL 60007

Prof. Dr. Martha B. Helfer
(mhelfer@rci.rutgers.edu)
German Department
Rutgers University
USA- New Brunswick, NJ 08901

Prof. Dr. John B. Lyon
(jblyon@pitt.edu)
University of Pittsburgh
Department of German
USA- Pittsburgh, PA 15260

Prof. Dr. Harro Müller
(hm26@.columbia.edu)
Columbia University
Germanic Languages and Literatures
USA- New York, NY 10027

Prof. Dr. Gerd Labroisse
(labroisse@t-online.de)
Sylter Strasse 13A
D-14199 Berlin

Prof. Dr. Ariane Martin
(a.martin@uni-mainz.de)
Johannes Gutenberg Universität
Mainz
Deutsches Institut
D-55099 Mainz

Prof. Dr. Nicolas Pethes
(nicolas.pethes@rub.de)
Ruhr Universität Bochum
Germanistisches Institut
D-44780 Bochum

Dr. Henri Poschmann
(henri.poschmann@web.de)
Helmholtzstr. 27
D-99425 Weimar

PD Dr. Gideon Stiening
(gideon.stiening@gmx.de)
Ludwig Maximilians Universität München
Institut für Deutsche Philologie
D-80799 München

Prof. Dr. Rodney Taylor
(rtaylor@truman.edu)
Truman State University
Classical & Modern Languages
USA- Kirksville, MO 63501

Dr. Herbert Wender
(DrWender@aol.com)
Curieweg 18
D-66292 Riegelsberg

Abbreviations / Siglen

BW	Büchner, Georg: *Briefwechsel: Kritische Studienausgabe.* Hg. von Jan-Christoph Hauschild. Basel: Stroemfeld, Roter Stern 1994.
FA	Büchner, Georg: *Sämtliche Werke, Briefe und Dokumente in zwei Bänden*. Hg. von Henri Poschmann. Bd. 1: *Dichtungen*. Bd. 2: *Schriften, Briefe, Dokumente*. Frankfurt a. M.: Deutscher Klassiker Verlag 1992–99. [Frankfurter Ausgabe]
HA	Büchner, Georg: *Sämtliche Werke und Briefe: Historisch-kritische Ausgabe mit Kommentar*. Hg. von Werner R. Lehmann. Band 1: *Dichtungen und Übersetzungen mit Dokumentationen zur Stoffgeschichte*. Band 2: *Vermischte Schriften und Briefe*. Hamburg: Wegner 1967–71. [Hamburger Ausgabe]
MA	Georg Büchner: *Werke und Briefe.* Münchner Ausgabe. Hg. von Karl Pörnbacher, Gerhard Schaub, Hans-Joachim Simm und Edda Ziegler. München-Wien: Hanser 1988.
MBA	Büchner, Georg: *Sämtliche Werke und Schriften: Historisch-kritische Ausgabe mit Quellendokumentation und Kommentar (Marburger Ausgabe)*. Im Auftrag der Akademie der Wissenschaften und der Literatur, Mainz. Hg. von Burghard Dedner und Thomas Michael Mayer. 10 Bände und 4 Ergänzungsbände. Darmstadt: Wissenschaftliche Buchgesellschaft 2000ff. [Bisher erschienen Band 3.1–4: *Danton's Tod* (2000). Band 4: *Übersetzungen* (2007). Band 5: *Lenz* (2001). Band 6: *Leonce und Lena* (2003). Band 7.1–2: *Woyzeck* (2005). Band 8: *Naturwissenschaftliche Schriften* (2008). Band 9.1–2: *Philosophische Schriften* (2009)].
N	*Nachgelassene Schriften von Georg Büchner*. [Hg. von Ludwig Büchner.] Frankfurt a. M.: Sauerländer 1850.

Note from the Editors / Hinweis zur Zitierweise

Some 150 years after the first edition, Georg Büchner's works are now available in a plethora of publications, scholarly and popular alike. In order to avoid confusion and also for the convenience of the readers, all contributions to the present volume adhere to the same stylistic conventions.

Throughout, the chapters refer to Büchner's works, although he did not title all of them, as *Der Hessische Landbote / The Hessian Messenger*, *Danton's Tod / Danton's Death*, *Leonce und Lena / Leonce and Lena*, and *Woyzeck*.

All works by Büchner are quoted in the original German.

Abbreviated references appearing in the body of the chapters as well as in the notes refer to the two most recent critical editions, i.e., either to the *Frankfurter Ausgabe* [FA] or to the *Marburger Ausgabe* [MBA], which are identified in the previous "Abbreviations / Siglen" section. The numbers following the abbreviated title of the edition identify volume and page numbers. Any views expressed in this volume about the merits and shortcomings of either critical edition are the opinions of the individual authors, and not of the volume editors.

Some contributors found it useful to refer to other editions – also identified in the previous section – for text, not available in either the Frankfurt or the Marburg edition, for text in the authentic spelling, or for additional commentary not found elsewhere.

Patrick Fortmann

Introduction: Georg Büchner's Perpetual Contemporaneity

Georg Büchner maintains an untimely presence in the cultural memory of the German-speaking world.[1] History placed him into an unsettled period where politics veered between revolution and restoration, society fragmented into classes, life sciences shifted paradigms from vitalism to materialism, and philosophy as well as poetics sought new beginnings, post Hegel and Goethe.[2] Born in 1813 and died in 1837, Büchner experienced these changes first hand, acting at once as a fervent revolutionary, a passionate social critic, a meticulous student of nature, an arduous, if skeptical thinker, and an avant-garde author.[3] The sheer array of his activities is awe-inspiring. And the impression only intensifies, when one realizes that his achievements come in the course of three years, from the winter of 1834/35 onwards. Yet it is more than versatility that makes for Büchner's appeal. Each piece of the small body of works he left behind, the plays *Danton's Tod, Leonce und Lena*, *Woyzeck*, the short prose fragment *Lenz*, and the pamphlet *Der Hessische Landbote*, to mention only those texts that engage the imaginary, transcends the conventions of its

[1] For starters, see the voluminous documentation *Georg Büchner und die Moderne. Texte, Analysen, Kommentar*. Hg. von Dietmar Goltschnigg. 3 Bände. Berlin: Erich Schmidt 2001–2004. On the early reception, see Jan-Christoph Hauschild: *Georg Büchner. Studien und neue Quellen zu Leben, Werk und Wirkung. Mit zwei unbekannten Büchner-Briefen*. Königsstein/Ts.: Athenäum 1985. Pp. 161–288 and the announced supplement to the Marburger Ausgabe: MBA 12.

[2] On all aspects of his biography, see Jan-Christoph Hauschild: *Georg Büchner. Biographie*. Stuttgart: Metzler 1993. Additions and corrections have been offered by Thomas Michael Mayer: Jan-Christoph Hauschilds Büchner-Biographie(n): Einwendungen zu Methode, Ergebnissen und Forschungspolitik. In: *Georg Büchner Jahrbuch* 9 (1995–99). Pp. 382–500 and, decades earlier, Thomas Michael Mayer: Georg Büchner. Eine kurze Chronik zu Leben und Werk. In: *Georg Büchner I/II*. Hg. von Heinz Ludwig Arnold (Text und Kritik, Sonderband). München: edition text + kritik 1979. Pp. 357–425.

[3] The full spectrum of Büchner's endeavors has only recently come into view. For half a century, three areas dominated. They are indicated in the title of the first scholarly monograph on Büchner: Karl Viëtor: *Georg Büchner. Politik, Dichtung, Wissenschaft*. Bern: Francke, 1949 and echoed, for instance, in the influential catalogue, accompanying the 1987 exhibition in Darmstadt: *Georg Büchner. Revolutionär, Dichter, Wissenschaftler 1813–1837. Der Katalog, Ausstellung Mathildenhöhe, Darmstadt, 2. August bis 27. September 1987*. Hg. von Susanne Lehmann et al. Basel: Stroemfeld, Roter Stern 1987.

genre – historical drama, comedy, social drama, novella, and pamphlet – to such a degree that Büchner's texts reconfigure their forms.[4] What is more, every work has been taken as a prism, refracting multiple perspectives on politics, aesthetics, science, nature, and religion. Such volatility and complexity catapults Büchner's writings out of the century in which they originated. At the same time, these texts take a remarkably firm stand. They side with those who suffer, who are marginalized in the social order, silenced in the political arena, and crushed by the forces of history. To them and their lives, Büchner's writings turn with radical empathy, seeking human dignity amidst the turmoil of poverty and pathology. Even the earliest of his readers recognized, to their delight or horror, Büchner's unwavering commitment to these concerns and the compassion with which he pursued them. To his teachers Büchner was a firebrand whose talents gave rise to the highest expectations, provided he would not "durch Erschlaffung, Versäumniß oder voreilig absprechende Urtheile seinem eigenen Lebensglück im Wege stehen" (qtd. in FA 2: 640). To be sure, neither pedagogical measures such as this nor paternal admonishment would deter his commitment. His revolutionary co-conspirators admired him for the novelty of his ideas and for his razor-sharp intellect, but they were also ready to admit that Büchner had maintained "bei all' dem das edelste Herz und war für diejenigen, die ihn genau kannten, der liebenswürdigste Mensch" (qtd. in FA 2: 661). Even the police officials at the opposite end of the spectrum seemed to mix their disdain for the radical content of *Der Hessische Landbote* with respect for the uncompromising determination of its lead author.[5] From here the list goes on, spanning almost two centuries.[6]

[4] See the respective entries in the *Büchner-Handbuch. Leben – Werk – Wirkung*. Ed. by Roland Borgards und Harald Neumeyer. Stuttgart-Weimar: Metzler 2009, in particular: Michael Hofmann: Der Hessische Landbote. Pp. 7–18. Here: Pp. 11–13; Ingo Breuer: Exkurs: Geschichtsdrama. Pp. 39–44; Carola Hilmes: Exkurs: Novellistisches Erzählen. Pp. 71–75; Bernhard Greiner: Exkurs Komödie. Pp. 90–98; Franziska Schößler: Exkurs: Soziales Drama. Pp. 118–122. Büchner's works will be quoted in the main text, using the so-called "Frankfurter Ausgabe" [FA]: Georg Büchner: *Sämtliche Werke, Briefe und Dokumente in zwei Bänden*. Hg. von Henri Poschmann. Frankfurt a. M.: Deutscher Klassiker Verlag, 1992–1999.

[5] They viewed the pamphlet "als der *Ausfluß der verwerflichsten Gesinnung*, als das *Product des frechsten, zügellosesten Republikanismus*" (Friedrich Noellner: *Actenmäßige Darlegung des wegen Hochveraths eingeleiteten gerichtlichen Verfahrens gegen Pfarrer D. Friedrich Ludwig Weidig* [. . .]. Darmstadt: Leske 1844. P. 114).

[6] Dietmar Goltschnigg, who has devoted the better part of his academic career to the study of Büchner's impact, sees the reception of this author as a mirror, reflecting "nicht nur die literarische, sondern auch die politische Geschichte Deutschlands". Dietmar Goltschnigg: Büchner nach 1945. In: *Büchner-Handbuch* Pp. 335–344. Here: P. 335.

As we enter into the new millennium, Büchner's concerns are still with us. Or rather, they are becoming, as Gerhard Knapp's seminal study points out on several occasions, more pressing than ever before.[7] In the face of historical absurdity, moral relativism, political oppression and economic exploitation on a global scale, Büchner continues to inspire.

Since his belated discovery in the 1880s, generation after generation has embraced Büchner as a contemporary. His timeliness seems perpetual. And even this insight is, by now, proverbial. No scholarly compendium on him forgoes drawing attention to it.[8] However, it is seldom noticed that there are different facets to Büchner's continued presence. For one, there is the striking modernity of his literature. Reading Büchner for the first time can be – even for an accomplished writer – a gripping, yet humbling experience. Upon receiving the Büchner-Preis in 1972, Elias Canetti recalls his first encounter with *Woyzeck*. Having just finished *Die Blendung*, he happened to open an edition of the play and to start reading: "Ich war wie vom Donner gerührt, [. . .] las alle Szenen des sogenannten Fragments [. . .], las sie alle vier-, fünfmal durch. Ich wüßte nicht, was mich in meinem Leben, das an Eindrücken nicht arm war, je so getroffen hätte".[9] In a later, expanded description of the scene he has his wife Veza add the assertion that Büchner is "der *modernste* aller Dichter".[10] Canetti's encounter can stand for numerous others like it, equal in their astonishment over Büchner's inexplicable modernity.[11] The lack of distance may have inspired Peter Schneider to launch his literary coup in the following year.[12] Though his *Lenz* could not have been more overt in disclosing its point of reference, it took critics considerable time to realize that the novel was littered with unattributed quotes from the story whose title it shares.

[7] Gerhard P. Knapp: *Georg Büchner*. Stuttgart-Weimar: Metzler 3. überarb. Aufl. 2000 (Sammlung Metzler 159).
[8] The *Büchner-Handbuch* opens with the evocation of his "ungebrochene Aktualität" (Vorwort. P. VI).
[9] Elias Canetti: Rede zur Verleihung des Georg Büchner-Preises 1972. In: *Büchner-Preis-Reden. 1972–1983*. Vorwort Herbert Heckmann. Stuttgart: Reclam 1984. Pp. 18–31. Here: P. 20.
[10] Qtd. in Gotschnigg, Band 3, 299.
[11] Relating these encounters constitutes nowadays one of the rituals characterizing the speech a writer delivers, when receiving the Büchner-Preis. Martin Walser may be unmatched in his cynicism, when he began his speech in 1981 with the revelation that he postponed reading *Lenz*, precisely for that reason: "Gewohnt, Lektüre der Lebensstrategie zu unterwerfen, schob ich den 'Lenz' auf, um, wenn der Büchnerpreis anfiel, ein frisches Lektüreerlebnis in Gebrauch nehmen zu können" (Woran Gott stirbt. Dankrede. In: *Büchner-Preis-Reden. 1972–1983*. Pp. 167–74. Here: P. 183).
[12] Peter Schneider: *Lenz. Eine Erzählung*. Berlin: Rotbuch 1973.

Despite having been written one and a half centuries ago, the quotes made for easy montage, integrating seamlessly into the prose of new subjectivity and voicing experiences that seemed authentic to the post-APO student movement. Few writers went as far as Schneider, but emulating Büchner still seems like an assured path to literary modernity.

Beyond the modernist techniques he teaches and the social causes he champions, the author who is honored in this way also exudes another appeal. Büchner commands what could be called an anti-auratic presence. Upending Walter Benjamin's canonical definition of the aura, Büchner seems a unique apparition of closeness, however far he may be.[13] Indeed, Benjamin himself recommended Büchner's letters in his collection of testimonies from the bygone era of the bourgeoisie, based on the fact that "deren Aktualität einer Mitwelt [. . .] blendend einleuchten muß".[14] Some fifty years thereafter, another reader of these letters, Volker Braun, had to forcefully distance himself from them to escape their allure and to avoid the misconception that they were written by a contemporary.[15] A century before Braun, another writer dedicated to social concerns and politically engaged literature, Gerhard Hauptmann, had discovered Büchner with a circle of like-minded companions in Zurich. As they ritualized pilgrimages to his grave, Hauptmann recalled in his 1937 autobiography, *Das Abenteuer meiner Jugend*, the circle fell in 1888 more and more under his spell:

> Georg Büchners Geist lebte nun mit uns, in uns, unter uns. Und wer ihn kennt, diesen wie glühende Lava aus chthonischen Tiefen emporgeschleuderten Dichtergeist, der darf sich vorstellen, daß er, bei allem Abstand seiner Einmaligkeit, ein Verwandter von uns gewesen ist. Er ward zum Heros unseres Heroons erhoben.[16]

Hauptmann describes a séance of sorts, a desire to speak with the dead. Büchner's presence can be literally haunting. Younger writers would amplify the veneration and also the cult of Büchner, resting on his uncanny capacity to stay current. The expressionist poet Georg Heym, for instance, would not

[13] Walter Benjamin's actual definition reads as follows: "Aura von natürlichen Gegenständen [. . .] definieren wir als einmalige Erscheinung einer Ferne, so nah sie sein mag" (Walter Benjamin: Das Kunstwerk im Zeitalter seiner technischen Reproduzierbarkeit [Zweite Fassung]. In: *Gesammelte Schriften*. Hg. von Rolf Tiedemann und Hermann Schweppenhäuser. 12 Bände. Frankfurt a. M.: Suhrkamp 1972–89. Band I.2. Pp. 471–508. Here: P. 479.

[14] Walter Benjamin: Deutsche Menschen. Eine Folge von Briefen. In: *Gesammelte Schriften*. Band IV.1. Pp. 149–233. Here: P. 213.

[15] Volker Braun: Büchners Briefe. In: *Georg Büchner Jahrbuch* 1 (1981). Pp. 11–21. Here: P. 21.

[16] Qtd. in Goltschnigg, Band 1, 22.

stop short of deification. Upon reading Büchner, he noted in his diary: "Georg Büchner erhalten und einen neuen Gott [. . .] auf den Altar gestellt"; to that he added, days later, "Ich liebe alle, die oft so an sich verzweifeln, wie ich fast täglich an mir verzweifle".[17]

Although subsequent generations would soften the tone and register of their language, the nature of their relationship to Büchner was as intimate as that of Hauptmann and Heym. It would be exhausting to enumerate the myriad of testimonies from the late nineteenth to the early twenty-first century. But it is remarkable how many of the post-war recipients of the *Büchner-Preis*, the most esteemed literary award of the Federal Republic of Germany, use their acceptance speeches to summon up memories of personal encounters with Büchner.[18] Martin Kessel, the 1954 laureate, calls Büchner "ein hilfreicher Freund".[19] Karl Krolow bases his entire 1956 speech on his "persönlichen Erfahrungen mit der Dichtung dieses Mannes".[20] Wolfgang Köppen freely admits in 1962: "Georg Büchner war mir am deutschen Himmel immer der nächste von allen Sternen".[21] Heinrich Böll observes in 1967: "Die Unruhe, die Büchner stiftet, ist von überraschender Gegenwärtigkeit [. . .] [ü]ber fünf Geschlechter hinweg springt sie einem entgegen".[22] Manès Sperber, Büchner-laureate of 1975, professes his love for the dignitary, unrelenting in twenty-five years, but refuses to engage him, precisely out of that love.[23] Peter Rühmkorf maintains in 1993: "das schmale Werk ist natürlich so schnell durchmessen wie leerzitiert. [. . .] [D]er unerschöpfliche Brunnen sprudelt auch nach 150 Jahren dichterischer und forscherischer Sondierungstätigkeit noch immer die allerbewegendsten Fragen herauf, richtige Daseinsfragen, Gewissensfragen, Entscheidungsfragen".[24] In 1999, Arnold Stadler assesses

[17] Qtd. in Goltschnigg, Band 1, 172.

[18] On institutional conventions and social rituals surrounding the award, see Judith Ulmer: *Geschichte des Georg-Büchner-Preises. Soziologie eines Rituals*. Berlin-New York: De Gruyter 2006; and the short article by Charis Goer: Büchner-Preis-Rede. In: *Büchner-Handbuch* 345–348.

[19] Martin Kessel: 1954. In: *Büchner-Preis-Reden. 1951–1971*. Vorwort Ernst Johann. Stuttgart: Reclam 1972. Pp. 20–27. Here: P. 24.

[20] Karl Krolow: 1956. In: *Büchner-Preis-Reden. 1951–1971*. Pp. 34–42. Here: P. 34.

[21] Wolfgang Köppen: 1962. In: *Büchner-Preis-Reden. 1951–1971*. Pp. 114–122. Here: P. 116.

[22] Heinrich Böll: Georg Büchners Gegenwärtigkeit. 1967. In: *Büchner-Preis-Reden. 1951–1971*. Pp. 183–190. Here: P. 183.

[23] Manès Sperber: Ich habe keine Gewißheiten zu bieten. In: *Büchner-Preis-Reden. 1972–1983*. Vorwort Herbert Heckmann. Stuttgart: Reclam 1984. Pp. 74–83. Here: P. 74.

[24] Peter Rühmkorf: Deutschland, ein Lügenmärchen. *Dankrede*. http://www.deutscheakademie.de/druckversionen/buechner_1993.html. Downloaded 22.06.2011.

Büchner's presence as follows: "Büchners Sätze schulden ihre Schönheit der Wahrheit, die eine Offenlegung der Wunde ist. [. . .] Von da erkläre ich mir Büchners Gegenwart, für die ich, wie für alles Große, keine Erklärung habe".[25] In 2004, Wilhelm Genazino uses the closeness or distance he felt for Büchner at various points in his life to structure his speech.[26] Walter Kappacher, the surprise winner of 2009, cannot help but relate his upbringing in the most modest of circumstances to Büchner's characters.[27] In 2010, Reinhard Jirgl, the often idiosyncratic chronologist of German history, recalls how a chance reading of *Woyzeck* at age 15 or 16 fed his adolescent hunger for a literature that not only goes under the skin, but cuts to the bone.[28] And last, but not least, Friedrich Christian Delius remembered in 2011 how reading one of Büchner's letters to his parents half a century earlier left him so transfixed on this author "dass der junge Büchner plötzlich seine Schulklassiker-Unnahbarkeit, die Aura des unerreichbaren Jung-Genies verlor".[29] The effect bridges centuries: reading Büchner is an involving and deeply personal affair – perhaps for academics as much as for authors.

[25] Arnold Stadler: Erbarmen mit dem Seziermesser. *Dankrede*. In: http://www.deutscheakademie.de/druckversionen/buechner_1999.html. Downloaded 22.06.2011.
[26] Wilhelm Genazino: Der Untrost und die Untröstlichkeit der Literatur. *Dankrede*. http://www.deutscheakademie.de/druckversionen/buechner_2004.html. Downloaded 22.06.2011.
[27] Walter Kappacher: *Dankrede*. http://www.deutscheakademie.de/preise_buechner.html. Downloaded 22.06.2011.
[28] Reinhard Jirgl: Praemeditatio malorum – Schreiben am mitternachtigen Ort. Dankrede. In: http://www.deutscheakademie.de/druckversionen/2010_Dankrede_Buechner_Jirgl.pdf. Downloaded 30.12.2011.
[29] Friedrich Christian Delius. Dankrede. In: http: www.deutscheakademie.de/druckversion/2011_Dankrede_Buechner_Delius.pdf. Downloaded 30.12.2011.

Gideon Stiening

"Man muß in socialen Dingen von einem absoluten Rechtsgrundsatz ausgehen". Recht und Gesetz nach Büchner

Georg Büchner repeatedly commented on questions of rights and the law in his letters and in Der Hessische Landbote. *Siding with radical democrats of the 1830s, he clearly distinguishes between the terms* Recht *and* Gesetz. *This distinction is made operative, on the one hand, when he assesses the political situation and when he refers to the insights of political theory. On the other hand, the same distinction informs both his diagnoses of the de facto constitution of contemporary German states and his considerations regarding the juridical foundation for any future society. In other words, Büchner differentiates between experience and theory as well as between facts and norms. Drawing on his letters and his pamphlet, the article corrects the existing scholarship in so far as it shows that Büchner did indeed have well-defined concepts of rights and law.*

Georg Büchner hat sich im Kontext politischer Stellungnahmen in seinen Briefen, aber auch im *Hessischen Landboten* mehrfach zu Fragen des Rechts und der Gesetze geäußert. Beide Begriffe werden von ihm in der Tradition der radikalen Demokraten der 1830er Jahre präzise unterschieden. Dabei muss allerdings zwischen unterschiedlichen Status der Urteile über ius und lex und den divergierenden Gegenständen, auf die sich Büchners Überlegungen beziehen, präzise differenziert werden. Zum einen sind politische Erfahrungsurteile, die Büchner zumeist im Hinblick auf die je konkrete politische Lage trifft, von den Dimensionen politischer Theorie zu trennen, auf die er sich verstreut und bisweilen im Kontext seiner Erfahrungsurteile bezieht. Zum anderen muss zwischen seinen Diagnosen der rechtlichen Verfasstheit der zeitgenössischen Staaten und seinen Überlegungen zur rechtlichen Grundlegung zukünftiger Gesellschafts- und Staatsordnungen unterschieden werden. Beide Differenzierungen, die zwischen Erfahrung und Theorie und die zwischen Sein und Sollen des Rechtsstaats sind im folgenden zu berücksichtigen. Es werden insgesamt drei Briefe und einige Passagen aus dem *Landboten* einer Betrachtung unterzogen; aus ihnen ergibt sich – trotz gegenteiliger Forschungsmeinung[1] – ein gut konturiertes Bild der politischen und politiktheoretischen Vorstellungen Büchners zu Recht und Gesetz.

[1] Vgl. hierzu neuerdings Michael Niehaus: Recht und Strafe. In: *Büchner-Handbuch. Leben – Werk – Wirkung*. Hg. von Roland Borgards und Harald Neumeyer. Stuttgart-Weimar: Metzler 2009. S. 191–198. Hier: S. 191, der meint: "Insgesamt finden sich bei Büchner keine Reflexionen darüber, was Recht ist".

I. Recht, Gesetz und Gewalt – Büchners Kommentar zum Frankfurter Wachensturm

Am 6. April 1833 – Büchner ist noch für einige Wochen in Straßburg – antwortet er auf den brieflichen Bericht über den Frankfurter Wachensturm und die offensichtlich negativen Wertungen durch seine Eltern:

> Man wirft den jungen Leuten den Gebrauch der Gewalt vor. Sind wir denn aber nicht in einem ewigen Gewaltzustand? Weil wir im Kerker geboren und großgezogen sind, merken wir nicht mehr, daß wir im Loch stecken mit angeschmiedeten Händen und Füßen und einem Knebel im Munde. Was nennt Ihr denn *gesetzlichen Zustand*? Ein *Gesetz*, das die große Masse der Staatsbürger zum fronenden Vieh macht, um die unnatürlichen Bedürfnisse einer unbedeutenden und verdorbenen Minderzahl zu befriedigen? Und dies Gesetz, unterstützt durch eine rohe Militärgewalt und durch die dumme Pfiffigkeit seiner Agenten, dies Gesetz ist eine *ewige, rohe Gewalt*, angetan dem Recht und der gesunden Vernunft, und ich werde mit *Mund* und *Hand* dagegen kämpfen, wo ich kann. (FA 2: 366–367)

Ersichtlich sucht Büchner den Aufstands-Versuch der Kommilitonen gegen Vorwürfe zu rechtfertigen, sie hätten Gewalt angewendet. Dazu differenziert er zwischen den Begriffen physischer Gewalt und positiven Gesetzen sowie einem der "gesunden Vernunft" beigesellten Begriff des Rechts. Der Vorwurf, die Frankfurter Aufständischen hätten sich der Gewalt bedient, wird dadurch entkräftet, sie hätten sich nur einem allgemeinen gesellschaftlichen, "ewigen Gewaltzustand" zur Wehr gesetzt. Mit den Bildern des platonischen Höhlengleichnisses schreibt Büchner der aktuellen Verstaatlichungsform den Status des Naturzustandes zu, in dem als einem Kriegszustand das ius in omnia die Anwendung jedes Mittels erlaubt sei; anders aber als in den vernunftrechtlichen Deduktionen des Thomas Hobbes oder Immanuel Kants gibt es für Büchner auch in diesem Naturzustand ein gültiges Recht, d. h. ein materiales Naturrecht.[2] Zwar wird das positive Recht, d. h. die geltende Gesetzeslage, von Büchner – in *diesem* Brief – ausschließlich als Instrument der Herrschenden in ihrem naturzuständlichen Krieg gegen die "große Masse der Staatsbürger"[3] interpretiert. In dieser instrumentalisierten Form ist das positive Recht selbst Ausdruck der Gewalt des allgemeinen Naturzustandes;

[2] So schon Wolfgang Martens: Ideologie und Verzweiflung. Religiöse Motive in Büchners Revolutionsdrama. In: *Georg Büchner* [Wege der Forschung]. Hg. von Wolfgang Martens. Darmstadt: Wissenschaftliche Buchgesellschaft 1973. S. 406–442. Hier: S. 441; sowie jetzt auch Niehaus 193.

[3] Der Sache nach spricht Büchner also schon im April 1833 von einem 'Krieg der Reichen und Mächtigen gegen die armen und Unterworfenen'; allerdings auf der Grundlage einer naturrechtstheoretischen Argumentation.

gleichwohl widerstreiten sie den geltenden Bestimmungen des Naturrechts. Dass Büchner mit seinem 'Begriff des Rechts' naturrechtliche Normen verbindet, zeigt auch seine Verwendung der mit diesem korrespondierenden Bestimmung der "gesunden Vernunft", der recta ratio, die seit Cicero das Vermögen zur Rekonstruktion überpositiver Gesetze darstellt.[4]

Noch in seiner politisch-pragmatischen Zurückweisung einer Beteiligung an solcherart revolutionären Aufständen, die diese nicht prinzipiell, sondern nur aufgrund der ungünstigen politischen Situation ablehnt, referiert Büchner auf ein derart naturrechtliches Rechtsverständnis:

> Wenn ich an dem, was geschehen, keinen Teil genommen und an dem, was vielleicht geschieht, *keinen Teil* nehmen werde, so geschieht es weder aus Mißbilligung, noch aus Furcht, sondern nur weil ich im gegenwärtigen Zeitpunkt jede revolutionäre Bewegung als eine vergebliche Unternehmung betrachte und nicht die Verblendung Derer teile, welche in den Deutschen ein zum Kampf für sein Recht bereites Volk sehen. (FA 2: 367)[5]

Revolutionäre Gewalt ist nach Büchner nicht nur legitim aufgrund des allgemeinen Naturzustandes zwischen den Herrschenden und den Beherrschten, der selbst Gesetze zu Erscheinungen dieses allgemeinen Kriegszustandes herabsetzt; sie ist auch das einzige Mittel, um den naturrechtlich verbürgten Rechten der "Deutschen" auf politische Freiheit und soziale Gerechtigkeit eine positiv-rechtliche Geltung zu verschaffen:

> Meine Meinung ist die: Wenn in unserer Zeit etwas helfen soll, so ist es *Gewalt.* (FA 2: 366)

Büchners Legitimation politisch-revolutionärer Gewalt ist mithin eine zwiefache: Zum einen ist sie, wie aus dem letzten Zitat ersichtlich, pragmatisch-politisch begründet, weil sie ihm als einziges Instrument gilt, den gegenwärtigen Zustand zu verändern; sie aber zugleich auch normativ-politisch begründet, weil nur "Gegengewalt"[6] dem herrschenden Gewaltzustand eine Geltung

[4] Vgl. Cicero: *de legibus*, I, (33): "Quibus enim ratio <a> natura data est, isdem etiam recta ratio data est; ergo et lex, quae est recta ratio in iubendo et uetando; si lex, ius quoque; et omnibus ratio. Ius igitur datum est omnibus, [. . .]". [Marcus Tullius Cicero: *Über die Rechtlichkeit.* Übersetzung Anmerkungen und Nachwort von Karl Büchner. Stuttgart: Reclam 1989. S. 21: "Wem nämlich Vernunft von der Natur gegeben wurde, dem ist auch richtige Vernunft gegeben; also auch Gesetz, welches die richtige Vernunft im Befehlen und verbieten ist. Wen Gesetz, auch recht. Allen aber ist Vernunft gegeben: also ist allen Recht gegeben".

[5] Hervorhebung: kursiv im Text, gesperrt von mir.

[6] Vgl. hierzu die präzise Interpretation bei Knapp 60.

der den naturrechtlichen Bestimmungen entsprechenden positiven Gesetze abgewinnen kann.[7]

Zugleich eröffnet Büchners strenge Disjunktion zwischen Gewalt und (Natur-)Recht, dass er die spätestens durch Kant systematisierte, gleichsam analytische Verbindung zwischen Recht und institutionalisierter Zwangsgewalt zumindest 1833 nicht teilt, sondern aus einer anderen naturrechtlichen Tradition argumentiert. Kant hatte nämlich schon in *Über den Gemeinspruch* festgestellt:

> Recht ist die Einschränkung der Freiheit eines jeden auf die Bedingungen ihrer Zusammenstimmung mit der Freiheit von jedermann, insofern diese nach einem allgemeinen Gesetze möglich ist; und das öffentliche Recht ist der Inbegriff der äußeren Gesetze, welche eine solche durchgängige Zusammenstimmung möglich machen. Da nun jede Einschränkung der Freiheit durch die Willkür eines anderen Zwang heißt: so folgt, daß die bürgerliche Verfassung ein Verhältnis freier Menschen ist, die (unbeschadet ihrer Freiheit im Ganzen ihrer Verbindung mit anderen) doch unter Zwangsgesetzen stehen: weil die Vernunft selbst es so will, und zwar die reine a priori gesetzgebende Vernunft [. . .].[8]

Zwar kontrastiert auch Kant den nicht-rechtlichen Zustand der rohen Gewalt mit dem des rechtlichen Zustands, doch bedarf auch dieser der die Rechtsbestimmungen durchsetzenden und ihre Geltung garantierenden staatlichen Gewalten.[9] Weil für Kant, der in diesem Zusammenhang in der Tradition Hobbes' und Rousseaus steht,[10] Recht nur Geltung beanspruchen kann, wenn es eine seine Bestimmungen realisierende Zwangsgewalt gibt, bleibt im Rahmen seiner Theorie der Naturzustand ein Zustand der Rechtlosigkeit, der rohen Gewalt. Stimmen Kant und Büchner in dieser Einschätzung des

[7] Insofern ist die These von Niehaus 193f., Büchner interpretiere jede Form des Rechts als Gewalt, "so dass das Recht, dem Gewalt angetan wird, überhaupt keine Gesetzesform mehr annehmen kann", selbst nur als rohe Gewalt zu bezeichnen, die dem Text hier angetan wird; Büchners Gegenüberstellung von Naturrecht und positiven Gesetzen zielt auf eine bestimmte historische Situation, die – als naturzuständlicher Kriegszustand interpretiert – nur durch Gewalt zu überwinden ist; auch 1833 aber besteht das Ziel in einer den Naturrechten des Menschen adäquaten Staats- und Rechtsordnung. Vom Ausnahmezustand (in Schmittscher oder Agambenscher Ausprägung) ist daher bei Büchner nichts zu entdecken.

[8] Immanuel Kant: *Über den Gemeinspruch: Das mag in der Theorie richtig sein, taugt aber nicht für die Praxis*. Mit einer Einleitung und Anmerkungen, Bibliographie und Registern kritisch hg. von Heiner F. Klemme. Hamburg: Meiner 1992. S. 21.

[9] Immanuel Kant: *Metaphysische Anfangsgründe der Rechtslehre. Metaphysik der Sitten. Erster Teil.* Hg. von Bernd Ludwig. Hamburg: Meiner 1998. S. 124f.

[10] Vgl. Georg Geismann: Kant als Vollender von Hobbes und Rousseau. In: *Der Staat* 21 (1982). S. 161–189.

Naturzustandes noch weitgehend überein, so unterschiedet sich Büchner von Kant in der Annahme der Existenz und Geltung materialer Naturrechte, so u.a. im Hinblick auf die Rechte auf politische Freiheit und soziale Gerechtigkeit, auf die Büchner im obigen Zitat mit der Formel vom 'Recht eines Volkes' referiert, das es *als Recht* aber für Kant im Naturzustand nicht geben kann. Dieses Recht gilt nach Büchner auch ohne die wirksame Existenz einer äußeren Zwangsgewalt, während für Kant erst im staatlichen Zustand die vernunftrechtlichen Postulate objektive Geltung beanspruchen können. Büchner steht mit dieser Annahme materialer Naturrechte in der Tradition einer bis ins 19. Jahrhundert – insbesondere in die Kreise der Radikaldemokraten – tradierten Naturrechtskonzeption,[11] die in Samuel von Pufendorf und Christian Thomasius ihre Gründungsväter erkannte und über Johann Adam Bergk und Carl Theodor Welcker noch in der 1830er Jahren Wirkung entfalten konnte.[12] Bis hin zur Begründung einer Lösung der sozialen Frage reichte die Anwendung naturrechtlicher Argumente im Vormärz und so auch bei Büchner.[13]

II. Heiliges Recht – Privatsphäre oder Eigentum?

Büchner hat sich zu seinem Rechts- und Gesetzesverständnis und dessen zentraler Stellung innerhalb seiner politischen Theorie auch nach 1833 mehrfach geäußert. Im Rahmen eines entrüsteten Berichts an die Eltern über die Durchsuchung seines Studentenzimmers, speziell seines Schreibtisches, die von der Universitätsgerichtsbarkeit wegen des Verdachts einer Beteiligung an geheimen Umsturzplänen im Zusammenhang der Verteilung des *Hessischen Landboten* vorgenommen wurde, heißt es in zwei Briefen vom 5. und 8. August 1834 ausdrücklich:

> Als ich hier ankam, fand ich meinen Schrank *versiegelt*, und man sagte mir, meine Papiere seien durchsucht worden. Auf mein Verlangen wurden die Siegel sogleich abgenommen, auch gab man mir meine Papiere (nichts als Briefe von Euch und meinen Freunden) zurück, nur einige französische Briefe von Wilhelmine, Muston, Lambossy und Boeckel wurden zurückbehalten, wahrscheinlich weil die Leute sich erst einen Sprachlehrer müssen kommen lassen, um sie zu lesen. Ich bin empört über ein solches Benehmen, es wird mir übel, wenn ich meine heiligsten

[11] Vgl. hierzu Christoph Dipper: Naturrecht und persönliche Freiheit im Zeichen der "sozialen Frage". (1800–1848). In: *Naturrecht im 19. Jahrhundert. Kontinuität – Inhalt – Funktion – Wirkung*. Hg. von Diethelm Klippel. Goldbach: Keip 1997. S. 99–133.

[12] Vgl. hierzu Wolfgang Kersting: *Die politische Philosophie des Gesellschaftsvertrages*. Darmstadt: Wissenschaftliche Buchgesellschaft 1994. S. 246f.

[13] Vgl. erneut Dipper 101: "Der Radikalismus und vor allem die frühe deutsche Arbeiterbewegung argumentierten naturrechtlich und versprachen sich vom Übergang zur Republik die Lösung der sozialen Freiheit, ein Begriff, der nicht von ungefähr bei ihnen besonders populär war".

> Geheimnisse in den Händen dieser schmutzigen Menschen denke. Und das Alles – wißt ihr auch warum? Weil ich an dem nämlichen Tag abgereist, an dem Minnigerode verhaftet wurde. Auf einen vagen Verdacht hin verletzte man die heiligsten Rechte und verlangte dann weiter Nichts, als daß ich mich über meine Reise ausweisen sollte!!! [. . .] Das Verletzten meiner heiligsten Rechte und das Einbrechen in alle meine Geheimnisse, das Berühren von Papieren, die mir Heiligtümer sind, empören mich zu tief, als das ich nicht jedes Mittel ergreifen sollte, um mich an dem Urheber dieser Gewalttat zu rächen. (FA 2: 387–389; gesperrte Hervorhebung von mir.)

Die Passage verdeutlicht, dass Büchner mit einem Rechtsbegriff operiert, der naturrechtlicher Provenienz ist.[14] Unabhängig von dem Umstand, dass seine Empörung auch der Vertuschung seiner tatsächlichen Beteiligung an den durch Minnigerodes Enttarnung öffentlich gewordenen Widerstandsmaßnahmen dient,[15] ist ersichtlich, dass er den staatlichen Zugriff auf seine private Briefschaft als Verletzung "heiligste[r] Rechte" begreift. Mit diesem Terminus, den er nicht näher erläutert, kann Büchner einerseits seine Persönlichkeitsrechte gemeint haben, die durch das Eindringen in seine Privatsphäre beschädigt wurden.[16] Schon in einer seiner Schülerschriften hatte er mit der Formel von den "heiligsten Rechten der Menschheit" (FA 2: 22) vor allem Freiheitsrechte bezeichnet, die vor willkürlichen Übergriffen durch die Staatsmacht bzw. Fremdherrschaft schützen sollten. Nicht zufällig gehört diese "Sicherheit" zu einer der ersten Bestimmungen in der *Erklärung der Menschen- und Bürgerrechte* von 1834 der *Société des Droits de l'Homme et du Citoyen*, die als Vorbild für die von Büchner gegründete Gesellschaft der Menschen- und Bürgerrechte[17] diente:

> Art. 4 Die *Sicherheit* entspringt aus der Mitwirkung Aller zum Schutze der Person und der Rechte jedes Einzelnen und zur sichern Bestrafung dessen, der sie beeinträchtigt.

[14] Vgl. schon zu Recht Martens 441; jetzt auch Niehaus 193.

[15] Vgl. hierzu Thomas Michael Mayer: 'Wegen mir könnt Ihr ganz ruhig sein …'. Die Argumentationslist in Georg Büchners Briefen an die Eltern. In: *Georg Büchner Jahrbuch* 2 (1982). S. 249–280.

[16] Dabei scheint mir die Argumentation Büchners – trotz der Verschleierungstaktik – durchaus klar und einsichtig, so dass von "juristischen Spitzfindigkeiten" (so Heinz Müller-Dietz: Naturrecht und Menschenwürde. Anmerkungen zum Werk Georg Büchners. In: Ders.: *Grenzüberschreitungen. Beiträge zur Beziehung zwischen Literatur und Recht*. Baden-Baden: Nomos 1990. S. 259–279. Hier: S. 275) keine Spur zu entdecken ist.

[17] Vgl. hierzu Thomas Michel Mayer: Die Gesellschaft der Menschenrechte und der *Hessische Landbote*. In: *Georg Büchner: Revolutionär, Dichter, Wissenschaftler 1813–1837: Der Katalog, Ausstellung Mathildenhöhe, Darmstadt, 2. August bis 27. September 1987*. Hg. von Susanne Lehmann et al. Basel: Stroemfeld, Roter Stern 1987. S. 168–186

> Art 5. Das Gesetz schützt die öffentliche und persönliche Freiheit gegen die Unterdrückung derer, welche regieren.[18]

Doch auch die von Adam Smith oder in der *Erklärung der Menschrechte* von 1793 verwandte Semantik der Eigentumssicherheit[19] kann an der Briefstelle mit jenem "heiligsten Recht" aufgerufen sein; so heißt es in Artikel XVII des Verfassungsentwurfes von 1793:

> Da das Eigentum ein unverletzliches und heiliges Recht ist, kann es niemand genommen werden, wenn es nicht die gesetzlich festgelegte, öffentliche Notwendigkeit augenscheinlich erfordert und unter der Bedingung einer gerechten und vorherigen Entscheidung.[20]

Wie auch immer Büchners Verwendung des Terminus "heiliges Recht" auszulegen ist – ob als Persönlichkeitsrecht oder als Eigentumssicherheit –, in jedem Falle beruft er sich ersichtlich auf ein überpositives Recht, das auch in diesem Falle naturrechtlich fundiert ist.[21]

Dieser geltungstheoretische Hintergrund wird im weiteren Verlauf des zweiten Briefes erweitert, in dem er die Gesetzesauslegung durch die universitäre Gerichtsbarkeit als Rechtsbruch nicht allein gegen das Naturrecht, sondern auch gegen bestehendes positives Recht interpretiert:

> Das Gesetz sagt, nur in Fällen sehr *dringenden* Verdachts, ja nur eines Verdachtes, der statt *halben Beweises* gelten *könne*, dürfe eine Haussuchung vorgenommen werden. Ihr seht, wie man das Gesetz auslegt. [. . .] Eine solche Gewalttat stillschweigend ertragen, hieße die Regierung zur Mitschuldigen machen; hieße aussprechen, daß es keine gesetzliche Garantie mehr gäbe; hieße erklären, daß das verletzte Recht keine Genugtuung mehr erhalte.[22]

Dass in einer Straftat, als die er das Handeln der universitären Gerichtsbarkeit interpretiert, das bestehende positive Recht verletzt wird, und dieses verletzte Recht nur durch Strafe eine "Genugtuung" erfahren könne, womit ihm allererst zu seiner uneingeschränkten Geltung verholfen würde, konnte

[18] Zitiert nach Hans-Joachim Ruckhäberle: *Frühproletarische Literatur. Die Flugschriften der deutschen Handwerksgesellen in Paris 1832–1839*. Kronberg/Ts.: Scriptor 1977. S. 125.

[19] Vgl. Adam Smith: *Der Wohlstand der Nationen. Eine Untersuchung seiner Natur und seiner Ursachen*. München: Deutscher Taschenbuch Verlag 2005. S. 106: "Das Eigentum, das jeder Mensch an seiner Arbeit besitzt, ist in höchstem Maße heilig und unverletzlich, weil es im Ursprung alles andere Eigentum begründet".

[20] *Kritisches Wörterbuch der Französischen Revolution*. Hg. von François Furet und Mona Ozouf. 2 Bände. Frankfurt a. M.: Suhrkamp 1996. S. 1196f.

[21] So auch zu Recht Niehaus 193.

[22] FA 2: 389–390.

Büchner zum Zeitpunkt des Verfassens der Briefe in den Naturrechts-Vorlesungen Joseph Hillebrands hören, die er im Sommersemester 1834 besuchte.[23] Hillebrand schreibt nämlich zum Strafrecht:

> Das Verbrechen ist stets ein Brechen des Gesetzes, d.h. eben ein subjektiv-abstraktes Selbstsetzen, dem Gesetze als solchem gegenüber, also in positivem Widerspruche zu demselben [. . .]. In der Strafe muß das Gesetz sich genugthun, indem es seine Kraft an dem Verbrecher blos als solchem durchsetzt.[24]

Büchners Applikation des Strafbegriffs auf staatliches Handeln zeigt zudem, dass er – wie auch Kant oder Robespièrre – von einer positiven Gewaltenteilungskonzeption ausgeht, innerhalb derer staatliche Auctoritas zwar Recht schafft, ihr exekutives Handeln aber nicht unmittelbar mit Rechtsförmigkeit identisch ist, so dass es zu Gesetzesbrüchen auch im Regierungshandeln oder der Rechtspflege kommen kann.[25]

Es lässt sich also konstatieren, dass Büchner sowohl in seiner naturrechtlichen als auch mit seiner strafrechtlichen Bewertungen des staatlichen Handelns gegen ihn mit rechtspolitischen Argumenten operiert, die auf einer natur- und positiv rechtlichen Geltung von Rechtstaatsprinzipien basieren bzw. auf solche abzielen.[26] Von einer rein machtpolitischen Argumentation, die auf eine Unterdrückung politischer Opposition durch Gesetze als Klasseninstrumenten der Herrschenden referierte, ist *dieser* Brief durchaus frei – sicher auch, weil er seine revolutionären Umtriebe vor den Eltern verbergen musste und wollte. Dennoch ist festzuhalten, dass Büchner schon im August 1834 – also

[23] Zum Nachweis dieses Besuches vgl. *Georg Büchner. Leben, Werk, Zeit.* Katalog [der] Ausstellung zum 150. Jahrestag des *Hessischen Landboten*. Bearb. von Thomas Michael Mayer. Marburg 3. Aufl. 1987. S. 124. Zu einer ausführlichen Darstellung der naturrechtlichen Position Hillebrands, die dieser Vorlesung zugrunde gelegen haben dürfte, vgl. Gideon Stiening: *Wissen und Literatur in Büchners Werk. Studien zu seinen wissenschaftlichen, politischen, und literarischen Texten.* Berlin: Akademie-Verlag 2012.

[24] Joseph Hillebrand: *Philosophie des Geistes oder Enzyclopädie der gesammten Geisteslehre.* 2 Bände. Heidelberg: August Oswald's Universitäts-Buchhandlung 1835–36. Band 2. S. 170f.

[25] Insofern ist auch nicht zu erkennen, dass Büchner in diesen Augustbriefen defensiv argumentiert, weil er sich auf positives Recht beruft, das er noch 1833 und im *Landboten* ausschließlich als Instrument der herrschenden Klasse entlarvt hatte (so Mayer, *Argumentationslist* 269f.); vielmehr scheint er durch die Naturrechtsvorlesung Hillebrands zu einer differenzierten Einsicht in das komplexe Verhältnis von Naturrecht und positivem Recht gekommen zu sein. Die weitere Entwicklung seines Rechtsverständnisses wird diese Vermutung bestätigen.

[26] Zum Kontext von Naturrecht und Strafrechtstheorie im Vormärz vgl. Martin Reulecke: *Gleichheit und Strafrecht im deutschen Naturrecht des 18. und 19. Jahrhunderts.* Tübingen: Mohr Siebeck 2007. S. 307–343.

während seiner Aktivitäten im politischen Untergrund – ein naturrechtlich fundiertes Rechtstaatsverständnis ausgebildet bzw. weiterentwickelt hatte, das in den 1830er Jahren ebenso von den Radikaldemokraten wie vom Liberalismus vertreten wurde.[27] Erkennbar ist auch, dass er die im Brief von 1833 vertretene Position, nach der geltende Gesetze *ausschließlich* als Instrumente des naturzuständlichen Kampfes der Herrschenden gegen die Beherrschten zu werten sind, offenbar verlassen bzw. modifiziert hatte. Eine Berufung auf geltendes Recht gegen staatliches Handeln setzt jene rein politische Interpretation der Gesetze außer Kraft. Nun lässt sich allerdings zeigen, dass Büchner noch im *Hessischen Landboten*, den er im Frühjahr 1834, mithin vor seinem Besuch der Vorlesung Hillebrands fertiggestellt hatte, jene rein instrumentelle Interpretation der zeitgenössischen Rechtsordnungen ausführte.

III. Recht und Gesetz im *Hessischen Landboten*

Büchner entwickelt in seinem Flugblatt eine gemeinverständliche, zugleich allgemeine Staatstheorie, in deren Zentrum ein spezifisches Verständnis der Rechtsordnung und damit der Funktion der positiven Gesetze im Hinblick auf einen allgemeinen Vergesellschaftungszweck steht:

> Was ist denn nun das für ein gewaltiges Ding: der Staat? Wohnt eine Anzahl Menschen in einem Land und es sind Verordnungen oder Gesetze vorhanden, nach denen jeder sich richten muß, so sagt man, sie bilden einen Staat. Der Staat also sind Alle; die Ordner im Staate sind die Gesetze, durch welche das Wohl Aller gesichert wird, und die aus dem Wohl Aller hervorgehen sollen.[28]

Die Büchner-Forschung hat seit den 1970er Jahren aus dieser eher traditionellen, volksdidaktischen Passage ein philologisches und politgeschichtliches Problem ersten Ranges gemacht: Weil man sich nicht vorstellen konnte oder wollte, dass Büchner weniger in der naturrechtlichen Tradition Rousseaus stand als in der des ursprünglich aristotelischen “Gemeinwohls”, das über vielerlei Metamorphosen und gegen den vernunftrechtlichen Widerstand im 18. und noch im frühen 19. Jahrhundert Geltung beanspruchte,[29] erklärte man

[27] Vgl. hierzu u.a. Diethelm Klippel: Naturrecht als politische Theorie. Zur politischen Bedeutung des deutschen Naturrechts im 18. und 19. Jahrhundert. In: *Aufklärung als Politisierung – Politisierung der Aufklärung*. Hg. von Hans Erich Boedeker und Ulrich Herrmann. Hamburg: Meiner 1998. S. 267–293.

[28] Georg Büchner und Friedrich Ludwig Weidig: *Der Hessische Landbote: Studienausgabe*. Hg. von Gerhard Schaub. Stuttgart: Reclam 1996. S. 8.

[29] Vgl. Stefan-Ludwig Hoffmann: Tocquevilles “Demokratie in Amerika” und die gesellige Gesellschaft seiner Zeit. In: *Gemeinwohl und Gemeinsinn. Historische Semantiken politischer Leitbegriffe*. Hg. von Herfried Münkler und Harald Bluhm. Berlin: Akademie-Verlag 2002. S. 303–325.

diese in beiden Druckfassungen der Flugschrift unveränderte Passage entweder zum "bare[n], dennoch spezifischen Unsinn" und schrieb sie Weidig und seinen "Vorstellung von Nutzen oder Gemeinwohl" zu.[30] Oder aber die Passage blieb doch der Autorschaft Büchners vorbehalten, wurde aber als Druckfehler gewertet und daraus die Konsequenz gezogen, dass das letzte "Wohl Aller" durch das rousseausche "Wille Aller" zu ersetzen sei; begründet wird diese philologisch weitreichende – weil in den gedruckten Text eingreifende – These[31] dadurch, dass die Kategorie der volonté de tous einige Zeilen später Verwendung findet; tatsächlich heißt es im *Landboten*:

> Die höchste Gewalt ist in dem Willen Aller *oder der Mehrheit*.[32]

Spätestens an dieser Stelle, die eine relative Identität zwischen der Mehrheit und der numerischen Vollständigkeit der Einzelwillen behauptet, wird aber unübersehbar, dass für *diese* Flugschrift die für die rousseausche Vernunftrechtsdeduktion essentielle Unterscheidung zwischen einer empirischen volonté de tous und einer rationalen volonté générale[33] eingeebnet ist bzw. unberücksichtigt blieb.[34] Für den *Hessischen Landboten* und auch für Büchners spätere politische Theorie gibt es ausschließlich die empirische Bezugsgröße

[30] So Thomas Michael Mayer: Büchner und Weidig – Frühkommunismus und revolutionäre Demokratie. Zur Textverteilung des "Hessischen Landboten". In: *Georg Büchner I/II*. Hg. von Heinz Ludwig Arnold. München: edition text + kritik 1979. S. 16–298. Hier: S. 270.

[31] Vgl. insbesondere FA 2: 54.

[32] Büchner und Weidig 22.

[33] Vgl. Petrick Riley: Eine mögliche Erklärung des Gemeinwillens. In: *Jean-Jacques Rousseau. Vom Gesellschaftsvertrag oder Prinzipien des Staatsrechts*. [Klassiker Auslegen 20]. Hg. von Reinhard Brand und Karlfriedrich Herb. Berlin: Akademie-Verlag 2000. S. 107–133.

[34] Weil in der Büchner-Forschung diese Differenz allerdings selbst nicht geläufig ist, entgeht ihr die Pointe der Büchnerschen Politik. Der in naturrechtsgeschichtlicher Hinsicht verheerende Zustand der Forschung wird deutlich an einer Anmerkung in Schaubs populärer Ausgabe des *Hessischen Landboten*. Dort heißt es zur oben zitierten Formel "aus dem Wohl Aller": "Herbert Wender (freundliche Mitteilung vom 9. August 1995) vermutet hier einen Druckfehler, da es keinen Sinn macht, daß die Gesetze 'aus dem Wohl aller hervorgehen sollen'. Als Konjektur schlägt er vor: 'aus dem Willen Aller', eine Formulierung, die sich an einer späteren Stelle des HL findet und der im Französischen die volonté générale entspricht" (Büchner und Weidig 50). Hier werden auf wenigen Zeilen gleich mehrere Fehler aneinandergereiht: nicht nur liegt kein Druckfehler vor, auch ist der Wille Aller nach Rousseau gerade nicht die volonté générale. Nach dieser freundlichen Mitteilung fällt dem erschütterten Leser nur das Stoßgebet Voltaires ein: "Gott schütze mich vor meinen Freunden, vor meinen Feinden will ich es schon selber besorgen". Eine einfache Rousseau-Lektüre hätte es im übrigen auch getan.

einer volonté de tous, aus der die Souveränität der höchsten Gewalt abgeleitet wird. Dieser Wille "Aller *oder der Mehrheit*" aber ist auf nichts anderes als das gemeine Wohl ausgerichtet, er ist gleichsam das Instrument zur Verwirklichung des vorausgesetzten Staatszwecks. Daher abstrahieren die Autoren des Flugblatts auch konsequent von der rationalen Bezugsgröße der volonté générale, die allererst eine Transformation auf den Staatszweck der Freiheitsrealisation ermöglichte.

An der Abstraktion von der Differenz innerhalb der Kategorie des allgemeinen Willens wird kenntlich, dass Büchner im *Hessischen Landboten* zwar noch eine terminologische, nicht aber mehr eine begriffliche oder systematische Anbindung an Rousseau und die ihm folgende vernunftrechtliche Tradition zuzuschreiben ist, die über Kant, Hegel und Hillebrand an ihn vermittelt wurde. In der ein materiales Gemeinwohl als Zweck staatlicher Vergemeinschaftung deduzierenden aristotelischen Tradition, die über Samuel von Pufendorf, Christian Wolff und die anthropologiefundierten Naturrechtstheoretiker des späten 18. an das 19. Jahrhunderts vermittelt wurde,[35] gibt es dagegen eine enge Verbindung zwischen den Gesetzen und dem Staatszweck des Gemeinwohls. Schon Thomas von Aquin[36] und noch weite Teile der Naturrechtslehre des frühen 19. Jahrhunderts verbanden mit dem Staatszweck des Gemeinwohls dessen Garantie durch Gesetze.[37] Deren Inhalte sowie deren Geltung hatten mithin im "Wohl Aller" ihren Grund und Zweck. Zu einer, dem *gedruckten* Wortlaut des *Hessischen Landboten* zu Grunde liegenden Kontextualisierung jener Vermittlung von Gemeinwohl und Gesetzen bedarf es mithin keineswegs einer Zuweisung zur Autorschaft Weidigs.[38] Denn auch Büchners gesamte politische Argumentation und deren radikaldemokratischer Kontext weisen auf dieses gemeinwohlorientierte Vergesellschaftungstelos

[35] Vgl. hierzu die Studie von Eckhardt Hellmuth: *Naturrechtsphilosophie und bürokratischer Werthorizont. Studien zur preußischen Geistes- und Sozialgeschichte des 18. Jahrhunderts.* Göttingen: Vandenhoeck & Ruprecht 1985. S. 122f., sowie Kersting, *Die politische Philosophie* 246f.; Wolfgang Kersting: Kontraktualismus im deutschen Naturrecht. In: *Naturrecht – Spätaufklärung – Revolution.* Hg. von Otto Dann und Diethelm Klippel. Hamburg: Meiner 1995. S. 90–110, sowie Reulecke 265f.

[36] Vgl. hierzu Ernst-Wolfgang Böckenförde: *Geschichte der Rechts- und Staatsphilosophie. Antike und Mittelalter.* Tübingen: Mohr Siebeck 2006. S. 247f.

[37] Vgl. Michael Stolleis: Die allgemeine Staatswissenschaft im 19. Jahrhundert. In: *Naturrecht im 19. Jahrhundert. Kontinuität – Inhalt – Funktion – Wirkung.* Hg. von Diethelm Klippel. Goldbach: Keip 1997. S. 3–18. Hier: S. 8–12.

[38] Dass Weidig gleichwohl ausführliche Reflexionen zum Gemeinwohl anstellte, lässt sich nachlesen in Friedrich Ludwig Weidig: *Gesammelte Schriften.* Hg. von Hans-Joachim Müller. Darmstadt: Eduard Roether 1987. S. 193–214.

hin.[39] So heißt es gleich im ersten Artikel der oben schon zitierten *Erklärung der Menschen- und Bürgerrechte* von 1834:

> Art 1. Der Zweck der Gesellschaft ist das Glück aller ihrer Glieder.[40]

Unübersehbar steht diese Definition der Gesellschaftszwecke in der Tradition utilitaristischer Spezifizierungen eudämonistischer Gemeinwohlbestimmung seit der Antike.[41] Dabei ist von entscheidender Bedeutung, dass erst aus diesem übergeordneten *materialen* Staatszweck die "Freiheit" als *Mittel* der Zweckverbürgung abgeleitet wird: "Um dieses Glück zu sichern, muß die Gesellschaft einem Jeden verbürgen: [. . .] *Freiheit*".[42] Freiheit ist damit nicht – wie bei Kant, Hegel oder Hillebrand – Grund und Zweck des Rechts, sondern Mittel zur Glücksverwirklichung.

Der in beiden gedruckten Fassungen[43] des *Hessischen Landboten* identische Wortlaut entfaltet zudem in einfachster Form eine Theorie des Staates, die – entgegen der seit dem späten 18. Jahrhundert sich durchsetzenden Differenzierung zwischen Gesellschaft und Staat[44] – Verstaatlichung als allgemeine Form der Vergesellschaftung begreift: "Der Staat sind also Alle".

Wie ausgeführt, bedingt die seit der Frühaufklärung gebräuchliche Bestimmung des *Gemeinwohls* als Grund und Zweck jener Vergesellschaftung[45] den hier verwendeten Begriff des Gesetzes als Garanten seines

[39] Vgl. hierzu auch Müller-Dietz 273.
[40] Ruckhäberle 125.
[41] Vgl. R. Herzog: Art. Gemeinwohl. In: *Historisches Wörterbuch der Philosophie*. Darmstadt 1974. Hier: Band 3. S. 248–258, sowie Matthias Bohlender: Metamorphosen des Gemeinwohls. Von der Herrschaft *guter policey* zur Regierung durch *Freiheit* und *Sicherheit*. In: *Gemeinwohl und Gemeinsinn*. S. 247–274. Hier: S. 247f.
[42] Ruckhäberle 125.
[43] Zur entscheidenden Differenz zwischen der Gießener Juli-Fassung und der Marburger Fassung vom November 1834 vgl. Günter Frank: Georg Büchner. In: *Zwischen Revolution und Restauration. 1815–1849*. [Hansers Sozialgeschichte der deutschen Literatur vom 16. Jahrhundert bis zur Gegenwart 5]. Hg. von Gerd Sautermeister und Ulrich Schmid. München: Deutscher Taschenbuch Verlag 1998. S. 579–604. Hier: S. 588f.: "Die Anklage von Mißständen auf der Grundlage statistischer und religiöser Argumente, die das Problem der politischen Zustände mit dem des Hungers verknüpft, bleibt gleich, während jede Fassung den Kreis der Verursacher enger zieht".
[44] Vgl. hierzu Diethelm Klippel: Kant im Kontext. Der naturrechtliche Diskurs um 1800. In: *Jahrbuch des Historischen Kollegs* 2001. S. 77–97. Hier: S. 80f.
[45] Vgl. hierzu ausführlich Frank Grunert: *Normbegründung und politische Legitimität. Zur Rechts- und Staatsphilosophie der deutschen Frühaufklärung*. Tübingen: Niemeyer 2000. S. 231f.

Telos: Verordnungen und Gesetze als wesentliche Bestimmungsmomente von Staatlichkeit werden in ihrer Ordnungs- – also die Freiheit des Einzelnen *begrenzenden* – Funktion erfasst, wie auch in der *Erklärung von Menschen- und Bürgerrechte* von 1834. Dieses gemeinwohlorientierte Rechts- und Staatsverständnis steht mithin erneut in der Tradition einer bis ins 19. Jahrhundert übermittelten, letztlich anthropologisch fundierten Naturrechtskonzeption,[46] der gegenüber eine von Hobbes über Rousseau und Kant verlaufende Linie vernunftrechtlicher Begründung das Recht als Verwirklichung (nicht Begrenzung) der Freiheit versteht und damit Staatlichkeit als diese äußere Freiheit garantierende und realisierende praktische Notwendigkeit bestimmt.[47] Wie schon im Rahmen seines Naturzustandverständnisses erweist sich Büchner also auch im Hinblick auf seine Rechts- und Staatskonzeption als Anhänger einer dem Vernunftrecht kritisch gegenüber stehenden, gemeinwohlorientierten Staatszweckkonzeption.

Die zitierte Passage des *Hessischen Landboten* steht mithin eindeutig in der gemeinwohlorientierten Traditionslinie, die auch und in besonderem Maße die radikaldemokratischen Naturrechtsmodelle prägte.[48] Denn "das Recht und das gemeine Wohl"[49] – und nicht zunächst die Freiheit – werden in Büchners Flugblatt unmittelbar verknüpft.

Deshalb weisen alle Versuche, entweder den gedruckten Wortlaut dieser Passage in Frage zu stellen, um sie in die Tradition einer rousseauschen Theorie der volonté des tous zu rücken, oder aber eine Autorschaft Weidigs zu belegen, einen Mangel an Kenntnissen der Naturrechtstraditionen des 18. *und* 19. Jahrhunderts aus.[50] Büchner wie Weidig konnten in diesem Punkte sehr gut übereinstimmen und das Gemeinwohl – ebenso der Tradition wie den politthcoretischen Tendenzen ihrer Zeit entsprechend – als Grund und Zweck aller Vergesellschaftung voraussetzen, wie dies sowohl Liberale als auch

[46] Vgl. hierzu auch Friedrich Vollhardt: *Selbstliebe und Geselligkeit. Untersuchungen zum Verhältnis von naturrechtlichem Denken und moraldidaktischer Literatur im 17. und 18. Jahrhundert.* Tübingen: Niemeyer 2001. S. 51–196.

[47] Vgl. hierzu u.a Wolfgang Kersting: *Wohlgeordnete Freiheit. Immanuel Kant Rechts- und Staatsphilosophie. Mit einer Einleitung zur Taschenbuchausgabe 1993: Kant und die politische Philosophie der Gegenwart.* Frankfurt a. M.: Suhrkamp 1993. S. 364f.

[48] Vgl. hierzu insbesondere die exzellente Studie von Hartwig Brand: Vernunftrecht und Politik im Vormärz. In: *Naturrecht und Staat. Politische Funktionen des europäischen Naturrechts (17.–19. Jahrhundert).* Hg. von Diethelm Klippel München: Oldenbourg 2006. S. 199–208.

[49] FA 2: 56.

[50] Zur Naturrechtstradition im 19. Jahrhundert vgl. insbesondere die Beiträge im Band *Naturrecht im 19. Jahrhundert. Kontinuität – Inhalt – Funktion – Wirkung.* Hg. von Diethelm Klippel. Goldbach: Keip 1997.

Radikaldemokraten taten. Gerade weil der materiale Staatszweck als Gemeinwohl bestimmt wurde, konnte er gegen die empirische Realität, die dieses Telos durch eine ungerechte Partikularisierung der Staatszwecke für Klasseninteressen verfehlte, eingefordert werden. *An sich* – so die Argumentation – dient der Staat der Verwirklichung des Gemeinwohls und seine Gesetze haben ihren Grund und Inhalt in diesem Telos; *an und für sich* aber wird der Staat durch die "Willkür einiger Fettwänste" zu einem Instrument von Einzelnen.[51] Nicht die Instrumentalität des Staates überhaupt verfällt der Kritik,[52] sondern die ungerechte Verschiebung des Telos vom "Wohle Aller" auf das *Wohl Einzelner*. Büchner, der erst nach der Abfassung des *Hessischen Landboten* die Naturrechts-Vorlesung Hillebrands hörte und erst im Anschluss an diese Rousseaus politische Theorie las,[53] dürfte das Konzept der staatlichen Gemeinwohlorientierung im Frühjahr 1834 ebenso vertreten haben wie Weidig. Als Autoren dieser noch im 19. Jahrhundert populären Staatstheorie des *Hessischen Landboten* kommen mithin beide Autoren in Betracht.

Der Nachweis jenes realen Widerspruchs, der in der Instrumentalisierung des an sich dem gemeinen Wohl verpflichteten Staates für Partikularinteressen besteht, strukturiert die weiteren Abschnitte des Flugblattes, die die finanziellen Aufwendung für die einzelnen Ministerien mit den tatsächlichen Aufgabenfeldern kontrastiert. So werden dem Innen- und Justizministerium sowohl in seiner legislativen als auch in seiner judikativen Funktion praktische Widersprüche nachgewiesen:

> Das Gesetz ist das Eigentum einer unbedeutenden Klasse von Vornehmen und Gelehrten, die sich durch ihr eignes Machwerk die Herrschaft zuspricht. Diese Gerechtigkeit ist nur ein Mittel, euch in Ordnung zu halten, damit man euch bequemer schinde [. . .].[54]

Dabei unterlaufen den Autoren allerdings auch Vorwürfe, die zwar von der Forschung affirmativ aufgenommen wurden, den historischen Realien aber nicht vollends entsprachen:

> Die Justiz ist in Deutschland seit Jahrhunderten die Hure der deutschen Fürsten. Jeden Schritt zu ihr müßt ihr mit Silber pflastern, und mit Armut und Erniedrigung erkauft ihr ihre Sprüche.[55]

[51] FA 2: 56.

[52] Darin besteht die Kritik Kants an gemeinwohlorientierten Staatstheorien, vgl. Gideon Stiening: Kants Begriff des öffentlichen Amtes oder "Staatsverwaltung zwischen Aufklärung und Rechtstaatlichkeit". In: *Jahrbuch für Europäische Verwaltungsgeschichte* 19 (2007). S. 141–169.

[53] Erst vom 1. bis 5. November 1834 lieh Büchner sich Rousseaus Œuvres politiques aus; vgl. hierzu u.a. MBA 3.3: 5–9.

[54] FA 2: 55.

[55] Ebd., S. 55–56.

Das Argument entspricht dem nachmals mit dem Begriff der 'Klassenjustiz' erhobenen Vorwurf, kann aber – wie Christa von Hodenberg in ihrer exzellenten Studie nachweisen konnte – für die Richterschaft des Vormärz, insbesondere die der preußischen Justiz, nicht bestätigt werden.[56] Im Gegenteil stand eine erhebliche Anzahl der preußischen Richter auf Seiten des politischen Liberalismus mit seiner Forderungen nach Rechtstaatlichkeit und Unabhängigkeit der Justiz. Ein bedeutender Teil der preußischen Richterschaft bildete mithin zwischen 1815 und 1848 jene "Partei der Unparteiischen", die weniger als "Hure der deutschen Fürsten" denn als gewichtiger Teil der bürgerlichen Opposition zu bestimmen ist: "Zwar nicht radikal, nicht staatsgefährdend, aber immerhin auf Reformen drängend, führte der Justizflügel zu unablässigen Reibungen in der Bürokratie und damit zur Schwächung des Staatsapparates".[57] Zwar zielt ein politisches Flugblatt nicht auf historische oder politische Angemessenheit, sondern auf die Empörung und affektive Handlungsbereitschaft der Leser, so dass es sich rhetorischer Überzeichnungen durchaus bedienen muss.[58] Im vorliegenden Falle der Juristenbeschimpfung durch den Vorwurf der Klassenjustiz und der Korruption scheint aber mehr eine inneroppositionellen Kontroverse die Feder geführt zu haben, denn die Gegnerschaft gegen das herrschende politische System. Bekannt ist Büchners Kritik an den Liberalen, deren Reformprogramm er als unzureichend erachtete:

> Die politischen Verhältnisse könnten mich rasend machen. Das arme Volk schleppt geduldig den Karren, worauf die Fürsten und Liberalen ihre Affenkomödie spielen. Ich bete jeden Abend zum Hanf und zu d. Laternen.[59]

Büchner soll gar befürchtet haben, dass es die Lage der hungernden Massen noch weiter verschlechtern würde, sollte das bürgerliche Lager obsiegen.[60] Da jedoch Weidig die radikaldemokratische Ausrichtung der

[56] Vgl. von Christa von Hodenberg: *Die Partei der Unparteiischen. Der Liberalismus der preußischen Richterschaft 1815–1848/49*. Göttingen: Vandenhoeck & Rupprecht 1996.
[57] Ebd., S. 13.
[58] Vgl. hierzu Daniel Müller-Nielaba: Das Loch im Fürstenmantel. Überlegungen zu einer Rhetorik des Bildbruchs im 'Hessischen Landboten'. In: *Colloquia Germanica* 27 (1994). S. 123–140.
[59] Brief an August Stöber vom 9. Dezember 1833. In: FA 2: 376–377.
[60] August Becker soll laut einem Verhörprotokoll vom 1. November 1837 ausgeführt haben: "Er [d.i. Georg Büchner] glaubte nicht, daß durch die constitutionelle landständische Opposition ein wahrhaft freier Zustand in Deutschland herbeigeführt werden könne. Sollte es diesen Leuten gelingen, sagte er oft, die deutschen Regierungen zu stürzen und eine allgemeine Monarchie oder auch Republik einzuführen, so bekommen wir hier einen Geldaristokratismus wie in Frankreich, und lieber soll es bleiben, wie es jetzt ist". Zitiert nach Büchner und Weidig 112.

Urfassung des *Landboten* als politisch falsch bewertete, weil sie die Opposition spalten und somit schwächen würde, weshalb er erhebliche Umarbeitungen dieser ersten Fassung vornahm,[61] ist es umso aussagekräftiger, dass er Büchners Kritik an der Justiz übernahm. Es zeigt sich also deutlich, dass die objektiv-historischen Sachlagen von den intersubjektiven, mentalitätsgeschichtlichen Stellungen derselben Tatsachen unterschieden werden müssen; und erst aus dieser Differenzierung lassen sich angemessene historiografische Rückschlüsse ziehen. Für Weidig und Büchner stellte sich die Richterschaft als korrupt und parteiisch dar, weshalb sie in ihrer Agitation auf die Widersprüche solcher Justiz abhoben, tatsächlich aber gehörte das Gros der preußischen und der kurhessischen Justiz – anders als die finanz- und wirtschaftspolitische Verwaltungsbürokratie[62] – zumindest dem rechtsstaatsorientierten Liberalismus an, der auf eine Unabhängigkeit der Justiz drängte.[63]

In einer Reihe von rhetorischen und argumentationslogischen Anläufen wird dieser ‘Klassenjustiz’ und ihrem instrumentellen, Gewalt und Willkür legitimierenden Gesetzverständnis ein Rechts- und (juridisches) Gerechtigkeitskonzept entgegengehalten, das sowohl natur- als auch vernunftrechtliche Begründungstheorien andeutet und sich im Hinblick auf das Souveränitäts- und Regierungsmodell auch religiöser Argumente bedient; im Rahmen eines Bezuges auf die Französische Revolution heißt es:

> Dann schafften die Franzosen die erbliche Königswürde ab und wählten frei eine neue Obrigkeit, *wozu jedes Volk nach der Vernunft und der heiligen Schrift das Recht hat*.[64]

Es gibt also nach den Autoren der *Hessischen Landboten* ein Vernunftrecht auf Volkssouveränität, das mit einer demokratischen Regierungsform unmittelbar

[61] Zu einem Versuch, die Anteile Weidigs und Büchners zu unterscheiden, vgl. Mayer, *Frühkommunismus* 183–287; zu einer bedenkenswerten methodischen Kritik an diesem Unternehmen vgl. FA 2: 811.

[62] Vgl. hierzu Hans-Ulrich Wehler: *Deutsche Gesellschaftsgeschichte. Zweiter Band: Von der Reformära bis zur industriellen und politischen Doppelrevolution 1815–1845/49*. München: Beck 1996. S. 293: “Der Pauperismus in Preußen wuchs sich auch deshalb so gravierend aus, weil die Bürokratie in wirtschaftsliberaler Gesinnung, grundsatztreu und prinzipienfest, selbst gegenüber der größten Not Abstinenz statt Sozialpolitik praktizierte”.

[63] Vgl. erneut von Hodenberg 183f. für Preußen und Hellmut Seier: Liberalismus in Kurhessen 1815–1866. Stufen und Formen liberaler Willensbildung. In: *Liberalismus und Region*. [Historische Zeitschrift, Beihefte 19]. Hg. von Lothar Gall und Dieter Langewiesche. München: Oldenbourg 1995. S. 109–134. Hier: S. 113f. für Kurhessen.

[64] FA 2: 60; Hervorhebung von mir.

verbunden wird.[65] Legitimiert würde dieses Vernunftrecht auf Demokratie zusätzlich durch "die heilige Schrift". In dieser Konzeption drücken sich für die Autoren die "Rechte des Menschen" aus, die mithin ebenfalls vernunftrechtlich *und* religiös begründet werden.

Insgesamt erweist sich die Rechts- und Staatstheorie des *Hessischen Landboten*, die der als widersprüchlich vorgestellten, weil ausschließlich Partikularinteressen bedienenden Realität entgegengestellt wird, als durchaus konzise und konsistent. Das "Recht" wird sowohl als Instrument eines staatlichen Gemeinwohlzweckes als auch als Realisation des empirischen Willens Aller oder der Mehrheit dargestellt. Eindeutig ist zudem, dass, weil die staatliche Gewalt nicht aus der volonté générale legitimiert wird, eine strenge vernunftrechtliche Argumentation – wie bei Rousseau oder Kant – nicht durchgeführt wird. Die spezifischen Theorie- und Traditionsanleihen scheinen also weniger der doppelten Autorschaft als vielmehr dem praktischen Zweck der Schrift, der politischen Agitation der Bauernschaft Hessens, geschuldet. Für diesen Adressaten sind vor allem die herauspräparierten Widersprüche der *realen* Rechts- und Staatsverhältnisse von Bedeutung – auch wenn die alternative, *theoretische* Position einen essentiellen Teil der Argumentation und Rhetorik darstellt. Die kritische Differenz zwischen Büchner und Weidig bezog sich mithin eher auf politische als politiktheoretische Sachverhalte.

IV. Absoluter Rechtsgrundsatz – Freiheits-, Eigentums- und Gleichheitsgarantie?

Büchner formuliert – seine oben rekonstruierte Revolutionsvorstellungen mit dem Telos einer neuen Gesellschaft verbindend – die Prinzipien seiner Politik im Juni 1836 gegenüber Karl Gutzkow in der folgenden Weise:

> Ich habe mich überzeugt, die gebildete und wohlhabende Minorität, so viel Concessionen sie auch von der Gewalt für sich begehrt, wird nie ihr spitzes Verhältnis zur großen Klasse aufgeben wollen. Und die große Klasse selbst? Für die gibt es nur zwei Hebel, materielles Elend und *religiöser Fanatismus*. Jede Partei, welche diese Hebel anzusetzen versteht, wird siegen. Unsre Zeit braucht Eisen und Brot – und dann ein *Kreuz* oder sonst so was. Ich glaube, man muß in socialen Dingen von einem absoluten *Rechts*grundsatz ausgehen, die Bildung eines neuen geistigen Lebens im *Volk* suchen und die abgelebte moderne Gesellschaft zum Teufel gehen lassen. Zu was soll ein Ding, wie diese, zwischen Himmel und Erde herumlaufen? Das ganze Leben desselben besteht nur in Versuchen, sich die entsetzlichste Langeweile zu vertreiben. Sie mag aussterben, das ist das einzig Neue, was sie noch erleben kann.[66]

[65] So auch zu Recht Gerhard Jancke: *Georg Büchner. Genese und Aktualität eines Werkes*. Kronberg/Ts.: Athenäum 3. Aufl. 1979. S. 113.
[66] Brief an Gutzkow von Anfang Juni 1836, FA 2: 440.

Im Hinblick auf eine 'politische Theorie', die mehr bzw. anderes darstellt als ein situationsgebundenes politisches Erfahrungsurteil, weil sie einen empirischen *und* rationalen Wissensanspruch erhebt, ist diese Aussage zweifellos eine der wichtigsten Passagen im Büchnerschen Œuvre.[67] Schon auf den ersten Blick ist dabei ersichtlich, dass die Argumentation sich keineswegs auf ein begrifflich und kategorial wohlgeordnetes politökonomisches oder herrschaftspolitisches Instrumentarium stützt, sondern mit Hilfe politpragmatischer und kulturpolitischer Argumente verfährt. Von einer Argumentation "an der Schwelle zum historischen Materialismus"[68] oder neobabouvistischer Konzeptionen ist diese Aussage weit entfernt.

In jenen ersten Sätzen dieser Passage zeigt sich zudem, dass Büchner den benannten gesellschaftlichen Gegensatz nicht als *Klassenantagonismus* denkt – weder argumentiert er mit Hilfe einer Kategorie der *Klasse*[69] noch mit Hilfe jener eines *Antagonismus* –, weil er die als "Reiche" bezeichnete "Minorität" durch Wohlhabenheit *und* Bildung definiert.[70] "Bildung" ist aber seit 1834 für Büchner vollständig durch äußere Faktoren determiniert[71] und damit unmöglich Moment einer Klassenbewusstsein konstituierenden politischen Identität, die mit Notwendigkeit in einen agonalen Konflikt mit einer

[67] So auch FA 2: 1199f.; in bemerkenswerter Weise haben sich die beiden einflussreichsten Interpreten der politischen Theorie und Praxis Büchners (Thomas Michael Mayer und Jan-Christoph Hauschild) zu dieser Briefstelle nicht geäußert.

[68] Vgl. erneut Mayer, *Frühkommunismus* 134.

[69] Und zwar weder im Früh- oder Spät-Marxschen Sinne (vgl. *Werke von Karl Marx und Friedrich Engels*. Hg. vom Institut für Marxismus und Leninismus beim ZK der SED. 39 Bände. Berlin: Dietz 1960–68. MEW 3: 62 und MEW 19: 224f.) noch in einer erweiterten Dahrendorfschen Semantik (vgl. Ralf Dahrendorf: *Class and Class Conflict in Industrial Society*. Stanford: Stanford University Press 1973). Allerdings dürfte Büchner den von ihm verwendeten Terminus "Klasse" aus saint-simonistischen Zusammenhängen übernommen haben, führte dessen Gründer doch den Klassenbegriff in die soziopolitischen Debatten des frühen 19. Jahrhunderts ein; vgl. hierzu Stefano Poggi und Wolfgang Röd: *Philosophie der Neuzeit 4 – Positivismus, Sozialismus und Spiritualismus im 19. Jahrhundert*. [Geschichte der Philosophie. Band 10]. München: Beck 1989. S. 161.

[70] So aber Mayer, *Frühkommunismus* 14 und M. Šmulovič: Georg Büchners Weltanschauung und ästhetische Ansichten. In: *Georg Büchner III. Text und Kritik, Sonderband*. Hg. von Heinz Ludwig Arnold. München: edition text + kritik 1981. S. 195–215. Hier: S. 214, sowie – fast 30 Jahre später und ohne die Anmutung einer empirischen oder rationalen Überprüfung – Schütte 175, der gar das *Kommunistische Manifest* bei Büchner vorgeprägt findet.

[71] Vgl. Brief an die Eltern vom Februar 1834. In: FA 2: 378.

konkurrierenden Klasse eintritt.[72] 'Bildung' firmiert in dieser Argumentation vielmehr – anders als im Babouvismus[73] – *zum einen* als Gegenstand einer moralisierenden Kritik an der privilegierten Klasse und *zum anderen* als Ideal einer 'geistigen Kultur des Volkes'. 'Bildung' (des Volkes) soll somit zum Instrument überrechtlicher Vergemeinschaftung dienen, die eine vorausgesetzte rechtstaatliche Vergesellschaftung gleichsam als Zivilreligion ergänzt. Von Klassenantagonismen, wie sie u.a. Theodor Schuster im *Bund der Geächteten* in ersten Ansätzen seit Mitte der 1830er Jahre denkt,[74] ist diese Vorstellung deutlich unterschieden.

Die vor dem Hintergrund der Forschungslage wohl irritierendste Aussage der Briefpassage, die an dieser Stelle nicht vollständig betrachtet werden kann,[75] erfolgt aber erst im Anschluss an die rein polittaktischen Überlegungen zu den 'Hebeln der Revolution'. Denn Büchner behauptet nun, in "socialen Dingen" – und d. h. an dieser Stelle: hinsichtlich der Konzeption einer neuen Gesellschaftsordnung – müsse man einen "absoluten Rechtsgrundsatz" als Ausgangspunkt wählen. Die Interpretationsangebote der Forschung reichen von der These, Büchner habe an dieser Stelle auf einen "naturrechtlich fundierten Materialismus", mithin eine materialistische Naturrechtskonzeption, referiert,[76] über die Annahme, "[d]ie damit verbundenen Konzeption der gleichen Menschen- und Bürgerrechte für alle" folge "den Voraussetzungen des Naturrechts"[77] bis hin zu der Überzeugung, dass "Büchners Rückgriff auf den 'absoluten Rechtsgrundsatz', dem Wortsinn von 'absolut' nach, die Dimension der Transzendenz, des Immateriellen, als Bedingung der Möglichkeit von Recht überhaupt einschließt".[78]

Nun ist allerdings zunächst darauf hinzuweisen, dass sich Büchner bei diesen Überlegungen zu den Prinzipien der neuen Gesellschaft mit keiner Silbe zur Gütergemeinschaft oder anderen Formen der Vergesellschaftung im

[72] Diesen Faktor verkennt Jancke 119f.

[73] Vgl. Rolf-Peter Sieferle: *Marx zur Einführung*. Hamburg: Junius 2007. S. 26f.

[74] Vgl. hierzu Joachim Höppner und Waltraud Seidel-Höppner: Der Bund der Geächteten und der Bund der Gerechtigkeit. In: *Politische Vereine, Gesellschaften und Parteien in Zentraleuropa 1815–1849*. Hg. Von Helmut Reinhalter Frankfurt a. M. u.a.: Peter Lang 2005. S. 89–153. Hier: S. 100.

[75] Zu einer ausführlichen Interpretation vgl. Stiening *Literatur und Wissen*.

[76] So Mayer, *Frühkommunismus* 123; vgl. hierzu schon die Kritik von Bernard Görlich und Anke Lehr: Materialismus und Subjektivität in den Schriften Georg Büchners. In: *Georg Büchner III*. S. 35–62. Hier: S. 35.

[77] FA 2: 1201.

[78] Jürgen Schwann: *Georg Büchners implizite Ästhetik. Rekonstruktion und Situierung im ästhetischen Diskurs*. Tübingen: Gunter Narr 1997. S. 56.

politökonomischen Sinne äußert.[79] Überhaupt ist der Ausgangspunkt seiner Rechtsbestimmungen nicht das Eigentumsproblem, sondern die Frage einer allgemeinen Rechtsstaatlichkeit. Und tatsächlich scheint auch nicht mehr oder weniger gemeint zu sein, als eine absolute, mithin unhintergehbare, allgemeine und für alle gleiche *Rechtsstaatlichkeit* überhaupt,[80] die Büchner als conditio sine qua non einer durch Revolution herzustellenden neuen Gesellschaftsordnung postuliert.[81] Nichts mehr als dieser oberste Grundsatz der von Büchner skizzierten Gesellschaftsordnung verbindet ihn mit den unterschiedlichen Formen des Republikanismus, einschließlich dem

[79] Die These von einer Gütergemeinschaft, die Büchner als zentrales Moment der durch die Revolution herzustellenden neuen Gesellschaftsordnung anvisiert habe, wurde von Hans-Joachim Ruckhäberle (*Flugschriftenliteratur im historischen Umkreis Georg Büchners*. Kronberg/Ts.: Scriptor 1975. S. 230f.) und Thomas Michael Mayer (*Frühkommunismus* 25f.) aufgestellt und durch Anbindung Büchners an das politische Programm des Neobabouvismus begründet. Die Forschung seither hat diese Thesen weitgehend akzeptiert. Dabei bleibt ein noch zu lösendes methodisches Problem, dass diese These ausschließlich durch Rekurs auf die noch nicht vollständig edierten Verhörprotokolle verifiziert wird. Ausschließlich sekundäre Quellen also legen die Annahme nahe, Büchner habe eine "Abschaffung des Eigentums" (FA 2: 824), ja sogar eine "Vergesellschaftung von Produktionsmitteln" (Mayer, *Frühkommunismus* 26) als politisches Ziel ausgegeben. Dennoch ist nicht eine einzige Zeile aus den überlieferten Primärquellen zu entdecken, die auf eine derartige politökonomische Position Büchners hinwiese. Der bisherige Umgang aber, den Verhörprotokollen einerseits und den Briefen und Texten Büchners andererseits einen ununterschiedenen Status zuzuschreiben, bedarf – wenn nicht der Modifikation, so doch – der Legitimation. Solange zudem nicht die von Mayer angekündigte Edition seiner Sammlung aus den Verhörprotokollen erfolgte, scheint über diese Problemlage kein abschließendes Urteil möglich. Darüber hinaus ist die Frage, wie politisch avanciert der Babouvismus in den 1830er Jahren war, in der politikgeschichtlichen Forschung umstrittener als es die Büchner-Forscher wahrnehmen wollen. So hat Rolf-Peter Sieferle jüngst die abstrakte Zivilisationskritik und den rückwärtsgewandten Utopismus des modernitätskritischen Babouvismus freigelegt, der im Hinblick auf seine Kategorienbildung dem 18. Jahrhundert nachhaltiger verpflichtet war als den sozialpolitischen Problemen des 19. Jahrhunderts (Sieferle 26f.). Büchners Briefe und Texte selber aber weisen ihn als einen Revolutionsbefürworter aus, der von der Einrichtung der Rechtstaatlichkeit die Klärung der sozialen Frage erwartete. Vgl. hierzu die ausführliche Auseinandersetzung mit der Forschungslage in methodischer und systematischer Hinsicht bei Stiening, *Literatur und Wissen*, Kapitel 3.

[80] Vgl. schon in diese Richtung interpretierend, wenngleich ohne spezifische Fachterminologie und -kenntnis, Karl Viëtor: *Georg Büchner. Politik – Dichtung – Wissenschaft*. Bern: Francke 1949. S. 50.

[81] Damit steht er – wie durch die Studie Christoph Dippers nachweisbar wird – inmitten des Lagers der radikalen Demokraten bzw. der frühen Arbeiterbewegung (vgl. Dipper 101).

rheinischen Liberalismus,[82] aber auch den "Erklärungen der Bürger- und Menschenrechte" der jakobinischen Tradition Frankreichs;[83] nichts mehr unterscheidet ihn vom organizistischen Gesellschaftsmodell des Saint-Simonismus[84] und nichts mehr von Buonarrotis und Blanquis Vorstellungen einer Übergangsdiktatur.[85]

Ob der Geltung dieses Postulats allerdings eine *natur-* oder *vernunft*rechtliche Begründungstheorie zugrunde gelegt wird, ist auch aus dieser Passage nicht zu ersehen. Sicher dagegen ist, dass Büchner zwei Jahre bevor er diesen Brief schrieb, jene erwähnte Naturrechts-Vorlesung hörte, deren Autor von seinen Vorbehalten gegen das Naturrecht und von seiner Überzeugung einer konstruktiven Vernunftrechtskonzeption keinen Hehl machte. In seiner, kurze Zeit nach jener Vorlesung veröffentlichten *Philosophie des Geistes* (1835/36) führt Joseph Hillebrand im Abschnitt über das "Recht" aus:

> Vielmehr ist, wie bemerkt worden, die Freiheit in ihrem objektiven Daseyn überhaupt, also der Staat als solcher, der einzig mögliche Grund und Endzweck des Rechts. Die Freiheit produciert damit das Recht für sich selbst und hat in ihm ein wesentliches Moment ihrer existentiellen Selbstbestimmtheit.[86]

Büchners von Alexis Muston dokumentierter 'enthousiasme de liberté'[87] stimmte mit dieser Ableitung des Rechts aus der Freiheit und seinen Rechtsgrundsätzen systematisch zusammen. Dennoch zeigt der völlige Mangel eines Bezuges auf eine Instanz des Staates, die bei Hillebrand in Anlehnung an Hegel von der Kategorie der Gesellschaft unterschieden wird,[88] dass Büchner in anderen als streng idealistischen Begründungszusammenhängen argumentierte.

[82] Vgl. erneut Wehler 425f. sowie Jörn Leonhard: *Liberalismus. Zur historischen Semantik eines europäischen Deutungsmusters*. München: Oldenbourg 2001. S. 439f.
[83] Vgl. hierzu die bei Ruckhäberle 125–129 abgedruckte deutsche Version.
[84] Vgl. hierzu die präzisen Ausführungen bei Hans-Christoph Schmidt am Busch: Friedrich Wilhelm Canové, Eduard Gans und die Rezeption des Saint-Simonismus im Horizont der Hegelschen Sozialphilosophie. In: *Hegelianismus und Saint-Simonismus*. Hg. von Hans-Christoph Schmidt am Busch, Ludwig Siep, Hans-Ulrich Thamer und Norbert Waszek. Paderborn: Schöningh 2007. S. 105–130. Hier: S. 115f.
[85] Vgl. hierzu Joachim Höppner und Waltraud Höppner-Seidel: *Von Babeuf bis Blanqui. Französischer Sozialismus und Kommunismus vor Marx*. 2 Bände. Leipzig: Reclam 1975. Band 1. S. 228; Friedrich Wilhelm Graf: Art. Frühsozialismus. In: *Theologische Realenzyklopädie* XI (1983). S. 689–707. Hier: S. 697, und Terence Holmes: Die "Absolutisten" in der Revolution. In: *Georg Büchner Jahrbuch* 8 (1990–94). S. 241–253. Hier: S. 244f.
[86] Hillebrand 2: 163.
[87] Vgl. hierzu Heinz Fischer: *Georg Büchner und Alexis Muston. Ein Büchner-Fund*. München: Fink 1987. S. 264.
[88] Vgl. Hegel 7: 398–403.

Das Beispiel Hillebrands kann aber zeigen, dass Büchners Postulat von einem "absoluten Rechtsgrundsatz" keineswegs – wie es die Forschung seit Jahrzehnten glauben machen will – antiidealistisch ausgerichtet sei.[89] Zwar bedarf es für die Forderung nach einer uneingeschränkten Geltung des Rechts durchaus *nicht* der Voraussetzung einer "Transzendenz", um die Absolutheit des Postulats zu legitimieren, wie es die Tradition der an einem christlichen Büchner interessierten Forschung annimmt.[90] Aber natur- oder vernunftrechtliche Prämissen rationaler Provenienz sind für ein Postulat nach uneingeschränkter Rechtsgeltung unabdingbar vorauszusetzen. Selbst Karl Wilhelm Theodor Schuster, der einige wichtige Programmschriften des *Bundes der Geächteten* verfasste,[91] hat sich der Anleihen bei der Naturrechtslehre seines Lehrers Karl Christian Friedrich Krause stets versichert.[92] Solcherart rationale Prämissen lassen sich nicht auf geschichtsphilosophische oder polittaktische Demonstrationen zurückführen. Mit der Annahme eines absoluten Rechtsgrundsatzes zeigt sich mithin erneut eine rational-normative Dimension des Büchnerschen Denkens, die in der Setzung einer uneingeschränkten Rechtstaatlichkeit ihren wesentlichen Gehalt hat. Auch im *Hessischen Landboten* wird der "Freistaat"[93] – seit dem späten 18. Jahrhundert Synonym für die rechtstaatlich verfasste Republik[94] – als entscheidendes politisches Telos vertreten. "Ich werde [. . .] immer meinen Grundsätzen gemäß handeln",[95] so hatte er an die Eltern

[89] Vgl. hierzu u.a. Andreas Pilger: Die "idealistische Periode" in ihren Konsequenzen. Georg Büchners kritische Darstellung des Idealismus in der Erzählung 'Lenz'. In: *Georg Büchner Jahrbuch* 8 (1990–94). S. 104–125; Rudolf Drux: "Aussterben" als Innovation. "Die abgelebte moderne Gesellschaft" in den Dramen Georg Büchners. In: *Monatshefte* 93 (2001). S. 300–317. Hier: S. 309f.; Burghard Dedner: Kynische Provokation und materialistische Anthropologie bei Georg Büchner. In: *Societas rationis. Festschrift für Burkhard Tuschling zum 65. Geburtstag*. Hg. von Dieter Hüning, Gideon Stiening und Ulrich Vogel. Berlin: Duncker & Humblot 2002. S. 289–309. Hier: S. 292f.; diese Rekonstruktionen eines angeblich strengen Antiidealismus Büchners kranken allesamt an einem undifferenzierten und so für die 1830er Jahre unbrauchbaren Begriff von Idealismus.

[90] Vgl. die Ausführungen von Schwann 56.

[91] Dokumentiert in Ruckhäberle 152–204 sowie Höppner und Seidel-Höppner *Bund der Geächteten* 100f.

[92] Zu Krauses Rechtsphilosophie und ihrer Verbindung zu einer Gesellschaftstheorie vgl. Peter Landau: Karl Christian Friedrich Krauses Rechtsphilosophie. In: *Karl Christian Friedrich Krause (1781–1832). Studien zu seiner Philosophie und zum Krausismo*. Hg. von Klaus-Michael Kodalle. Hamburg: Meiner 1985. S. 80–92. Hier: S. 88f.

[93] Vgl. FA 2: 60.

[94] Vgl. hierzu u.a. Immanuel Kant. *Die Religion innerhalb der Grenzen der bloßen Vernunft*. Hg. von Karl Vorländer. Hamburg: Meiner 1990. S. 110.

[95] FA 2: 369.

geschrieben, und zu diesen Grundsätzen gehörte offenbar schon früh eine uneingeschränkte, nämliche "absolute" Rechtstaatlichkeit.

Dennoch legt eine Reihe von Indizien nahe, dass Büchner – trotz rational begründetem rechtstaatlichem Fundament – durchaus nicht in der ihm über Hillebrand vermittelten *vernunft*rechtlichen Tradition argumentierte: Dazu gehört zunächst und zumeist, dass er sowohl – wie gesehen – in seinen Briefen als auch im *Hessischen Landboten* das Recht und die Gesetze, nicht als *Realisationen* einer vernunftrechtlich begründeten Freiheit begreift, sondern vielmehr als staatliche "Ordner",[96] und damit als *Begrenzungen der Freiheit.*[97] Darüber hinaus lässt es Büchner an einer Unterscheidung zwischen Gesellschaft und Staat in seinen skizzenhaften Überlegungen zur zukünftigen Gesellschaft mangeln. Es ist aber genau diese Differenzierung, die einerseits in den philosophischen und juristischen Debatten seit 1800 intensiv reflektiert wurden,[98] andererseits in den Programmtexten der radikalen Demokraten eingeebnet wurde.[99]

Es liegt also durchaus nahe, dass Büchner sich mit seiner Formel vom "absoluten Rechtsgrundsatz" auf die Rechtsstaats- und Gesetzesbestimmungen der radikalen Demokraten der 1830er Jahre bezieht. In jener oben schon erwähnten *Erklärung der Menschen und Bürgerrechte* der *Société des Droits de l'Homme et du Citoyen*, die im Frankreich der 1830er Jahre dem Republikanismus als politische Programmschrift diente, heißt es ausdrücklich:

> Art. 5. Das Gesetz schützt die öffentliche und persönliche Freiheit gegen die Unterdrückung derer, welche regieren. Es hält das Volk für gut. [. . .]
>
> Art. 11. Eigenthum ist das Recht, welches jeder Bürger auf den Genuß desjenigen Gütertheils hat, der ihm von Gesetz zugesichert ist.

[96] FA 2: 54.

[97] Gegen diese Rechts- und Gesetzesinterpretation hatte Hillebrand energisch argumentiert: "Ueberhaupt ist es eine falsche und das Wesen der Staates herabwürdigende Lehre, daß derselbe nur ein Institut zur Beherrschung der Menschen sey, da er in der That nur die Selbstsorge der Vernunft ist, die wahre Freiheit immer mehr objektiv darzustellen, die Kräfte der Menschen stets wirksamer zu vereinen und so die Menschheit selbst mehr und mehr zu realisiren. Der Staat wirkt nicht bloß negativ, sondern vorzüglich positiv". Joseph Hillebrand: *Anthropologie als Wissenschaft.* 3 Bände. Mainz: Florian Kupferberg 1822/23. Band 3. S. 105.

[98] Vgl. Diethelm Klippel: Staatsamt und bürgerliche Gesellschaft. Die Theorie des Staatsdienstes im aufgeklärten Absolutismus und im Vormärz. In: *Zeitwende? Preußen um 1800.* Hg. von Eckhart Hellmuth, Immo Meenken und Michael Trauth. Stuttgart-Bad Cannstatt: Frommann & Holzboog 1999. S. 77–96. Hier: S. 87: "Anders als im älteren Naturrecht der deutschen Aufklärung traten Staat und Gesellschaft im Naturrecht seit Ende des 18. Jahrhunderts deutlich auseinander".

[99] Vgl. hierzu u.a. Graf 690f.

> Art. 12. Das Recht des Eigenthümers ist wie alle übrigen Rechte beschränkt durch die Verpflichtung, die Rechte Anderer zu achten. [. . .]
>
> Art. 15. Die Gesellschaft soll ohne Unterlaß dahin streben, das Elend zu verbannen und die Güter der Bürger der Gleichheit näher zu bringen.[100]

Nimmt man diesen republikanisch-politischen Gesetzes- und Rechtsbegriff als systematische Grundlage der Büchnerschen Skizze an, dann ergibt sich zwar in der Tat ein substanzieller Bezug zu einem Eigentumsverständnis. Doch selbst diese – allein philologisch kaum zu verifizierende – These führte keineswegs, trotz einer Einschränkung durch den übergeordneten Grundsatz der Gleichheit, auf das Konzept des Gemeingutes, sondern vielmehr auf den Begriff des privaten Eigentümers als Rechtstitel.

Dass Büchner unter Berücksichtigung der Unterscheidung zwischen Recht und Gesetz das jakobinische Rechtsverständnis der *Société des Droits de l'Homme et du Citoyen* bei seinem Postulat eines "absoluten Rechtsgrundsatzes" vor Augen hatte und damit eine Vermittlung von Eigentumsgarantien und Elendsverhinderung durch Gleichheitsprinzipien in seiner kurzen Skizze anstrebte, zeigen einige weitere Bestimmungen jener Erklärung der *Societé*, mit denen die politische Theorie Büchners durchaus zusammenstimmt. So zeigt sich – bei allen Brüchen –, dass auch Büchner im Hinblick auf eine neu zu errichtende Gesellschaft "das Volk für gut" hält, weil er ihm ein "neues geistiges Leben" zutraut.[101] Auch dass die Gesellschaft zu Sozialstaatlichkeit durch Gewährleistung der Gleichheit verpflichtet werden soll, liegt im Rahmen jener Systematik der soziopolitischen Konzeption Büchners.

Daher liegt es durchaus nahe, seine Formel von dem "absoluten Rechtsgrundsatz", den er als erste und entscheidende Bedingung der Möglichkeit einer neuen Gesellschaft bestimmt, auf das Rechtsverständnis dieser gemeinwohlorientierten Tradition rechts- und politiktheoretischer Konzeptionen zu beziehen; deren Rechtsbegriff bezog sich aber ausdrücklich – im expliziten und begründeten Unterschied zum Gesetzesbegriff – auf die Garantie und Sicherung der durch Gleichheitsprinzipien eingeschränkten Kategorie des Privateigentums.[102]

Es lassen sich mit Büchners Formel also beide Rechtsinhalte verbinden, die Garantie der Freiheit von willkürlicher Gewaltherrschaft durch allgemeine und verbindliche Rechtstaatlichkeit ebenso wie die Sicherung des Eigentums in den Schranken sozialer Gleichheit. Dass dieses Rechtsverständnis durchaus in den Bahnen einer Staatslehre sich bewegt, die die Prinzipien der bürgerliche Gesellschaft nicht verlässt, wie Gerhard Jancke in Bezug auf Büchners

[100] Zitiert nach der deutschen Übersetzung Paris 1834, abgedruckt in Ruckhäberle 125–129.
[101] Vgl. hierzu auch Jancke 123.
[102] Vgl. erneut Ruckhäberle 126.

Theorie revolutionärer Gewalt schon vermutete,[103] ist – gegen alle Thesen vom Frühkommunismus – nicht von der Hand zu weisen.

Unter Berücksichtigung dieser rechts- und politikphilosophischen Kontexte ist es nicht nur offensichtlich, dass zu Beginn des *Hessischen Landboten* eine enge Verbindung zwischen Gemeinwohl und Gesetzen hergestellt wird, so dass die philologischen 'Verbesserungen' des Textes von der Forschung dringend zu überdenken sind. Auch Büchners Postulat eines "absoluten Rechtsgrundsatzes" situiert ihn in jene radikaldemokratische Begründungstheorie, die sich deutlich von Buonarrotis und Blanquis babouvistischen Vergemeinschaftungsmodellen unterscheiden. Bei einer eingehenden Interpretation der Büchnerschen Rechtsvorstellung im Hinblick auf die durch eine Revolution zu errichtende Gesellschaft muss man sich von den schon terminologisch, wie erst recht begrifflich und systematisch problematischen Prädikationen wie Frühsozialismus oder Frühkommunismus verabschieden.[104]

[103] Vgl. Jancke 113.

[104] Zur allgemeinen Problematik einer angemessenen Verwendung dieser Termini vgl. Graf 689f.

Harro Müller

Danton's Tod: Eine Relektüre

This interpretation of Danton's Tod *examines the intricate and dramatic strategies employed by Büchner to expose the paradox of history: history is at the same time necessary and contingent. Büchner's drama should be understood as a playful, yet deeply serious aesthetic engagement with the concepts of 'history' and 'revolution' and their respective anthropological implications. This essay shows how Büchner employs not only mimetic and poetic, but also documentary and metapoetic means to this end. In addition, the essay presents a characterization of the play's protagonists against the backdrop of the political field in a state of emergency.*

I.

Im heutigen Paris erinnern eine Rue Danton und ein Denkmal – am Boulevard St. Germain postiert – an den legendären jacobinischen Revolutionär. Die sterblichen Überreste von Jean-Jacques Rousseau, dem ideologischen Ziehvater von Robespierre, liegen im Panthéon; im Invalidendom befindet sich die monumentale Grabstätte von Napoleon. Seine Gebeine sind von sieben Särgen gesichert. Aus dem offiziellen Gedächtnis der Stadt Paris sind die Jakobiner Robespierre und St. Just gelöscht. Keine Straße, kein Platz, kein Denkmal trägt ihren Namen.

II.

Es gibt Texte, die einen ein Leben lang begleiten wie z. B. *Hamlet*, *Anna Karenina*, *Danton's Tod*, *Madame Bovary*, *Baal*, *Der Mann ohne Eigenschaften* oder *Schlachtbeschreibung*. In bestimmten Zeitabschnitten lese ich sie immer wieder, sie sind persönliche Klassiker; über manche habe ich bis heute keine Zeile geschrieben; über *Danton's Tod* habe ich mehrfach veröffentlicht (1988, 1990, 1994, 2007).[1] In diesem Essay möchte ich eine Relektüre

[1] Harro Müller: "Man arbeitet heutzutag alles in Menschenfleisch". Anmerkungen zu Büchners *Danton's Tod* und ein knapper Seitenblick auf Grabbes *Napoleon oder die hundert Tage*. In: *Grabbe-Jahrbuch* 7 (1988). S. 78–88; Harro Müller: Poetische Entparadoxierung: Anmerkungen zu *Danton's Tod* und zu *Grabbes Napoleon oder Die hundert Tage. In: Grabbe und die Dramatiker seiner Zeit.* Hg. von Detlev Kopp und Michael Vogt. Tübingen: Niemeyer 1990. S. 187–201; Harro Müller: Theater als Geschichte – Geschichte als Theater: Büchners *Danton's Tod*. In: *Giftpfeile: Zu Theorie und Literatur der Moderne*. Bielefeld: Aisthesis 1994. S. 169–183; Harro Müller: Die Guillotine als Held. In: *Eine Neue Geschichte der deutschen Literatur*. Hg. von David. E. Wellbery u.a. Berlin: Berlin University Press 2007. S. 706–711; Harro Müller: *Gegengifte: Essays zu Theorie und Literatur der Moderne*. Bielefeld: Aisthesis 2009.

meiner bisherigen Lesarten zu Büchners großem Revolutionsdrama präsentieren, anschließen an das, was mir nach wie vor tragbar und behaltenswert erscheint, und zugleich Umschreibungen, Veränderungen und Neuperspektivierungen vortragen. Das Ziel ist, eine brauchbare, weiterführende Lesart zu bieten, die Anschlusskommunikation provoziert. Hin und wieder werde ich Sekundärliteratur zitieren; eine systematische Auseinandersetzung mit der Danton-Forschung, in der sich die Weite und die Vielfalt literaturwissenschaftlicher Denkweisen und Schreibverfahren trefflich zeigen, ist nicht beabsichtigt.[2]

III.

> Hier [bei einem als Gefängnis benutzten Gebäude] hatte sich eine ungeheure Menschenmenge angesammelt, während die Zahl der Mörder nur zwanzig betrug, zehn im Innern, die die Opfer aburteilten und zehn draußen, die sie niedermetzelten [. . .]. Sie waren mit schweren hölzernen Keulen versehen, und auf jeder Seite der Ausgangsthür standen fünf. Sowie sie merkten, daß diese geöffnet werden sollte, erhoben sie ihre Totschläger, und in dem Augenblick, wo einer der Unglücklichen, die ihnen anheimfielen, diese furchtbare Thür durchschritt, fiel er unter ihren Keulenschlägen, die ihm den Kopf zerschmetterten, und wurde von den Aufräumern beiseite gezerrt. Der Tod war umso unvermeidlicher, als die Gefangenen mit den Worten "Fort mit dir!" entlassen wurden, beim Anblick der Menschenmenge langsam hinaustraten.[3]

> Nachdem der Henker ihm [Robespierre] den Rock abgenommen hatte, der ihm über die Schulter hing, riß er roh den Verband ab, den ein Feldscher über seine Verletzung gelegt hatte; dabei löste sich die untere Kinnlade von der oberen; der Kopf des Elenden, der Ströme von Blut von sich gab, stellte nur noch ein greuliches und ekelhaftes Ding dar. Als dann das furchtbare Haupt abgeschlagen war und der Henker es an den Haaren packte, um es dem Volk zu zeigen, bot es das entsetzlichste Bild, das man sich vorstellen kann.[4]

Die beiden Zitate markieren die erweiterte Spieldauer des Stückes: vom Septembermassaker 1792 – "Die Septembertage impfen der Revolution das *Mordtemperament* ein"[5] – bis zur Guillotinierung Robespierres am 10.

[2] Vgl. Gerhard P. Knapp: *Georg Büchner.* Stuttgart: Metzler 3. überarb. Aufl. 2000 (Sammlung Metzler 159); *Büchner-Handbuch. Leben – Werk – Wirkung.* Hg. von Roland Borgards und Harald Neumeyer. Stuttgart-Weimar: Metzler 2009.
[3] Paul-Charles-François de Thiébault: *Memoiren aus der Zeit der französischen Revolution und des Kaiserreichs*. Hg. von Ferdinand Franz Mangold. Stuttgart: Lutz 1902. S. 122.
[4] *Die Französische Revolution in Augenzeugenberichten.* Hg. von Georges Permoud. München: Deutscher Taschenbuch Verlag 7. Aufl. 1989. S. 391.
[5] Jacob Burckhardt: *Historische Fragmente*. Nördlingen: Greno 1988. S. 322.

Thermidor des Jahres II nach dem Revolutionskalender (28. Juli 1794). Die gespielte Zeit des Dramas ist allerdings wesentlich knapper: Sie setzt kurz nach der Guillotinierung der Hébertisten am 24. März 1794 ein und endet mit der Köpfung der Dantonisten am 5. April 1794. Der Spielort ist Paris.

Georg Büchner thematisiert in *Danton's Tod* einen Abschnitt der Französischen Revolution, der sich bis heute seiner Faszinationskraft sicher sein kann, einen Abschnitt nämlich, in dem die Jakobiner den Ausnahmezustand auf Dauer gestellt haben: Sie herrschen ohne Verfassung mit Hilfe einer Maßnahmenpolitik. Innerhalb des Ausnahmezustands reagiert, agiert das politische Personal des Stückes, stets der Gefahr ausgesetzt, von der Guillotine gezweiteilt, ausgelöscht zu werden: "Die Gleichheit schwingt ihre Sichel über allen Häuptern, die Lava der Revolution fließt, die Guillotine republikanisiert!" (III, 3). Außerordentliche Labilität des politischen Systems (Konterrevolution von innen und außen, revolutionärer Zorn des Volkes angesichts der desolaten ökonomischen Situation, große organisatorische Mängel und qualitativ geschiedene Einschätzungsdifferenzen in strategisch-taktischer und ideologischer Hinsicht) kennzeichnet die Situation. Die heterogene Jakobinergruppe besteht aus drei Faktionen, die dritte bildet sich erst im Verlauf des Stückes heraus. Zunächst kämpfen Robespierre, St. Just und ihre Mannschaft gegen Danton und seine Gefolgsleute und erreichen ihr Ziel: die Guillotinierung der Dantonisten. Robespierre setzt auf Tugend und Terror, er proklamiert den Staat als Ort der aktiven Selbstbestimmung der Menschen, die als Träger der volonté génerale alles Individuelle, alles Partikulare, alles Kontingente in sich durchzustreichen haben. Deshalb plädieren Robespierre und St. Just energisch für die Fortsetzung der Revolution. Danton und seine Anhänger sehen den Staat – innerhalb eines liberalen Denkmusters – als mit Macht ausgestattete Institution, die dafür zu sorgen hat, dass individuelle Glückssuche innerhalb eines rechtlich abgesicherten Rahmens gewährleistet wird. Darum votieren sie für Abbruch des Ausnahmezustands, für die Einsetzung der Verfassung und eines Gnadenausschusses. In diesem Selbstzerfleischungsprozess der Jakobiner sind also Robespierre und St. Just erfolgreich. Der polemogene Charakter ihres rigiden, terroristischen Tugendprogramms ruft nun eine dritte Faktion ins Leben. So schält sich in III, 6 mit den Wohlfahrtsausschussmitgliedern Barrère, Collot d'Herbois und Billaud-Varennes eine neue Faktion heraus, in welcher diese zynischen, opportunistischen Selbsterhaltungsstrategen und abscheulichen Machttechniker das Guillotinieren von Robespierre, St. Just und ihrer Gefolgsleute auf ihre Agenda setzen. Barrère: "Das wird leicht gehen. Die Welt müßte auf dem Kopf stehen, wenn die sogenannten Spitzbuben von den sogenannten rechtlichen Leuten gehängt werden sollten" (III, 6). Diese dritte Faktion setzt sich gegen Robespierre und St. Just durch; nach deren Sturz folgt das Direktorium, ehe Napoleon, dessen Kriege Tötungsunternehmen gewesen sind, welche die Leistung der Jakobiner auf diesem Feld (circa

40000 Tote) weit in den Schatten stellen, am 15.12. 1799 die Revolution für beendet erklärt.

Hauptfigur im theatralisch präsentierten Revolutionstheater ist der desillusionierte, entmutigte Revolutionsheld Georg Danton, der weiß, dass man im Politiktheater mit seinen Auf- und Abtritten stets Rollen zu spielen hat. Über Rollenspiel als Rollenspiel reflektiert er in einer Mischung von Zynismus, Witz und Furcht:

> Ob sie (die Menschen) nun an der Guillotine oder am Fieber oder am Alter sterben? Es ist noch vorzuziehen, sie treten mit gelenken Gliedern hinter die Kulissen und können im Abgehen noch hübsch gestikulieren und die Zuschauer klatschen hören. Das ist ganz artig und paßt für uns, wir stehen immer auf dem Theater, wenn wir auch zuletzt im Ernst erstochen werden. (II, 1)

Der vielseitige Revolutionsdarsteller und Selbstinszenierungskünstler, die "Dogge mit Taubenflügeln" (III, 1) Danton begreift die jeweilige Lebensgeschichte vor ihrem mit Gewissheit eintretenden tödlichen Ende als Affenkomödie, in der Schafsköpfe komisch-groteske Effekte erzielen, so dass man sich mit Danton verwundert fragen kann:

> Ich begreife nicht warum die Leute nicht auf der Gasse stehen bleiben und einander in's Gesicht lachen. Ich meine sie müßten zu den Fenstern und zu den Gräbern heraus lachen und der Himmel müsse bersten und die Erde müsse sich wälzen vor Lachen. (II, 2)

Danton betreibt eine Engführung anthropologischer, geschichts- und revolutionstheoretischer Momente. Geschichte kommt ihm als groteske Komödie vor, die durch Heterogenie der Zwecke (Wundt/Koselleck) bestimmt ist. Das ist eine Einsicht, die Danton im Verlauf der Revolutionsgeschichte erst gewonnen hat. Er ist ja von Hause aus kein durch permanente Handlungshemmung gekennzeichneter Melancholiker; vielmehr war er ein leidenschaftlicher Revolutionär, der von den Revolutionären Mut, Tapferkeit, Wagnis als revolutionäre Tugenden eingefordert hat. Als charismatischer Rhetor, entscheidungsfreudiger und energisch handelnder Revolutionsheld hatte er eine fulminante Karriere hingelegt. So ordnete er als Justizminister, in großer Bedrängnis durch innere Konterrevolution und äußere Feinde, aus Notwehr die Septembermorde an, denen circa 1200 Menschen zum Opfer fielen. Danton weiß natürlich darum, dass die Septembermorde Morde gewesen sind, dass er garstige Sünden (II, 5) begangen und große 'schuldlose' Schuld auf sich geladen hat, indem er das 'Notwendige' zur Rettung des Staates befahl. Noch im Rückblick kommt ihm sein Handeln alternativlos vor; apologetisch führt er aus: "Wir schlugen sie, das war kein Mord, das war Krieg nach innen. [. . .] Das war Notwehr, wir mußten. [. . .] Puppen sind wir von unbekannten Gewalten am Draht gezogen; nichts, nichts wir selbst!" (II, 5). Zum Erfüllungsgehilfen mörderischer Notwendigkeit degradiert, kommt ihm Geschichte als subjektloser Prozess vor, der von unbekannten Gewalten geleitet wird. Nach den Septembermorden institutionalisiert Danton das Revolutionstribunal, um der Willkürlichkeit des Mordens Einhalt zu gebieten und ein rechtliches Verfahren zu ermöglichen. Das Revolutionstribunal gehorcht nun ganz dem terroristischen jacobinischen Geist des Entweder/Oder, der Freund/Feind-Logik, es besitzt lediglich zwei Urteilsmöglichkeiten: entweder Freispruch oder Todesstrafe. Mit der Einrichtung des Revolutionstribunals wollte Danton in der Revolutionsgeschichte einen qualitativen Umschlag erzielen; der anvisierte Umschlag erwies sich jedoch als radikaler Fehlschlag, weil die mit dieser Institutionalisierung verbundenen nicht-intendierten Nebenfolgen die gute Absicht Dantons zuschanden werden ließen. So äußert sich Danton im Rückblick auf jenen emergenten, inaugurativen Akt der Einsetzung des Revolutionstribunals mit seinen nichtbeabsichtigten Folgen; anzumerken ist, dass Danton an dieser Stelle explizit von "Septembermorden" spricht:

> Man arbeitet heut zu Tag Alles in Menschenfleisch. [. . .] Es ist jetzt ein Jahr, daß ich das Revolutionstribunal schuf. Ich bitte Gott und Menschen dafür um Verzeihung, ich wollte neuen Septembermorden zuvorkommen, ich hoffte die Unschuldigen zu retten, aber dies langsame Morden mit seinen Formalitäten ist gräßlicher und eben so unvermeidlich. (III, 3)

Danton vermag nicht mehr Revolutionserwartungen mit Revolutionserfahrungen zu vereinbaren, deshalb ist es ihm nicht mehr möglich, "Menschenfleisch", die Leichen, die Ermordeten, die Opfer der Revolution auf das Revolutionsziel zu finalisieren, sie als Mittel zum Zweck der Reinkarnation des Menschengeschlechts hochzurechnen. Darum konstatiert er: "Wir haben nicht die Revolution, sondern die Revolution hat uns gemacht" (II, 1), und: "[. . .] die Zeit verliert uns" (II, 1). Aus Dantons Perspektive ist die Geschichte, ist die Revolution also eine groteske Komödie mit namenloser Autorschaft, ohne Ursprung, ohne Ziel, ein anonymer Gewaltzusammenhang mit letalem Ende für jeden Einzelnen. Ihre nicht einsehbaren, geschweige denn zu berechnenden Mechanismen verwandeln Handelnde in Marionetten, in "Puppen" (II, 5) in einem Schauspiel, das nicht von der "List der Vernunft" (Hegel) durchwirkt ist, in der kein "Weltgeist" (St. Just in II, 7) auszumachen ist und deren obere Leitende – wenn es sie denn gibt – nicht mit Letztgüte ausgestattet sind; vielmehr sind es vermutlich sadistische, menschenverachtende Götter, die sich am Schauspiel der sich quälenden und gequälten Menschen zutiefst erfreuen und angesichts der permanenten menschlichen Leidens- und Sterbensgeschichte in großer Heiterkeit jubilieren:

> Ist denn der Äther mit seinen Goldaugen eine Schüssel mit Goldkarpfen, der am Tisch der seligen Götter steht und die seligen Götter lachen ewig und die Fische sterben ewig und die Götter erfreuen sich ewig am Farbenspiel des Todeskampfes? (IV, 5)

Innerhalb dieser grotesken Komödie platziert Danton nun sein epikuräisch-hedonistisches Programm:

> Es gibt nur Epikureer und zwar grobe und feine, Christus war der feinste; das ist der einzige Unterschied, den ich zwischen Menschen herausbringen kann. Jeder handelt seiner Natur gemäß d.h. er tut, was ihm wohl tut. (I, 6)

Allerdings führen seine eigenen Versuche, sich dem Genuss hinzugeben, immer wieder zu Mangelerfahrungen. Er fühlt sich seiner Frau Julie verpflichtet, die er liebt "wie das Grab" (I, 1), während er zugleich dem Laster frönt. Er ist ein bekannter Hurengänger, der allerdings bei den Grisetten nur "Mosaik macht" (I, 4), während Marion zu Recht in einer Synästhesie anmerkt: "Danton, deine Lippen haben Augen" (I, 5), und damit darauf verweist, dass der "Riß in der Schöpfung" (Payne in III, 1) mitten durch Dantons Kopf hindurchgeht und Formen tiefen, unmittelbaren Genusses für ihn ein unerreichbares Phantasma bleiben.[6]

III.1

Danton hat aus seinen fatalen Revolutionserfahrungen gelernt und schreibt sich deshalb in das Interpretament Geschichte/Revolution als groteske Komödie mit letalem Ende ein, nichts gelernt aus dem Verlauf der Revolution haben Robespierre – "Mein Gewissen ist rein. [. . .] Wer sagt dir denn, daß ein Unschuldiger getroffen sei?" (I, 6) – und der schwarze Todesengel der Revolution St. Just, die beide die Revolution als erhabene Tragödie begreifen, in der die Reinkarnation des Menschengeschlechts mit Jammer, vor allem mit Schrecken und Terror durchgesetzt werden soll und muss. Robespierre:

> Die Waffe der Republik ist der Schrecken, die Kraft der Republik ist die Tugend. Die Tugend, weil ohne sie der Schrecken verderblich, der Schrecken, weil ohne ihn die Tugend ohnmächtig ist. Der Schrecken ist der Ausfluß der Tugend, er ist nichts anders als die schnelle, strenge und unbeugsame Gerechtigkeit. [. . .] Die Revolutionsregierung ist der Despotismus der Freiheit gegen die Tyrannei. (I, 3)

Die radikalste Figur des Stückes ist St. Just, der – lange vor Jacob Burckhardt und Reinhart Koselleck – als Beschleunigungstheoretiker der Geschichte auftritt:

> Ich frage nun: soll die moralische Natur in ihren Revolutionen mehr Rücksicht nehmen, als die physische? [. . .] Soll überhaupt ein Ereignis, was die ganze Gestaltung der moralischen Natur d.h. der Menschheit umändert, nicht durch Blut

[6]Vgl. John B. Lyon: *Crafting Flesh, Crafting the Self: Violence and Identity in Early Nineteenth Century German Literature*. Lewisburg, PA: Bucknell University Press 2006. S. 202.

> gehen dürfen? Der Weltgeist bedient sich in der geistigen Sphäre unserer Arme eben so, wie er in der physischen Vulkane oder Wasserfluten gebraucht. Was liegt daran ob sie nun an einer Seuche oder an der Revolution sterben? [. . .] Ist es denn nicht einfach, daß zu einer Zeit, wo der Gang der Geschichte rascher ist, auch mehr Menschen außer Atem kommen? (II, 7)

St. Just begreift Geschichte, Universalgeschichte als abschließbaren, semantisch eindeutigen und eindeutig entzifferbaren Text, der auf Verjüngung, auf Neugeburt, auf materiale Tugend zielt. Er postiert sich zugleich im Text und außerhalb des Textes. St. Just ist Textzeichen und vermag zugleich – aus externer Perspektive – den Text zu lesen, Interpunktionsfehler festzustellen und mit dem Rotstift – "jedes Komma ein Säbelhieb und jeder Punkt ein abgeschlagner Kopf" (III, 6) – in den Geschichtstext manipulierend einzugreifen:

> Wir schließen schnell und einfach: da Alle unter gleichen Verhältnissen geschaffen werden, so sind Alle gleich, die Unterschiede abgerechnet, welche die Natur selbst gemacht hat. [. . .] Jedes Glied dieses in der Wirklichkeit angewandten Satzes hat seine Menschen getötet. Der 14. Juli, der 10. August, der 31. Mai sind seine Interpunktionszeichen. [. . .] Ist es da so zu verwundern, daß der Strom der Revolution bei jedem Absatz bei jeder neuen Krümmung seine Leichen ausstößt? (II, 7)

Das äußerst blutige Geschäft der Menschheitsverjüngung wird innerhalb des Tragödienkonzepts zugleich ästhetisch legitimiert. Dazu dient das Konzept der Erhabenheit: "Alle geheimen Feinde der Tyrannei, welche in Europa und auf dem ganzen Erdkreise den Dolch des Brutus unter ihren Gewändern tragen, fordern wir auf diesen erhabenen Augenblick mit uns zu teilen" (II, 7). St. Just ist unerbittlich, unerschütterlich, rigoros. An dieser Figur werden die mörderischen Konsequenzen gezeigt, die materiale Geschichtsphilosophie und idealistische Erhabenheitsästhetik erzielen können, wenn sie im Ausnahmezustand auf politischem Felde praktisch werden. Nicht umsonst ist St. Just bei der Guillotinierung der Dantonianer der treibende Teil: "Sie müssen weg, um jeden Preis und sollten wir sie mit den eignen Händen erwürgen" (III, 6). Robespierre, der nicht im Machtzentrum der Jakobiner steht – St. Just: "Er tut als ob er etwas zu sagen hätte" (III, 6) – legt zusammen mit St. Just die Liste der zu guillotinierenden Dantonianer fest, und dann läuft die Hinrichtungsmaschine, geschmiert durch Rechtsbrüche und lügenhafte Propagandapolitik. Der Unbestechliche ist natürlich nicht so tugendhaft, wie er in ungewöhnlich gut gespielter Glaubwürdigkeit vorgibt zu sein. Im großen bürgerlichen Revolutionstheater gibt es ein reiches Rollenset, er spielt den Tugendhaften und ist – außer in I, 6 – genau so flach angelegt wie St. Just. Er vermag die Tugendbedürfnisse des Volkes auf sich zu zentrieren, kann sich zum qualitativ abgesetzten 'Auge des Volkes' stilisieren: "Armes tugendhaftes Volk! [. . .] Volk du bist groß. [. . .] Deine Gesetzgeber wachen, sie werden deine Hände führen, ihre Augen sind untrügbar, deine Hände sind unentrinnbar" (I, 2).

In der Rolle des unbestechlichen Wächters der volonté génerale, der scheinbar sämtliche kontingenten, individuellen und epikuräisch-hedonistischen Elemente in sich getilgt hat, erzeugt er die Illusion, unparteiisch, unbestechlich, tugendhaft und verlässlich zu sein. Die von ihm monologisch in einer Nachtszene geäußerten Einsichten: “Ob der Gedanke Tat wird, ob ihn der Körper nachspielt, das ist Zufall. [. . .] Wir ringen Alle im Gethsemanegarten im blutigen Schweiß, aber es erlöst Keiner den Andren von seinen Wunden” (I, 6), sind für seine öffentliche Präsentationspolitik folgenlos. Vielmehr ist er – einer pastoralen Politikkonzeption folgend (Foucault) – als “Polizeisoldat des Himmels” (I, 6) in der revolutionären Öffentlichkeit als Lehrer tätig. Seine Lehre ist die folgende: Das politische System wird streng gemäß dem Code revolutionär/konterrevolutionär, tugendhaft/lasterhaft durchmoralisiert und anschließend gemäß der Logik des Entweder/Oder, der Freund/Feind-Konzeption (C. Schmitt) sortiert und guillotiniert. Robespierre erweist sich auf diese Weise als treuer Schüler von Jean-Jacques Rousseau, der im *Gesellschaftsvertrag* im Abschnitt II, 5 “Vom Recht über Leben und Tod” vordekliniert hat, dass jeder Missetäter als Vertragsbrüchiger zugleich Staatsfeind ist.[7]

Aus der Perspektive von Robespierre und St. Just lässt der erhabene Tragödientext der Revolution nur eine Lesart zu: die buchstäbliche. Deshalb wird streng auf die Reinheit des Tragödientextes geachtet, parodistische Gattungsmischung wird strengstens geahndet. Darum heißt es über die Hébertisten:

> Sie [die Faktion des Hébertisten] erklärte der Gottheit und dem Eigentum den Krieg um eine Diversion zu Gunsten der Könige zu machen. Sie parodierte das erhabne Drama der Revolution um dieselbe durch studierte Ausschweifungen bloß zu stellen. (I, 3)

Robespierre und St. Just sind in die Maschine des Guillotinierens so verstrickt, dass sie aus ihr gar nicht ausbrechen können. Deshalb stellt für sie die Guillotine ein technisches Problem dar: Es geht um die Dosierung der Fallhäufigkeit des konvex zugeschnittenen Guillotinebeils. Lacroix:

> Das Guillotinenthermometer darf nicht fallen, noch einige Grade und der Wohlfahrtsausschuß kann sich sein Bett auf dem Revolutionsplatz suchen. [. . .] Das Volk ist ein Minotaurus, der wöchentlich seine Leichen haben muß, wenn er sie nicht auffressen soll. (I, 4)

Die von den Jakobinern betriebene Guillotinierungspolitik erfüllt eine Reihe von unterschiedlichen Funktionen. In den Augen von Robespierre und St. Just ist die Guillotine der Ort, wo die unbestechliche Souveränität des Volkes,

[7] Jean-Jacques Rousseau: *Vom Gesellschaftsvertrag oder Grundsätze des Staatsrechts*. Hg. von Hans Brockhard. Stuttgart: Reclam 2003. S. 37f.

die Majestät des Volkes in Aktion gezeigt werden. Als Apparat des Terrors ist sie zugleich ein Instrument zur Kontrolle des Volkszorns mit seiner anarchischen Totschlägermentalität und steten Bereitschaft zur Lynchjustiz. Vor allem lenkt sie von der extremen wirtschaftlichen Not ab, für die weder Robespierre noch Danton oder das Volk selbst eine Lösung haben. In grausiger Parodie des Abendmahls bietet sie "Köpfe statt Brot, Blut statt Wein" (III, 10) und hat damit kurzfristig Erfolg: "Die Kinder schreien, sie haben Hunger. Ich muß sie zusehen machen, daß sie still sind" (IV, 7).

Die mit dem Sinn des Tigers (IV, 2) ausgestatteten Revolutionäre Robespierre und St. Just beachten nicht ausreichend, dass sie selbst auf einem Tiger reiten, der sie jederzeit abwerfen und ihnen den Kopf abbeißen könnte. Der Widerspruch zwischen einem amoralischen System der Selbsterhaltung, dem sie nicht entkommen können, und einer Moralkonzeption, die einen universalen Anspruch erhebt und Politik, Recht, Ökonomie, Ethik und Ästhetik nach den Grundsätzen der Tugend disziplinieren will, vermögen auch sie nicht zu lösen, sondern allenfalls mit ideologischer Schmiere zu überdecken. Die Revolution, die sich in ihrer Selbstbeschreibung als moralisch, tugendhaft und erhaben begreift, bringt Ungeheuer, Monster hervor, die morden und so sehr in den Mechanismus des Guillotinierens verstrickt sind, dass sie unabsichtlich ihrer eigenen Köpfung zuarbeiten.

Robespierre wirft Danton und seinen Gefolgsleuten Privilegierungspolitik vor, und angesichts der radikalen ökonomischen Misere ist ihr liederlicher, aristokratische Verhaltensweisen nachahmender Lebensstil parasitär und skandalös. Lacroix bemerkt zu Recht: "Und außerdem Danton, wir sind lasterhaft. [. . .] Man nennt uns Spitzbuben und es ist, unter uns gesagt, so halbwegs was Wahres dran" (I, 5). Allerdings sind auch Robespierre und St. Just Privilegierungspolitiker. Sie beanspruchen das Privileg, im Namen des Volkes, als Repräsentant des Volkes, als Auge des Volkes, gar als Repräsentant der Menschheit zu reden, entscheiden und handeln zu können. Sie sind eine auf Selbstermächtigung fußende politische Avantgarde, die das Volk als Objekt für ihre terroristische Tugendpolitik ausnützt. Das ist freilich gar nicht so weit vom elitären Danton entfernt, der das Volk infantilisiert: "Das Volk ist wie ein Kind, es muß Alles zerbrechen, um zu sehen, was darin steckt" (I, 5). Ohne Zweifel trifft sowohl auf Robespierre als auch auf Danton und ihre jeweiligen Gefolgsleute das radikale Verdikt zu, das Büchner in seinem Brief an die Familie vom Februar 1834 schreibt: "Der Aristocratismus ist die schändlichste Verachtung des heiligen Geistes im Menschen" (FA 2: 379).

Im Ausnahmezustand gibt es im strengen Sinne des Wortes keinen Souverän. Weder sind die Jakobiner Souverän, noch ist das Volk Souverän. Wenn es einen Souverän im Ausnahmezustand der Französischen Revolution gibt, dann ist es der einzige Held in diesem Schreckensstück, die von den Jakobinern geheiligte Guillotine, die als Metapher und als Metonymie fungiert. Metapher, weil im Augenblick des Abmähens des Kopfes – bei dieser sanften Hinrichtungsweise verspürt der Delinquent nur eine leichte Frische am Hals (der Philanthrop Guillotin) – gemäß dem Muster einer expressiven Totalität Souveränität in Aktion gezeigt wird, Metonymie, weil innerhalb dieses Souveränitätsschematismus der Augenblick nicht festgehalten wird, nicht verzeitlicht werden kann, sondern stets weitere Augenblicke, weitere Köpfungen einfordert.[8]

III.2

Das Volk leidet bittere ökonomische Not: "Unser Leben ist der Mord durch Arbeit" (I, 2). Die Mühsal der täglichen Lebensfristung schließt Luxusgüter wie Tugend und Laster, Genuss und Glück streng aus. Das Volk ist vielfachen Blendungen ausgesetzt, vermag punktuell das spitzbübische Spiel der Dantonisten zu durchschauen, das spitzbübische Spiel von Robespierre und St. Just nicht. Stets zur Lynchjustiz bereit, ist es von einer mörderischen Energie, die der Disziplinierung bedarf: "Totgeschlagen, wer kein Loch im Rock hat! Totgeschlagen, wer lesen und schreiben kann! Totgeschlagen, wer auswärts geht!" (I, 2). Aber das Volk hat etwas, was auf andere Weise die Dantonisten besitzen, es hat Witz und Sinn für Komik, während Robespierre und St. Just einen tiefernsten Diskurs der Erhabenheit produzieren, der sich erhabenem Kitsch massiv annähert.

III.3

Das Drama *Danton's Tod* präsentiert die Französische Revolution als Männergeschäft: Die Paradegäule der Geschichte (FA 2: 377) sind Männer. Die Frauen im Stück sind unpolitisch, zumindest spielen sie keine aktive Rolle im bürgerlichen Revolutionstheater, brauchen sich nicht als politische Charaktermasken zu profilieren, müssen nicht wie Danton die revolutionäre Stirn machen und in Epigrammen sprechen (I, 6) oder den Jupiter parodieren und mit den Locken schütteln (III, 6). Einmal wird erwähnt, dass Julie und Lucile von Dillon zugemutet wird, Assignaten, Geld unter das Volk zu werfen (III, 5; III, 6).

Der unerschrockene, an radikalen Tabubrüchen interessierte Georg Büchner bringt jugendliche Prostitution auf die Bühne: die Grisetten Rosalie und Adelaide, für die die Worte gelten: "Ihr Hunger hurt und bettelt" (I, 2). Das gilt auch für die Gelegenheitsprostitution, die Simons Weib und Tochter betreiben, denen Büchner keine Namen gegeben hat. Eine Prostituierte aus Überzeugung ist Marion, die zugleich im hedonistischen Epikuräerdiskurs des

[8] Vgl. Müller, *Giftpfeile* 171.

Stückes eine wichtige Rolle spielt: "Es läuft auf eins hinaus, an was man seine Freude hat, an Leibern, Christusbildern, Blumen oder Kinderspielsachen, es ist das nämliche Gefühl, wer am Meisten genießt, betet am Meisten" (I, 5). St. Just ist ein Liebhaber der Absätze im Text der Geschichte. Marion lebt ihr Leben absatzlos. Und doch sind in ihrer Form streng entindividualisierter Existenz Parallelen mit dem St. Just'schen Mordprogramm unübersehbar. Die Männer nimmt sie unterschiedslos als Gattungswesen wahr, der Tod ihres jungen Geliebten, ihrer Mutter markiert bei ihr zwar einen Einschnitt, weckt kein Erbarmen, kein Mitleid. Vom Mangel, der dem Begehren stets eingeschrieben ist, weiß sie nichts, ebenso wenig davon, dass auch ihre Lippen – "Ich bin immer nur Eins. Ein ununterbrochnes Sehnen und Fassen, ein Gebet, ein Strom" (I, 5) –, indem sie *über* sich spricht, *über* sich erzählt, Augen haben.[9] Julie wird als liebende Gattin Dantons gezeichnet, die ihn "lieb Herz" (II, 5) anspricht. Angesichts des über Danton verhenkten Todesurteils – Danton: "Ich werde nicht allein gehn, ich danke dir Julie." (IV, 3) – wählt sie den Freitod und vergiftet sich: "Ich gehe leise" (IV, 6). Lucile versteht ihren Ehemann Camille Desmoulins viel besser, als er sich selbst versteht. Ein kurzer Dialog zwischen Camille und Lucile:

CAMILLE: Was sagst du Lucile?
LUCILE: Nichts, ich seh dich so gern sprechen.
CAMILLE: Hörst mich auch?
LUCILE: Ei freilich.
CAMILLE: Hab ich Recht, weißt du auch, was ich gesagt habe?
LUCILE: Nein wahrhaftig nicht. (II, 3)

Lucile achtet nicht auf den Sinn, auf die Bedeutung der Sätze von Camille, vielmehr hört sie, indem sie ihn sprechen sieht, auf das Klingen der Signifikantenkette, das ihr ungleich mehr über ihren Mann verrät, als wenn sie auf die Semantik der Sätze ihre Aufmerksamkeit richten würde. In IV, 8 versucht sie – inzwischen verwirrt – mit einem das Gewebe der Worte, der Sätze zerreißenden Schrei, mit dem sie sich in einen vorprädikativen und prädiskursiven Bereich begibt,[10] der Katastrophenpolitik der Revolution mit ihrer menschenmordenden Phrasenpolitik – "Diese Elenden, ihre Henker und die Guillotine sind eure lebendig gewordnen Reden." (III, 3) – Einhalt zu gebieten.[11] Allerdings vergeblich, anschließend folgen die Volksliedworte: "Wir

[9] Vgl. Lyon 156.
[10] Bernhard Waldenfels: *Ortsverschiebungen, Zeitverschiebungen: Modi leibhaftiger Erfahrung*. Frankfurt a. M.: Suhrkamp 2009. S. 152.
[11] Vgl. Rüdiger Campe: Danton's Tod. In: *Büchner-Handbuch*. S. 18–38. Hier: S. 35–37.

müssen's wohl leiden" (IV, 8). Zu ihrem letzten Satz, dem zitierten Ausruf: "Es lebe der König!" (IV, 9), hat Paul Celan gesagt: "Es ist das Gegenwort, es ist das Wort das den 'Draht' zerreißt, das Wort, das sich nicht mehr vor den 'Eckstehern und Paradegäulen der Geschichte' bückt, es ist ein Akt der Freiheit, es ist ein Schritt".[12] Indem Julie und Lucile – von Büchner erfunden – die Freiheit zum Tode wählen, begehen sie einen Akt ethisch-existentieller Selbstverwirklichung, der zugleich ein unwiderruflicher Akt der Selbstauslöschung, der Selbstvernichtung ist. Diese ethische Entscheidung ist allerdings keine moralische Entscheidung, sie wird streng individuell gefällt, ist also weder moralisch verallgemeinerungsfähig noch politisierbar.

III.4

In der Büchner-Literatur zu *Danton's Tod* wird immer wieder der Mitte/Ende Januar 1834 an Wilhelmine Jaeglé geschriebene Brief zitiert:

> Ich studierte die Geschichte der Revolution. Ich fühlte mich wie zernichtet unter dem gräßlichen Fatalismus der Geschichte. Ich finde in der Menschennatur eine entsetzliche Gleichheit, in den menschlichen Verhältnissen eine unabwendbare Gewalt, Allen und Keinem verliehen. Der Einzelne nur Schaum auf der Welle, die Größe ein bloßer Zufall, die Herrschaft des Genies ein Puppenspiel, ein lächerliches Ringen gegen ein ehernes Gesetz, es zu erkennen das Höchste, es zu beherrschen unmöglich. Es fällt mir nicht mehr ein, vor den Paradegäulen und Eckstehern der Geschichte mich zu bücken. Ich gewöhnte mein Auge ans Blut. Aber ich bin kein Guillotinenmesser. [. . .] Was ist das, was in uns lügt, mordet, stiehlt? (FA 2: 377)

Das ist natürlich kein Kommentar Büchners zu seinem Drama *Danton's Tod*. Seit Oktober 1834 hat er sich erneut intensiv mit der Französischen Revolution beschäftigt und dann Anfang 1835 seinen dramatischen Versuch (FA 2: 391) unter unglücklichen Verhältnissen in höchstens fünf Wochen geschrieben (FA 2: 393). Dieser viel ausgelegte Brief verknüpft geschichtstheoretische und anthropologische Argumentationsmuster, die durch eine zentrale Annahme eng miteinander verbunden sind. "Geschichte selbst" ist Gewaltgeschichte, im strengen Sinne nicht beherrschbar, aber auch kein Ort, der durch nomologische, kausale, finale oder teleologische Gesetze bzw. Gesetzmäßigkeiten bestimmt ist. Vielmehr zeichnet die Geschichte ein Paradox aus. Es ist das Paradox Notwendigkeit/Kontingenz, das unterschiedlich entparadoxiert werden kann, ohne dass je Prozessgeschichte und Handlungsgeschichte miteinander homogenisiert werden könnten. Das ist der Abschied von allen personalen Geschichtskonzeptionen und von allen Geschichtsphilosophien,

[12] Paul Celan: Büchner-Preis-Rede. In: *Büchner-Preis-Reden 1951–1971*. Stuttgart: Reclam 1972. S. 88–102. Hier: S. 90.

die sich auf eine Beziehung zwischen Ursprung und Ziel verpflichten. Aber nicht nur die "Geschichte selbst", sondern ebenfalls die in ihr agierenden Menschen stehen im paradoxen Spannungsfeld von Kontingenz und Notwendigkeit. Sie sind zwar einerseits zu verantwortlichen, zurechenbaren Akten der Resistenz, des Widerstands, der Subversion fähig: "Es fällt mir nicht mehr ein, vor den Paradegäulen und Eckstehern der Geschichte mich zu bücken" (FA 2: 377), andererseits stellt sich für jeden Einzelnen auch die Frage: "Was ist das, was in *uns* [Hervorhebung H. M.] lügt, mordet, stiehlt?" (FA 2: 377).

Nun ist das außerordentlich Raffinierte dieses verstörenden Stückes, dass das Ausgangsparadox: Geschichte ist kontingent und notwendig, narrativ so entparadoxiert wird, dass die Entparadoxierungen wieder ein Paradox bilden. Geschichte im Spannungsfeld zwischen Machbarkeit und Nichtmachbarkeit wird durch das erhabene Tragödienkonzept (Robespierre, St. Just mit ihren Machbarkeitsphantasmen) und durch das groteske Komödienkonzept (bes. Danton mit seinen Ohnmachtsphantasmen) so entparadoxiert, dass das Gegeneinander der Narrationen zugleich wieder ein Paradox formt.[13] Das Spiel zwischen Entparadoxierung und Reparadoxierung wird dadurch verkompliziert, dass Tragödien- und Komödienkonzept als kontingente Interpretamente vorgestellt werden: "Ob der Gedanke Tat wird, ob ihn der Körper nachspielt, das ist Zufall" (I, 6). Das hängt auch damit zusammen, dass Büchner weder das bürgerliche Trauerspiel fortsetzt noch sich in das Hegelsche Tragödienkonzept einschreibt, vielmehr betreibt er radikale *Gattungsmischung* im Sinne des von ihm übersetzten Victor Hugo, der bekanntlich im *Préface du Cromwell* folgendes geschrieben hat: "Shakespeare, c'est le drame; et le drame qui fond sous un même souffle le grotesque et le sublime, le terrible et le buffon, la tragédie et la comédie [. . .]. Le drame est la poésie complète".[14]

Die von Büchner energisch betriebene Gattungsmischung bewirkt zum Beispiel, dass Parodie und Parodie der Parodie sowohl auf das Tragödien- als auch auf das Komödienkonzept bezogen werden können. Hinzu kommt, dass Büchner eine Reihe von metatheatralen, metatextuellen und metahistorischen Verfahren so benutzt, dass sich das Drama als Drama, Repräsentation sich als Repräsentation ausstellt.[15] Selbstreferentiell bezieht sich das Drama auf die Relation Selbst-/Fremdreferenz, indem sprachtheoretische und dramentheoretische Abschnitte eingebaut werden. Sodann gibt es ein

[13] Vgl. Müller, *Gegengifte* 83 f.

[14] Victor Hugo: *OEuvres Complètes*. Hg. von Jean-Pierre Reynand. Paris: Laffont 1985. Band 5. S. 14f.

[15] Vgl. Ingo Breuer: Exkurs Geschichtsdrama. In: *Büchner-Handbuch*. S. 39–44. Hier: S. 43f.

außerordentlich kunstvoll angelegtes Spiel mit unterschiedlich situierten Fremdreferenzen. Das gilt zunächst für literarische und theoretische Texte, deren Echos auf vielfältige Weise im Text erklingen: Bibel, Volkslied, Shakespeare, Rousseau, Goethe, Schiller, Tieck, Hegel, Grabbe, Heine. Diese intertextuellen Bezüge zeigen, dass *Danton's Tod* ein ins Kunstsystem gehörendes, 'autonomes' Kunstwerk ist, in das auch Texte eingearbeitet werden, die nach dem Ende der Französischen Revolution verfasst worden sind (Hegel, Grabbe, vor allem Heine), um auf die aktuelle Schreibsituation Büchners aufmerksam zu machen. Dazu zählt ebenfalls Büchners Auseinandersetzung mit Geschichts- und Revolutionskonzepten, wie er sie in der Historiographie zur Französischen Revolution vorgefunden hat (Thiers, Mercier, vor allem Friederich).[16] Das Studium der Geschichtsbücher erlaubt ihm allerdings auch die Installation einer anderen Form von Fremdreferenz: Mehr als 20% des Textes sind verifizierbare historische Quellen, also Dokumente, die Büchner in sein Drama inseriert hat, ohne diese Texte allerdings als Dokumente zu markieren. Dieses dokumentarische Verfahren erzielt stark *realistische* Effekte, weil Dokumente Lokalisierung und Datierung – die nicht aufeinander reduzierbaren Wo-Fragen und Wann-Fragen – extrem eng führen.[17] Karl Gutzkow berichtet von Rezipienten, die *Danton's Tod* als "ein dramatisiertes Kapitel des Thiers" (FA 2: 441) wahrgenommen haben. Die realistischen Effekte, die durch den Einsatz von Dokumentarmaterial erzeugt werden, werden erheblich intensiviert durch die von Büchner benutzten Verfahren mimetischer Repräsentanz.[18] *Danton's Tod* ist ein historisches Drama und benutzt massiv personale, lokale und temporale Referenzen, zudem ist die Ereignisverkettung zwischen der Guillotinierung der Hébertisten und der Köpfung der Dantonisten so konstruiert, dass sie an das historische Wissen der Adressaten gut anschließbar ist. Sodann werden auf für deutsche Dramengeschichte unerhörte Weise die unmoralischen, liederlichen, obszönen, derb sexuellen, zynischen, kynischen, blasphemischen und vulgären Seiten der Französischen Revolution aufgeschlagen. Radikal setzt Büchner bisher geltende Wohlverhaltensregeln in einer Weise außer Kraft, dass der Prototyp des deutschen historischen Dramas – Johann Wolfgang Goethes *Götz von Berlichingen* – als Werk eines Klosterschülers klassifiziert werden könnte. An seine Eltern schreibt Büchner zu Recht:

> Ich kann doch aus Danton und den Banditen der Revolution nicht Tugendhelden machen! Wenn ich ihre Liederlichkeit schildern wollte, so mußte ich sie eben

[16] Vgl. Campe 21.
[17] Vgl. Waldenfels 237f.
[18] Vgl. Susanne Knaller: Realismus und Dokumentarismus: Überlegungen zu einer aktuellen Realismustheorie. In: *Realismus in den Künsten der Gegenwart*. Hg. von Dirck Linck u.a. Zürich: Diaphanes 2010. S. 175–189.

> liederlich sein, wenn ich ihre Gottlosigkeit zeigen wollte, so mußte ich sie eben wie Atheisten sprechen lassen. Wenn einige unanständige Ausdrücke vorkommen, so denke man an die weltbekannte, obscöne Sprache der damaligen Zeit, wovon das, was ich meine Leute sagen lasse, nur ein schwacher Abriß ist. (FA 2: 410)

Auf schwindelerregende, verwirrende Weise mischt Büchner dokumentarische, mimetisch-repräsentative mit poietischen Verfahren, verknüpft also vorgefundene mit erfundenen Texten (vgl. z. B. die Rede von St. Just in II, 7), deren Gesamtzusammenhang wiederum poetisch/metapoetisch strukturiert wird. Auf diese extrem komplizierte Art betreibt Büchner, dessen Drama *Danton's Tod* ein "Tigersprung in die Vergangenheit" (Benjamin) der Terreur ist, eine aktive, spielerische und tief ernste ästhetische Arbeit am Revolutionsbegriff und den damit verbundenen anthropologischen Fragestellungen. Er eröffnet auf diese Weise ein vieldimensionales, spatiales und temporales Beziehungsfeld, das zweistellige Abbildästhetiken[19] oder konstruktivistische, auch postmoderne Spielereien weit hinter sich lässt.

Das vielpersonige Prosadrama zu den prosaischen Verhältnissen zur Zeit der Terreur mit seinen Diskursmischungen, die von der Theodizeeproblematik über den Tugend- und Genussdiskurs bis zum sexuellen Diskurs reichen, ist durch einen episodischen, Verräumlichung vor Verzeitlichung bevorzugenden Stil gekennzeichnet. Dieser Tendenz zur Episierung entspricht auch der von E. Duller bei der Erstveröffentlichung hinzugefügte Untertitel: "Dramatische Bilder aus Frankreichs Schreckensherrschaft", den Büchner als abgeschmackt empfand (FA 2: 409). Allerdings scheint mir der pluralisiert eingeführte Terminus "Bilder" nicht unglücklich gewählt worden zu sein. Im Spannungsfeld zwischen Ereignis-, Handlungs- und Zustandsdrama legt Büchner eher das Schwergewicht auf Zustandsdrama, auf die Reihung von Bildern, auf das synchrone In- und Gegeneinander unterschiedlicher Diskurse, die zugleich diachron facettiert werden. Diese episodische Verfahrensweise erklärt zudem, dass die Protagonisten Robespierre in II, 7 und St. Just in III, 6 ihren letzten Auftritt haben und die Dantonisten anschließend das Bühnengeschehen dominieren.[20] Verständlich wird dadurch ebenfalls Büchners dramaturgische Technik, Figuren nur in einer Szene auftreten zu lassen, obwohl sie im Diskursuniversum des Stückes wichtige Positionen markieren (z. B. Marion [I, 5] im hedonistischen Epikuräerdiskurs; Payne [III, 1] im Theodizeediskurs).

[19] Vgl. Müller, *Gegengifte* 97 f.

[20] Vgl. Helmut J. Schneider: Tragödie und Guillotine: Büchners Schnitt durch den klassischen Bühnenkörper. In: *Die deutsche Tragödie*. Hg. von Volker C. Dürr und Helmut J. Schneider: Bielefeld: Aisthesis 2006. S. 127–156. Hier: S. 127f.

III.5

In der Wirkungsgeschichte ist das Stück häufig auf bestimmte Konzepte heruntergearbeitet worden. Während es eine nihilistische Weltsicht – "Das Nichts ist der zu gebärende Weltgeist!" (IV, 5) – oder eine ästhetisch gebrochene Metaphysik der Natur zu vermitteln scheint, ist es zugleich von einer metahistorischen, anthropologischen Sicht geprägt, die Liebe (Julie, Lucile), Genuss (Marion, Danton), Solidarität (Dantonianer) und Erbarmen/Gnade (Desmoulins) hervorhebt. Dieser anthropologische Materialismus weiß jedoch auch um etwas, was Adorno "Aroma des Materialismus" genannt hat.

> Das Gemeinsame an allem Materialismus ist [. . .], das am Tode Verdrängte in seiner ganzen Schwere in das Bewußtsein aufzunehmen. Also zum Materialismus gehören wesentlich dazu Erfahrungen von der Leiche, von der Verwesung, von dem Tierähnlichen.[21]

Allerdings wird dieser anthropologische Materialismus nicht dogmatisch festgestellt, sondern ist tief verunsichert durch ein Rätsel, das Danton im Rückblick auf die Septembermassaker so formuliert: "Es muß; das war dies Muß. Wer will der Hand fluchen, auf die der Fluch des Muß gefallen? Wer hat das Muß gesprochen, wer? Was ist das, was in uns lügt, hurt, stiehlt und mordet?" (II, 5).

Das Stück liefert auf die Fragen keine Antwort, und Büchner selbst hatte auf die Fragen nach dem "Es", dem "Wer", dem "Muß", dem "Das" keine Antwort. Es war genau dieses nicht lösbare, ihn intensiv bedrängende Problem des paradoxen Zusammenhangs von Notwendigkeit und Kontingenz in seinen geschichts-, revolutionstheoretischen und anthropologischen Dimensionierungen, das Büchner Anfang 1835 in einer extrem bedrohlichen existentiellen Notsituation den Impuls gab, ein verstörendes, hochkomplexes, polyperspektivisches und paradoxes Drama zu schreiben, das allerdings den Wunsch nach Sinn, nach Lehre und Orientierung unerfüllt lässt.

IV.

> Hegel bemerkt irgendwo, daß alle großen weltgeschichtlichen Tatsachen sich sozusagen zweimal ereignen. Er hat vergessen hinzuzufügen: das eine Mal als Tragödie, das andere Mal als Farce. [. . .] Aber unheroisch, wie die bürgerliche Gesellschaft ist, hatte es jedoch des Heroismus bedurft, der Aufopferung, des Schreckens, des Bürgerkriegs und der Völkerschlachten, um sie auf die Welt zu setzen. Und ihre Gladiatoren fanden in den klassisch strengen Überlieferungen der römischen Republik die Ideale und die Kunstformen, die Selbsttäuschungen, deren

[21] Theodor W. Adorno: *Philosophische Terminologie*. Band 2. Frankfurt a. M.: Suhrkamp 1974. S. 180f.

sie bedurften, um den bürgerlich beschränkten Inhalt ihrer Kämpfe sich selbst zu verbergen und ihre Leidenschaft auf der Höhe der großen geschichtlichen Tragödie zu halten.[22]

Man kann die Französische Revolution als das größte und merkwürdigste Phänomen der Staatengeschichte betrachten, als ein fast universelles Erdbeben, eine unermeßliche Überschwemmung in der politischen Welt; oder als ein Urbild der Revolutionen, als die Revolution schlechthin. Das sind die gewöhnlichen Gesichtspunkte. Man kann sie aber auch betrachten als den Mittelpunkt und den Gipfel des französischen Nationalcharakters, wo alle Paradoxien desselben zusammengedrängt sind; als die furchtbarste Groteske des Zeitalters, wo die tiefsinnigsten Vorurteile und die gewaltsamsten Ahndungen desselben in ein grauses Chaos gemischt, zu einer ungeheuren Tragikomödie der Menschheit so bizarr als möglich verwebt sind.[23]

[22] Karl Marx/Friedrich Engels: Der achtzehnte Brumaire des Louis Bonaparte. In: *Werke*. Band 8. Berlin: Dietz 1973. S. 115f.
[23] Friedrich Schlegel: *Charakteristiken und Kritiken I (1796–1801)*. Hg. von Hans Eichner. München: Schöningh 1967. S. 247f.

Rodney Taylor

Substance and Suffering in *Danton's Tod*: The Payne Dialogue (III, 1)

Büchner incorporates philosophical notions developed in Feuerbach's Todesgedanken *into scene III, 1 of* Danton's Tod. *These ideas concern the meaning of absolute Being in its relation to finite existence and the phenomenon of death. Payne's acosmism encompasses the Spinozan categories of eternity and time in his approach to the existential significance of suffering. Though solving the problem of the relation of the One to the Many, he radically questions the dialectic inherent in the ontological difference between the infinite (the eternal) and the finite (the temporally actual). Payne ultimately rejects the theodicy that this speculative dialectic involves.*

I.

The philosophical conversation in Act III, Scene 1 of Georg Büchner's historical drama, *Danton's Tod* (1835) – the famous "Payne Dialogue" – contains a reflection on the universal meaning of suffering in the context of a critical meditation on metaphysical doctrines developed by Benedictus de Spinoza in his *Ethica Ordine Geometrico demonstrata* (posthumously published in 1675). The episodic structure of Büchner's drama enables him to juxtapose scenes portraying historical realities with a character's subjective interpretation of these events. As Gerhard P. Knapp points out, certain episodes in Büchner's drama, e.g., I, 6, III, 7 and IV, 5, raise the tragic significance of historical circumstance to the level of philosophical speculation.[1] Moreover, like IV, 5, the "Payne Dialogue" extrapolates from history directly to confront questions concerning metaphysics and human suffering. In consonance with prevalent scholarly opinion, Henri Poschmann observes that ideas in III, 1 reflect Büchner's ruminations on Spinoza found in his lecture notebooks of 1836 (FA 1: 552; cf. MBA 3.4: 167). While Poschmann's view is correct, it neglects a crucial aspect of Spinozan significance in the text that has eluded scholarly attention. My object in this essay is to elucidate this dimension of metaphysics, which encompasses Payne's speculation on absolute Being and its relation to our ultimate possibility of salvation from suffering. As I will show, Payne's theory of ontology in III, 1 of *Danton's Tod* is based on the re-interpretation

[1] Gerhard P. Knapp: *Georg Büchner*. Stuttgart: Metzler 3rd revised ed. 2000 (Sammlung Metzler 159). S. 123–125.

of Spinozism elaborated in Ludwig Feuerbach's philosophical masterpiece, *Gedanken über Tod und Unsterblichkeit aus den Papieren eines Denkers* (published anonymously in 1830).

Louis Ferdinand Helbig specifies a series of textual parallels between the *Todesgedanken* and *Danton's Tod* to demonstrate inductively how Büchner incorporates concepts elaborated by Feuerbach into III, 7 of his drama.[2] Knapp and other commentators further investigate these connections.[3] However, an examination of the role played by Feuerbach's treatise in constructing the Spinozan ontology of III, 1 remains a desideratum of research. Due to the conceptual intricacies of III, 1, such scrutiny requires close analysis of the complex speculative content of Büchner's source text, i.e., the *Gedanken über Tod und Unsterblichkeit*, in its relation to Spinoza's magnum opus. By investigating the philosophical concepts developed in these and other related sources, I intend to expound the Spinozan significance of Being and suffering portrayed in III, 1 of *Danton's Tod*. Erwin Kobel recognizes that, for Payne, spiritual serenity resides in the release from suffering attendant upon the mind's Spinozan transcendence of temporal reality: "Im Spinozismus verschwinde alles Werden aus der Natur [. . .] [das Werden] [ist] ein bloß[er] Scheinbegriff".[4] His theory of salvation issues from Payne's acosmism; this Hegelian notion displays his peculiar approach to Spinozan ontology. To follow the logical progression involved in Payne's acosmism to the conclusion at which he arrives enables one to comprehend the dark profundity of Büchner's perception of human suffering.

II.

The historical trauma of *Danton's Tod* depicts the collision of democratic values projected upon society by charismatic visionaries with a tragic outcome of historical circumstance: the Reign of Terror.[5] This monstrous counterfinality of revolutionary endeavor is reflected in the subjectivity of the potentates, Danton and Robespierre, both of whom Büchner depicts as demiurges of the historical upheaval. The main character in Büchner's drama, Danton, embodies this collision between democratic value-aspirations and the brute vicissitudes

[2] Louis Ferdinand Helbig: *Das Geschichtsdrama Georg Büchners*. Bern: Lang 1973. S. 109.

[3] Knapp 124–125; FA 1: 553; Rodney Taylor: Büchner's Critique of Platonism in *Dantons Tod*. In: *Neophilologus* 87 (2003). Pp. 281–297. Here: P. 284–287.

[4] Erwin Kobel: *Georg Büchner: Das dichterische Werk*. Berlin: de Gruyter 1974. S. 124.

[5] Gerhard Jancke: *Georg Büchner: Genese und Aktualität seines Werkes*. Kronberg: Scriptor 1975. S. 166–167.

of political reality. In II, 5 of the work, Danton has a nightmare in which the word *September* echoes through the dark streets of Paris, as though screeched by phantasms of the dead. In spite of his torment of conscience, Danton assures Julie that his ordering of the September Massacres of 1792 was a necessary measure for preserving the revolution against the machinations of maleficent royalist forces designing its destruction:

JULIE: Die Republik war verloren [. . .].
DANTON: Wir schlugen sie, das war kein Mord, das war Krieg nach innen.
JULIE: Du hast das Vaterland gerettet.
DANTON: Ja das hab' ich, das war Notwehr, wir mußten. (MBA 3.4: 101. Further references to *Danton's Tod* are to Ludwig Büchner's edition of his brother's writings)

As Knapp insists, Danton's psychic agony induces him to ascribe the terrible Necessity imposed upon his revolutionary persona by historical circumstance to an inscrutable fate: "Es muß; das war dies Muß! [. . .] – Wer hat das *Muß* gesprochen, wer?" (N 100; Büchner's emphasis).[6] The overriding significance of the historical dimension of Büchner's drama notwithstanding, Danton's anguish is not confined to the specific constellation of history in which he lives and suffers. For, in Schopenhauerean fashion, his spiritual turmoil ultimately induces Danton to identify his personhood with the suffering of sentient creatures in general. In a reductio ad absurdum of theodicy, the infernal "chorus" in IV, 5 of *Dantons Tod* reflects Danton's self-identification with the pain of the world (N 144–145).[7] Mutatis mutandis, III, 1 contains a similar stratum of meaning.

Payne first cites Spinoza in his response to Mercier's question concerning the ontological status of creation as eternal: "Halten Sie, Payne, wenn aber die Schöpfung ewig ist?" (N 110). In this context, Payne refers to Spinoza's claim that two attributes known to the mind express the eternal status of substance as a self-existent and all-inclusive totality, the unitary ground of all being: "Payne. Dann ist sie schon keine Schöpfung mehr, dann ist sie Eins mit Gott oder ein Attribut desselben, wie Spinoza sagt, dann ist Gott in Allem" (N 110). This passage refers to one of Spinoza's demonstrations in Pt. I, Prop. XIX of the *Ethica*.[8] In regard to this Proposition, Büchner affirms his theology professor's postulation that, for Spinoza, the attributes of thought and extension are two different ways in which the intellect perceives the perfect unity of substance: "*zwei verschiedene Betrachtungsweisen* des einen und schlechthin

[6] Knapp 117.
[7] John Reddick: *Georg Büchner: The Shattered Whole*. Oxford: Oxford University Press 1994. P. 152.
[8] Cf. MBA 3.4: 166.

in sich einigen Wesens".[9] However, in the above-quoted passage, Büchner portrays Spinoza's monistic universe as an indivisible totality perceived by the philosophic intellect not under the species of thought but under that of extension, which attribute Spinoza also designates as corporeal substance, or matter (cf. the Scholium to Pt. I, Prop. XV of the *Ethica*).

Mercier's question to Payne, quoted above, implies the position that creation – i.e., "die Schöpfung" – encompasses the fecund variety of beings that exist in the corporeal universe posited by such theists as Augustine and Leibniz as the efflorescence of a transcendent divinity's creative fiat. However, in his response to Mercier, Payne effectively negates the universe of Christian theology in its status as contingent for its being upon the omnipotent will of God, its efficient cause. At the same time, he transmutes creation into an infinite and eternal attribute, or infinitely perfect expression of Spinoza's substance. Thus, in consonance with the latter's assertion in the Scholium to Pt. I, Prop. XV of the *Ethica*, Payne identifies spatio-temporal "creation" with the expression of the one substance that Spinoza terms "substantia corporea".

Payne's definition of the undifferentiated simplicity and infinitude of substance in its expression as corporeal attribute, not as thinking attribute, constitutes a fundamental determination of its nature. This determination *manifests* the unique essence of substance in the form of physical nature. As his notebooks on Spinoza show, Büchner questions how Spinoza's attributes of substance, each of which expresses its essence as an "absolutely infinite" thing, differ in nature from substance itself.[10] He holds that either substance or an attribute of substance is a category devoid of content, if one or the other term does not evince a determinate nature: "Also sind die Begriffe von *Substanz* und *Attribut* identisch, eins von beiden ist ein leeres, inhaltloses Wort" (HA 2: 285; Büchner's emphasis). Büchner's Payne does not merely accept Spinoza's bald postulation that substance reflects "die absolute Einheit des Denkens und [. . .] [der] Ausdehnung".[11] Instead, in quasi-Hegelian fashion, he implicitly distinguishes extension from thought in order to *determine*

[9] Johannes Kuhn: *Jacobi und die Philosophie seiner Zeit*. Frankfurt a. M.: Minerva 1967. This edition is a reprint of Kuhn's treatise, which was originally published in Mainz in 1834. S. 94; cf. HA 2: 242–243; Jonathan Bennett: *A Study of Spinoza's Ethics*. Indianapolis, Indiana: Hackett 1984. Pp. 60–63.

[10] Benedictus de Spinoza: *Spinoza Opera*. Hg. von Carl Gebhardt. 4 Bände. Heidelberg: Carl Winter 1972. Band 2. P. 54. Further references to Spinoza are to this edition, unless otherwise indicated. Translations into English are taken from *The Collected Works of Spinoza*. Ed. and Transl. by Edwin Curley. 2 Volumes. Princeton: Princeton University Press. 1985-. Volume I. Henceforth, references will be made in main text.

[11] Georg Wilhelm Friedrich Hegel: *Wissenschaft der Logik*. Hg. von Friedrich Hogemann und Walter Jaeschke. 2 Bände. Hamburg: Meiner 1978. Band 1. S. 376.

the absolute content of substance in its manifestation as corporeal substance. He thereby defines this content through its contraposition to the determination of substance consisting in the attribute of thought. Payne's interpretation of Spinoza's metaphysic of substance and its attributes affirms corporeal substance over against the idealist *Anschauung* inherent in thinking substance. This view supports Knapp's observation that Büchner's approach to Spinozan ontology reflects the materialist orientation of his thinking about ultimate reality.[12]

Determining the essence of substance under the material attribute, Payne portends the vision of suffering that he develops in III, 1 through a caustic parody of Spinoza's naturalism. Payne specifies corporeal substance as the ontological condition for the possibility of the actual existence of individuals and, ipso facto, physical pain, such as toothache, etc.:

> PAYNE [. . .] aber Sie müssen mir zugestehen, daß es gerade nicht viel um die himmlische Majestät ist, wenn der liebe Herrgott in jedem von uns Zahnweh kriegen, den Tripper haben, lebendig begraben werden oder wenigstens die sehr unangenehmen Vorstellungen davon haben kann. (N 110)

Payne's parody refers to Spinoza's complex version of philosophical materialism.[13] Moreover, it points to the latter's claim that the human mind is consciousness of the body – as this organism exists as a finite mode, or way of being and acting, of corporeal substance. For Spinoza, inasmuch as God constitutes the essence of the mind as a mode of the attribute of thought, his (*Deus* is masculine) thinking nature "is explained through the nature of the human mind" (Spinoza 1: 456). No causal interaction obtains between body and mind. Nevertheless, the mind mirrors all metabolic and perceptive activities of the body. Consequently, God has an idea of the body's myriad dati of sensation: "whatever happens in the object of the idea constituting the human Mind, the knowledge of it is necessarily in God" (Spinoza 1: 457). Thus, in Payne's transmogrification of Spinoza's psycho-physical parallelism, God is not the *ens summe perfectum* whose ontological status as free cause necessarily makes him immune to suffering. For, as his nature is perceived as a "res cogitans", Spinoza's God feels, and is aware of feeling, the pain of an individual mind whose body suffers from gonorrhea (Spinoza 2: 86).

Payne continues his meditation on Spinoza in III, 1. However, before analyzing Payne's acosmism as such, I shall adumbrate pertinent aspects of Spinoza's system, in which context I shall compare the latter's doctrines to

[12] Knapp 40.
[13] Cf. Emilia Giancotti: The Birth of Modern Materialism in Hobbes and Spinoza. In: *The New Spinoza*. Ed. Warren Montag and Ted Stolze. London-Minneapolis: University of Minnesota Press 1998. Pp. 49–62.

Feuerbach's re-interpretation of these claims in the *Gedanken über Tod und Unsterblichkeit*.

While indicating that his work elaborates a "pantheism" of nature, nowhere in the text does Feuerbach refer to Spinoza by name.[14] This lack of mention has induced scholars to overlook the Spinozan impetus of the text in favor of its significant Hegelian dimension, salient elements of which I shall also consider below. For Simon Rawidowicz, Feuerbach's speculations in the *Gedanken über Tod und Unsterblichkeit* manifest the pervasive influence of Hegelian idealism, which Feuerbach treats in his dissertation entitled *De Ratione, Una, Universali, Infinita* (1828). Though nuances of theosophical mysticism resonate in the *Gedanken über Tod und Unsterblichkeit*, Rawidowicz holds that it extends concepts developed in the dissertation by describing the self-realization of Spirit as it progressively attains absolute self-consciousness.[15] However, the following considerations will show that the theory of ultimate reality articulated in the *Gedanken über Tod und Unsterblichkeit* derives not from Georg Wilhelm Friedrich Hegel's panpsychism of nature as an egression of Mind, but from Spinoza's monism, or one-substance theory of nature – a fact of which Büchner was aware.[16]

Doubtless, the quasi-Hegelian critique of Christianity developed in the *Gedanken über Tod und Unsterblichkeit* establishes it as the earliest text in Left Hegelian thought. However, regarding the Spinozan significance of the work, Payne's speculation evidences Büchner's recognition that Feuerbach amalgamates Spinoza's doctrines with concepts from Hegelian metaphysics. Feuerbach's point of departure in the *Gedanken über Tod und Unsterblichkeit* is his analysis of Christian subjectivism, a theological tradition originating in Neo-Platonism. In its abhorrence of the body's sensations, which obscure the inner light of the soul, Christian Platonism projects "die pure nackte Persönlichkeit" as an autonomous spirit (Feuerbach 11: 84). An effulguration of the divine, the soul is uncontingent for its being upon the turbid material sphere. However, only beyond the grave can the soul overcome its alienation from God in the dark and dreary world. The corollary of its otherworldliness is Christian subjectivism's transformation of sensible reality – symbolized by "die Rosen und Lilien der gegenwärtigen Welt"– into a dolorous illusion

[14] Ludwig Feuerbach: *Sämtliche Werke*. Hg. von Wilhelm Bolin & Friedrich Jodl. 11 Bände. Stuttgart-Bad Cannstatt: Friedrich Frommann Verlag-Günther Holzboog 1959–1960. Band 11. S. 98–101. Further references to Feuerbach will be made in the main text.

[15] Simon Rawidowicz: *Ludwig Feuerbachs Philosophie*. Berlin: de Gruyter 1964. S. 22, 25.

[16] Cf. Bennett 60.

(Feuerbach 11: 87). Eschewing this religious dualism, Feuerbach identifies God with monistic nature: "*Deus-sive-substantia-sive-natura*".[17]

For Feuerbach, the universe is the sole entity whose essence entails its existence. As immanent cause, nature is substance: an unlimited power existing autonomously in itself. Feuerbach uses various terms to designate this self-subsistent totality, one of which is *Leben*:

> denn nur das lebt, dessen Sein und Wesen sein Leben selbst ist; Leben ist Einheit des Wesens und Seins, Leben nur dort, wo absolute Identität mit sich selbst ist [. . .] *Leben* heißt nichts anderes, als *der Grund seiner selbst* sein". (Feuerbach 11: 166–167; his emphasis)

Feuerbach's definition of life derives from Spinoza's assertion that God, or substance, is absolute Being; it is thus "absolved" of relation to anything existing beyond itself.[18] For, as the ground of its own existence, no Other can exist beyond substance. The nature of substance entails its ontological status as an entity that it all-inclusive. As *Causa sui* ("*Grund seiner selbst*"), the essence of substance is necessarily infinite, therefore implying its existence, which signifies absolute actuality. In substance essence and existence are identical (cf. *Ethica* Pt. I, Prop. XX). Thus, Feuerbach asserts that "Dem Unendlichen kommt auch unendliches Sein zu, es kann nicht unendlich dem Wesen nach, endlich aber dem Sein nach sein, ohne aufzuhören, Unendliches zu sein" (Feuerbach 11: 111–112). Likewise, echoing Hegel's claim in his *Enzyklopädie der philosophischen Wissenschaften im Grundrisse* (1830), Büchner holds that as *Ens summè perfectum* – "das Vollkommne" – Spinoza's God exists absolutely: "weil sein nicht Daseyn gegen seinen Begriff [viz., 'essentia'] streitet"(HA 2: 239).[19] Spinoza's definition of God as *Causa sui* necessitates that substance is an unbounded plenitude that "suffers no description or determination".[20] An infinitely perfect, therefore necessarily existing thing, substance is in-itself and conceivable only through itself: "Per substantiam intelligo id, quod in se est" (Spinoza 2: 45). Substance is a self-existent Absolute. Consisting of infinitely many attributes, the aseity of substance is manifested by each one. Each attribute thus expresses an *absolutely infinite* nature, for the definition of substance entails that it is

[17] Erroll E. Harris: *The Substance of Spinoza*. New Jersey: Humanities Press 1995. P. 16.

[18] William J. Richardson, S.J.: *Heidegger Through Phenomenology to Thought*. The Hague: Martinus Nijhoff 1974. P. 332.

[19] Cf. Georg Wilhelm Friedrich Hegel: *Enzyklopädie der philosophischen Wissenschaften im Grundrisse*. Hg. von Wolfgang Bonsiepen und Hans-Christian Lucas. Hamburg: Meiner 1992. S. 115–116.

[20] Harry A. Wolfson: *The Philosophy of Spinoza*. 2 Volumes. Cambridge, Mass.: Harvard University Press 1962. Volume 1. P. 137.

"Ens absolutè infinitum", i.e., reality whose nature negates the very notion of its negation (Spinoza 2: 54). In virtue of the aseity implied by its nature, Spinoza identifies reality with perfection, or infinitely complete existence. (cf. Spinoza 2: 85). The mind cognizes two attributes that express the nature of substance as a self-existent and eternal – an absolutely infinite and infinitely perfect totality (cf. Spinoza's proof in Pt. I, Prop. XI Schol. in the *Ethica*). As noted above, these are thought and extension. Feuerbach's Spinozism defines nature as "das Unendliche", the essence of which implies pure Being: "dem Unendlichen [kommt] Sein an und für sich [zu]" (Feuerbach 11: 110). A thing whose nature is *Causa sui* cannot be subject to temporality. Spinoza therefore identifies the infinite totality that is existence with eternity (cf. Spinoza 2: 46). Similarly, Feuerbach describes God as "das unendliche Wesen, [das] unbeschränkt, unendlich und *ewig* ist" (Feuerbach 11: 125; emphasis mine). Spinoza posits substance as an eternal totality that is indivisible in nature (Spinoza 2: 59). Substance is not a whole composed of disparate parts, for it is supremely unique in nature. Echoing Spinoza, Feuerbach asserts that in its essential uniqueness substance abrogates divisibility: "Die Theilung ist in der untheilbaren Substanz negirt, unwirklich – denn die Substanz ist ja die Negation der Theilbarkeit" (Feuerbach 11: 181).

In its temporal semblance, corporeal substance reflects a boundlessly dynamic self-metamorphosing power. As *Natura naturans*, God is an all-inclusive creative force that perpetually brings forth infinitely many individuals in infinitely many ways. These *Natura naturata* ("all the modes of God's attributes") encompass anorganic and organic complexes that are determinate expressions of the nature of substance (Spinoza 1: 434). A mode exists "in alio", having the ground of its being in substance (Spinoza 2: 45). As finite entities, modes in the spatio-temporal realm include such formations as nebulae, the Sandhill Crane and the Dalai-Lama. Each of these physical configurations comes to be in space and strives to maintain its existence in time. Spinoza asserts that reality cannot be adequately conceived under the aspect of time; adequately to conceive substance is to conceive its nature *sub specie aeterni*. Nevertheless, he alludes to a species of temporality composing a fundamental dimension of nature. Time per se involves not a span of duration, but duration as such, i.e., *sempiternitas*, which term signifies "perpetuity, eternal duration".[21] Analogous to a river flowing without beginning or end, duration is a perpetual succession of Nows.[22] In the stream of time, infinitely

[21] Charleton T. Lewis and Charles Short: *A Latin Dictionary*. Oxford: Oxford University Press 1991. P. 1, 6668; cf. Spinoza 2: 46.
[22] Cf. Nicolai Hartmann: *Philosophie der Natur*. Berlin: de Gruyter 1980. S. 149–150.

many modal systems continuously emerge to flourish in existence, their elements eventually dissipating to compose fresh organisms in the sempiternal dynamics of nature. As a finite mode of matter, the human body has actual existence only in spatio-temporal reality. Spinoza defines the mind not as an autonomous thinking substance; it is instead the idea, or consciousness of the body. As noted above, Spinoza's phenomenalism asserts that the mind mirrors all sensations of the body and has ideas of these complexes of dati, while intuiting the forms of these ideas ("idea ideae"). This mental automaton thus cognizes its ideas of the body's feelings in their organic unity and is a sentient whole, or knowing self, that knows that it knows, and knows that it knows that it knows, ad infinitum (cf. the Scholium in Pt. II, Prop. XXI of the *Ethica*).

The distinction, drawn by Spinoza, between infinitude and finitude of nature is crucial for understanding Feuerbach's conception of individual being in its relation to the Absolute – as is Spinoza's contraposition of eternity to time. Utilized by Feuerbach in developing his phenomenology of death, these categories inform the philosophical content of Büchner's Payne Dialogue.

III.

The next stage of Payne's conversation on Spinozan metaphysics tacitly affirms a position implicit in the question Mercier poses to Payne, making it sound rhetorical: "kann eine vollkommene Ursache eine vollkommene Wirkung haben[?]" (N 110–111). Ostensibly postulating an insuperable difference in nature between substance and its "accidents" (i.e., the modes), Mercier's question nevertheless implies the notion that, as *Causa sui*, substance in its totality can likewise be construed as *Effectus sui*.[23] Being that is infinitely perfect in nature is self-subsistent and must therefore reflect an un-create, immanent cause. All things generated by this endlessly self-expressive cause compose integral manifestations of its indivisible identity; they do not differ in nature from substance itself. Defined as *Causa sui*, an authentic substance necessarily contains the ground of its being in itself and abrogates the possibility of contingency for its existence upon anything other than itself. The claim that a substance can produce another substance is, consequently, a contradictio in adjecto:

> MERCIER. Ich frage dagegen kann eine vollkommene Ursache eine vollkommene Wirkung haben d.h. kann etwas Vollkommenes was Vollkommenes schaffen? – Ist das nicht unmöglich, weil das Geschaffene doch nie seinen Grund in sich haben kann, was doch, wie Sie sagten, zur Vollkommenheit gehört? (N 110–111)

[23] Cf. Feuerbach 3: 348–349.

Mercier's question concerns the relation of Spinoza's finite expressions of substance, which have their being in an Other, to God himself. The nature of this relation occupies Büchner in his notebooks on Spinoza (cf. HA 2: 285–287). Payne's response to Mercier implicitly explains the relation of the Many to the One, as the observations below will make clear:

> PAYNE Beruhige dich Philosoph. Sie haben Recht; aber, muß denn Gott einmal schaffen, kann er nur was Unvollkommenes schaffen, so läßt er es gescheidter ganz bleiben. Ist's nicht sehr menschlich, uns Gott nur als schaffend denken zu können? Weil wir uns immer rühren und schütteln müssen, um uns nur immer sagen zu können: wir sind! müssen wir Gott auch dies elende Bedürfnis andichten? – Müssen wir, wenn sich unser Geist in das Wesen einer harmonisch in sich ruhenden, ewigen Seligkeit versenkt, gleich annehmen, sie müsse den Finger ausstrecken und über Tisch Brotmännchen kneten, – aus überschwänglichem Liebesbedürfnis, wie wir uns ganz geheimnisvoll in die Ohren sagen? Müssen wir das Alles, bloß um uns zu Göttersöhnen zu machen? (N 111)

Payne's metaphysic of the mind's contemplative absorption, or *versenkt-sein* in the blissfulness of the Absolute, resembles Büchner's assertion that, for Spinoza, the mind's "unendliche Ruhe" and "Glückseeligkeit" results from its attainment of cognitive perfection. This "Vollkommenheit" of the mind resides in its intellection of the eternal idea of God (HA 2: 268–269).[24] Furthermore, Payne's conception of "Seligkeit" echoes Feuerbach's assertions that the mind attains beatitude by adequately cognizing the idea of God, an eternal cognition that infuses the mind with the intellectual love of God ("*Amor Dei intellectualis*", cf. Pt. V, Prop. XXXIII of the *Ethica*). Most importantly, however, Payne's speculation reflects a passage of crucial metaphysical significance in the *Gedanken über Tod und Unsterblichkeit*. This text is found on page 19 of the original edition of the work, published by Johann Adam Stein, Nürnberg. On this page, the verb *versenken*, used by Payne in the above quotation, occurs three times, while its nominal equivalent, *Versenkung*, appears five times. Like Büchner's figure, in the *Gedanken über Tod und Unsterblichkeit* Feuerbach identifies the sphere of "Seligkeit" with absolute Being – or, "das Wesen" – in the harmonious simplicity of whose nature the pre-existential soul is beatifically and eternally absorbed, i.e., *versenkt*: "wenn sich unser Geist in *das Wesen* einer *harmonisch in sich ruhenden, ewigen Seligkeit* versenkt" (cf. Feuerbach 11: 92, 95, 179; emphasis mine). Moreover, Feuerbach designates the entity that constitutes "das rein vollkommene *Wesen*" as substance: "die wirkliche *Substanz*" (Feuerbach 11: 179; emphasis mine). This textual connection and its dialectical implications illuminate the notion of the soul's salvation articulated by Payne in III, 1.

[24] Cf. Spinoza's Scholium in Pt. V, Prop. XXXVI of the *Ethica*.

On page 19 of the original edition of the *Gedanken über Tod und Unsterblichkeit*, Feuerbach describes the meaning of the mind's absorption in *unio mystica* with God by referring to the intellectual union with substance that the Spinozan intellect achieves in its cognition of the infinite and eternal essence of the body: "haec idea, quae Corporis essentiam sub specie aeternitatis exprimit" (Spinoza 2: 295). In this cognition the mind ideates the attribute of extension, as the essence of this infinitely perfect reality shines in the immediate infinite mode of substance that is the idea of God. As Büchner points out in his notebooks, for Spinoza this idea is an eternal form of God's thought: "Also kann *die göttliche Idee* im Denken [. . .] keine bestimmte Dauer haben, sondern es ist durch das Attribut selbst *ewig*" (HA 2: 311; second emphasis mine). Spinoza affirms that the joyous emotion accompanying the cognition of the divine idea is the intellectual love of God. In its cognition of the idea of God, the mind has an idea of this idea; this intellection occasions its infinite and eternal act of knowing as self-reflexive knowing, or *cognitio reflexiva*. In this knowing, the mind thus knows the eternal idea, itself becoming eternal, while knowing that it knows that it knows, ad infinitum.[25] The mind's unlimited power of reflexivity in cognizing the idea of God makes it aware of itself as an eternal form that, in conjunction with infinitely many other such forms, constitutes the self-consciousness of God: "Dei aeternum, & infinitum intellectum constituent" (Spinoza 2: 306). Thus, the Spinozan divinity's act of self-contemplation, in which percipient and *percipiens* are one, is effectuated through the mind's intellection of the divine idea of corporeal substance. In consonance with Spinoza, Feuerbach affirms that the mind's supreme cognition – its eternal idea of Body per se – signifies the highest plane to which a human being can ascend in his/her intellectual development.

Feuerbach refers to Christian Platonism's traditional claim that only death can finally overcome the separation of the soul from God, which a person must endure in his/her confinement in the body. This view however is fallacious, inasmuch as authentic death evinces a more primordial ontological status than the mere demise of the body. To grasp the ontological meaning of death is to perceive a numinous truth that reflects the final purpose of temporal existence. In Feuerbach's view, in its aspect as the mind's divine self-consciousness this truth implies the annihilation of the individual mind as mirror of the body. For adequate cognition of the divine idea entails the sublimation of the mind in its existential finitude into the infinite self-mirroring Being of substance. As noted above, in this act of sublimation the mind becomes identical with God's absolute self-consciousness in its ad infinitum reflexivity as unity of subject and object. However, the ontological truth

[25] Cf. HA 2: 275; Bennett 362.

described by Feuerbach has another aspect. This involves an intuition originating in a yet *higher* form of mystic self-annihilation than that emanating from the mind's intellectual love of God. Feuerbach's language is superb:

> Der Tod is ja nur Erscheinung eines höhern [. . .] Todes; du stirbst [. . .] nur deßwegen, weil du von Ewigkeit her in Gott erkannt bist, als das, was du bist, von Ewigkeit her im unendlichen Liebesfeuer der göttlichen Wesenheit verzehrt bist, deiner Natur nach, als ein endliches Wesen, zeitlos gestorben bist; deine gegenwärtige, deine denkende und bewußte Versenkung in Gott ist ja nur eine Erneuerung und Wiederkunft der ewigen, eine Bewußtwerdung, eine Entdeckung der ursprünglichen [. . .] unbewußten [. . .] Versenkung in ihn. (Feuerbach 11: 95)

As the above passage shows, Feuerbach has it that the mind's *Bewußtwerdung* of its ideation of the Absolute and concomitant absorption in the divine is predetermined by its pre-reflexive *Versenkung* in the primordial simplicity of substance. Thus, Feuerbach asserts that the mind's self-reflexive ecstasy in adequately cognizing the essence of substance *presupposes* its trans-temporal, hence pre-existential inherence in the ineffable silence of the One. Indeed, the conditio sine qua non of death by natural causes is the mind's pre-existential and, ipso facto, pre-reflexive absorption in the infinite and eternal Absolute, just as this pre-existential state of pure simplicity precedes, and makes possible, the intellectual love of God:

> Du könntest dich nicht in Gott versenken, wärest du nicht schon vorher in ihm versenket gewesen [. . .] Der natürliche Tod, wie deine denkende Ergebung und bewußte Versenkung in Gott, hat Eine Wurzel gemeinschaftlich, hat die ursprüngliche, die wesentliche, die vor- und überbewußtliche Versenkung und Auflösung in Gott zur Quelle. (Feuerbach 11: 95)

Thus, the mind's absorption in the One does not occur as a consequence of the body's natural demise; instead, this mystic union eternally precedes death. For the ultimate occasion of death is the pre-reflexive – *überbewußtliche* – annihilation of the soul as a *determinate* (individual) mode of substance in its subsistence before time in the pre-existential one-ness of God. This hypostatic unity of the form of the individual with the Absolute transcends the latter's self-egression into the world of time and mortality: "Es ist schon *vor* dem Tode, *von Ewigkeit her geschehen*" (Feuerbach 11: 95; emphasis mine).

Feuerbach's description of the mind's *reflexive* absorption in the One accords with Spinoza's view that although the mind becomes eternal in its intellection of the divine idea, it continues functioning as a mirror of the vital soul, which remains a finite mode of matter in spatio-temporal existence. Feuerbach's philosophical intention following his considerations on page 19 of the original edition of the *Gedanken über Tod und Unsterblichkeit* is to elucidate the metaphysical significance of the relation of mortals to the Absolute.

Feuerbach maintains that the creative origin of the finite mode of substance that is a human being is Spinoza's *Ens absolutè infinitum*: "das Unendliche". Feuerbach also uses the term "das Wesen" to specify the Absolute, which posits ("setzt") the existence of all finite entities out of the plenitude of its eternal unity (Feuerbach 11: 179). However, in positing a living being having finite existence in duration, God ipso facto projects this entity's non-being: "in dieser Endlichkeit [setzt] das Unendliche seine Nichtigkeit und sein[en] Tod" (Feuerbach 11: 109). Feuerbach identifies God with the *death* of a human being; he designates the latter with the term "das Endliche" (Feuerbach 11: 120). An entity that is aware of its ever-impending death throughout its actual existence, Feuerbach also calls this mortal individual "Dasein" (Feuerbach 11: 119). This sentient mode finds itself cast into temporality, as its corporeal existence is posited in its ultimate nothingness by Being. Substance is the ground of an individual's actuality. Consequently, it reflects the primordial source of time: "Der Grund aller Zeitlichkeit ist die Ewigkeit" (Feuerbach 11: 109). How does Feuerbach solve this paradox involving time and eternity? In his view, the answer lies at the heart of Spinoza's system.

In eternity, says Feuerbach, all things in their unbroken unity constitute an undivided Present; all individuals subsist in eternity "auf Einmal und Zugleich" (Feuerbach 11: 109). Feuerbach's conception of the eternity immanent within all things derives from Spinoza's monistic panlogism, which metaphysic asserts ultimate reality in its perfection as a *totum simul*: "Ibi enim omnia haec sunt simul naturâ" (Spinoza 2: 37). Feuerbach translates this proposition as follows: "in Gott ist alles Dieses ein wesentliches Zugleich und Zusammen" (Feuerbach 3: 346). However, in consonance with Spinoza, Feuerbach postulates that, in contrast to eternity, an actually existing identity such as a human being does not reflect a pure unity in itself; its being is not eternally *in se*. Instead, the being of this modal form is continuously projected beyond the temporal present in which it momentarily exists and into the non-being of its future. All actually existing phenomena are subject to temporal succession. This immutable law of temporality occasions the perpetual stream of Nows, one emerging from the other, that pervades *Dasein's* "being-unto-death".[26] Its being conditioned by the fleeting Now, the individual's temporal actuality continuously disappears into nothing, just as it immediately emerges into a new present.[27]

Feuerbach employs the Hegelian categories of Identity and Difference to describe the Spinozan Absolute's egression from the One into the Many. The latter term signifies the boundless aggregate universe composed of infinitely

[26] Martin Heidegger: *Sein und Zeit*. Tübingen: Niemeyer 1979. S. 260–263.
[27] Cf. Hegel, *Enzyklopädie der philosophischen Wissenschaften* 249.

many individual modes. These configurations embody the Absolute's self-*diremption*. The Hegelian significance of this noun recalls its Latin origin in the verb *dirim*: "to take apart; to separate, divide".[28] In its act of self-diremption substance "takes itself apart," egressing out of its eternal unity to differentiate its nature in space and time, thus manifesting its monistic identity in the endless plurality of the actually existing modes that it generates through its unbounded power. In its act of creation, the *Natura naturans* projects a difference within its pure unity. This difference assumes form as the sempiternal actuality of the aggregate world and all its species. Nevertheless, through its division substance returns to itself, dialectically re-uniting with its primordial nature the finite entities that are the products of its self-diremption: "sie [viz., 'die Liebe'/ 'die Substanz'] eint im Unterscheiden und unterscheidet im Einigen" (Feuerbach 11: 117). In this process substance constitutes at once the Being of an actually existing organism and its Nothingness:

> Gott [. . .] ist eben sowohl Grund [. . .] des Lebens und Seins, als des Todes, und Nichtseins; wiefern sie ['die göttliche Liebe'] Unterscheidung ist, ist sie Grund des Daseins, in wiefern aber Einheit und Einigung, Grund des Nichtseins (des Bestimmten, Besondern, Endlichen). (Feuerbach 11: 117)

Fundamental elements of this dialectic are the categories of time and eternity. The following considerations will specify how Feuerbach explicates his conception of the ultimate unity of Spinoza's *Natura naturans* with its creation, i.e., *Natura naturata*.

As noted above, Spinoza identifies Being with eternity. Inasmuch as duration can be conceived as greater or lesser in a relative span of time, it cannot be predicated of God; for in his nature "there is nothing which is before or after" (Spinoza 1: 317). That which is infinite in essence – "infinitum sua natura" – cannot be divided into parts (Spinoza 1: 250–251). In the context of Spinoza's conception of eternity as true being, I indicated above that Feuerbach draws an ontological difference between the absolute infinitude inherent in the nature of substance and the finitude determining the actual existence of its individual modes. In an apparent contradiction however he asserts the unity of the finite with the infinite in eternity:

> Im Wesen ist Alles Zumal und Eines, was in der Zeit nacheinander ist, insoferne ist die Zeit vom Wesen unterschieden [. . .] In dem Wesen ist Alles – also das [. . .] Besondere, Endliche – Eines und Zumal [. . .] das Dasein des Wesens ist nicht das Dasein in seiner Einzelheit, sondern in seiner Ganzheit, nicht diese einzelne Erscheinung, sondern alle einzelnen Erscheinungen zusammen, zugleich und zumal, alles Einzelne als ein ungetrenntes Ganzes [. . .] das Dasein des Wesens ist

[28] Lewis and Short 584.

> die Wirklichkeit selbst [. . .] alles Dasein zusammen, Alles, wie es Eins ist, die Einheit aller sich gegenseitig compensirender und integrirender Erscheinungen; und indem also die Wirklichkeit aller Erscheinungen in Einheit ist, so ist kein [. . .] Mangel in der Wirklichkeit, denn in der alles Einzelne zusammenfassenden Einheit verschwinden eben darum die Negativitäten, Einzelheiten, Mängel. (Feuerbach 11: 120; 11: 179)

In these passages, Feuerbach expounds the Scholium in Pt. I, Prop. XXV of Spinoza's *Ethica*. Here the latter affirms that substance as cause of the system forming its modal expression is synonymous with its status as cause-of-itself:

> For from that it follows [i.e., that God is the efficient cause of the essence and existence of things] that from the given nature both the essence of things and their existence must necessarily be inferred; and in a word, God must be called the cause of all things ['omnium rerum causa'] in the same sense ['eo sensu'] in which he is called the cause of himself. (Spinoza 1: 431)

Feuerbach's explication of this passage displays the pronounced influence of Friedrich Heinrich Jacobi's observations regarding the substance-mode relation found in his *Ueber die Lehre des Spinoza in Briefen* (1787). Büchner was also familiar with this work. Culminating the *Spinozastreit* of the 1780s, in his work on Spinoza Jacobi eschews the latter's monism, holding that "*Der Spinozismus ist Atheismus*".[29] However, in a crucial passage in this text, quoted by Büchner at the conclusion of his notebooks on Spinoza, Jacobi asserts that the ontological difference between substance and its modes posited by Spinoza is, in the end, a philosophical fiction. Like Feuerbach, and in consonance with Jacobi, Büchner recognizes that in Spinoza's system no category is given functioning to mediate, and in some hermetic way to reconcile the ontological difference between substance and its modes; for in eternity no such difference obtains: "es giebt [. . .] keinen Uebergang zwischen dem Endlichen und dem Unendlichen und es führt die letzte Annahme zu nichts" (HA 2: 290). Büchner's quotation of Jacobi's work runs as follows: "das Seyn [ist] eben so wenig, als das Werden entstanden; daß einige endliche Modificationen der göttlichen Attribute mit dem Wesen der Gottheit gleich ewig sind" (HA 2:29). In his *Ueber die Lehre des Spinoza*, Jacobi refers to Spinoza's distinction of Being from Becoming; however, he adduces Spinoza's claim that God's infinite intellect constitutes the eternal essence of substance *even as* it reflects the immanent cause of all things in eternity (Spinoza 2: 63). Jacobi holds that eternity inheres in the modal universe (the sphere of Becoming), the existence of which is caused by Spinoza's *Causa sui*. But there cannot be two eternities;

[29] Friedrich Heinrich Jacobi: *Ueber die Lehre des Spinoza in Briefen an den Herrn Moses Mendelssohn*. Breslau: Löwe 1785. S. 59.

thus, “Das Werden kann eben so wenig geworden seyn [. . .] als das Seyn [. . .] von Ewigkeit her ist also [. . .] das Zeitliche bey dem Ewigen, das Endliche bey dem Unendlichen gewesen”.[30] Büchner’s professor at Gießen, Johannes Kuhn, to whose work he refers in his manuscripts on Spinoza, develops an exposition of Jacobi’s cursory interpretation of the substance-mode relation in his *Jacobi und die Philosophie seiner Zeit*, published in 1834.[31] Jan-Christoph Hauschild correctly points to this text as a significant influence on Büchner’s understanding of Spinoza’s thought.[32] Feuerbach knew Kuhn’s book, for which he wrote a review in 1835 (cf. Feuerbach 2: 80–88).

Kuhn holds that Spinoza’s philosophical purpose is to demonstrate the inherence of all individuals in the “All-Einheit” of substance.[33] He distinguishes things that are created, or “erschaffen”, from a nature that is self-subsistent, or “unerschaffen”.[34] Nevertheless, the Spinozan categories of infinite and finite are ultimately distinguishable only by their respective definitions. Thus, the categorical distinctions of infinite and finite, Being (substance) and Becoming (modes), differ in meaning logically, but not *really*. The ontological difference between an entity that exists necessarily as *Causa sui* and an entity that is contingent for its existence upon the former cannot ultimately apply to substance. For no entity in the eternal universe is contingent, nor is any individual contingent that is instantiated in the sphere of temporality. According to Spinoza, created things in their totality form necessarily existing *moments* of the infinitely perfect harmony of the whole.[35] Substance thus reflects an endlessly differentiated, perfectly harmonious unity composed of infinitely many modal phenomena. When cognized adequately, i.e., *sub specie aeterni*, this reality manifests itself in its authentic form as an infinitely perfect and eternal totality.[36] A purely unique entity, substance is not an aggregate composed of finite parts, nor is it a divisible assemblage of autonomously existing individuals. Nevertheless, Spinoza conceives substance as ontologically *prior* to its modal expressions (cf. Pt. I, Prop. XVII of the *Ethica*).[37] This is the case in virtue of his definition that posits substance as *in se*: a subsistent totality. The existence of a mode, on the other hand, is posited

[30] Jacobi 118–119.
[31] Cf. HA 2: 275–276.
[32] Jan-Christoph Hauschild: *Georg Büchner*. Stuttgart: Metzler 1993. S. 528.
[33] Kuhn 92.
[34] Kuhn 95.
[35] Cf. Erroll E. Harris: *Spinoza’s Philosophy An Outline*. Atlantic Highlands, New Jersey: Humanities Press 1992. Pp. 24–26; Hegel, *Wissenschaft der Logik*. Band 1. S. 377.
[36] Cf. Kuhn 90–91.
[37] Cf. Pt. I, Prop. XVII; Kuhn 98.

as *in alio*. Indeed, inasmuch as Spinoza identifies Being with infinitude of nature – Feuerbach's "Unendlichsein" – individual modes, *perceived in themselves*, signify non-entities: "die endlichen Dinge [. . .] für sich betrachtet, [sind] non-entia".[38] Perceived in themselves, the nature of individuals is determinate, hence limited. Viewed as such, modal entities reflect therefore nihilities. For, according to Spinoza's axiom, "determination is negation" (Spinoza 4: 240). In Spinoza's view, the logical category determining the nature of an actually existing individual – its finitude – implies the latter's "non esse", since an individual's nature is, a priori, *not* Being: *not* in-finite (Spinoza 4: 240). In this context, Feuerbach asserts that, for Spinoza, "das Sein an sich ist unendlich [. . .]. Die Bestimmung ['determinatio'] aber kommt vom Nichtsein" (Feuerbach 11: 118). However, like Feuerbach, Kuhn affirms Jacobi's claim that, as immanent cause, Spinoza's Absolute does not subsist *independently of* its modal effluence. Instead, as essential moments of its absolutely infinite and endlessly differentiated self-expression, modal forms in their *totum simul* constitute the totality of the universe.[39] Ipso facto, in their "simultaneous" unity as system the modes of substance are *co-eternal* with its nature. Thus, as Büchner recognizes, Kuhn's analysis elaborates Jacobi's proposition that, for Spinoza, in eternity "die *Causa sui* [und] der *Effectus sui* ist dasselbe".[40]

Ultimately, as Kuhn has it, for Spinoza the infinite and the finite, Being and Becoming, are identical in the "Individuum" that is the organism of nature in its form as *totum simul* (Spinoza 2: 102). Kuhn writes:

> Beide unterscheiden sich nach ihm [viz., Spinoza] *nur* wie Werden und Sein, [. . .] wie Endliches und Unendliches, nicht wie Zeitliches und Ewiges, oder wie Zufälliges und Ewiges [. . .]. Denn das Werden ist nicht geworden, sondern es ist ewig wie das Sein, und an diesem; auch gibt es nirgends ein Zufälliges sondern nur Nothwendiges [. . .]. Eben so ist das Endliche von Ewigkeit her. Die natura naturans, und die natura naturata sind also nur ein und dasselbe, die unendliche Substanz[.][41]

To cognize substance adequately is to intelligize the unity and multiplicity – "die Einheit und Vielheit" – of its nature as "gleich ursprünglich" in eternity.[42] Adequate cognition of the essence of substance implies thorough exclusion of the notion that the temporal succession of modes is ultimately real. Nevertheless, the intellect may cognize substance adequately "von Seiten

[38] Kuhn 99.
[39] Cf. Spinoza 2: 237; Arthur O. Lovejoy: *The Great Chain of Being*. Cambridge, Mass.: Harvard University Press 1950. Pp. 153–155.
[40] Hegel, *Enzyklopädie der philosophischen Wissenschaften* 171; cf. HA 2:282–283.
[41] Kuhn 95; his emphasis.
[42] Kuhn 103.

ihrer durchgängigen Einheit, oder [inadequately cognize substance] *von Seiten ihrer Vielheit*".[43] The latter form of cognition described by Kuhn involves perceiving the boundless aggregate unity of corporeal substance as a collocation of infinitely many forms which, in the semblance of their multiplicity, continuously come to be, endure for a season, then disintegrate in the flow of duration. In the *Gedanken über Tod und Unsterblichkeit*, Feuerbach affirms the temporal dimension of Spinoza's ontology, while concurring with Jacobi's assertion that Spinozan nature in its ultimate sense constitutes a *totum simul*: "Im Wesen ist Alles Zumal und Eines" (Feuerbach 11: 120). As I observed above, however, temporality marks an integral element of the dialectical inter-relation of death and God that Feuerbach elaborates in the *Gedanken über Tod und Unsterblichkeit*. Thus, he writes: "[Die Zeit] [. . .] setzt das Alles, welches im Wesen Eines ist, als Vieles überhaupt, als Außereinander, das Besondere als Besonderes, das Endliche als Endliches" (Feuerbach 11: 121).

Feuerbach maintains that, in positing ("setzen") an individual's actual existence, Being at the same time negates its own ontological status as the absolutely infinite unit that it is: "indem die Verneinung [viz., 'das Wesen'] verneint, so ist sie Setzen und Erschaffen" (Feuerbach 11: 121). However, in this creative movement of negating its nature as *Ens absolutè infinitum*, Being likewise projects the nothingness of the individual mode. For finitude of nature, in Spinoza's view, is synonymous with nihility: "das Endliche als Endliches setzen, heißt [. . .] das Verneinte als Verneintes setzen" (Feuerbach 11: 121). In his exposition of Spinozan metaphysics of 1833, Feuerbach repeats his considerations in the *Gedanken über Tod und Unsterblichkeit*, asserting that, in Spinoza's view, "Das Endliche hat [. . .] nur negative Existenz; es kommt ihm als Endlichem nur Nichtsein zu" (Feuerbach 3: 345). Being is sine qua non of a mode's existential finitude. The determination originating in the Absolute's creative projection of a sentient mode *constitutes* this actually existing individual as such, just as this determination conditions the latter's death. Hence, through its self-diremption into finite entities, Being's determination of itself as individual signifies its own non-being *in the form* of the individual. At the same time however Being is the ground of an individual's actuality. In its act of dirempting itself into a mode, substance "divides" itself to posit a finite expression of its eternal unity in its semblance as an autonomous temporal identity, i.e., a for-itself:

> [die Verneinung] setzt das Besondere, Endliche [. . .] welches *Eins ist im Wesen und in dieser Einheit unendlich*, sie setzt das Alles, welches im Wesen Eines ist, als Vieles überhaupt, als Außereinander [. . .] das Endliche *als Endliches*. (Feuerbach 11: 121; emphasis mine)

[43] Kuhn 95; emphasis mine.

According to Feuerbach's description of God's dialectic of self-reflexivity, the for-itself is the human subject, i.e., *Dasein*. As I indicated above, the actuality of the for-itself lies exclusively in the continuum of Nows succeeding each other in duration. Its being and, therefore, death projected by God, Feuerbach's Spinozan for-itself is temporal, through and through: "Gott selber [. . .] [ist] der erste Grund [Deines] Daseins [. . .] [und] Deines Todes" (Feuerbach 11: 122). Consequently, the actual existence of the for-itself is pervaded by nothingness: "Verneinung wird aber nur gesetzt als Verneinung, wann das im Wesen zumal, mit [E]inander [. . .] *nach einander* verneint wird" (Feuerbach 11: 121; emphasis mine).

The Absolute's self-diremption into its temporal condition is the beginning movement in its *Bewußtwerdung* of its primordial nature. Feuerbach's speculative description of Being's dialectical interplay with death employs Hegel's exposition of the substance-mode relation, which shows how the essence of substance is conceptualized dialectically. In his *Wissenschaft der Logik* (1812/13; 1816), Hegel asserts that Spinoza's axiom, "*Die Bestimmtheit ist Negation*, (*Determinatio est negatio*)" forms the foundation of his metaphysical edifice; this principle enables Spinoza to construe the aseity of substance dialectically as "Negation der Negation".[44] As an actually existing thing, a mode of substance, *perceived in itself*, evinces a mere appearance of being – or, "Schein" – inasmuch as the determination inherent in its nature conditions the nihility of its existence.[45] However, the logic implicit in the genesis of Spinoza's Notion of substance, the idea of God, posits the a priori imperviousness to negation inherent in the Absolute, conceived as negation-of-the-negation.[46] In this movement of intro-reflection, the Absolute negates its own finitude as this is projected in the for-itself, thus dialectically assuming its supreme status as *Ens absolutè infinitum* via this negation-of-the-negation. Ultimately, for Hegel, the Absolute *discovers* the Notion of itself in virtue of the dialectic described above. Thus, "das *Nichtseyn* des Endlichen ist das *Seyn* des Absoluten".[47] In his proto-Existentialist re-interpretation of Hegel's exposition, Feuerbach asserts God as progenitor of the for-itself, just as his Being grounds the latter's death. For, as "verneinendes Einessein", God reflects the negation-of-the-negation, i.e., the negation of finitude, through which he constitutes his nature as absolutely infinite Being: "denn ohne Verneinung ist keine Einheit" (Feuerbach 11: 120).

In consonance with Spinoza, Feuerbach holds that the highest joy attainable by the mind in its actually existing condition lies in its intellectual love of

[44] Hegel, *Wissenschaft der Logik*. Band 1. S. 76, Hegel's emphasis; Band 1. S. 88.
[45] Hegel, *Wissenschaft der Logik*. Band 1. S. 372; 374–375.
[46] Cf. Wolfson 1:134.
[47] Hegel, *Wissenschaft der Logik*. Band 1. S. 290; Hegel's emphasis.

God. In this cognition the mind realizes itself as one with thinking substance, which represents "[das] absolute Affirmativ[e], [das] unendliche Wirkliche" (Feuerbach 11: 122; cf. the Scholium to Pt. V, Prop. XXXVI of the *Ethica*). Paradoxically, however, for Feuerbach the source of joy is synonymous with the abyss of the for-itself's existential suffering. Joy magnifies the mind's consciousness of the body's union with physical nature. Mental anguish, on the other hand, originates in the for-itself's awareness of its status as a finite mode actualized in the veil of time. Hence, it feels forlorn and abandoned in its thrown disruption from the One into the Many: "der Schmerz ist Bewußtsein des abgetrennten, unterschiedenen Einzelseins, darum Bewußtsein der Endlichkeit, Schranken, hierin Schmerz und selbst Verneinung" (Feuerbach 11: 115). Presaging the ultimate death of the for-itself, suffering, both mental and physical, forms an essential moment of God's quasi-Hegelian dialectic of self-discovery.

IV.

Responding to Mercier's implicit postulation vis-à-vis the relation of Spinoza's substance to its modes, the above-quoted passage in III, 1 of *Danton's Tod* is effectively Payne's commentary on Feuerbach's Spinozan metaphysic encompassing God, death and human suffering. Nevertheless, Gideon Stiening claims that, in Payne's view, a radical difference in nature obtains between God's perfection and the imperfection of creatures.[48] According to Stiening, for Payne the fiat of a perfect creator-divinity cannot produce imperfection; this theistic notion of creation contradicts God's status as *Ens summe perfectissimum*. But imperfect creatures exist. Therefore, no creative divinity that is perfect can exist.[49] However, by casting Payne as an ironical anti-theist, not as a "pantheist", Stiening fails to recognize how this figure's notion of life and salvation is construed through his dialectic involving the *inter-relation* of the One and the Many, both of which principles share the same nature. In virtue of this dialectic, Payne's Spinozism answers Mercier's metaphysical question – i.e., "kann etwas Vollkommenes, was Vollkommenes schaffen?"– by showing how Spinoza's substance in its perfect simplicity generates infinitely many aspects of its identity in eternity and in its semblance in sempiternity (N 110). Rather than viewing the modal system as a mere aggregate of elements, Payne describes its modes as "gleich ursprünglich" with substance in eternity.[50] In his identification of Being ("das Wesen") with the eternal beatitude in which spirits in their pre-existential

[48] Gideon Stiening: Georg Büchner und die Philosophie. In: *Der Deutschunterricht* 54.6 (2002). Pp. 47–57. Here: Pp. 52–53.
[49] Stiening 53.
[50] Cf. Kuhn 103.

state of harmony are absorbed, Payne's answer displays the conception of substance as *totum simul* developed by Jacobi, Kuhn and Feuerbach. It furthermore evidences the latter's quasi-Hegelian dialectic involving the relationship of human mortality to God, as the following considerations will show.

As he contemplates the grief and suffering that pervade God's temporal creation, implicit in Payne's utterance is this fundamental question of metaphysics: Why must God posit the existence of sentient individuals at all? Payne recognizes that, for Spinoza, reality per se is synonymous with perfection, i.e., infinite completeness of being. Why, he asks, must God in his infinite power bring forth finite, hence *imperfect* expressions of his nature out of the mystic depths of his beatific unity? Knapp points to the *Gedanken über Tod und Unsterblichkeit* as a source text used by Büchner in constructing the Payne Dialogue and its ultimate metaphysical question. He indicates a passage found on pages 86–87 of the *Gedanken über Tod und Unsterblichkeit* (orig. ed.) as the textual origin of Büchner's image of suffering, which precipitates in the human soul a distressing "Riß in der Schöpfung".[51] In further regard to *Quellenforschung*, Dedner, et.al., claim that Payne's reflection in III, 1 is a mélange of ideas deriving from such texts as August Stoeber's *Idées,* Matthew 16:18, and Spinoza's *Tractatus De Intellectus Emendatione*.[52] Nevertheless, to make complete sense of Payne's speculation on the meaning of suffering and salvation one must consider his utterance systematically in context of the acosmic ontology elaborated by Feuerbach in the *Gedanken über Tod und Unsterblichkeit*. Here he describes their pre-existential absorption in the One of spirits. As Feuerbach has it, in its pre-contemplative absorption, or *Versenkung* in pure beatitude, the soul subsists in eternal tranquility together with infinitely many other "moments" of substance.

Payne's metaphysical question exhibits the magnitude of his personal anguish and fellow-suffering in the veil of tears. His tormented confrontation with history in its apparition as the Terror corresponds to his compassion for suffering humanity in general. Moreover, Payne's psychic turmoil manifests his perception that, in the temporal domain, *homo homini lupus*. Finally, Payne's agonies evince his self-identification with the infinite travail of creation. As Knapp insists, this dimension of Büchner's drama displays its author's fathomless capacity for fellow-suffering.[53] Payne's general metaphysical question, alluded to above, implies the following specific questions. These, like the first, point to Büchner's reading of the *Gedanken über Tod und Unsterblichkeit*: Why

[51] Gerhard P. Knapp: *Georg Büchner*. Stuttgart: Metzler 2nd revised ed. 1984 (Sammlung Metzler 159); Feuerbach 11:163.
[52] MBA 3.4:169–170.
[53] Cf. Gerhard P. Knapp: Georg Büchner 1813–1837. *The Literary Encyclopedia*: http:www.litencyc.com. Downloaded 22.1.2003.

must mortals in their folly perennially ascribe to God a perpetual demiurge to create – to generate infinitely many *Natura naturata* having feeling and intelligence? Why, indeed, cannot God himself refrain from dirempting his eternal Being into temporality, thereby absolving himself of his all-too-human urge to endow imperfect, hence mortal creatures with actuality? Inasmuch as their instantiation eventuates for the latter in a veritable hell on earth, the implication of Payne's utterance is that God ought let the One simply *rest* in its ethereal bliss: "Beruhige dich Philosoph. Sie haben Recht; aber, muß denn Gott einmal schaffen, kann er nur was Unvollkommenes schaffen, so läßt er es gescheidter *ganz* bleiben" (N 111; emphasis mine). Thus, Payne transmogrifies Feuerbach's Spinozan theory concerning the high status of the mind as dialectical moment of the *Bewußtwerdung* of the Absolute. For this status and the logic that it involves issues from the vain and vulgar drive of humans to exist, hence ineluctably to fall prey to the myriad tribulations that beset their lives: "Weil wir uns immer rühren und schütteln müssen, um uns nur immer sagen zu können: *wir sind*!" (N 111; emphasis mine). Likewise, God ought himself renounce the ontological impulse to self-dirempt and thus to contemplate himself and love himself in the form of the mind's intellectual love of God: "sie [viz., 'die Seligkeit'] müsse [. . .] über Tisch Brotmännchen kneten[?] – *aus überschwänglichem Liebesbedürfnis* [. . .]. Müssen wir das Alles, bloßum uns *zu Göttersöhnen* zu machen?" (N 111; emphasis mine). For the corollary of God's self-egression into actuality is his engendering of mental automata doomed to languish in the miasma of creation:

> müssen wir Gott auch dies elende Bedürfnis andichten? [. . .] Ich nehme mit einem geringeren Vater vorlieb, wenigstens werd' ich ihm nicht nachsagen können, daß er mich unter seinem Stande in Schweinställen oder auf den Galeeren habe erziehen lassen. (N 111)

His speculation reflects Payne's position that the torments to which pathetic creatures – i.e., "Brotmännchen" – are perpetually subject make Spinoza's system an acosmism devoutly to be wished. Payne's utterance contains an irony. As Büchner recognizes, Spinoza's Eudaemonism asserts joy as the supreme virtue (HA 2: 266; cf. Pt. IV, Prop. XVIII in the *Ethica*). Spinoza conceives this emotion as heightening the body's conatic striving to persevere in existence. Nevertheless, the absolute infinitude inherent in his pantheistic divinity entails Spinoza's ultimate transmutation of the world of finite things into Appearance. Describing this movement, Hegel asserts that "in dem Spinozistischen Systeme [. . .] [wird] die Welt [der endlichen Dinge] nur als ein Phänomen [bestimmt], dem nicht wirkliche Realität zukomme, so daß dieses System vielmehr als *Akosmismus* anzusehen ist".[54] In consonance

[54] Hegel, *Enzyklopädie der philosophischen Wissenschaften* 89; Hegel's emphasis.

with Hegel's conclusion about Spinoza's system, Payne's Spinozism affirms Feuerbach's description of the soul's pre-existential serenity by construing the Absolute as an *acosmic nirvana*. In its eternal unity, Spinoza describes substance as Reality, not Appearance.[55] As an absolutely infinite "Reality", everything *other* than Being per se signifies a mere phenomenon. Being therefore ultimately negates the actual existence of creatures, even if this is construed dialectically. Ipso facto, substance in its primordial eternity abrogates the very possibility of suffering. Effectively, in Payne's view, never to have been born, hence never to have been dirempted out of the One to be cast into the nightmare Void of irreality, ought inspire every creature's innermost wish.[56]

While asserting the *totum simul* of substance as the ultimately real, Payne's Spinozism nevertheless contains a question involving the actuality of finite beings *as such* that Büchner implicitly poses to Feuerbach. This concerns the latter's conception of human suffering in its relation to substance. As I noted above, Feuerbach holds that suffering in its deepest existential sense implies the soul's yearning to disappear into unity with the One. Suffering furthermore constitutes an essential moment of God's dialectical "Rückkehr-in-sich" in the form of infinite Being, perceived as negation-of-the-negation.[57] For this reason, Feuerbach conflates deathly suffering with philosophy in its supreme sense; for in such suffering the Absolute unveils its presence while it sublimates time into eternity:

> In Deinen Schmerzen [. . .] ist mehr Philosophie [. . .] als in Deinem ganzen Verstande; ja Du philosophirst dann allein, wenn Du vor Schmerzen stöhnst und schreist, die einzigen Laute der Weisheit, die aus Dir kommen sind die Töne des Schmerzes, denn das [rein vollkommne] Wesen [. . .] bejahst Du in Deinen Schmerzen [. . .]. Deine Seufzer sind die einzigen ontologischen Argumente, die Du vom Dasein eines Gottes giebst. Die einzigen [. . .] Hörsäle der Philosophie sind Spitäler und Lazarete. (Feuerbach 11: 179–180)

In a person's death agonies the Absolute annihilates the mental automaton that embodies its diremption in finite existence. In context of the above-quoted passage, Feuerbach's re-interpretation of Spinozan metaphysics asserts substance as the reality that, though giving it life, grounds the actually existing body's death. As an organism, the body is a microcosm of the undivided entity, or "Individual" that is nature (Feuerbach 11: 173; Spinoza 2: 102). In its metabolic functions, the body composes a vital system that is beyond

[55] Cf. Francis Herbert Bradley: *Appearance and Reality*. Oxford: Oxford University Press 1966. Pp. 431–432.
[56] Cf. Hans Jonas: *The Gnostic Religion*. Boston: Beacon Press 1963. Pp. 186–187.
[57] Cf. Hegel, *Enzyklopädie der philosophischen Wissenschaften* 175.

severance by internal causes as long as its dynamic equilibrium, i.e., health, persists (Feuerbach 11: 174).[58] Nevertheless, the body is a finite mode of substance that, eo ipso, is ultimately subject to divisibility. For indivisible substance constitutes the a priori finitude of the body and the intrinsic divisibility that is sine qua non of its disintegration in death: "das wahre Ende dieses Einzelkörpers, indem er getheilt wird, ist die untheilbare Substanz" (Feuerbach 11: 180–181). While therefore the divisibility of the body signifies the negation of substance's essential indivisibility, the Absolute manifests the impermeability to negation inherent in its nature as the dialectical *annihilation* of the divisibility of the body. In its infinitude substance is negation-of-the-negation that *reveals* its ontological status in and through the body's dissolution:

> die Theilung ist die Verneinung der Untheilbarkeit, die Substanz kann aber keine Verneinung [. . .] berühren, die Theilung ist daher eine sich selbst verneinende Verneinung, die [. . .] Vernichtung prallt gleichsam an der Substanz ab [. . .] die Verneinung des Alleinwirklichen ist Selbstvernichtung. (Feuerbach 11: 181)

As the ultimate ontological proof of his existence, the body in its death throes darkly illuminates the nature of God.

The following statement in III, 1 of *Danton's Tod* reflects Payne's conclusion regarding Feuerbach's dialectic of the Absolute's self-manifestation:

> PAYNE Schafft das Unvollkommene weg; dann allein könnt ihr Gott demonstrieren, Spinoza hat es versucht. Man kann das Böse leugnen, aber nicht den Schmerz, nur der Verstand kann Gott beweisen, das Gefühl empört sich dagegen. (N 111)

In Payne's Feuerbachian view, only in affirming Spinoza's acosmism by sublimating the for-itself ("das Unvollkommene") into God can one "demonstrate" his self-subsistent nature, which denotes existence, pure and simple. However, as Payne is aware, in its pre-existential state of indeterminacy Spinoza's acosmic universe, qua absolute Being, is synonymous with Nothing. For in his primordially unbroken uniqueness God must transcend dialectical ability to divide himself, thereby ingressing into the light of absolute self-consciousness ultimately to posit his nature as reality per se. Nevertheless, according to the Feuerbachian metaphysic implicit in Payne's utterance, the sine qua non of its recognition of its nature *as* ultimate reality is substance's status as negation-of-the-negation; in this dialectical movement substance reveals its nature by negating finitude in general. Hence, in his portrayal of immolated creatures as dialectically-constituted expressions of the Absolute, it appears that Payne personifies the re-interpretation of Spinozism elaborated by Feuerbach in the

[58] Harris, *Substance* 45.

Gedanken über Tod und Unsterblichkeit. He thus seems a Spinozist indeed. But, again, in an irony. For his despairing sensitivity to the universal fact of suffering impels Payne philosophically to *annihilate* God by projecting Being in its unthinking (pre-dialectical) simplicity as a hypostasis "beyond being", hence as Nothingness.[59] For this reason, he conflates the desideratum of God's allowing the One simply to rest eternally in itself with its pre-existent condition of absolute beatitude, i.e., nihility: "so läßt er [viz., 'Gott'] es gescheidter *ganz* bleiben [. . .] wenn sich unser Geist *in das Wesen einer harmonisch in sich ruhenden, ewigen Seligkeit versenkt*" (N 111; emphasis mine). Payne's Spinozism consequently affirms Hegel's characterization of Spinoza's system as acosmism, hence as Being that is ultimately identical with Nothingness, by jettisoning Feuerbach's dialectic involving the finite and the infinite: the mortality of creatures and the eternity of God.

His acosmism notwithstanding, Payne's speculative path of salvation signifies for him, in the end, an ignis fatuus of metaphysics. For, in a final move, he eschews Feuerbach's Spinozism altogether, as the above quotation indicates. Here Payne consigns acosmic metaphysics to rarefied regions of mentality ("der Verstand") and its concomitant flights of logical fantasy. He therefore rejects as outrageous Feuerbach's "Spinozan" claim that suffering represents the supreme ontological proof of God's existence: "nur der Verstand kann Gott beweisen, *das Gefühl empört sich dagegen*" (N 111; emphasis mine). Affirming the primordiality in the human heart of feeling over dialectics, Payne's ultimate denial of "Spinozism" implies his insight that evil signifies an *irreducible reality* of the universe, and cannot therefore be transmuted into a nirvana born of speculative metaphysics.[60] Consequently, for Payne, Feuerbach's synthesis of the dialectic of God in the ultimate discovery of his Notion through human suffering and death amounts to a hideous absurdity. Büchner extends this stratum of meaning in his drama into a grotesque theodicy, as found in the chorus in IV, 5 of *Danton's Tod*, which parodies Feuerbach's transfiguration of suffering into substance:

> PHILIPPEAU Es gibt ein Ohr, für welches das Ineinanderschreien und der Zeter, die uns betäuben, ein Strom von Harmonien sind. Danton. Aber wir sind die armen Musikanten und unsere Körper die Instrumente. Sind die häßlichen Töne, welche auf ihnen herausgepfuscht werden, nur da, um höher und höher dringend und endlich leise verhallend wie ein wollüstiger Hauch in himmlischen Ohren zu sterben? (N 144)

[59] Cf. Plotinus v.6. Plotin: *Plotins Schriften*. Hg. und übers. von Richard Harder. 5 Bände. Hamburg: Meiner 1956–1971. Band IIa: Text und Übersetzung. Pp. 76–87.
[60] Cf. Knapp, *Georg Büchner* [3. Aufl.] 124.

Further analysis of the chorus is beyond the scope of this essay. However, it remains to be pointed out that, not unlike the implication of the chorus, his rejection of God's acosmic "existence" corresponds to Payne's perception of the real universe as an inferno without end – a world akin to the nether regions of the Valentinian pleroma ruled by Archons who allow no escape. In verisimilitude to Danton's Gnostic characterization of existence as chaos, Payne identifies the world with irremediable evil: "DANTON Die Welt ist das Chaos" (N 145). Thus, he despairs of the supreme anodyne: oblivion in the mystic slumber of a speculative nirvana.

V.

The dark logic of the Payne dialogue educes the motifs of philosophical parody, existential anguish and Spinozan ontology to culminate in demolishing, as it were, the conceptual framework of the episode through Payne's abandonment of "Spinozism" and its projected solution to suffering. In virtue of this final act of demolishment, Büchner forcefully discloses the horror of suffering in its ultimate irreducibility and, ipso facto, the impossibility of its transmutation into a higher reality. He consequently repudiates Feuerbach's speculation that human suffering-unto-death reflects the supreme ontological proof of God's existence and self-revelation in the world. In the end, for Büchner's Payne, the factum brutum of evil exposes Feuerbach's dialectical theodicy and concomitant apotheosis of suffering as a grotesque miscarriage of the philosophical imagination. Thus, while he resolves Mercier's problem concerning the relation of its modes to Spinoza's substance, Payne's existential anguish in his perception of universal suffering induces him to reject his high metaphysical vision of the soul's beatitude. Each stage of his dialogue with Spinozism leads beyond itself to arrive at this end. Hence, the movement of the "Payne Dialogue" encompasses a characterization of the Spinozan Absolute in its a priori simplicity (the One) and an ontology of the latter's diremption into individuals (the Many). The episode's logic ends in no "higher" dialectical synthesis but resolves itself instead in Payne's eschewal of speculative metaphysics in general.

Bernhard Greiner

Lenz' Doppelgesicht: Büchners Spaltung der Figur als Bedingung der Kohärenz der Erzählung

The narratological achievement of Büchner's novella Lenz *is extraordinary: Mental events – the protagonist's progressive loss of a coherent self and of its ideation of a coherent outside world – are related without taking up a standpoint outside the protagonist's cognitive and perceptual horizons, yet without sacrificing the coherence of the story. Büchner masters this narrative paradox by designing his history of a self in a thoroughly ambiguous way; i.e., the story can be read at any given stage as a record of both an illness's gradual progression and of a self's manifest resistance. The former reading highlights the self's progressive deterioration, while the latter asserts a self by reference to which the story can keep its footing. For each of the story's three main thematic areas – encounters with the landscape, reflection on art, experiences of suffering – the interpretation gives rise to entirely new readings.*

Die Geisteskrankheit, deren Ausbruch Büchner in seiner *Lenz*-Erzählung vorstellt, hat man als Schizophrenie identifiziert,[1] wobei dieser Begriff und das ihm zugehörige Krankheitsbild allerdings erst 1908 bestimmt wurden:[2] als Demenz, die die kognitiven Funktionen des Betroffenen partiell – hierauf bezieht sich das griechische σχιξειν, deutsch abspalten – zerstört zeigt. Von einer psychischen 'Partialstörung'[3] scheint auch Büchner bei seiner Figur auszugehen, wenn er seinen Eltern im Oktober 1835 schreibt, er habe sich Notizen über den Poeten Lenz verschafft, der sich gleichzeitig mit Goethe im Elsass aufgehalten habe "und halb verrückt wurde" (FA 2: 419[4]).

[1] Gerhard Irle: Büchners '*Lenz*'- Eine frühe Schizophreniestudie. In: *Der psychiatrische Roman* (1965). Hg. von Gerhard Irle. Stuttgart: Hippokrates. S. 73–83, und Rainer Gödtel: Das Psychotische in Büchners Lenz. In: *Horizonte* 4 (1980). S. 34–43.
[2] Eugen Bleuler in der Sitzung des deutschen Vereins für Psychiatrie vom 24.04. 1908; die Durchsetzung des Begriffs erfolgte mit Bleulers 1911 veröffentlichter Schrift: *Dementia praecox* [vorzeitige Demenz] *oder die Gruppe der Schizophrenien.* Leipzig: Deuticke 1911.
[3] Im Drama *Woyzeck* stellt der Doktor dem Protagonisten die Diagnose, er habe "die schönste aberratio, mentalis partialis [. . .]. Zweiter spezies, fixe Idee, mit allgemein vernünftigem Zustand [. . .]" (MBA 7.2: 27).
[4] Zitate aus Büchners Schriften werden im Text nachgewiesen, wobei folgende Ausgaben zugrundegelegt werden: Georg Büchner: *Sämtliche Werke und Schriften. Historisch-kritische Ausgabe mit Quellendokumentation und Kommentar* (Marburger Ausgabe). Hg. von Burghard Dedner und Thomas Michael Mayer. 10 Bände und 4 Ergänzungsbände. Darmstadt: Wissenschaftliche Buchgesellschaft, 2000ff.; weiter wird zitiert nach: Georg Büchner: *Sämtliche Werke, Briefe und Dokumente in zwei Bänden.* Hg. von Henri Poschmann. Frankfurt a. M.: Deutscher Klassiker Verlag, 1992–1999. (Sigle FA).

Schizophrenie äußert sich in Störungen des Denkens (insbesondere durch Wahnbildungen), der Wahrnehmung (insbesondere in Halluzinationen) wie der Affektivität (motorische Unruhe, aber auch Affektverflachung). Da Krankheitsbilder und auf sie bezogene Begriffe selbst geschichtlich sind, erscheint es angemessener, die Geisteskrankheit, die in der Lenz-Erzählung entworfen wird, im Kontext des zeitgenössischen psychiatrischen Wissens zu bestimmen, von dem Büchner, was insbesondere seine Bearbeitung des Falles 'Woyzeck' belegt, eine intensive Kenntnis gehabt hat.[5] Der Krankheitsschub, den der Protagonist in Büchners Erzählung während des Aufenthalts beim Pfarrer Oberlin im Steintal erfährt, erschien zeitgenössisch allgemein als 'Manie',[6] speziell dann als religiöse Monomanie ('théomanie'[7]) bzw. religiöse Melancholie, was den Aufbau eines Wahnsystems impliziert, nach dem der Kranke sein körperliches Leiden und seine Angstzustände auf Sünden zurückführt, die er nie begangen hat. Eine zweite Art Monomanie, die die Erzählung andeutet, ist die der 'érotomanie',[8] insofern die Figur Lenz einen Schuldkomplex gegenüber Friederike [Brion], der einstigen Geliebten Goethes, aufbaut. Betont sind im Krankheitsbild 'Monomanie' Bewusstseinsstörung, Störung der Ich-Wahrnehmung wie der Außenwahrnehmung, Ideenfixierung (Aufbau von Wahnsystemen) sowie heftige Angstzustände. Dies alles besagt, dass der Kranke die Fähigkeit verliert, die Vorstellung eines kohärenten Ichs und, hiervon abhängig, einer kohärenten Außenwelt aufzubauen. Büchners Erzählung hat nun aber narratologisch die Besonderheit, dass sich die Erzählinstanz weitgehend an den Bewusstseinshorizont der Hauptfigur bindet (in der Begrifflichkeit Gérard Genettes besagt dies eine weitgehend "feste

[5] Hierzu: Sabine Kubik: *Krankheit und Medizin im literarischen Werk Georg Büchners*. Stuttgart: M & P 1991, und *Editionsbericht* (Kapitel 2.1.3.: *Lenz* als psychopathologische Studie). In: MBA 5: 131–137.

[6] Im Sinne der überaus einflussreichen Schrift des französischen Mediziners Philippe Pinel: "Traité médico-philosophique sur l'aliénation mentale ou la manie". Paris: Richard, Caille et Ravier 1801; im selben Jahr auch in deutscher Übersetzung erschienen [*Philosophisch-medizinische Abhandlung über Geistesverwirrungen oder Manie. Aus dem Französischen übersetzt u. mit Anmerkungen versehen v. Mich.[ael] Wagner*. Wien (Schaumburg) 1801].

[7] Jean Etienne Dominique Esquirol: Monomanie. In: *Dictionaire des Sciences Médicales* 34 (1819). Hg. von N.P. Adelon u.a. 60 Bände. Paris: Panckoucke 1812–1822. [Nachfolgend abgekürzt: DSM]. S. 114–125. Hier: S. 125, und Artikel 'Mélancolie'. In: DSM 32 (1819). S. 147–183. Hier: S. 181; auch: Esquirol/Hille: *Esquirol's allgemeine und spezielle Pathologie und Therapie der Seelenstörungen. Frei bearbeitet v. Dr. Karl Christian Hille. Nebst einem Anhange kritischer und erläuternder Zusätze v. Dr. J.C.A.Heinroth*. Leipzig: Hartmann 1827. S. 250.

[8] Begriff gleichfalls von Esquirol, Artikel 'Monomanie'. S. 125.

interne Fokalisierung"[9]), es mithin keine der erzählten Figur übergeordnete Erzählinstanz gibt, die das psychische Geschehen um die Figur ordnen, systematisieren und begründen würde. Damit ergibt sich für diese Erzählung jedoch ein gravierendes Darstellungsproblem, das in der vorliegenden Forschung bisher erstaunlicherweise noch nicht aufgeworfen worden ist: Wie kann ein psychisches Geschehen, das beim Protagonisten den fortscheitenden Verlust eines kohärenten Ichs und einer von diesem Ich entworfenen kohärenten Außenwelt beinhaltet, gebunden an den Bewusstseins- und Wahrnehmungshorizont dieses Protagonisten erzählt werden, ohne dass die Erzählung selbst ihre Kohärenz verliert? Goethe stand im *Werther*-Roman vor dem analogen Problem. Auch hier ist das Erzählen an den Bewusstseinshorizont der Hauptfigur gebunden – Werthers Briefe an Wilhelm –, wenn die Krankheit des Helden jedoch so weit fortgeschritten ist, dass dieser das Vermögen zu kohärenter Selbst- und Außenwahrnehmung verliert, lässt Goethe einen Herausgeber auftreten, der den Fortgang der Geschichte aus Notizen Werthers in der ihm sinnvoll erscheinenden Ordnung gibt und so die Kohärenz der weiteren Erzählung verbürgt. Solch eine Instanz, die dem aus dem Bewusstseinshorizont des Helden ausgebreiteten innerpsychischen Geschehen übergeordnet wäre, gibt es in Büchners Erzählung nicht, gleichwohl zerfällt die Erzählung als Erzählung aber nicht. Im erzählerischen Meistern dieses Paradoxons gelingt Büchner eine ganz neue Art des Erzählens. Er erreicht dies dadurch, dass er das psychische Geschehen um Lenz durchgehend ambig entwirft, d.h. jederzeit lesbar sowohl als Krankheitsgeschichte, in der das Ich sich zunehmend verloren geht, und als Verweigerungsgeschichte, die ein Ich voraussetzt, das bestimmte Strukturen der Wirklichkeitsbewältigung, die glückenden Bezug zwischen Ich und Welt zu verbürgen scheinen, gerade nicht übernimmt, sie vielmehr implizit oder gar explizit als krank machend denunziert. Das soll an den drei zentralen Themenfeldern der *Lenz*-Erzählung erläutert werden, am ästhetischen Naturbezug, d. h. der Landschaftserfahrung, am Kunstgespräch sowie am Umgang mit der Erfahrung des Leidens.

Büchners Erzählung setzt damit ein, dass ein Ich hinausgeht in die Natur, wobei es weder von einem theoretischen (auf Erkenntnis der Gesetzmäßigkeit von Naturzusammenhängen gerichteten) noch von einem praktischen (die Natur sich unterwerfenden und aneignenden) Interesse geleitet wird. Das ist seit dem 18. Jahrhundert ein beliebtes Motiv, zur Debatte steht der ästhetische Naturbezug, der Gestalt gewinnt in der Vorstellung von 'Landschaft'.[10] Deren

[9] Gérard Genette: *Die Erzählung.* Aus dem Französischen von Andreas Knop. München: Fink 1994. S. 134.

[10] Theoretische Grundschriften zu diesem in den letzten Jahrzehnten viel diskutierten Begriff: Joachim Ritter: Landschaft. Zur Funktion des Ästhetischen in der modernen Gesellschaft. In: Ders.: *Subjektivität.* Frankfurt a. M.: Suhrkamp

Wesen macht aus, dass der Mensch sich in seinem Bezug zur umgebenden Natur betrachtet, so die Schätzung seiner natürlichen Umgebung und die Schätzung seiner selbst miteinander verschränkt und reflektierend zur Auffassung einer Zusammengehörigkeit, eines Zusammenstimmens beider gelangt, das kompensatorisch der mit der Entwicklung der modernen Naturwissenschaften und der technischen Zivilisation sich verschärfenden Erfahrung der Disharmonie beider entgegengehalten werden kann. In der Wahrnehmung der Natur als Landschaft zeigt sich die Natur als vom Menschen unabhängig und dennoch dem menschlichen Blick sich so fügend, "*als ob* sie für ihn bestimmt wäre".[11] Es ist aber ein Zusammenstimmen von Natur und Subjekt besonderer Art, das die zu Beginn der *Lenz*-Erzählung entworfene Naturerfahrung des Helden kennzeichnet.[12] Die Natur außen erscheint als Projektion des inneren Zustands der Figur, angezeigt z. B. im Partikel 'so', der die Intensität der Erfahrung kundgibt ("aber Alles so dicht, [. . .] so träg, so plump. [. . .] Es war ihm alles so klein, so nahe, so naß [. . .]" [MBA 5: 31]), ebenso kann der Zustand der Figur auch als Projektion der Naturverhältnisse nach innen aufgefasst werden. Die Zustände des Ichs wechseln, sind offenbar vom Ich nicht zu steuern und ebenso wechseln die Richtungen der Projektionen. Das Ich erfährt sich als grandios, alle Welt in sich fassend ("riß es ihm in der Brust, er stand, keuchend, den Leib vorwärts gebogen, Augen und Mund weit offen, er meinte, er müsse den Sturm in sich ziehen, Alles in sich fassen, er dehnte sich aus und lag über der Erde" [MBA 5: 31]), der äußere Sturm ist der innere Sturm, die Welt erscheint dann so klein, dass man sie "hinter den Ofen setzen" (MBA 5: 31) kann: Projektion von innen nach außen. Oder das Ich erfährt sich als verschwindend klein in einer ins Unendliche ausgebreiteten Natur ("das Gewölk lag fest und unbeweglich am Himmel, so weit der Blick reichte, nichts als Gipfel, von denen sich breite Flächen hinabzogen, und alles so still, grau, dämmernd; es

---

1974. S. 141–190, Rainer Piepmeier: Landschaft III. Der ästhetisch-philosophische Begriff. In: *Historisches Wörterbuch der Philosophie* 5 (1980). Hg. von Joachim Ritter und Karlfried Gründer. Darmstadt: Wissenschaftliche Buchgesellschaft. S. 15–28, *Landschaft.* Hg. von Manfred Smuda. Frankfurt a. M.: Suhrkamp 1986; Werner Flach: Landschaft. Die Fundamente der Landschaftsvorstellung. In: *Landschaft*. S. 11–28.

[11] Helmut J. Schneider: Selbstbescherung. Zur Phänomenologie des Landschaftsblicks in der Empfindsamkeit. In: *Das Projekt der Empfindsamkeit und der Ursprung der Moderne. Richard Alewyns Sentimentalismusforschungen und ihr epochaler Kontext.* Hg. von Klaus Garber und Ute Széll. München: Fink 2005. S. 129–138. Hier: S. 135. Hervorhebung von mir B.G.

[12] Hierzu: Gerd Michels: Landschaft in Georg Büchners *Lenz.* In: *Textanalyse und Textverstehen.* Heidelberg: Quelle & Meyer 1981. S. 12–33, und Harald Schmidt: *Melancholie und Landschaft. Die psychotische und ästhetische Struktur der Naturschilderungen in Georg Büchners "Lenz".* Opladen: Westdeutscher Verlag 1994.

wurde ihm entsetzlich einsam, er war allein, ganz allein" [MBA 5: 32]), ohne dass es auf solche Ausgangserfahrung des Erhabenen[13] die Manifestation seiner selbst als vernunftfähig folgen ließe. Stattdessen erscheint es dem Ich, als ob ihm aus der Natur etwas nachjage, ein unspezifisches Es, das dann zum Wahnsinn konkretisiert wird (vgl. MBA 5: 32): Projektion von außen nach innen. Deutlich ist, dass dieser Figur ein fester Punkt der Zuordnung von innen und außen, oben und unten ("nur war es ihm manchmal unangenehm, daß er nicht auf dem Kopf gehen konnte" (MBA 5: 31), von Geist und Natur fehlt. So durchdringen sich die Bereiche als nicht mehr strukturierbar. Hält die Vorstellung der schönen Natur als Landschaft dem wahrnehmenden Subjekt die Erfahrung bereit, dass ihm "die nichtvergegenständlichte, nichtverbegrifflichte, nichtproduzierte Welt [. . .] in einer unvermuteten, kontingenten, unverdienten – und deshalb glück-, ja: gnadenhaften Übereinstimmung entgegen[komme]",[14] erscheint demgegenüber Lenz in Büchners Erzählung als Spielball einer Natur, die aus dem Status eines unterdrückten, dienstbar gemachten Objekts befreit ist. Sie treibt ihn in schnellem Wechsel durch Zustände phantasierter Allmacht und Ohnmacht, die die Figur nicht in die Einheit eines Ichs integrieren kann: "Aber es waren nur Augenblicke, und dann erhob er sich nüchtern, fest, ruhig als wäre ein Schattenspiel vor ihm vorübergezogen, er wußte von nichts mehr" (MBA 5: 31). Statt Bekräftigung des Ichs in der Erfahrung der von ihm unabhängigen Welt als mit ihm übereinstimmend, bringt der ästhetische Naturbezug im *Lenz* die Ich-Schwäche des Helden heraus, d.i. sein Unvermögen, inneren und äußeren Zustand, Selbst und Welt kontrolliert und stabil aufeinander zu beziehen. So weit betrachtet, ist die ästhetische Naturerfahrung in dieser Erzählung Manifestation und Gradmesser der Krankheit des Helden. Nun ist Aufheben der Entgegensetzung von Innen und Außen, von Natur und Geist gerade das Versprechen des ästhetischen Naturbezugs, da statt Entgegensetzung gerade unverdient sich ereignende Übereinstimmung erfahren wird. Aber was ist die Bedingung der Möglichkeit dieser Erfahrung? Eben dies bringt die Ich-Schwäche der Lenz-Figur heraus, indem sie diese Bedingung nicht erfüllt. Die Erfahrung aufgehobener Trennung von Mensch und Natur vollzieht sich in der gelingenden Landschaftserfahrung so, dass das Subjekt sich darin weiß,

[13] Im Sinne Kants eine Konfrontation mit unendlich Großem (die Spielart des 'mathematisch Erhabenen'), das das aufnehmende Subjekt nicht in die Einheit einer Anschauung zu bringen vermag (vgl. Immanuel Kant: *Kritik der Urteilkraft.* Hg. von Karl Vorländer. Hamburg: Meiner 1974. S. 25–27 [nachfolgend abgekürzt KdU]; Seitenangaben aus der KdU erfolgen nach der 2. Aufl. von 1793 [in der angegebenen Ausgabe als Marginalie]).
[14] Schneider 135.

sich darin betrachtet, wie seine seelische Gestimmtheit zusammenstimmt mit der äußeren, seiner Bemächtigung entzogenen Natur, d.h. die erfahrene Übereinstimmung ist eine re-flektierte, in der sich das erfahrende Subjekt sich auf sich zurückwendet. Entsprechend wird in einem Versuch, die "Fundamente der Landschaftsvorstellung" zu bestimmen, betont: "Die Natur ist in der Landschaftsvorstellung [. . .] etwas, das in der Zuwendung des Subjektes mit Vergnügen aufgenommen wird und das in dieser Aufnahme der reflektierenden Beurteilung unterzogen wird. Die reflektierende Beurteilung zielt auf das Verhältnis der Natur zum Subjekt, das in dieser Beurteilung gleicherweise sich selbst schätzt, als das anschauungs-, verstandes- und vernunftbegabte Gegenstück zur Natur".[15] D.h. die Erfahrung des Zusammenstimmens von Mensch und Natur im ästhetischen Naturbezug hat als Bedingung eine neue Spaltung auf der nächsthöheren Ebene der Handhabung dieses Bezugs, hier auf der des transzendentalen Bewusstseins, auf der das Subjekt sich in seinen Erfahrungen resp. Vorstellungen betrachtet, also trennt zwischen erfahrener glückhafter Übereinstimmung von Natur und fühlendem Betrachter auf der einen und sich dabei selbst betrachtendem und hierin sich genießenden Subjekt auf der anderen Seite. Die Lenz-Figur vermag diese transzendentale Ebene nicht zu erreichen, und indem sie diese nicht erreicht, wird der ästhetische Naturbezug als gesuchtes Heilmittel der Ich-Stabilisierung kontraproduktiv, treibt die ästhetische Naturerfahrung die Krankheit gerade voran. Das ist, bezogen auf die Landschaftsvorstellung im *Lenz*, Ergebnis der Lektüre der Geschichte als Krankheitsgeschichte. Zugleich aber bringt die, wenn man so will, Selbst-Reflexions-Schwäche der Figur an der ästhetischen Naturerfahrung die Scheinerfüllung ihres Versprechens heraus, insofern jeder Einklang des Menschen mit der von ihm unabhängigen Natur, der erfahren wird, eine neue Spaltung auf der nächsthöheren Ebene des Bewusstseins zur Bedingung hat. Die Spaltungs- oder Entfremdungsstruktur des menschlichen Weltbezugs wird in der Landschaftserfahrung nicht überwunden, sondern nur verlagert. Die Lenz-Figur der Erzählung Büchners vollzieht diese Struktur des ästhetischen Naturbezugs nicht mit. Das ist ihre 'Krankheit'. Eben dies ist aber auch ein Verweigern gegenüber dem Scheinangebot von Versöhnung des Menschen und der Natur, die die Landschaftsvorstellung bereithält, und insoweit lässt sich die Krankheitsgeschichte auch als Geschichte einer Verweigerung gegenüber Strukturen lesen, die die moderne Erfahrung der Nichtübereinstimmung von Mensch und Natur auf dem Feld des ästhetischen Naturbezugs nicht überwindet, sondern befestigt. Ist die Geschichte der fortschreitenden Krankheit der Figur derart aber zugleich als Geschichte einer Verweigerung lesbar, gewinnt die Erzählung im Subjekt der Verweigerung, das mit dieser

[15] Flach 17.

Denkfigur notwendig gesetzt ist, einen Perspektivpunkt, der ihr auch bei Beschränkung der Erzählinstanz auf den Wissens- und Bewusstseinshorizont der sich verlustig gehenden Hauptfigur Stabilität und Kohärenz zu geben vermag.

Neben der fulminanten Naturerfahrung am Beginn der Erzählung werden noch weitere, das Geschehen deutlich strukturierende Landschaften gegeben: am Morgen vor der Predigt und in der Nacht nach dieser, auf dem neuerlichen 'Weg durchs Gebirg', der Lenz beim heiligen Mann mit dem kranken Kind ankommen lässt, die Naturerfahrung nach dem Versuch, das tote Kind zu erwecken, und selbstverständlich das Schlussbild. Jede dieser Landschaftsvorstellungen hat, neben der am ersten Beispiel herausgearbeiteten Grundstruktur, ihren spezifischen Akzent. An der Landschaftsdarstellung des Schlusses kommt allerdings ein grundlegend neuer Aspekt hinzu. Lenz wird unter Bewachung nach Straßburg gebracht:

> Er saß mit kalter Resignation im Wagen, wie sie das Thal hervor nach Westen fuhren. Es war ihm einerlei, wohin man ihn führte; mehrmals wo der Wagen bei den schlechten Wegen in Gefahr gerieth, blieb er ganz ruhig sitzen; er war vollkommen gleichgültig. In diesem Zustand legte er den Weg durch's Gebirg zurück. Gegen Abend waren sie im Rheinthale. Sie entfernten sich allmählig vom Gebirg, das nun wie eine tiefblaue Krystallwelle sich in das Abendroth hob, und auf deren warmer Fluth die rothen Strahlen des Abends spielten; über die Ebene hin am Flusse des Gebirges lag ein schimmerndes bläuliches Gespinnst. Es wurde finster, jemehr sie sich Straßburg näherten; hoher Vollmond, alle fernen Gegenstände dunkel, nur der Berg neben bildete eine scharfe Linie, die Erde war wie ein goldner Pokal, über den schäumend die Goldwellen des Monds liefen. Lenz starrte ruhig hinaus, keine Ahnung, kein Drang; nur wuchs eine dumpfe Angst in ihm, je mehr die Gegenstände sich in der Finsterniß verloren. (MBA 5: 48f.)

Es scheint eindeutig, dass diese Szene nicht mehr aus dem Bewusstseinshorizont des Helden erzählt ist, dessen Inneres wie abgestorben ist. Indem die Erzählinstanz aber eine schreiende Dissonanz entwirft zwischen einem Landschaftsbild eines großen Zusammenklangs von Himmel und Erde, wie sie etwa Eichendorffs Gedicht *Mondnacht* vorstellt, und vollkommen stumpfer, unbeteiligter Figur, bringt sie eine neue Instanz ins Spiel, einen neuen Betrachter dieser Landschaft, den Leser. Wir als Leser sehen vor dem inneren Auge einerseits die betörende Landschaft, in der alles Getrennte wieder zusammenstimmt, und andererseits das stumpfe, verdämmernde Ich, das bisher Perspektivfigur der Landschaftsvorstellung war. So weit manifestiert diese Szene das Ende der Krankheitsgeschichte. Das Versprechen, das der ästhetische Naturbezug mit sich führt, Aufheben der Entgegensetzung von Natur und Subjekt, damit Befreien des Ichs aus seiner Erstarrung, wenn es der Natur, sie erforschend oder ausbeutend gegenübertritt, hat sich nicht erfüllt. Das Ich ist stumpf, die Natur spricht nicht mehr zu ihm. Wir aber, die wir nicht hinausgegangen sind in die Natur, denen ein literarisches vermitteltes Landschaftsbild gegeben worden ist, wir können dieses um so mehr genießen, als die Bedingung glückenden ästhetischen Naturbezugs, sich nicht nur der aufscheinenden Ungeschiedenheit des sonst prinzipiell Getrennten hinzugeben, sondern dieser zugleich in der Reflexion auf uns selbst gegenübertreten, weil uns diese Bedingung einer neuerlichen Spaltung auf der nächst höheren Ebene des Bewusstseins schon vorgebildet ist, insofern wir uns als Betrachter vom teilnahmslosen Betrachter Lenz abgrenzen.

Aber auch diese Szene kann nicht nur als Stadium der Krankheitsgeschichte des Helden, sondern auch als Manifestation einer Verweigerung gelesen werden. Bedingung glückenden ästhetischen Naturbezugs, so wurde herausgearbeitet, ist eine neuerliche Spaltung zwischen dem Ich, das in der Landschaftsvorstellung Zusammenstimmen von Subjekt und Natur erfährt, und dem Ich, das sich in dieser Erfahrung reflektiert. Diesen Gewinn einer Einheitserfahrung um den Preis einer neuerlichen Spaltung vollzieht die Lenz-Figur nicht mit. Im Horizont dieser Verweigerung kann das Schlussbild durchaus auch dem Wahrnehmungshorizont der erzählten Figur zugeordnet werden. Das großartige Bild einer alles Getrennte wieder zusammenführenden und verbindenden Natur, das würde das Schlussbild dann besagen, kommt zustande, wenn die Perspektivfigur ohne Ahnung, ohne Drang ist, wenn sie nichts mehr sucht in der Natur, gerade auch nicht deren Versprechen einer neuen Einheitserfahrung, da dieses gebunden ist an eine neue Spaltung im erfahrenden Ich. Das wäre eine Natur 'ohne den Menschen',[16] auch ohne den ästhetisch gestimmten, als Höhepunkt der Verweigerungsgeschichte. Weil die Natur in dieser Konstellation völlig befreit ist von der Struktur der Spaltung, die der Mensch hineinbringt, kann sie als großer Zusammenklang von allem mit allem, damit als Aufheben aller Unterscheidung, entworfen werden. Und dieses Bild ist als Bild möglich, führt nicht ins Amorphe, weil das Prinzip der Unterscheidung, das Gestaltung erst ermöglicht, in der Perspektivfigur, die sich der problematischen Bedingung glückenden ästhetischen Naturbezugs verweigert, gegenwärtig bleibt.[17] So opfert die Erzählung, als Verweigerungsgeschichte gelesen, ihre Figur, lässt sie verdämmern ("So lebte er hin" [MBA 5: 49]), um ein betörendes Landschaftsbild zu geben: als Bild einer Natur ohne den Menschen.

[16] Im Sinne des Ausblicks Foucaults auf ein Denken "in der Leere des verschwundenen Menschen" (Michel Foucault: *Die Ordnung der Dinge.* Aus dem Französischen von Ulrich Köppen. Frankfurt a. M.: Suhrkamp 1971. S. 412).

[17] Um dieses Gestalt erst ermöglichende Prinzip der Unterscheidung zu wahren, steht z.B. in Eichendorffs Gedicht *Mondnacht* die entworfene Vereinigung von Himmel und Erde im Konjunktiv.

Das zweite Feld, auf dem die Möglichkeit ambiger Lektüre der *Lenz*-Erzählung markant zur Disposition gestellt wird, ist die im Text entfaltete Kunstreflexion, vor allem also das Kunstgespräch. Erstaunlicherweise hat man es bisher einfach hingenommen, dass Büchner, der sich in der Regel umfassend auf ihm vorliegende Textmaterialien stützt, mit dem Kunstgespräch eine umfangreiche selbst erfundene Passage in seine Erzählung eingeflochten hat. Es erscheint eben stimmig, dass in einer Erzählung, deren Held ein Künstler ist, über Kunst auch diskutiert und damit zugleich der Erzählung die Möglichkeit einer Selbstreflexion eröffnet wird. Entsprechend wurde bisher noch nicht darüber nachgedacht, ob sich die Kunstreflexion auch notwendig aus der ästhetischen Ordnung der Erzählung, hier insbesondere aus der Art und Weise, in der der Held entworfen wird, ergeben könnte. Die auf dem Feld des ästhetischen Naturbczugs schon dargelegte ambige Lesbarkeit der Geschichte – als Geschichte fortschreitender Krankheit wie als Verweigerungsgeschichte – hat ein Pendant in den zeitgenössischen medizinischen Schulen, die sich mit dem Phänomen der Geisteszerrüttung befassen.[18] Die 'Somatiker' setzen beim Körper an, Geisteskrankheiten sind ihnen entweder Reflexe organischer/körperlicher Anomalien oder – das betrifft insbesondere die Melancholie und Manie – die Folge der Einmischung von Nichtmedizinern, insbesondere von Theologen und Moralisten, die übertriebenes Sündenbewusstsein, Ängste (vor Höllenstrafen) und andere am Ursprung von Melancholie und Manie stehende Vorstellungen erst erzeugen.[19] Auf der anderen Seite stehen die 'Psychiker' die von der Seele (psyche) her argumentieren. Körperliche Anomalien wie Irresein oder Wahnvorstellungen werden nach diesem Ansatz als Folge von Seelenerkrankungen erklärt, die ihre Ursache im Verleugnen von Vernunft und Moral haben, was gleichbedeutend mit Sünde ist. Johann Christian August Heinroth (1773–1843), einer der maßgeblichen Repräsentanten der Psychiatrie der ersten Hälfte des 19. Jahrhunderts, der sich auch in der Diskussion um die Zurechnungsfähigkeit des Mörders Woyzeck mit gewichtigen, Büchner bekannten Erklärungen zu

[18] Siehe hierzu insbesondere: Carolin Seling-Dietz: Büchners *Lenz* als Rekonstruktion eines Falls 'religiöser Melancholie'. In: *Georg Büchner Jahrbuch* 9 (1995–99). S. 188–236; dieselbe Opposition bezogen auf *Woyzeck*: Bernhard Greiner: *Ringen gegen ein ehernes Gesetz*. Die Überlagerung von juridischem und ästhetischem Diskurs am Fall 'Woyzeck'. In: *Recht und Literatur. Interdisziplinäre Bezüge*. Hg. von Barbara Thums und Wolfgang Graf Vitzthum. Heidelberg: Winter 2010. S. 295–316.

[19] Vgl. die in Anm. 7 aufgeführten Artikel von Esquirol sowie: Friedrich Bird: *Pathologie und Therapie der psychischen Krankheiten, zum Gebrauche für practische Aerzte entworfen*. Berlin: Reimer 1836, und J.[ohannes] B.[aptist] Friedrich: *Allgemeine Diagnostik der psychischen Krankheiten*. Zweite verb. Aufl. Würzburg: Carl Strecker 1832.

Wort gemeldet hat, war ein Vertreter dieser 'idealistisch' argumentierenden, d.h. vom freien, für sich selbst verantwortlichen Subjekt ausgehenden Psychiatrie. Oberlins Begründung für Lenz' Krankheit – Ungehorsam gegen den Vater, herumschweifende Lebensart, unzweckmäßige Beschäftigungen, häufiger Umgang mit Frauenzimmern[20] – entspricht der Argumentation dieser medizinischen Schule. Die somatisch orientierten Psychiater fragen nach naturgesetzlichen Begründungen und Verlaufsformen geistiger Krankheit, entsprechend hat der Kranke hier den Status eines determinierten Objekts. Die Psychiker gestehen dem Kranken Subjektstatus zu, aber primär, um ihn zum Verantwortlichen seiner Krankheit zu machen. Die letztere Position vertritt die Erzählung nicht, distanziert sie vielmehr im Andeuten der verhängnisvollen Wirkung Oberlins auf den Kranken. Die Erzählung steht der gegen nicht-medizinische Einmischung sich verwahrenden Argumentation der Somatiker nahe, ohne ihren Helden dabei jedoch zum bloßen Objekt naturgesetzlich ablaufender Prozesse zu degradieren, aber auch ohne ihn moralistisch als für seine Krankheit selbst verantwortliches Subjekt anzuklagen. Bei solchem Versuch, eine Zwischenposition zwischen naturgesetzlicher Determination und ideell gesetzter Freiheit (Selbstverantwortlichkeit) des Subjekts einzunehmen, wird es zu einer brennenden, systematisch notwendig zu klärenden Frage, ob es eine Verbindung, einen Brückenschlag zwischen diesen beiden prinzipiell voneinander geschiedenen Positionen geben kann. Einen solchen, wenn auch sehr eingeschränkten Brückenschlag hat Kant in seiner Bestimmung des Schönen (genauer: des ästhetischen Urteils) entworfen, was dem Schönen zu seiner großen Karriere verholfen hat, die die 'Kunstperiode' ausmacht. Mit dem Kunstgespräch ventiliert Büchner die Frage, ob das Schöne als Feld eines möglichen Brückenschlags zwischen den beiden prinzipiell voneinander geschiedenen psychiatrischen Schulen fungieren kann. Er stellt diese Frage allerdings in einer Zeit, für die herausragende Analysten wie Heine oder Hegel schon längst das 'Ende der Kunstperiode'[21] hinsichtlich eben dieser Erwartung eines Brückenschlags konstatiert haben.

Dass Büchner die Frage nach dem Schönen als Brückenschlag zwischen dem Feld der Sinnlichkeit und damit naturgesetzlicher Determination und dem der Ideen, deren oberste die Setzung des Ichs als frei und moralisch

[20] S. Oberlins Bericht "Herr L. . . . . ." (MBA 5: 239).

[21] Vgl. Heinrich Heine: Die deutsche Literatur von Wolfgang Menzel (1828). In: *Sämtliche Schriften in zwölf Bänden*. Hg. von Klaus Brigleb. München: Ullstein 1976. Band 1. S. 444–456. Hier: S. 455; Ders.: *Die Romantische Schule* 5 (1835). In: Ebd. S. 357–504. Hier: S. 393–395; Georg Wilhelm Friedrich Hegel: *Vorlesungen über die Ästhetik*. In: *Werke in zwanzig Bänden. Theorie – Werkausgabe* 13–15 (1970). Frankfurt a. M.: Suhrkamp. Hier: Band 13: S. 141f. [erstmals gehalten 1817/18 in Heidelberg, dann in den zwanziger Jahren öfters in Berlin].

verantwortlich ist, durchaus naheliegt, zeigt die methodologische Einleitung seiner Vorlesung *Über Schädelnerven*. Scharf stellt er hier die analytische (von ihm 'teleologisch' genannte) Methode der Naturbetrachtung, die Naturphänomene fremdbestimmt d.h. durch von außen auferlegte Zwecke erklärt, der synthetischen (von ihm 'philosophisch' genannten) Methode der Naturbetrachtung gegenüber, die die Vielfalt der Naturphänomene als Ausdifferenzierung aus einer Urform erklärt, nach einem Gesetz, das den jeweiligen Naturgebilden inhärent ist.[22] Wenn jedes Naturgebilde seinen Sinn in sich hat, ist natürlich zu fragen, wer diesen Sinn verbürgt. Das führt zu idealistischen Positionen, etwa eines Verständnisses der Natur als vollendeter Schöpfung Gottes oder doch – man denke an Kants *Kritik der teleologischen Urteilskraft* – zur Annahme eines vernünftigen Bestimmungsgrundes (Zweckmäßigkeit) der Naturphänomene als Denkmaxime. Büchner, der als Anatom durchaus analytisch-materialistisch verfährt, steht gleichwohl der philosophischen (synthetisch-idealistischen) Naturbetrachtung nahe, aber offenbar ohne deren idealistische Konsequenzen gänzlich mitvollziehen zu wollen. Und so wird dort, wo Büchner auf Gott als Schöpfer der Natur oder auf einen übersinnlichen Bestimmungsgrund der Naturphänomene zu sprechen kommen müsste, um zu erklären, wie jedes Naturgebilde seinen Bestimmungsgrund in sich selbst haben, "sich unmittelbar *selbst genug*" sein kann (FA 2: 158), plötzlich die Schönheit ins Spiel gebracht:

> [D]as ganze körperliche Dasein des Individuums [wird] nicht zu seiner eigenen Erhaltung aufgebracht, sondern es wird die Manifestation eines Urgesetzes, eines Gesetzes der Schönheit, das nach den einfachsten Rissen und Linien die höchsten und reinsten Formen hervorbringt. (FA 2: 158)

In der Konkurrenz grundsätzlich sich widersprechender medizinischer Zugänge zur Geisteskrankheit wird es analog zu einer dringlichen Frage, ob die Kunst einen möglichen Brückenschlag zwischen beiden eröffnet. Die Antwort, die das Kunstgespräch gibt, erschließt sich erst, wenn nicht nur die im Gespräch vorgetragenen Positionen,[23] sondern auch die Rahmung

[22] Vgl.: "die Natur [. . .] ist in allen ihren Äußerungen sich unmittelbar *selbst genug*. Alles was ist, ist um seiner selbst willen da. Das Gesetz dieses Seins zu suchen ist das Ziel der der teleologischen gegenüberstehenden Ansicht, die ich die *philosophische* nennen will" (MA 260).

[23] Hierzu: Albert Meier: *Georg Büchners Ästhetik*. München: Fink 1983; Ingrid Oesterle: *Ach die Kunst – ach die erbärmliche Wirklichkeit*. Ästhetische Modellierung des Lebens und ihre Dekomposition in Georg Büchners *Lenz*. In: *Ideologie und Utopie in der deutschen Literatur der Neuzeit*. Hg. von Bernhard Spies. Würzburg: Königshausen & Neumann 1995. S. 58–67; Andreas Pilger: Die idealistische Periode in ihren Konsequenzen. Georg Büchners Darstellung des Idealismus in der Erzählung *Lenz*. In: *Georg Büchner Jahrbuch* 8 (1990–94)

des Gesprächs in den Blick genommen wird. Was Lenz zur Darstellung von Wirklichkeit ausführt, steht insgesamt unter einer idealistischen Voraussetzung: "Der liebe Gott hat die Welt wohl gemacht, wie sie seyn soll" (MBA 5: 37). D. h. der Sinn, die Idee, ist in der Welt, weshalb auch problemlos gefordert werden kann, dieser "nachzuschaffen" (MBA 5: 37), statt von Forderungen der Vernunft, unabhängig von der Erfahrungswirklichkeit, auszugehen. Indem der Künstler sich eindringlich und vorbehaltslos an die erfahrbare Wirklichkeit hält, wird er gerade deren Vernünftigkeit herausbringen. Das geforderte Nachschaffen einer in ihrem Wesen als sinnhaft vorausgesetzten Wirklichkeit verknüpft Lenz allerdings mit der schwer zu bestimmenden Kategorie Leben: "Ich verlange in allem Leben, Möglichkeit des Daseins, und dann ist's gut. Wir haben dann nicht zu fragen, ob es schön, ob es häßlich ist, das Gefühl, daß Was geschaffen sey, Leben habe, stehe über diesen Beiden und sei das einzige Kriterium in Kunstsachen" (MBA 5: 37). Die Kategorie Leben[24] steht systematisch an der Stelle, an der in den ästhetischen Theorien der Kunstperiode die Frage eines Brückenschlags zwischen Erfahrungswirklichkeit und Idee diskutiert wird. Leben gehört selbstverständlich der Sphäre der Natur und damit deren Gesetzlichkeit an, parallel gesetzt mit "Möglichkeit des Daseins". Mit 'Leben' ist aber auch ein ideeller Aspekt akzentuiert, wenn unter "Möglichkeit des Daseins" ein Sein um seiner selbst statt um eines anderen willen zu verstehen ist, mithin Autonomie, Freiheit. Dem Schönen kommt dieser Gehalt von Leben insofern zu, als es sich der Festlegung auf einen bestimmten Begriff verweigert, sich nicht zum Fall einer Regel machen lässt, was besagte, um eines anderen, statt um seiner selbst willen zu sein.[25] So überrascht es nicht, dass Lenz, wenn er Beispiele für Bilder gibt, die die Forderung des Lebens erfüllen – wobei er diese als gewissermaßen natürlich sich einstellend entwirft – gehäuft das Attribut 'schön' verwendet, er hier also gewissermaßen vom Naturschönen handelt. Die Unmöglichkeit, diese Bilder festzustellen, weisen sie gerade als lebendig und schön aus. Als lebendig gehört das Schöne der ideellen Sphäre an – das aber ist der Raum des Unendlichen –, zugleich befinden wir uns mit Leben wie mit dem Schönen in der Sphäre der Sinnlichkeit, damit der Endlichkeit, da Formen erst durch Abgrenzung und Unterscheidung entstehen: "Die schönsten Bilder, die schwellendsten Töne, gruppieren, lösen sich auf. Nur eins bleibt, eine unendliche Schönheit, die aus einer Form in die andere tritt, ewig aufgeblättert, verändert" (MBA 5: 37f.).

[24] Zum Begriff 'Leben' als Schlagwort der Epoche des 'Jungen Deutschland': Wulf Wülfing: *Schlagworte des jungen Deutschland*. Berlin: Erich Schmidt 1982.

[25] Schönheit bezieht sich dabei auf die Gestaltungsweise eines Werkes, die Art der Organisiertheit seiner Elemente, nicht auf dessen Inhalt bzw. Gegenstand, darum kann auch das Hässliche hier einbegriffen werden.

Das Unendliche der Schönheit lässt sich als “ästhetische Idee” im Sinne Kants nachvollziehen, d.h. als eine “Vorstellung der Einbildungskraft, die viel zu denken veranlaßt, ohne daß ihr doch irgendein bestimmter Gedanke, d.i. Begriff, adäquat sein kann”.[26] Diese Nicht-Festlegbarkeit ist in Lenz’ Rede vom urteilenden Subjekt auf den Gegenstand der Erfahrung zurückgewendet; so kann dieser als in ständiger Umbildung begriffen gedeutet werden. Lenz gibt ein Beispiel für diese Bilderfahrung von Leben als geglückter Vereinigung eines ideellen und eines sinnlichen Aspekts, dem eine analoge Selbsterfahrung des Betrachters als lebendig, d.h. (sich) über dem Gegenstand fühlend, zugesprochen wird:

> Wie ich gestern neben am Thal hinaufging, sah ich auf einem Steine zwei Mädchen sitzen, die eine band ihre Haare auf, die andre half ihr; und das goldne Haar hing herab, und ein ernstes bleiches Gesicht, und doch so jung, und die schwarze Tracht und die andre so sorgsam bemüht. Die schönsten, innigsten Bilder der altdeutschen Schule geben kaum eine Ahnung davon. [. . .] Sie standen auf, die schöne Gruppe war zerstört; aber wie sie so hinabstiegen, zwischen den Felsen war es wieder ein anderes Bild. (MBA 5: 37)

Die Ersetzung der Kategorie des Schönen durch die des Lebens, gerade im Hinblick auf eine mögliche Verknüpfung zwischen dem Bereich der Natur und dem der Ideen, läßt die Verknüpfung, wie das zitierte Beispiel nahelegt, geglückt erscheinen – während Kant dem Schönen nur eine symbolische Vermittlung zuerkannt hatte[27] –, die Argumentation gerät dabei aber in einen Selbstwiderspruch. Denn das Schöne, als lebendiges, im Bild festzuhalten, verlangt, dem Lebendigen eben dieses Leben auszutreiben: “Man möchte manchmal ein Medusenhaupt seyn, um so eine Gruppe in Stein verwandeln zu können” (MBA 5: 37). Der Widerspruch wird durch Verschieben der Argumentation zu verschleiern gesucht. Denn nach der Formulierung über das Medusenhaupt geht Lenz nicht mehr weiter auf das Problem ein, wie das Kunstwerk als Werk das geforderte Leben zu fassen vermöchte, sondern argumentiert nun produktions- und rezeptionsästhetisch, ‘vergisst’ also gewissermaßen die bisherige werkästhetische Argumentation. Der Kunstschaffende verwirkliche das geforderte Leben, wenn er eine ethische Forderung erfülle: “Man muß die Menschheit lieben, um in das eigenthümliche Wesen jedes einzudringen” (MBA 5: 38). Dann werde der Schaffende sich seines Gegenstandes nicht bemächtigen, sondern “die Gestalten aus sich heraustreten lassen” (MBA 5: 38). Der Künstler solle sich liebend in seinen Gegenstand

[26] KdU 49. S. 192f.

[27] Programmatisch schon in der Überschrift des zentralen Paragraphen 59 angezeigt: “Das Schöne als Symbol des Sittlichguten” (KdU 59. S. 258).

versenken – wie er da zum Bild gelangt, das als Bild das geforderte Leben nicht töten müsste, bleibt ungeklärt. Stattdessen wird die Wirkung beschrieben, die ein so geschaffenes Bild beim Betrachter hervorbringen werde, d.i. über dem Gebilde zu fühlen. Das Bild als Bild, welches das geforderte Leben nur als getötetes zu geben vermag, ist damit übersprungen. Das legt den Gedanken nahe, dass der Betrachter, der, über dem Gebilde fühlend, d.h. lebendig geworden ist, durch seine Aufnahme des Bildes diesem eben jenes Leben zurückerstatten soll, das der Schaffende, obwohl liebend eins geworden mit seinem Gegenstand, in dessen Umarbeitung zum Bild doch hat töten müssen. Die Bildbeschreibung, die Lenz zum Beleg solcher 'Auflösung' des darstellerischen Selbstwiderspruchs gibt, folgt zumindest dieser Gedankenfigur. In seiner theoretischen Argumentation konnte Lenz Aussagen zum Bild durch solche über den Kunstschaffenden und die Kunstrezeption ersetzen. Demgegenüber kann die Bildbeschreibung das Bild natürlich nicht überspringen und so negiert nun die Bildbeschreibung das Bild. Nicht eine bestimmte Szene der Begegnung der Jünger von Emmaus mit dem auferstandenen Christus wird vorgestellt,[28] vielmehr wird die gesamte Handlung dieser Begegnung, vom Treffen mit dem Unbekannten bis zu Christi Brechen des Brotes nacherzählt. Die zweite Bildbeschreibung, die Lenz gibt, hat dann schon gar kein reales Bild mehr als Vorlage, sondern einen Text: die Eingangsszene von Tiecks Märchentragödie *Leben und Tod des kleinen Rotkäppchens*.[29]

Als Frage, auf die das Kunstgespräch die Antwort ist, war erkannt worden, ob die Kunst einen Brückenschlag leisten könne zwischen einem Argumentieren mit Naturgesetzlichkeit und einem, das von ideellen Setzungen (der menschlichen Freiheit) ausgeht, dem in der psychiatrischen Medizin die Schule der Somatiker und der Psychiker entsprechen, in Büchners Probevorlesung die teleologische und die philosophische Naturbetrachtung. Mit der Verschiebung der Kategorie des Schönen zu der des Lebens schien eine Lösung auf, die jedoch in den Selbstwiderspruch führte, dass Darstellen des Lebens verlangt, das Leben zu töten. Die Kunst, so die paradoxe Antwort, kann die an sie gerichtete Erwartung nur erfüllen, wenn sie sich als Kunstgebilde vergisst. Der Schluss des Kunstgesprächs macht dann weiter deutlich, dass dieses Vergessen nur Indikator eines anderen, für das gesamte Kunstgespräch konstitutiven Vergessens ist, d.i. der Selbstvergessenheit der Figur Lenz: "Er

[28] Das Bild, auf das diese Beschreibung Bezug nimmt, zeigt demgegenüber nur die Szene des Brechens des Brotes: "Christus in Emmaus" von Carel von Savoy (Hessisches Landesmuseum, Darmstadt); Abbildung in: Paul Requadt: Zu Büchners Kunstanschauung – Das 'Niederländische' und das Groteske. Jean Paul und Victor Hugo. In: *Die Bildlichkeit der Dichtung*. München: Fink 1974. S. 106–138. Abb. 1, o.S.
[29] Nach Pörnbacher, *Anmerkungen* zu *Lenz*. In: MA 547, Anm. 15.

hatte sich ganz vergessen" (MBA 5: 38). Das kann positiv besagen, dass das Reden über Kunst Lenz seine Krankheit vergessen ließ. Der Fortgang handelt jedoch von einem anderen Vergessen. Kaufmann fordert von Lenz, dass er sich um einen Beruf kümmern, sich also in die gegebene Wirklichkeit integrieren solle. Da wird deutlich, dass Lenz die Erfahrungswirklichkeit mit ihrer Struktur des Triebverzichts, der immer hinausgeschobenen Wunscherfüllung, prinzipiell ablehnt.[30] Das aber besagt, dass die ideelle Voraus-Setzung der gesamten Ausführungen zur Kunst – der Sinn sei in der Welt, diese sei ihrem Wesen nach vernünftig – durch Erfahrung nicht abzudecken ist, vielmehr eine bloße Setzung war, die als allgemeingültige nur im Vergessen der eigenen Erfahrung formuliert werden konnte. Das Kunstgespräch schien Lenz Erholung von seinen Krankheitszuständen zu bringen. Mit dem Manifest-Werden, dass die ideelle Voraussetzung der vorgetragenen Position gar nicht verifizierbar ist, treibt, was Erholung von der Krankheit zu versprechen schien, die Krankheit nur weiter voran: "Er wurde heftig, Kaufmann ging, Lenz war verstimmt" (MBA 5: 39). Aber auch das Kunstgespräch mit seiner Rahmung durch Lenz' idealistische Voraussetzung und Kaufmanns Folgerung hieraus für Lenz' Lebenspraxis, lässt sich nicht nur als Szene der Krankheitsgeschichte des Helden, sondern zugleich auch als Manifestation einer Verweigerung lesen. Lenz verweigert sich einer Auflösung des Grundwiderspruchs des Kunstgesprächs nach einer der beiden Seiten. Weder nimmt er, mit Blick auf die Entfremdungsstrukturen der Erfahrungswirklichkeit, die idealistische Voraussetzung seiner Forderungen an die Kunst zurück, noch macht er sich von dieser Voraussetzung her ein geschöntes Bild von der Erfahrungswirklichkeit. Der 'Realismus', den das Kunstgespräch der Lenz-Erzählung entwirft, besteht im Festhalten des Widerspruchs zwischen vorgetragener Forderung an die Kunst und der Rahmung des Gesprächs. Obwohl das Manifest-Werden dieses Widerspruchs die Krankheitsgeschichte (das aber heißt, den Zerfall) des Ichs vorantreibt, ist mit dem Akt der Verweigerung zugleich ein Ich gesetzt, bezogen auf das die Erzählung Kohärenz zu bewahren vermag. Die Kluft zwischen ideeller Setzung und konkret erfahrbarer Struktur der Wirklichkeit, die sich auch auf dem Feld der Kunst als nicht zu überbrücken erwiesen hat, ist auch für das dritte Themenfeld der Erzählung bestimmend, das Leiden, und, hiermit verbunden, Lenz' Bezug zur Religion. Auch die Behandlung dieses Themenfeldes lässt sich ambig als Geschichte fortschreitender Krankheit wie einer Verweigerung lesen.

[30] Jedes erreichte Ziel begründet ein neues, erst noch zu erreichendes wie beim ästhetischen Naturbezug jede Versöhnung der sinnlichen und der ideellen Welt eine neue Spaltung begründet hat: "Immer steigen, ringen und so in Ewigkeit Alles was der Augenblick gibt, wegwerfen und immer darben, um einmal zu genießen; dürsten während einem helle Quellen über den Weg springen" (MBA 5: 39).

Dass der historische Lenz den elsässischen Pfarrer Johann Friedrich Oberlin aufsuchte, war durch Christoph Kaufmann initiiert. In Büchners Erzählung ist die Wahl Oberlins auch konzeptionell schlüssig, da der Pietismus, den Oberlin lebt, eine Verbindung eben der Bereiche zu leisten versucht, die auf den bisher betrachteten Feldern der Landschaftserfahrung und der Kunstreflexion sich als nicht zu verbinden erwiesen haben. Oberlin und ebenso die Menschen des Steintals haben noch eine unmittelbare Gotteserfahrung (jedenfalls erscheint dies in Lenz' Bewusstseinshorizont so):

> Wie Oberlin ihm erzählte, wie ihn eine unaufhaltsame Hand auf der Brücke gehalten hätte, wie auf der Höhe ein Glanz seine Augen geblendet hätte, wie er eine Stimme gehört hätte, wie es in der Nacht mit ihm gesprochen, und wie Gott so ganz bei ihm eingekehrt, daß er kindlich seine Loose aus der Tasche holte, um zu wissen, was er thun sollte, dieser Glaube, dieser ewige Himmel im Leben, dies Seyn in Gott; erst jetzt ging ihm die heilige Schrift auf. Wie den Leuten die Natur so nah trat, alles in himmlischen Mysterien; aber nicht gewaltsam majestärisch, sondern noch vertraut! (MBA 5: 34)

Diese lebendige Religiosität schließt auch eine transzendente Sinngebung des Leidens ein, insofern es im Jenseits vergolten werde, es also "gen Himmel [zu] leiten" sei (MBA 5: 35). Zu dieser spirituellen Komponente tritt aber, nicht weniger mächtig, eine ethisch-praktische. Oberlin ist unermüdlich tätig, hilft durch seine vielfältige Kulturisierungsarbeit dem Leiden der ihm anvertrauten Menschen in der Erfahrungswirklichkeit hier und jetzt ab:

> In den Hütten war es lebendig, man drängte sich um Oberlin, er wies zurecht, gab Rath, tröstete; überall zutrauensvolle Blicke, Gebet. Die Leute erzählten Träume, Ahnungen. Dann rasch in's praktische Leben, Wege angelegt, Kanäle gegraben, die Schule besucht. Oberlin war unermüdlich, Lenz fortwährend sein Begleiter, bald in Gespräch, bald thätig am Geschäft, bald in die Natur versunken. (MBA 5: 33)

Die hier vorgefundene ideelle Sinngebung des Leidens verbunden mit empirisch praktischer Anstrengung, ihm abzuhelfen, beruhigen dann auch Lenz: "jemehr er sich in das Leben hineinlebte, ward er ruhiger, er unterstützte Oberlin, las die Bibel; alte vergangne Hoffnungen gingen in ihm auf; das neue Testament trat ihm hier so entgegen" (MBA 5: 34). Aber Lenz vermag sich Oberlins gelebte Doppelorientierung im Umgang mit dem Leiden nicht dauerhaft anzueignen. Das bei Oberlin Geeinte fällt bei ihm wieder auseinander, sei es unter dem Druck des eigenen wie des in seiner Umwelt wahrgenommenen Leidens, sei es, weil Oberlin Lenz einseitig auf die Bahn ideell-religiöser Verarbeitung des Leidens drängt, je mehr Lenz' Krankheit voranschreitet. Der Umbruch in Lenz' Verarbeitung des Leidens fällt mit der Predigt zusammen, die Lenz auf eigenen Wunsch hält, die Oberlin aber auch bereitwillig erlaubt hat.

Die Predigt-Szene ruft nachdrücklich ins Bewusstsein, dass alles Erzählte an Lenz' Erfahrungs- und Bewusstseinshorizont gebunden ist. Denn hier wird es besonders schwer, zu entscheiden, was Wahrnehmung der Außenwelt und was Einbildung der Perspektivfigur ist. Die Gemeinde, die zu Beginn des Gottesdienstes singt, wird nicht gesehen, stattdessen ist von einem Gesang anonymer "Menschenstimmen" (MBA 5: 35) die Rede. Indem Lenz zu sprechen beginnt, wacht "sein ganzer Schmerz [. . .] auf", was ihm "ein süßes Gefühl unendlichen Wohls" beschert (MBA 5: 35). Dass er Lust aus dem Leiden bezieht, kann dessen religiöse Perspektivierung, ebenso aber auch immanenten Selbstgenuss als Leidender anzeigen. Auffällig ist, wie sich das Ich des Helden vordrängt, wenn anschließend von den Zuhörern gesagt wird, sie litten mit ihm ("Er sprach einfach mit den Leuten, sie alle litten mit ihm" [MBA 5: 35]), es mithin zuerst um das Leiden des Predigers und nachfolgend erst um das der Zuhörer zu gehen scheint, dem Lenz dann religiösen Sinn gibt, allerdings nicht ohne Selbstgratifikation, da betont wird, dass *er* daraus Trost gewinnt:

> [. . .] es war ihm ein Trost, wenn er über einige müdgeweinte Augen Schlaf, und gequälten Herzen Ruhe bringen, wenn er über dieses von materiellen Bedürfnissen gequälte Seyn, diese dumpfen Leiden gen Himmel leiten konnte. (MBA 5: 35)

Zu dieser religiösen Perspektivierung des Leidens steht allerdings das Lied quer, das nach der Predigt gesungen wird, wobei offen bleibt, ob der berichtete Wortlaut dieses Liedes von der Gemeinde gesungen worden ist oder der Hörer Lenz den Wortlaut unbewusst verändert hat. Für letzteres spricht die gesteigerte Anonymisierung der Sänger – "da fingen die Stimmen wieder an" (MBA 5: 35) –: sind das noch die Stimmen der Gemeinde oder sind es Stimmen *in* der Perspektivfigur Lenz? Bekanntlich[31] geht das Lied auf ein pietistisches Kirchenlied (*Gott, den ich als liebe kenne, / der du kranckheit auf mich legst*) Christian Friedrich Richters (1676 – 1711) zurück, das in viele pietistische Kirchengesangbücher aufgenommen war. Richters Lied gibt dem Leiden klaren religiösen Sinn; die dritte Strophe lautet:

> Leiden ist jetzt mein geschäffte,
> anders kann ich ietzt nichts thun,
> [. . .]
> leiden ist ietzt mein gewinst;
> das ist jetzt des Vaters wille,
> den verehr ich sanft und stille;
> leiden ist mein gottesdienst.[32]

[31] Heinrich Anz: "Leiden sey all mein Gewinnst." Zur Aufnahme und Kritik christlicher Leidenstheologie bei Georg Büchner. In: *Georg Büchner Jahrbuch* 1 (1981). S. 160–168; Heinz Röllecke: *Leiden sei all mein Gewinst.* Zur Vor- und Wirkungsgschichte eines Büchner-Zitats. In: *Euphorion* 89 (1995). S. 331–334.
[32] Zitiert nach: MBA 5: 405f.

In der Relation von Weg und Ziel wird das Leiden hier auf das 'Jetzt' begrenzt, was die Sicherheit einer Vergeltung im Jenseits voraussetzt. Demgegenüber unterscheiden die 'Stimmen', die nach der Predigt erklingen, nicht zwischen einem Jetzt und einem implizit gesetzten Dereinst, sie kennen nur das Leiden: "Leyden sei all' mein Gewinnst" (MBA 5: 35), der Blick auf das Jenseits mit der Gewissheit der Vergeltung ist entfallen. Wenn aber das Ziel, die transzendente Sinngebung – im nachfolgenden Kunstgespräch die Setzung Gottes als Bürgen einer sinnhaften Welt – aus dem Blick gerät, wird das inbrünstige Erbitten des Leidens problematisch. Das Leiden wird dann zum Selbstzweck. Eben diese Struktur, dass der Weg sich verselbständigt, das Ziel aus dem Blick gerät, wird Lenz am Ende des Kunstgesprächs als nicht hinnehmbar anprangern:

> Immer steigen, ringen und so in Ewigkeit Alles was der Augenblick giebt, wegwerfen und immer darben, um einmal zu genießen; dürsten, während einem helle Quellen über den Weg springen. (MBA 5: 39)

An dieser Stelle gibt Lenz eine klare Absage an die Struktur endloser Verschiebung. In der Situation nach der Predigt erfolgt eine andere 'verrückte' Bearbeitung. Lenz hat ein eigenartig orgiastisches Erlebnis:

> Das Drängen in ihm, die Musik, der Schmerz, erschütterte ihn. Das All war für ihn in Wunden; er fühlte tiefen unnennbaren Schmerz davon. Jetzt, ein anderes Seyn, göttliche, zuckende Lippen bückten sich über ihm aus, und sogen sich an seine Lippen; er ging auf sein einsames Zimmer. Er war allein, allein! Da rauschte die Quelle, Ströme brachen aus seinen Augen, er krümmte sich in sich, es zuckten seine Glieder, es war ihm als müsse er sich auflösen, er konnte kein Ende finden der Wollust. (MBA 5: 35)

Wie ist diese Situation zu verstehen? Die Stimmen in der Kirche haben das Leiden verselbständigt, es wird nicht mehr gen Himmel geleitet. Lenz universalisiert dieses Leiden ('das All war *für ihn* in Wunden') und fühlt 'tiefen unnennbaren Schmerz davon', d.h. er nimmt das Leiden der Welt auf sich, womit er die Christus-Rolle übernimmt, allerdings als ein 'anderer Christus'. Der Christus der Bibel nimmt das Leid der Welt am Kreuz auf sich und spricht mit seinem letzten Wort die Erfahrung tiefster Gottverlassenheit aus ("Mein Gott, mein Gott, warum hast du mich verlassen?" [Matth 27, 46]). Lenz, als 'anderer Christus', fühlt sich von göttlichen Lippen umfangen, d.h. mit Gott vereint. Das Leiden der Welt hat er offenbar auch nicht zur Erlösung anderer, der ganzen Menschheit auf sich genommen, sondern zum Selbstgenuss, parallelisiert man dies mit einem analogen Bild Lenas aus Büchner Komödie, kann man auch sagen: zur Selbsterlösung ("Mein Gott, mein Gott, ist es denn wahr, daß wir uns selbst erlösen müssen mit unserem Schmerz?" [MBA 6: 110]). Lenz' Verarbeitung des Leidens ist in dieser Szene doppelt satanisch: die Aneignung der Christus-Position negiert den Gottessohn (Satan als der gefallene Engel, der an die Stelle Gottes treten wollte), die Perspektivierung des Leidens nur auf sich statt auf die Menschheit zeigt einen nur in sich selbst kreisenden Christus. Solche theologisch wie ethisch verkehrte Verarbeitung des Leidens muss nachfolgend selbstverständlich Sündenbewusstsein wecken und damit die Krankheit (die die Erzählung ja vor allem als religiöse Monomanie charakterisiert[33]), vorantreiben. Lenz' Umgang mit dem Leiden zeigt dabei eine Struktur, der er sich bei der Landschaftsvorstellung verweigert. Wird dort die Erfahrung der Ungeschiedenheit von Mensch und – ästhetisch aufgefasster – Natur gerade nicht mit der für Landschaftserfahrung konstitutiven Selbstbetrachtung des Subjekts in dieser Erfahrung, d.h. mit einer neuen Spaltung verbunden, tritt hier zur Einswerdung des Menschen Lenz mit dem Leiden des Alls gerade die Selbstbetrachtung in dieser Konstellation, also die Abspaltung von ihr. Die Behandlung der verschiedenen Themenfelder erfolgt mithin nicht nur parallel, sondern auch reziprok. Lenz' 'satanische' Verarbeitung des Leidens in der betrachteten Szene ist aber nicht nur als progressiver Faktor seiner Krankheit aufzufassen, sondern ebenso und zugleich, was das Attribut 'satanisch' ja schon besagt, als ein Akt der Verweigerung: Verweigerung transzendenter Sinngebung des Leidens. Mit der Usurpation der Stelle Christi scheint zwar, wenn auch nur noch ex negativo, die religiöse Perspektivierung des Leidens bewahrt, mit dem Selbstgenuss im Leiden und der angedeuteten Selbsterlösung ist die Verarbeitung des Leidens jedoch vollkommen immanent gewendet. Damit ist auf dem Feld des Umgangs mit dem Leiden die Krankheitsgeschichte selbst, die fortschreitenden Ich-Zerfall zeigt, als Geschichte einer Verweigerung ausgewiesen, die das Ich als Subjekt der Verweigerung weiterhin bewahrt. In Lenz' (satanischer) Verarbeitung des Leidens tritt das Subjekt der Verweigerung – verglichen mit den Themenfeldern Landschaftsvorstellung und Kunstreflexion – am deutlichsten hervor. Das ist wohl darum möglich, weil die Verweigerung zugleich an die Krankheitsgeschichte gekoppelt und so zurückgenommen wird. Denn bezeugt die Verweigerung auch immanente Verarbeitung des Leidens, so wird sie stets zuletzt doch wieder in religiösen, also transzendenten Kontext gerückt: Sündenbewusstsein generierend, das die Krankheit, die religiöse Monomanie, notwendig weiter vorantreibt. Entsprechend wird auch nach dem Versuch, das tote Kind zu erwecken, der entschiedensten Usurpation der Christusrolle, nicht nur betont, dass der Atheismus Lenz "ganz sicher, ruhig und fest" gefasst habe, sondern ebenso, dass Lenz am nächsten Tage "ein großes Grauen vor seinem gestrigen Zustande" befallen habe und eine "wahnsinnige Lust" ihn treibe, "diese Qual

[33] Vgl. z.B: "Unterdessen ging es fort mit seinen religiösen Quälereien" (MBA 5: 42).

zu wiederholen. Dann steigerte sich seine Angst, die Sünde in den heiligen Geist stand vor ihm" (MBA 5: 43).

Das Beharren auf dem Leiden, wobei die Unterscheidung zwischen dem eigenen Innen und dem Außen der Mitmenschen zunehmend verschwimmt, das kranke Innen ist das Außen als fremdes krankes Kind, führt zur Ablösung von der christlichen Leidenstheologie und zum Phantasma, Sinn selbst setzen zu müssen als neuer Christus, der das Leiden der Welt auf sich nimmt, allerdings primär zur Selbsterlösung. Das ist Aufstand gegen die Repräsentanten religiöser Sinngebung des Leidens (Gott, dessen 'Vertreter' am Ort: Oberlin) und insofern Verweigerung und zugleich Verhaftet-Bleiben in religiösem Denkhorizont, das sich in gesteigertem Sündenbewusstsein äußert, das dann seinerseits die religiöse Monomanie weiter verstärkt. Auf 'verrücktem' (psychiatrisch: auf psychotischem) Wege, sucht Lenz allerdings auch nach einem Ausweg aus der unseligen Kopplung von Aufstand und Gebunden-Bleiben an die Macht, gegen die sich der Aufstand richtet, damit von Verweigerungsakt und fortschreitender Krankheit. So erschließt sich die rätselhafte Szene zwischen Lenz und Oberlin, die Interpreten der Erzählung bisher immer übergangen haben:

> Den Nachmittag kam er wieder, auf der linken Schulter hatte er ein Stück Pelz und in der Hand ein Bündel Gerten, die man Oberlin nebst einem Briefe für Lenz mitgegeben hatte. Er reichte Oberlin die Gerten mit dem Begehren, er sollte ihn damit schlagen. Oberlin nahm die Gerten aus seiner Hand, drückte ihm einige Küsse auf den Mund und sagte: dies seien die Streiche, die er ihm zu geben hätte, er möchte ruhig seyn, seine Sache mit Gott allein ausmachen, alle möglichen Schläge würden keine einzige seiner Sünden tilgen; dafür hätte Jesus gesorgt, zu dem möchte er sich wenden. Er ging. (MBA 5: 44)

Die Szene ist fast wörtlich aus Oberlins Bericht *Herr L. . . . . .* übernommen.[34] Warum der Pelz? In seinem Bericht erläutert Oberlin: "ein Stück Pelz, so ich, wenn ich mich der Kälte lange aussetzen muß, auf den Leib zu legen gewohnt bin" (MBA 5: 234). Das legt in der religiös durchtränkten Welt, die Lenz im Steintal und bei Oberlin erfährt, eine Anspielung des *Jakob* Michael Reinhold Lenz auf eine andere Bedeckung von Körperteilen mit Pelz nahe, die Jakob, der Sohn Isaaks vorgenommen hat. Dieser betrügt seinen blinden Vater, erschleicht sich dessen Segen, indem er sich für den erstgeborenen Sohn Esau ausgibt. Da Esau im Unterschied zu Jakob eine raue Haut hat, bedeckt Jakob seine nicht bekleideten Körperteile, Hände und Hals, mit dem Pelz eines Ziegenböckleins (vgl. Gen. 27, 16). So erschleicht er sich den Segen, wird er zum Stammvater Israels, aus dem auch der Erlöser Christus hervorgegangen ist. Der andere Jakob, Jakob Michael Reinhold Lenz, kommt, analog Körperteile

[34] Abgedruckt in WBA 219–241. Hier: S. 234.

mit Pelz bedeckend, zum anderen Vater Oberlin, will aber nicht dessen Segen, sondern will geschlagen werden. Bezogen auf die Isaak-Jakob-Szene besagt das, er will als Betrüger entlarvt werden, als einer, der sich an die Stelle eines anderen, erstgeborenen Sohnes gesetzt hat, d.i. an die Stelle Christi. Würde er als Betrüger entlarvt, wäre die Usurpation der Stelle Christi zur eigenen Erlösung, die sich als Wahn erwiesen hat, abgewiesen, und da die religiöse Sinngebung des Leidens gleichfalls zurückgewiesen ist, wäre der Weg geöffnet, eine andere Verarbeitung des Leidens zu suchen, die nicht satanischen Verweigerungsakt und Fortschritt der Krankheit koppelte. Wie aber antwortet Oberlin? Er küsst Lenz, segnet ihn also, wie in der Isaak-Jakob-Szene die Segnung durch einen Kuss eingeleitet wird, und verweist Lenz auf den Erlöser Christus. So hält Oberlin Lenz in einem Umgang mit dem Leiden gefangen, in der wahnhafte Verweigerungshandlung und Fortschritt der Krankheit sich wechselseitig vorantreiben.

Die hier betrachteten, für die Lenz-Erzählung zentralen Themenfelder führten alle zur selben Ambiguität, Lenz' Erfahrungen und Handlungen sowohl als Manifestationen seiner Krankheit wie als Akte der Verweigerung betrachten zu können, ja zu müssen. Impliziert das erstere die Geschichte eines Ich-Zerfalls, die bei der Bindung des Erzählens an den Erfahrungs- und Bewusstseinshorizont eben dieses Ichs zum Zerfall auch der Erzählung führen müsste, so ist mit dem zweiten – implizit oder explizit – ein Ich gesetzt, das gegenläufig der Erzählung Kohärenz zu verbürgen vermag. Auch diese erzählerische Ambiguität wird nicht aufgelöst, weshalb die Erzählung auch nur mit einer ambigen Formulierung schließen kann – "So lebte er hin" (MBA 5: 49) – die die Krankheitsgeschichte als immer weiteren Niedergang des Ichs perspektiviert, zugleich aber auch aus den Verweigerungsakten ein Fortbestehen dieses Ichs anzeigt: auch dies eine Manifestation der 'halben Verrücktheit' seiner Figur, von der Büchner im Brief an die Eltern,[35] in dem er sein Projekt einer Lenz-Erzählung anzeigt, gesprochen hat.

[35] Brief vom Oktober 1835, MA 310.

William Collins Donahue

The Aesthetic "Theology" of Büchner's *Lenz*

This essay focuses upon the religious core of Büchner's famous Kunstgespräch *(Discussion of Art), arguing that this classic manifesto of literary realism, which draws upon the Emmaus story from the Gospel of Luke for its principal argument, is itself deeply "idealist" – despite the Naturalists' (and other materialists') enthusiasm for Büchner. The programmatic empathy for the downtrodden that Lenz prescribes for art is fully congruent with, perhaps even dependent upon, a transcendental worldview, just as it is in the Bible. The novella's dynamism and contemporary appeal derive from the unresolved – and unresolvable – tension between the nihilistic frame narrative (the tragic story of Lenz's gradual descent into mental illness and atheism) and the "transcendent" aesthetics promulgated in the* Kunstgespräch. *In bringing some central arguments from William James's* The Varieties of Religious Experience *to bear upon the analysis of this novella, we will see that the very polarity between "realism" and "idealism" is itself called into question. The concluding portion of this essay discusses literary-theoretical impediments to this reading.*

> "If one wished to put it drastically, one could say that your study is located at the crossroads of magic and positivism. That spot is bewitched."
>
> —Theodor Adorno, letter to Walter Benjamin

I.

Georg Büchner's pathbreaking novella *Lenz* is often read as a turning point in German letters and European culture more generally. It functions as a key document in a dominant narrative of secularization that dates the turning point between widespread belief and widespread disbelief around the middle of the nineteenth century[1] – this despite the fact that, as Büchner's letters show, the author wrestled with questions of faith, God, and spirituality throughout his short life.[2] In this regard, the extremely sympathetic title figure, frequently identified in the secondary literature with the author himself – is chiefly

[1] Peter Gay explains that it was in the mid-19th century that a secular worldview really took root in the European middle classes: see Bourgeoisie(s). In: *Schnitzler's Century: The Making of Middle Class Culture, 1815–1914*. New York: Norton 2002. Pp. 3–34.

[2] The dominant view of Büchner as a nihilist and uncompromising revolutionary who somehow anticipated the postmodern condition is evident in the following laudation for Friedrich Christian Delius, who received the Büchner Prize 2011, Germany's most prestigious literary award: ". . . Delius [. . .] ist bei allem revolutionären Impetus, der in seiner bürgerlichen Abgeklärtheit vielleicht noch

remembered for his teleological trajectory toward nihilism.[3] Leftist scholars of a previous generation, notably Reinhold Grimm and Jost Hermand, have created out of Büchner (and out of *Lenz* in particular) a kind of forerunner for the German New Left of the 1960s and 1970s, seeing in him a champion of atheism with a particular penchant for the downtrodden.[4] Given his authorship of the revolutionary tractate *Der Hessische Landbote* (1834), his dramatization of the French Revolution in *Danton's Tod* (1835), not to mention that proto-Naturalist and perhaps most famous dramatic fragment in world literature, *Woyzeck* (1836–37), it is of course not mistaken to affiliate Büchner

---

wohnt, von den Finsternissen und Erregungspotenzialen, den halsbrecherischen Wirklichkeitsimaginationen seines hessischen Landsmannes doch weit entfernt" (Gregor Dotzauer: Der kühle Kopf. In: *Der Tagesspiegel* 19.05.2011). The scholarship on Büchner and religion mostly echoes these sentiments. See, for instance, Ariane Martin: Religionskritik bei Georg Büchner. In: *Georg Büchner Jahrbuch* 11 (2005–08). Pp. 221–236; Wendy Wagner: *Georg Büchners Religionsunterricht 1821–1831: Christlich-protestantische Wurzeln sozialrevolutionären Engagements*. New York: Lang 1999; Christian Soboth: Religion. In: *Büchner-Handbuch*. Ed. by Roland Borgards and Harald Neumeyer. Stuttgart-Weimar: Metzler 2009. Pp. 156–161; and, arguing against the grain, Wolfgang Wittkowski: Sein oder Nichtsein: Zum Streit um die religiöse Büchner-Deutung. In: *Georg Büchner: Rückblick und Einblick*. Frankfurt a. M., etc.: Lang 2009. Pp. 159–188. Wagner, whose study initiated this reappraisal, summarizes her task thus: "Insgesamt dürfte dieses Buch der Büchner-Forschung erlauben, die Rolle der Religion für Büchner neu zu bewerten, sowohl die tief religiös gefärbte Sprache seiner Briefe, wie auch die religiösen Themen in seinen Werken unter einem neuen Gesichtspunkt zu betrachten, ja auch sein aufs empfindlichste sensibilisiertes soziales Bewußtsein und den daraus erwachsenen Impetus zur reformatorisch-politischen Agitation auf der Basis seiner fest verwurzelten protestantischen Schulbildung verstehen zu lernen" (8).

[3] The locus classicus for this position is the biographical sketch by Ludwig Büchner, where he writes of his brother: "In Lenzen's Leben und Sein fühlte er verwandte Seelenzustände, und das Fragment ist halb und halb des Dichters eigenes Porträt" (*Nachgelassene Schriften von Georg Büchner*. [Ed. by Ludwig Büchner.] Frankfurt a. M.: Sauerländer 1850. P. 47). This assessment is reiterated in Karl Viëtor's influential study *Georg Büchner: Politik, Dichtung, Wissenschaft*. Bern: Francke 1949. P. 172: "Zu dieser letzten Verzweiflung [. . .] wird auch Lenz hinabgestoßen, und hier, an dieser Stelle, ist allerdings Büchners seelische Not der Stoff, aus dem die verzerrten Schmerzzuckungen des armen Lenz gestaltet wird". In this regard, see also Hans Mayer: Georg Büchner und seine Zeit. Frankfurt a. M.: Suhrkamp 1972.

[4] Their most influential student, Robert Holub, has furthered this view of Büchner as a champion not only of resolutely anti-idealist aesthetics but also of the lower classes. See, for example, Holub: Naming and Framing the Post-Romantic, Pre-Realist Period. In: *German Literature of the Nineteenth Century, 1832–1899*. Ed. by Clayton Koelb and Eric Downing. Rochester, NY: Camden House 2005. Pp. 93–114.

with radical views on art and politics.[5] Yet it would be an error to identify Büchner's proto-Marxist convictions with the settled and dogmatic Marxist atheism of later decades. Equally, it would be misleading – however tempting – to appropriate the Büchner of one of these other works in order to resolve the novella's fascinating structural and ideological tensions. Blindsighted by unhistorical convictions, commentators have tended to flatten out the central paradox of Büchner's novella *Lenz* – one that wavers between belief and unbelief, and flickers between a coherent, animated view of the world and one that champions incoherence and nihilism.[6] This essay argues that the very indecision at the novella's topical core – its insistent vacillation between moments of ecstatic spirituality and disengaged lethargy, between theism and atheism – is mirrored by the fascinating tensions within its structure, i.e., the secular narrative charting the protagonist's psychological disintegration and the much commented upon Discussion of Art (*Kunstgespräch*) that it frames. Valorizing each of these terms requires, I will argue, a more capacious cluster of theoretical approaches to poetic realism than has recently been the case.[7]

[5] It is symptomatic, therefore, that Gail Finney, in her overview of post-romantic nineteenth century German prose, should ascribe Büchner squarely to the first term in her tripartite title, Revolution, Resignation, Realism (1830–1890). In: *The Cambridge History of German Literature*. Ed. by Helen Watanabe-O'Kelly. Cambridge: Cambridge University Press 1997. Pp. 272–327. Here: Pp. 274, 290–291.

[6] A prominent example of this tendency can be found in Viëtor, who diagnoses *Lenz* as documenting the author's thoroughgoing atheism and nihilism. Yet he must go beyond the novella – namely to Büchner's scientific writings – to buttress the worldview he wishes to locate in *Lenz* (Viëtor 165). Tellingly, Viëtor himself, despite his own prior blanket statements regarding the author's skepticism and nihilism, ends up affirming not a settled position, but rather a "Grundlage tiefer Ratlosigkeit" (Vietor 167).

[7] There are numerous ways in which critics and directors simply expunge the religious "irritant" from an author otherwise known for secular pursuits. Take the case of Hugo Ball, who is of course known primarily for his Dadaist prose innovations. When Ball's Catholic treatise was first published in 1923, critics were at a loss to integrate it within the established view of Ball as avant-gardist. Critics continue to ask, "Meint er es ernst?" ("But did he really mean it?"). See Bernhard Lang: Heiliger Dada: Hugo Balls 'Byzantinisches Christentum'. In: *Neue Zürcher Zeitung* 4 June 2011. (http://www.nzz.ch/magazin/buchrezensionen/heiliger_dada_1.10809119.html; accessed 17 September 2011). With regard to Büchner more specifically, Robert Wilson's Deutsches Theater production of *Woyzeck* will make the point: Wilson has simply eliminated the passages where Marie reads the New Testament parable (in which Jesus refuses to condemn the woman for infidelity), and where Woyzeck discusses the holy card in his mother's bible with Andres, the topic of which is the affirmation of human suffering – a theme closely related to Lenz's homily to Oberlin's congregation.

II.

Karl Gutzkow first published the novella in serialized form in the journal *Telegraph für Deutschland* in 1839 under the title *Lenz: Eine Reliquie von Georg Büchner*, and in so doing set in motion a three-part tradition in Büchner criticism: the author would become identified as his title figure's *doppelganger*; the novella would forever be associated with the author's tragic death; and a certain sacramental aura would cling to the events depicted. It is crucial to know – as did both contemporaneous and subsequent readers – that Büchner's story is based on the historically documented visit of the mentally ill Jakob Michael Reinhold Lenz to Pastor Johann Jakob Oberlin in the rural mountainous area east of Straßburg in 1778. The latter's detailed report, which Büchner received from the minister who gave Oberlin's eulogy (and who, were it not for Büchner's untimely death, would have become Büchner's father-in-law), forms not only the basis of the narrative, but is actually quoted at length within it. Büchner layers this chronicle in interesting ways: For one thing, he depicts, as later commentators would claim, Lenz's descent into madness with the precision of a modern psychologist. For another, Büchner integrates Lenz's central role in the *Geniezeit*, his training as a theologian, and the religious substrate to his dramatic theory into the novella.[8]

Though it is difficult to know precisely what malady afflicts the protagonist, we are aware, by the fifth sentence, that something is seriously amiss: the narrator notes, with utter nonchalance, that it is sometimes unpleasant for him not to be able to walk on his head ("nur war es [. . .] manchmal unangenehm, daß er nicht auf dem Kopf gehn konnte" [FA 1: 225]). More disconcerting still is his experience of what should be rock-solid nature as dangerously labile: cliffs "jump away" from his grasp and the ground of the forest quakes under his very feet: "Anfangs drängte es ihm in der Brust, wenn das Gestein so wegsprang, der graue Wald sich unter ihm schüttelte [. . .]" (FA 1: 225). The external world of nature has lost its stability even before we encounter Lenz as himself in perpetual psychological flux; indeed he is characterized throughout by dramatic mood swings that would seem to correspond

[8] "Der Dichter und das Publikum müssen die eine Einheit fühlen, aber nicht klassifizieren. Gott ist nur eins in allen seinen Werken, und der Dichter muss es auch sein, wie gross oder klein sein Wirkungskreis auch immer sein mag. Aber fort mit dem Schulmeister, der mit seinem Stäbchen einem Gott auf die Finger schlägt". From Lenz's *Anmerkungen übers Theater* (1774), qtd. in: Georg Büchner*: Werke und Briefe*. Ed. by Karl Pörnbacher, Gerhard Schaub, Hans-Joachim Simm, and Edda Ziegler. München: Deutscher Taschenbuch Verlag 1980. P. 360. The novella itself is cited from the Frankfurt edition [FA]: Georg Büchner: *Sämtliche Werke, Briefe und Dokumente in zwei Bänden*. Ed. by Henri Poschmann. Frankfurt a. M.: Deutscher Klassiker Verlag 1992–1999. Volume 1. Pp. 225–250.

to a manic-depressive illness, perhaps coupled with epilepsy. This profound "ungrounding" – at all levels of experience – paradoxically lays the groundwork for the Discussion of Art.

It is worth attending closely to this two-step pattern of loss (the physical and the spiritual lack of orientation), because it repeats itself throughout the story – most importantly and with striking semantic parallels in the episode where Lenz attempts to raise back to life the dead girl of Fouday. In a scene not coincidentally reminiscent of Christ calming the waters, Lenz attempts first to master a mighty windstorm:

> er stand, keuchend, den Leib vorwärts gebogen, Augen und Mund weit offen, er meinte, er müsse den Sturm in sich ziehen, Alles in sich fassen, er dehnte sich aus und lag über der Erde, er wühlte sich in das All hinein, es war eine Lust, die ihm wehe tat; oder er stand still und legte das Haupt in's Moos und schloß die Augen halb, und dann zog es weit von ihm, die Erde unter ihm, sie wurde klein wie ein wandelnder Stern und tauchte sich in einen brausenden Strom, der seine klare Flut unter ihm zog. (FA 1: 226)

We see him first prostrating himself on the earth in a desperate attempt to take possession of disparate, inchoate, and recalcitrant natural phenomena. The image of sexual domination, that is, of a man taking sexual possession of a woman, is suggested. In this scene we encounter a commanding sensual depiction of the Romantic sublime juxtaposed with the iconic Romantic subject solipsistically laying claim to his "own" world. Lenz lays himself down, senses the steady building of an uncontrollable expansion of the earth beneath him. The pressure increases until its sudden release, which is immediately followed by an ebbing, retraction, retreat. "Es war getan" – one is tempted to say – "fast eh gedacht", except that in Goethe's famous Sturm und Drang poem ("Wilkommen und Abschied", 1775), nature plays a considerably more secure role as the stage for the young lovers. Here, nature itself seems infused with hormonal uncertainties. At any rate, the volatile embrace between Lenz and the earth ends with both parties subdued: "Aber es waren nur Augenblicke, und dann erhob er sich nüchtern, fest, ruhig als wäre ein Schattenspiel vor ihm vorübergezogen, er wußte von nichts mehr" (FA 1: 226).

When the world threatens incoherence and an overabundance of meanings – two well worn attributes from the misogynistic imaginary of Western culture in general and German nineteenth-century prose in particular[9] – Lenz lays himself upon it to claim it as his own and bring it into order. But within minutes of this gesture of domination, the unruly "world" recedes to a point of near nothingness and the experience of overwhelming fullness is suddenly

[9] On this see my article: The Kiss of the Spider Woman: Gotthelf's "Matricentric" Pedagogy and its Postwar Reception. In: *German Quarterly* 67.3 (1994). Pp. 304–324.

absent as well. This bimodal experience of overwhelming plenitude alternating with utter emptiness is a biblical trope for the encounter with the divine, a resonance that is surely deepened insofar as Lenz, on his way to visit Pastor Oberlin, is in a sense literally "ascending the mount", the sacred space where divine encounters typically occur in Judeo-Christian scripture.

Büchner's story may begin with unmistakable biblical overtones, but it continues in a decidedly unorthodox manner. For the sudden "disappearance" of the divine is not figured as a punishment for a hubristic attempt to control or possess it; nor is it depicted as a mystical "dark night of the soul" which, despite all its tortures, remains grounded in a divine order. Rather, Büchner's *Lenz* will entertain the proposition that the "dark night" is itself the "ground" upon which poor Lenz is compelled to tread, trip, and toil unto his early death. At any rate, this bipolar narrative of plenitude and emptiness is already the status quo as Lenz later enters the Valley of Stones (*Steintal*), where he will meet and lodge with Oberlin. But before he does so, the pattern repeats itself, as if to establish the *fort/da* sequence as the novella's chief leitmotif. On the way into the village he passes the windows of cozy cottages peopled with faces illuminated as if in a painting: "Er ging durch das Dorf, die Lichter schienen durch die Fenster, er sah hinein im Vorbeigehen, Kinder am Tische, alte Weiber, Mädchen, Alles ruhige, stille Gesichter, es war ihm als müsse das Licht von ihnen ausstrahlen, es ward ihm leicht, er war bald in Waldbach im Pfarrhause" (FA 1: 226–227). This idyll too crashes just moments later, however, metamorphosing from a scene of iconic human warmth and community to an artificial tableau, which Lenz vivifies:

> er besann sich wieder auf den Tag, wie er hergekommen, wo er war, das Zimmer im Pfarrhause mit seinen Lichtern und lieben Gesichtern, es war ihm wie ein Schatten, ein Traum, und es wurde ihm leer, wieder wie auf dem Berg, aber er konnte es mit nichts mehr ausfüllen, das Licht war erloschen, die Finsternis verschlang Alles; eine unnennbare Angst erfaßte ihn [. . .]. (FA 1: 227)

The sudden inversion is remarkable not only for the stark contrast between intense feelings of connectedness and alienation, but also for its being prefaced by a sense of the poet's responsibility for the creation of meaning or the lack thereof. When the scene kips over into its opposite, into the abyss of nothingness, he protests that he is unable to fill it with signification – "er konnte es mit nichts mehr ausfüllen". The historical Lenz had spoken about the poet as creating in God's image, as taking his cue from the divine creator. But here the fictional Lenz – and, it must be said, the mad Lenz – carries the burden all by himself. The rocks and trees become loosened from their moorings unless he can incorporate them and regenerate a stable order, and the very light drains out of the faces of the villagers and the scene of Breugel-like peasant conviviality goes dark without his intervention to light it up.

The narrative continues to tack between these two diametrically opposed points: either Lenz is bathing in the warmth of Pastor Oberlin's gaze, which emits a peace that appears to keep reality ordered and calm, or he experiences the panic of doubting his own existence and that of the world – "der rettungslose Gedanke, als sei Alles nur sein Traum" (FA 1: 229).

The passage on the calming influence of Oberlin is of further interest because it expressly addresses "us" (uns) in describing primal scenes of trust and security as familiar ones from nature:

> Es wirkte alles wohltätig und beruhigend auf ihn, er mußte Oberlin oft in die Augen sehen, und die mächtige Ruhe, die uns über der ruhenden Natur, im tiefen Wald, in mondhellen schmelzenden Sommernächten überfällt, schien ihm noch näher, in diesem ruhigen Auge, diesem ehrwürdigen ernsten Gesicht. (FA 1: 229)

The analogy is worth further analysis, however, since the "normal" experience of natural calm and serenity that we all know from the deep forest, moonlit summer sunsets, etc. is available to Lenz only via Pastor Oberlin's gaze, or more specifically, via the reflection he sees in the pastor's eyes. Though mediated via Oberlin, Lenz is therefore still authoring the scene of purportedly "objective" natural serenity.

Regarding Lenz's existential doubt, it may be worth noting that the intensity of the anxiety emanates from the possessive adjective "sein": Lenz's madness is very much defined as a world of total solipsistic projection. Even when he seems most at peace with himself and the world, when his mental illness seems wholly under control, we notice Lenz imagining a world that is there just for him. In the following, notice how his nature idyll is ultimately imaged in terms of a mother's reward for a well-behaved child:

> Es wurde ihm heimlich nach und nach, die einförmigen gewaltigen Flächen und Linien, vor denen es ihm manchmal war, als ob sie ihn mit gewaltigen Tönen anredete<n>, waren verhüllt, ein heimliches Weihnachtsgefühl beschlich ihn, er meinte manchmal seine Mutter müsse hinter einem Baume hervortreten, groß, und ihm sagen, sie hätte ihm dies Alles beschert. (FA 1: 230)

"Heimlich", of course, is here not the opposite of Freud's "unheimlich", but a reference to Lenz's home and childhood: the world, when he can manage to stage it for his consciousness, is his playground. While one could respond that this is still safely expressed in the subjunctive, the next sentence makes clear that Lenz feels personally addressed by nature when, as he descends the mountain, a rainbow happens to embrace his shadow. And it is no accident that these experiences directly precede his wish to deliver the Sunday sermon to Oberlin's congregation. This homily gives Lenz the emotional high we have come to expect: "Lenz sprach, er war schüchtern, unter den Tönen hatte sein Starrkrampf sich ganz gelegt, sein ganzer Schmerz wachte jetzt auf, und legte sich in sein Herz. Ein süßes Gefühl unendlichen Wohls beschlich ihn" (FA 1: 231). And just as predictably, immediately after achieving passional release, he crashes. Now it is a demigod that appears to suck life from his very lips: "Jetzt, ein anderes Sein, göttliche, zuckende Lippen bückten sich über ihm <nieder>, und sogen sich an seine Lippen; er ging auf sein einsames Zimmer. Er war allein, allein!" (FA 1: 231).

It is worth noting the repetition of this pattern of highs and lows because some critics have erroneously mapped Lenz's course as one of relatively peaceful ascent, or at least stability, that only alters direction significantly once Oberlin departs with Kaufmann and leaves Lenz to fend for himself. Moreover, this alternation between blissful experiences of unity and unbearable moments of self-loss and alienation is metaphorical for the unresolved crisis of faith that is about to become evident thematically in the narrative. Though he has not yet directly introduced the matter, Büchner has already rehearsed the emotional vacillation that eminently characterizes the experience both of losing childhood certainties and temporarily regaining moments of assurance, only to be thrust into deeper anguish when these apparent re-conquests of faith turn out to be unsustainable: "Je höher er sich aufriß, desto tiefer stürzte er hinunter" (FA 1: 239). Interestingly, both the highs and lows are expressed in terms that people not suffering from mental illness can readily understand, as we noticed above when the narrator appeals to "us" readers and our common experience of serene nature scenes. Thus, while these are simultaneously the experiences of a seriously ill protagonist – as we noticed from the moment he says he wishes he could walk on his head – they are also somehow our own. Büchner will attempt to make this theodicy crisis our own too by incorporating into the narrative tragic episodes that seriously challenge conceptions of the goodness and omnipotence of God. In this way, the author both draws us toward and yet always keeps us at a critical distance from his mentally unstable protagonist.[10]

When Kaufmann (an emissary sent by Lenz's father) arrives in Waldbach, Lenz achieves a moment of exceptional clarity. At table the conversation turns to literature, Lenz's area of expertise, and he soon delivers himself of the famous "Discussion on Art", essentially a monologue on the virtues of realistic over idealistic art. Before attending to Lenz's aesthetic claims – which many eagerly take to be Büchner's own – let us complete the protagonist's

[10] This is precisely analogous to the way in which Büchner presents Woyzeck's madness: he's surely mentally disturbed, as we note from the outset when he hears voices from inside an allegedly hollow earth. But on the whole, the Doctor assures us, he's quite functional. This ensures that the protagonist – in both *Woyzeck* and *Lenz* – maintains at least a tenuous connection to readers, at least up until the final scenes.

Not necessarily Büchner's opinion on art.

trajectory. For the "discussion" of art is really just a brief if spectacular interlude in an unrelenting downward spin that ends in atheism and definitive madness. Before he quite gets there, however, Lenz mounts one last grand attempt to reinstate his faith and sanity. He resolves to raise the dead girl of Fouday. In preparation for the role of Christ he will soon appropriate, he first casts himself in the role of John the Baptist by dressing in sackcloth and ashes and observing a time of fasting. There is a scriptural-cultural logic to this insofar as John was first (mis)taken for the messiah, before disavowing that title. With these preliminaries completed, Lenz approaches the corpse of the dead girl and as he had earlier done in an attempt to master the recalcitrant wind and earth, he now extends himself over the decomposing corpse: "er warf sich über die Leiche nieder" (FA 1: 241). His failure to revivify the child becomes proof to him that the universe is empty and meaningless. Whereas earlier it was Oberlin's calming eye that mirrored back to Lenz a meaningful creation, the heavens themselves are now pictured as a "dumb blue eye" –dumb, that is, to any ultimate significance: "[. . .] und der Himmel war ein dummes blaues Aug, und der Mond stand ganz lächerlich drin, einfältig. Lenz mußte laut lachen, und mit dem Lachen griff der Atheismus in ihn und faßte ihn ganz sicher und ruhig und fest" (FA 1: 242).

Lenz interprets his mental decline in terms of faith and doubt; such at least are the terms he uses once he arrives back in Waldbach. But we have noticed that his manic-depressive episodes precede – and, as we shall see, also follow – the intense religious signification he places on them while visiting the pastor's family. God, he feels, should put an end to *his* suffering; and he invokes religion specifically to this end. But the disease continues its course unabated and manifests itself in ways we first became familiar with while the poet was still in the mountains on his way to visit the pastor. Only now, on the eve of his forced departure, they are much worse. We encounter again those visions of grandeur in which Lenz seeks to contain and then produce, as it were, his very world: "er amüsierte sich, die Häuser auf die Dächer zu stellen, die Menschen an- und auszukleiden, die wahnwitzigsten Possen auszusinnen" (FA 1: 247). He loses his grip on the distinction between self and other, just as he had earlier shown an inability to keep individuals distinct from one another: "dachte er an eine fremde Person, oder stellte er sie sich lebhaft vor, so war es ihm als würde er sie selbst" (FA 1: 247). His attacks come more frequently now, trapping him ever more definitively within his solipsistic delusion:

> Auch bei Tage bekam er diese Zufälle, sie waren dann noch schrecklicher; denn sonst hatte ihn die Helle davor bewahrt. Es war ihm dann, als existiere er allein, als bestünde die Welt nur in seiner Einbildung, als sei nichts als er [. . .] allein mit seinen folternden Vorstellungen. (FA 1: 248)

Though Büchner has carefully larded Lenz's decline with events that affect us viscerally and in some ways similarly, we cannot forget that his protagonist is unambiguously ill: He hears voices (FA 1: 247) and experiences the frightful division of his personality into halves one opposed to other (FA 1: 247). Büchner's Lenz is forcibly carted off to Straßburg to continue his agony ("So lebte er hin" [FA 1: 250]). Similarly, the historical Lenz went irretrievably mad and was later found dead on the streets of Moscow, cut down by poverty, despair, schizophrenia, manic-depression or epilepsy.

III.

The purpose of the frame story – of Lenz's gradual and tragic descent – is to provide a critical context for the famous Discussion of Art. For the often-cited "Gespräch" is not some exceptional aesthetic manifesto inserted into an otherwise dreary story, but an argument about art that takes on profundity precisely because of the surrounding narrative; this is the special though not of course exclusive logic of the novella as it was perfected in nineteenth century German letters.[11] Against Kaufmann, an upholder of idealist art, Lenz advocates a kind of realism in art that seeks to discover beauty in the quotidian world. Lenz dislikes idealism because of its artificiality, distance from everyday life, and most of all because of its presumption: in setting up ideals that transcend the world of experience, it presumes to do what God has already successfully done: "Der liebe Gott hat die Welt wohl gemacht wie sie sein soll, und wir können wohl nicht was Besseres klecksen, unser einziges Bestreben soll sein, ihm ein wenig nachzuschaffen" (FA 1: 234). The idealists' effort to transform ("verklären") the world is at any rate ineffective, because in the end all they succeed in producing are "Holzpuppen" (FA 1: 234). He argues that writers should try to immerse themselves in the life of the lowest or least privileged and communicate this in their art. We need not ask about beauty or ugliness, he insists, but only whether the work breathes life: "Ich verlange in Allem, Leben, Möglichkeit des Daseins, and dann ist's gut" (FA 1: 234). Here it would be helpful to keep in mind that what Lenz is proposing is not diametrically opposed to idealist art, but rather a rival program for achieving similar ends: transcendental truth, he is claiming, is in fact immanent. Reality is creation; it does not need to be "created".

When Lenz compares a group of girls he had seen sunbathing on the side of the mountain with the best paintings from the Old German School, it becomes

[11] On the genre, and in particular on the hermeneutic role of the frame narrative, see for example Jochen Vogt: *Aspekte erzählender Prosa: Eine Einführung in Erzähltechnik und Romantheorie.* Opladen: Westdeutscher Verlag 1998; and Jochen Vogt: Ein unerhörtes Ereignis – aber welches? In: *Wie analysiere ich eine Erzählung?* Paderborn: Wilhelm Fink/UTB 2011. Pp. 175–198.

clear that he is advocating not only a new aesthetic, but warning about the deadening moment inherent in all art.[12] He casually remarks upon the probably not fully clothed young girls lounging on the hillside: "Man möchte manchmal ein Medusenhaupt sein, um so eine Gruppe in Stein verwandeln zu können [. . .]" (FA 1: 234). At first, he wishes to freeze the scene in order to enjoy it forever – an erotic wish, perhaps, on the part of a scopophilic male observer (one who is to some extent perhaps displacing the pleasures of "stiffness"). Yet he comes to see the greater beauty in watching the girls as they move on and form ever new tableaus of increasingly more striking beauty.[13] Here Lenz seems to acknowledge that this fuller beauty must be paid for with the price of flux, change, and ultimately death. The girls he has made the object of his attentions are of course subjects in their own right; they must move on, not only down the hill, but forward with their lives and into the lives of others. Some may die young – like the unfortunate girl of Fouday – others will die in childbirth (a not uncommon fate of mothers at the time). Each will in all likelihood face mortality with less physical beauty than that which Lenz witnesses while spying on them. The temptation to freeze-frame them, to subdue, or fossilize them by the power of Medusa (the female goddess with a menacingly phallic headpiece) is thus not only an attempt at male domination, and not only a fantasy in which Büchner has of course already indulged his readers.[14] It is simultaneously an attempt to redeem human nature from the

[12] My introduction to this text came by way of Eric S. Downing, to whom I owe so much. While I can still hear him speaking about the deadening potential of all art intimated in Lenz's desire to "freeze" the image of the lounging young women, I would not want to make him responsible for the other, theological aspects of the reading I am proposing here, as is evident in my discussion of his influential study of poetic realism, *Double Exposures* (see below).

[13] "Sie standen auf, die schöne Gruppe war zerstört; aber wie sie so hinabstiegen, zwischen den Felsen war es wieder ein anderes Bild. Die schönsten Bilder, die schwellendsten Töne, gruppieren, lösen sich auf. Nur eins bleibt, eine unendliche Schönheit, die aus einer Form in die andre tritt, ewig aufgeblättert, verändert, man kann sie aber freilich nicht immer festhalten und in Museen stellen und auf Noten ziehen und dann Alt und Jung herbeirufen, und die Buben und Alten darüber radotieren und sich entzücken lassen" (FA 1: 234–235).

[14] Lessing had argued in *Laokoon* that the chief difference between painting and narrative is one between static and dynamic depictions. While Lenz argues for an embrace of the flux and flow of common human lives in literature, Büchner of course shows that narrative is capable of both. In fact he is only able to make the point by first freezing the beautiful girls in a masterful prose painting, as it were, and then having them move about and regroup. For a feminist/gender studies critique of such statuary prose in German nineteenth century culture, see Catriona MacLeod: *Embodying Ambiguity: Androgyny and Aesthetics from Winckelmann to Keller*. Detroit: Wayne State University Press 1998.

ineluctable degradation of time. In the end, Lenz "releases" the girls from his vision into the world of flux and death. But this is a gamble. The idealist work of art may be no more than mere artifice, as Lenz claims, a false consolation that fecklessly mimics eternity. But is the "real" world, with its divine artist, really capable of protecting the girls?

If he is serious about attending to the lives of the lowly (as he charges artists to do), Lenz must of course mean their mortality, and in particular their relatively greater vulnerability to early death, given the perils and demands of their lives. He seems to indicate this by the choice of examples he gives. Here, too, he crosses aesthetic boundaries by citing paintings and then infusing narrative action into the static scene, providing an example of how to mobilize a "still life", or how to counter-act the Medusa-effect. One of these paintings is of an old woman at evening prayer. We learn little about her except that she is done with all her chores. The floor has been strewn with sand and she is dressed in her Sunday finery. For some reason – she is perhaps not well or simply too old – she cannot attend the church whose bells she listens for from the open window where she sits with open bible in hand. One gets a sense of a completed life, and of a woman well acquainted with the rigors of rural existence; one who is nevertheless at peace with God and the world.

The other painting is based on the New Testament story of the meal at Emaus, and appears, like the Oberlin chronicle Büchner uses as source material, to be based upon an actual painting he saw in the Darmstadt museum.[15] Several days after Jesus's crucifixion, his disciples encounter a stranger on a long walk, and ultimately recognize him to be Christ as he breaks bread with them at dinner. This narrative constitutes Lenz's main "proof" in the Discussion of Art, so it is probably worth attending carefully to his elucidation. He says that "all of nature" lies in these few words, referring now to the Bible narrative rather than to the painting (Luke 24: 13). In recounting the recognition scene, he is at pains to stress the common, everyday aspect of the epiphany: "[. . .] da kommt ein Unbekannter zu ihnen, sie sprechen, er bricht das Brot, da erkennen sie ihn, in einfach-menschlicher Art" (FA 1: 235). Lenz offers two explanations for how the disciples come to the conclusion that this stranger was Christ. First, and significantly, it is his suffering aspect that makes him recognizable – "die göttlich-leidenden Züge reden ihnen deutlich" (FA 1: 235). Second is the poignant analogy of the *illusion* of the return from death of a beloved. This is astonishing insofar as it introduces the clear possibility that the disciples are deceiving themselves – only imagining that they see *their* loved one. It is a locution that, like literature itself, actively

[15] The painting in question here appears to be Carel van Savoy's *Christus in Emaus;* the narrative of the old woman at evening prayer is based on a painting by Nicolaes Maes (Viëtor 168).

invites the reader's projection. The main point Lenz seeks to make in this passage is that Christ's "appearance" is somehow quintessentially human, not a dramatic abrogation of the laws of nature. The men were puzzled, yes, but not horrified: "[. . .] es tritt sie etwas Unbegreifliches an, aber es ist kein gespenstisches Grauen; es ist wie wenn einem ein geliebter Toter in der Dämmerung in der alten Art entgegenträte [. . .]" (FA 1: 235). Precisely in the image of a departed loved one veiled in gauzy twilight, in the suffering aspect of the stranger's face, and finally in the bread he shares with them, the physical reveals – if only for a moment – its metaphysical dimension. Or vice versa: they "recognize" the stranger not as identically but as essentially the same as Christ.

The Emaus story comprises the heart of what we might call Lenz's theory of realism. Attending closely to the fate of the wretched, the old, the changing lives of all of us; peering closely at something as common as the breaking of bread at the evening meal; all of this will pay dividends. For the artist will perceive a world that is real, independently real, beautiful (despite apparent ugliness), and underwritten by God.[16] On close analysis we note, however, that our fictional Lenz docs not really fully part with idealized images of classical art – e.g. Raphael's Madonna or the Apollo of Belvedere – but insists instead that the artist recognize precisely this idealized beauty in the humblest human condition, even unto death. It serves as a hermeneutic key to the quotidian world. The beauty of a Renaissance Madonna is not bad, or even obsolete; on the contrary, it remains the necessary term in the recognition process. Classical art, like the Christ of the Emmaus story, is meant to shine through the ordinary; and in the ordinary, we catch a glimpse of the ideal.

Lenz's conception of art as stated in the Discusion of Art is profoundly religious, arguing that the poet's first duty is to love, not create, the given (that is, already created) world: "Man muß die Menschheit lieben, um in das eigentümliche Wesen jedes einzudringen, es darf einem keiner zu gering, keiner zu häßlich sein, erst dann kann man sie verstehen" (FA 1: 235). His final admonition – to allow subjects to disclose their own beauty and meaning in the trust that it is inherent in their very creation – provides probably the greatest contrast to the frame story. For this is precisely Lenz's failing: from the beginning and ever more frequently as the story nears its tragic end, he feels compelled to unilaterally animate the world and re-stage its creation. He becomes in a sense the very incarnation of the Romantic nightmare of autogenesis, the poetic realization of Fichtian subjectivity taken to the extreme, the counterpart to E.T.A. Hoffmann's Nathanael, and the epitome

[16] On this topic, see Mark William Roche's forthcoming study, *Aesthetics of the Ugly: Philosophical, Literary, and Artistic Perspectives*.

ex ante facto of Rotwang in Lang's *Metropolis*. Lenz must himself become a god; he attempts his own apotheosis.

IV.

Already at the opening of the novella when Lenz sought to calm a turbulent nature, his gestures evoke the God of Genesis who brings order to the roiling waters of pre-creation chaos, separates sea from dry land, and places an arc over all of creation as a protective sphere that holds all the elements in place. Lenz's failed attempt to raise the dead girl of Fouday is, however, not a cautionary tale about the sin of superbia, as it would have been in another kind of narrative (one we might expect, for example, from the pastor Albert Bitzius, better known as Jeremias Gotthelf). That morality tale is rendered moot because Lenz has already been coded as insane; he is no longer a fully autonomous subject and thus cannot freely choose to sin. In this way the frame story appears to place the very terms of the *Kunstgespräch* in doubt. By focusing on the death of a child, a classic challenge to God's goodness and omnipotence, we are invited to doubt the existence or meaning of created order itself. It is not only this poor child, however, whose decomposing corpse is described as uncompromisingly as anything in Gottfried Benn, that may trigger our profound doubt. It is principally Lenz himself, whom Büchner describes throughout as a delicate child, despite his status as a young adult. Witnessing the gradual but inexorable decline of this uncommon talent, particularly in the face of recurrent heroic attempts to rouse himself back to sanity and faith – and in a manner meant perhaps to evoke our own adolescent struggles and to return to a child's fundamentalist view of good and evil – we may well assent to Lenz's despair. Severe mental illness and the suffering of an innocent child – phenomena joined in the person of yet another girl Lenz meets in the mountains by chance one day (FA 1: 237–238) – present strong and visceral challenges to the belief in any divine order capable of sustaining art. In the face of this fundamental sadness, not to mention Lenz's own repeated attempts at suicide, who could disagree with him when he declares that the world has a rip in its very fabric? "[. . .] die Welt, die er hatte nutzen wollen, hatte einen ungeheueren Riß, er hatte keinen Haß, keine Liebe, keine Hoffnung, eine schreckliche Leere und doch eine folternde Unruhe, sie auszufüllen" (FA 1: 246). Interestingly, even at this point of apparent despair, Lenz feels the need to author the world – "sie auszufüllen". His words echo those of Luke, who marks the death of Jesus on the cross with a dramatic rending of the Temple's curtain meant to reflect an overturning of the presumed created order. Although this would become part of later Christian supersessionist rhetoric vis-à-vis Judaism (after all, it is the curtain in the arc of the Temple), this tear is also reminiscent of a despairing flagellant, who seeks to restore the perceived absence of divine order through self-punishment. The rending of garments is a biblical trope of helplessness.

But Lenz cannot play the divine role in creating life, and says to Oberlin – hauntingly, I think – that if he could, he would do a better job of it: “aber ich, wär’ ich allmächtig, sehen Sie, wenn ich so wäre, und ich könnte das Leiden nicht ertragen, ich würde retten, retten” (FA 1: 248–249). In this, we may find ourselves in sympathetic agreement with a mad man; and it would not be the first time in world literature where madness metamorphoses into a very reasonable proposition. Indeed the aching need for a “new creation”, a “new heaven and a new earth”, are sentiments voiced poignantly by the prophet Isaiah, to take one prominent example from the Hebrew Bible. The New Testament would express the repeated yearning for a “New Jerusalem”, and the Book of Revelations even vouchsafes a vision (perhaps also quite mad) of that new world.

The Discussion of Art therefore bespeaks a religio-aesthetic faith that is seriously challenged, but perhaps not fully expunged, by the frame story. True, Lenz diagnoses fundamental incommensurability and disjuncture within the very bimodal framework he himself had introduced in the *Kunstgespräch*. This too has been poignantly articulated by the prophets of the Hebrew Bible, as for example when Zechariah posits a glorified, reconstituted Jerusalem – the necessary idealization of deeply disheartening reality of a defeated city and an exiled people (Zechariah 8: “I will return to Zion”, see also Haggai 2). Clearly, if the dyad between divinity/classical art on the one hand, and the profound suffering of the underprivileged on the other is in fact utterly ruptured, Lenz’s whole aesthetic discourse becomes meaningless, the true ravings of a mad man rather than the insights of an artist temporarily restored to wisdom.

But Büchner’s story, very much like the biblical prophets, may keep us wondering. We may pity Lenz’s lament to Oberlin rather than fully assent to it precisely because of Lenz’s characterization as a child. Though his youth on the one hand enhances the tragic nature of his premature death, it also alerts us to the fact that he takes a child’s characteristically solipsistic view of the world. We may *want* like the impatient Lenz to return to a state of child-like certainty. Yet we cannot help noticing, if we are faithful to Büchner, that Lenz’s unrelenting self-centeredness denigrates the very suffering community with which he ostensibly identifies. The dead girl of Fouday, as much as the deranged child in the rural cottage whom Lenz will later meet, are simply stations in the protagonist’s own narrative, the trajectory of a *Bildungsroman* in reverse. In fact, we discover that they and the anonymous servant girl serve primarily to remind him of his lost love interest (taken by the commentators to refer to Friederike Brion, who inspired the young Goethe to his Sesenheim songs), whom Lenz wrongly imagines to have murdered.

At one point this process of "overwriting" present reality with hallucination actually interrupts the text such that readers unfamiliar with the background story will simply not know which girl is meant – so utterly has Lenz conflated and confused them. We notice, then, that in the very presentation of profound suffering meant to pose a stumbling block to theodicy, the reality of these lives and fates becomes radically attenuated within and subordinated to the hero's consciousness. Ironically, the confidence in the objective reality of the created order that grounds the Discussion of Art serves as a better guarantee of confronting suffering than Lenz's overwrought egotism and "insight" into the great abyss.

The interior story speaks, as we have said, about the recognition of the stranger in his suffering aspect. When Lenz gives his sermon to Oberlin's parish, he characteristically uses the suffering of the community as a way of bolstering and comforting himself, though perhaps not without some incidental beneficial effect on the community: "Ein süßes Gefühl unendlichen Wohls beschlich ihn. Er sprach einfach mit den Leuten, sie litten alle mit ihm, und es war ihm ein Trost [. . .]" (FA 1: 231). At this moment in the service, the congregation intones a hymn that breaks out of the mold that otherwise largely constricts the narrative – namely, Lenz's child-like consciousness – and offers a broader view. The worshippers sing: "Laß in mir die heil'gen Schmerzen, / Tiefe Bronnen ganz aufbrechen; / Leiden sei all mein Gewinst, / Leiden sei mein Gottesdienst" (FA 1: 231). This hymn wafts through the narrative – like the church bells or music the old woman is listening to in the painting Lenz described –, offering another view and theology against which Lenz might be measured. Paradoxically, it speaks of suffering as an achievement (a reward) – "Let suffering be my prayer" – rather than as a proof against God's goodness or existence. Suffering, an integral component of any life and in particular rural life, is affirmed as part of a fundamentally good creation. For better or worse, this is a view that Lenz never accepts in the frame narrative. He attributes importance and meaning to human suffering in art, but – perhaps understandably – fails to do so in "real" life.

While the novella offers the opportunity to side with the beleaguered protagonist of the frame, it also allows us to see him as tragically mistaken, as tragically unable to see the wisdom of his own Discussion of Art. This is the tension that animates Büchner's novella to this day, inviting us to take alternate positions. The interpretive possibilities flicker back and forth, like the candlelight on the dusky face of the "stranger" on the road to Emaus. Is this the face of Christ, or merely that of a stranger? Or is it possibly both at once? Curiously, critics have generally made of Lenz a modernist icon by attempting to affirm the truth of both the interior and frame narratives at once. But this is only possible by construing them other than I have done above. For example, the "truth" of the Art Discussion is held to be the announcement of realism as the new aesthetic paradigm, while Lenz's atheism, alienation, and sense of isolation and boredom are taken to be the modern individual's experience of a disenchanted world. Thus modernist critics look back to Büchner as a forebear – as a kindred spirit who was honest enough to face the truth of our material and decidedly unspiritual existence.

Still, critics are not wrong to notice a characteristically modern technique, something akin to what Adorno would later call a negative dialectic. In the frame narrative, neither Oberlin nor Lenz is offered as a fully viable identification figure: No matter how much we may sympathize with Lenz, we are always reminded that his thinking is clouded by a progressive mental illness, which, even if read metaphorically as the condition of modernity, nevertheless distances the reader from the protagonist. And while Oberlin is portrayed in unambiguously positive terms, he seems to be in many ways an inimitable figure, as unavailable to us moderns as he was to Lenz. This is perhaps most evident when, after Lenz launches into a grandiose Novalis-like speculation on the relatedness of all phenomena, Oberlin consciously retreats into simplicity. Wary of Lenz's theoretical excesses, he espouses his own more humble speculative prowess by displaying puppet-like figures of the twelve apostles, each related mystically to a particular color. Oberlin's piety is above reproach, but he seems to have adopted a pre-modern or child-like religiosity that is not an option for Lenz or for us. Oberlin in fact seems very much like the mountain mystic who – like Jacob – wrestles with the angel of the Lord and has seemingly direct contact with divinity. He is in short an Old Testament figure transposed into the modern age.

The decisive marker of his distance from us is his lack of an adult crisis of faith. To use the vocabulary of William James, Oberlin is a "blue-eyed" or "once born" religionist who seems to suffer none of the melancholy and doubt that characterizes the "deeper and more truly religious" status of the "twice born".[17] In the *Variety of Religious Experience* (1899), James proposes – and we might now say proposes in a sense *with* Büchner – the following: "Let us see [. . .] whether pity, pain, and fear, and the sentiment of human helplessness may not open a profounder view and put into our hands a more complicated key to the meaning of the situation".[18] These are James's

[17] Charles Taylor: The 'Twice-Born'. In: *Variety of Religion Today: William James Revisited*. Cambridge: Harvard University Press 2003. Pp. 31–60. Here: P. 36: "Their contrast case", Taylor writes, "the 'once-born,' are healthy-minded. They have the sense that all is well with the world and/or that they are on the right side of God. After citing a number of cases, James comments: 'one can but recognize in such [once-born] writers [. . .] the presence of a temperament organically weighted on the side of cheer and fatally forbidden to linger, as those of the opposite [twice-born] temperament linger, over the darker aspects of the universe'" (Taylor 33).

[18] Qtd. in Taylor 34.

"'sick souls'", Charles Taylor elucidates, "who cannot help but see the pain, the loss, the evil, the suffering of the world. [. . .] What do the sick souls see that their healthy cousins don't? We might summarize that they see the abyss over which we stand".[19] If the pastor never seems to enter into the prerequisite crisis of the twice born, Lenz clearly never emerges from it. He remains stuck in the melancholy stage, marked, as James says, by an unremitting sense of "dreadful unreality and strangeness" of the world.[20] If these two options – represented by the melancholic Lenz and the simple Oberlin – appear fruitless, the third, set forth in the Discussion of Art, remains the untried and perhaps viable option.

V.

In *Lenz,* one could say, Büchner dramatizes the moral stakes in theory's cultivation of extreme skepticism and subjectivity. To put it perhaps too bluntly: this constitutes modernist theory's preferential option for the wisdom of the broken Lenz, its affirmation of the abyss as the final insight into reality. It is the victory of what Alison Scott-Baumann (among others) has referred to as "the hermeneutics of suspicion".[21] But the Lenz of the *Kunstgespräch* cautions: "Man muß die Menschheit lieben" (FA 1: 235). This particular line and the tender voice of its elocution haunt the novella even after Lenz's nihilistic "conclusion"; it persists in a manner that is homological to the relationship of the *Kunstgespräch* to the larger story, and functions like a musical motif that continues in the ear, even after the instruments have fallen silent. Lenz's exhortatory words accompany the account of his demise. They are not, I would argue, to be seen as a stage that is nullified or overcome in a teleological trajectory toward despair. The appeal to love humanity may sound like one of Pastor Oberlin's good-natured, child-like moralisms, and it may well be that Lenz is trying to become (or, more cynically, revert to) Oberlin. But Büchner, as we've seen, has raised this statement to the level of a philosophical problem. Loving humanity becomes in Lenz an ontological lynchpin.

In one of the most famous passages from the *Varieties of Religious Experience*, James argues that religious truth differs from scientific truth in this manner: the latter is falsifiable (as Popper would famously insist), and James

[19] Taylor 33, 34.
[20] Qtd. in Taylor 37; elsewhere James refers to the twice born as the "morbid-minded". It is crucial to note, however, that the twice-born *emerge* from this dark night of the soul, whereas Lenz of course does not. Lenz is a "sick soul" who never experiences durative deliverance, but rather slips ever further into mental illness.
[21] Alison Scott-Baumann: *Ricoeur and the Hermeneutics of Suspicion*. New York: Continuum 2009.

certainly gave great credence to science and did not spare the eccentricities and inanities of religionists. Nevertheless, James points out, religious truth possesses at its core the possibility of creating a new status quo – and in this sense can be thought of as a kind of existential self-fulfilling prophesy. The example that James uses, as is well known, is that of two people, one of whom assumes that the other dislikes him, and responds in a manner that renders any relationship impossible. The other, however, assumes an attraction and love that may not have been there, except for his readiness to assume such. And in doing so, naïve as he may be, he brings forth the very reality that he could never otherwise have experienced. "Here are, then", James writes in the *Will to Believe,* "cases, where a fact cannot come at all unless a preliminary faith exists in its coming. *And where faith in a fact can help create the fact,* that would be an insane logic which should say that faith running ahead of scientific evidence is the 'lowest kind of immorality' into which a thinking being can fall".[22]

This may be the meaning of Lenz's admonition that "one *must* love humanity" as the premise for all further creation. In fact, one can only co-create, based on a given, if woefully inadequate reality – a point the prophet Isaiah never tired of making. This is the meaning of the central term "nachschaffen": it does not designate a second-tier mimesis, as much realist theory since Plato has assumed. On the contrary, it identifies – to speak with the *Kunstgespräch* – the prerequisite to art. Accordingly, aesthetic creation demands a prior love of humanity (not just those already loveable), which in turn presupposes the "equal opportunity" ontological status of others. This passionate investment in reality is of course held in painful check by the protagonist's decisive conversion to atheism, and by his conviction that the world is so flawed that it does not really constitute a *creation* at all. *Lenz* flickers between these two hermeneutical possibilities, and indeed requires both. It positions us at once *with* the disciples at Emmaus, who are deeply predisposed – certainly longing – to recognize their friend. Like James's would-be lover, they reach out to a reality they strongly desire, and in the process perhaps go a long way in creating it.

This is not to suggest that Büchner endorses psychological projection unproblematically. Indeed, Lenz's failed relationship with the unidentified love interest, usually assumed by critics to be Goethe's former love, Friederike Brion, gives sufficient evidence of the novella's self-reflexivity on this point. As we saw, he distorts virtually all the women of Waldbach to conform to his master narrative of lost love, not to mention the poor congregation that becomes a mere appendage to his personal psycho-drama. The deforming and self-indulgent potential of love is held in productive tension with the injunction of the Discussion of Art to love broadly and indiscriminately – to love

[22] William James's *The Will to Believe*, qtd. in Taylor 47.

not just the beloved, but humanity. Is this really possible? Or is *this* madness? Again, the novella leaves the challenge open and undecided.

But the same cannot be said of much literary theory concerned with realism, and poetic realism in particluar. To take just one, albeit preeminent, example of the critics' dismissive attitude, we might consult Eric Downing's consummate study of poetic realism, *Double Exposures: Repetition and Realism in Nineteenth-Century German Fiction*. Though he admits that both Büchner's and Stifter's aesthetics (as summarized in the latter's famous *Vorrede* to *Bunte Steine*) presume a prior divine order, Downing is much harder on Stifter because of his political conservatism, while exonerating Büchner because of his well-established reputation as a revolutionary.[23] Everything in Stifter's manifesto becomes evidence of this conservatism – even the poet's advocacy of love. While both the *Kunstgespräch* and the *Vorrede* both notably advocate love of the anonymous downtrodden, Stifter is accused of "installing" modes of control, whereas Büchner is let off the hook in a dependent clause. For Downing's reading of Stifter, love ("Liebe") is one more instrument of the repressive law, "of conventionality itself", and thus "the policing, order-imposing function remains the same".[24] This one-sided reading of love (let alone the very unhistorical and secular assumptions he makes about Stifter's understanding of "law"), does not leave any room for the kinetic ambiguity I have argued for above.[25] More importantly, this skeptical theoretical approach is explicitly espoused as applicable to German poetic realism in general;[26] and it is one that has surely participated in and

[23] Following a venerable tradition of critics, Downing twice attributes the *Kunstgespräch* to Büchner himself, rather than to the fictional, mad Lenz. Eric Downing: *Double Exposures: Repetition and Realism in Nineteenth Century German Fiction*. Stanford: Stanford University Press 2000. Pp. 24–40.

[24] Downing 37.

[25] Downing's reading of Stifter is, importantly, meant to be programmatic for German poetic realism more generally. It should be noted – and this is one of the main points of Downing's study – that for him poetic realism is in the end – sometimes even despite itself – self-reflexive and disruptive of its own program of concealing aesthetic artifice. Downing points out, for example, that in Stifter's representation of "desire" the author has introduced a category that contests the very law, order, and conventionality that his realism otherwise seeks to enforce. As Robert Holub has pointed out, however, in the process Downing makes of poetic realism a thing very similar to modernism. See Holub: Review of *Double Exposures* by Eric Downing. In: *German Quarterly* 75.3 (2002). Pp. 312–313. Moreover, Downing's outright rejection of the divine and transcendent, except for their ideological role in allowing the author to "annihilate" his own sense of aesthetic practice, hinders him and his disciples from entering more authentically into the world of Büchner's *Kunstgespräch* (see, for example, 31, 39).

[26] See, for instance, Downing 26, 40.

contributed to the widespread dominance in cultural studies of the above-mentioned "hermeneutics of suspicion".[27]

The implications of *Lenz* for literary studies and modernist literary theory of this kind may be now be obvious.[28] By focusing on the Emmaus story that is central to the *Kunstgespräch*, I have argued that Büchner's novella casts into doubt the hyper-constructivist, highly skeptical, and sometimes nihilistic view of reality characteristic for certain clusters of modernist theory. It has also been important to me to reclaim a seminal work of European culture from the clutches of critics who have insisted on reading it one way only: namely,

[27] Downing notes, correctly (though paradoxically) that the *Vorrede*, as a programmatic manifesto of poetic realism, is itself a kind of unselfconscious constructivist approach. Regarding the allegedly representative status of Stifter's aesthetic program for realism more generally, Downing says that "Stifter proceeds to disguise his aesthetic discourse as 'Nature' and as 'reality,' *committing the defining realist act of denying the fictionality of his constructed world*" (25, my emphasis).

[28] In making this very general claim, I do not want to imply that this set of skeptical intellectual values is exclusively the provenance of modernist theory. In *Friendship and Literature: Spirit and Form*, a pre-theoretical study, Ronald A. Sharp laments the literary-critical establishment's endemic "fear of sentimentality" that kept scholars from seriously treating the positive, affirming nature of friendship, in favor of cynical aspects of betrayal and duplicity. See Sharp: *Friendship and Literature*. Durham: Duke University Press 1986. Pp. 6–7. The pithiest critique of the "ideological reading" of realism – that is, of realism as a kind of lie – is to be found in Peter Brooks: *Realist Vision*. New Haven: Yale University Press 2005. Pp. 6–7. Robert Holub puts it similarly: "The ultimate purpose of my various interpretations is to show how realism functions as a normed discourse that excludes otherness". Holub: *Reflections of Realism: Paradox, Norm, and Ideology in Nineteenth-Century Prose*. Detroit: Wayne State University Press 1991. P. 17. I am indebted (as are all students of *Lenz*) to Holub's virtuoso reading of Büchner's *Lenz* (Pp. 36–61), which first appeared in the *Deutsche Vierteljahrsschrift* 59 (1985). I disagree, however, that the aporias he so carefully identifies should be ascribed to Lenz's madness. Holub is himself an example of a reader who insightfully perceives the text's contradictory energies but in the end can only take seriously the Lenz of the frame, rather than the monologist of the *Kunstgespräch*. Finally, in this necessarily broad-brush indictment of "certain clusters of modernist theory", which requires its own essay, I don't want to overlook the manner in which some recent studies have sought precisely to recover the mystical, transcendent, and religious aspects of realism. Of these, I would single out Geoffrey Baker: *Realism's Empire: Empiricism and Enchantment in the Nineteenth Century Novel*. Columbus: The Ohio State University Press 2009, which treats the important role of mystery, religion, superstition, and tradition in canonical realist novels of the French, British and German tradition. Reading with Baker, one could say that the entire *Kunstgespräch* functions as realism's other, that is, as the mysterious, religious "irritant" to the larger secular narrative of the novella's frame.

as a kind of document of post-humanist modernism, or Marxist revolutionary politics *avant la lettre*. Celebrating the Lenz of the frame narrative, particularly at his nadir of despair, isolation, and atheism, may represent an identification attractive to some readers who share this worldview. Yet, if *Lenz* were simply a self-evident proof-text of radically skeptical approaches to literature and reality, his fate could not, I submit, fascinate readers for so many generations. It could not continue to engage us in existential cogitation and hermeneutic unease, if it simultaneously purveyed a settled truth. The candle illuminating the chiaroscuro scene in the Emmaus story, that iridescent flame of uncertainty draws us in, invites us to make sense of what is new in light of what is already loved; it literally con-fuses, hides and reveals truth in evening shadow, perhaps even in the process creating a new reality. Büchner's *Lenz*, now well into its second century, remains a very contemporary narrative.

Anna Guillemin

Mimesis of Everyday Life in the *Kunstgespräch* of Büchner's *Lenz:* Realist Aesthetics between Anti-Ideal and Social Art

This essay redefines the blueprint to an aesthetic program espoused in Büchner's Lenz. *This aesthetics finds its place between anti-ideal and social art. It calls for a mimesis of everyday life that conceives of realism in terms of vitalism. Such an aesthetics revolves around a series of liminal figures and focuses on threshold moments between life and death, change and standstill, generation and manifestation, thus reconfiguring the paradoxes inherent in mimetic representation. The aesthetics is at once experimental and empathic; it engages the spectator sensually as well as socially; and it finds reverberations of the creation in the work of art. Comparisons with the idealism advanced in the works of Winckelmann and in Goethe's commentary on Diderot's* Essai sur la peinture, *as well as with the plea for social art in Saint-Simonianism, demarcate the parameters of the program.*

I.

In his groundbreaking study of representation, *Mimesis,* Erich Auerbach argues that western literature made a crucial step towards greater realism when, in the early nineteenth century, it emancipated itself from the rule of a separation of styles.[1] When writers like Stendhal and Balzac chose tragic heroes from the ranks of the indiscriminate and the everyday, they broke the tenet that preserved tragedy for the highest social sphere. Modernism, in Auerbach's estimation, advanced this mimetic program significantly by moving literature from a serious consideration of contemporary social reality into the realm of full-fledged domestic realism and its depiction of the ordinary, random detail. When Mrs. Ramsay, in Woolf's *To the Lighthouse,* measures a stocking she is knitting against the leg of her son James, the detail is used not as a plot device but as an everyday moment in and of itself, infused with meaning and tinged with tragedy. The random moment ("der beliebige Augenblick") allows realism to achieve a level of egalitarian, inclusive humanity previously unavailable. When it comes to this fleeting moment, marked by the mundane, Auerbach is adamant: "Je mehr man ihn auswertet, desto schärfer tritt das elementar Gemeinsame unseres Lebens zutage [. . .]".[2]

[1] Erich Auerbach: *Mimesis: Dargestellte Wirklichkeit in der abendländischen Literatur.* Bern: Francke 1946.
[2] Auerbach 513.

Auerbach concentrates on the achievements of the French nineteenth century in narrating this dismantling of the separation of styles – Stendhal, Balzac, Flaubert, the Goncourts, Zola – as well as the French and British twentieth century – Woolf and Proust – while dismissing German writers, especially the Classical authors Goethe and Schiller, for their ongoing lack of serious engagement with contemporary social reality. The limitations of German realism, its inability to portray contemporary economic, social and political reality as anything beyond quiescence, can be seen, in Auerbach's estimation, in the full spectrum of writers, from Jean Paul, E.T.A. Hoffmann, Gotthelf, Stifter, Hebbel, and Storm to Fontane and Keller. Within German literature, Auerbach sees only two exceptions who could have broken free from this trajectory had death not claimed them before their time – Heinrich von Kleist and Georg Büchner.[3] Writing *Mimesis* in wartime Istanbul, Auerbach may not have had editions of their works handy. For in considering Büchner's few surviving statements on aesthetic realism, Auerbach could have discovered an aesthetics of the everyday, of the socially marginal, of the secular and the profane, of the ordinary and domestic that in many ways accomplishes what he seeks.

The comparatively small body of works left by Büchner does not include an aesthetic program as such. A number of documents, which could have contained clues about this program, have not been preserved. A diary of sorts, found in Büchner's affects after his untimely death at age 23½ in Zürich but never mentioned again, is reported as offering "reiche Geistesschätze" and potentially also notes on literature and the arts.[4] Büchner also translated two of Victor Hugo's plays (*Lucretia Borgia* and *Maria Tudor*) into German for an edition undertaken by the publisher of his drama, *Danton's Tod*. While it seems likely that he and his mentor Gutzkow exchanged letters on modern French playwrights, none has survived. With such losses, and these are only documents known to have existed, it almost comes as a surprise that two of Büchner's letters to his parents comment on literature. But both are written primarily in order to defend *Danton's Tod* against the charge of impropriety leveled by early critics, and likely to be shared by a conservative family.[5] Apart from oblique references to nature and life, to form and beauty in the scientific writings, in particular the famed "Manifestation eines Urgesetzes, eines Gesetzes der Schönheit" (FA 2: 158), all that is left are passages in the literary works, taken to be poetic self-reflections – the so-called conversation

[3] Auerbach 421.

[4] Qtd. in Walter Grab unter Mitarbeit von Thomas Michael Mayer: *Georg Büchner und die Revolution von 1848: Der Büchner-Essay von Wilhelm Schulz aus dem Jahr 1851: Text und Kommentar*. Königsstein/Ts.: Athenäum 1985. P. 137.

[5] FA 1: 403–404 (May 5, 1835) and FA 1: 409–411 (July 28, 1835).

on literature and related arts (*Kunstgespräch*) in *Lenz*, certain exchanges in *Danton's Tod* (esp. scenes 2 & 3 of act II), the fairground scenes and the doctor's experiment in *Woyzeck*.[6]

Out of this list, the *Kunstgespräch*, which is actually closer to a monologue, has long been considered the cornerstone of aesthetic reflection in Büchner.[7] The following article will reposition this key text in two steps. First, it offers an exposition of the passage in *Lenz* that will delineate its central concepts and programmatic claims, discuss the examples given to elucidate them, and suggest contexts in which to place them (II.). Second, it will relate the program to the idealist framework developed in the writings of Johann Joachim Winckelmann on the one hand, and in Johann Wolfgang Goethe's commentary on Denis Diderot's *Essai sur la peinture* on the other (III.). As a coda, the article considers potential intersections between the program in *Lenz* and the plea for social art formulated by Claude Henri de Saint-Simon and his successors in the movement bearing his name, the Saint-Simonians, Barthélémi-Propser Enfantin and Saint-Amand Bazard (IV.). The points of comparison, located on the opposite ends of the aesthetic spectrum, ideal and social art, were carefully chosen. Despite distinct differences (some forcefully articulated within Büchner's novella), these texts resonate with the aesthetic program outlined in *Lenz*. The conclusion will voice some caveats and also summarize the findings of this study (V.).

II.

Within *Lenz*, the monologue on literature and the arts (FA 1: 233–236; MBA 5: 37–38) stands out by dint of its length, its stylistic features, its subject matter, its originality, and its positioning in the narrative.[8] Like a scene in a classical

[6] I thank Patrick Fortmann for many hints on passages in and commentaries on Büchner. His gentle, but relentless criticism helped shape my argument.

[7] Several studies aspire to give comprehensive accounts of Büchner's aesthetics or of the *Kunstgespräch*: Albrecht Meier: Georg Büchners Ästhetik. In: *Georg Büchner Jahrbuch* 2 (1982). Pp. 196–208; Albrecht Meier: *Georg Büchners Ästhetik*. München: Fink 1983; Robert C. Holub: The Paradoxes of Realism: Artistic Aporias of the *Kunstgespräch* in Büchner's "*Lenz*". In: *Reflections of Realism. Paradox, Norm, and Ideology in Nineteenth-Century German Prose*. Detroit: Wayne State University Press 1991. Pp. 36–61; 227–230; Jürgen Schwann: *Georg Büchners implizite Ästhetik. Rekonstruktion und Situierung im ästhetischen Diskurs*. Tübingen: Niemeyer 1997; Klaus F. Gill: Zwischen Hundestall und Holzpuppen. Zum Kunstgespräch in Büchners "Lenz". In: *Weimarer Beiträge* 54 (2008). Pp. 88–102.

[8] See, for instance, Peter K. Jansen: The Structural Function of the *Kunstgespräch* in Büchner's *Lenz*. In: *Monatshefte* 67 (1975). Pp. 145–156; Holub 37–40, and Benedikt Descouvières: Der Wahnsinn als Kraftfeld. Eine symptomatische Lektüre zu Georg Büchners Erzählung *Lenz*. In: *Weimarer Beiträge* 52 (2006). Pp. 203–226.

play, the arrival of a new character marks its beginning and his departure its ending. When Kaufmann makes his way into the remote Valley of Stones, he inserts himself into the relationship the *Sturm und Drang* poet Jakob Michael Reinhold Lenz has forged with the renowned Pietist pastor Johann Friedrich Oberlin. Up to this point, the secluded valley and its cloistered community had sheltered the psychologically troubled Lenz and enabled him to live some form of normality. After Kaufmann leaves, Lenz descends on a downward spiral of religious, psychological, physiological, and biographical torment that will eventually lead to a complete breakdown and his removal from the Valley. In this trajectory, the monologue serves at once as a turning point and as a momentary suspension of the case history of a mental illness. The positioning at or near the center of the novella underlines the weight the passage carries. Its length adds to that. The monologue is one of the longest passages in the story, roughly equaling the no-less famous beginning, and the longest instance of sustained speech in the narrative (disregarding some moments of interruption). With the exception of Lenz' introduction to Oberlin (who recognizes him as a playwright) and, perhaps, four lines of verses Lenz improvises to provoke Oberlin, the monologue is the only scene showing Lenz' professional side. Despite his troubles, he is an accomplished writer who knows his field. Stylistically, the passage evokes immediacy by resorting, on occasion, to the present tense. Finally, the passage does not have a parallel in the account the historical Oberlin had provided for Lenz' stay with him (otherwise Büchner's main source). For these reasons, virtually all of the many attempts to segment the novella treat the monologue as a unit of its own.[9]

While its exceptionality (within both the novella and the aesthetic discourse) has always been recognized, it has seldom been noticed that the *Kunstgespräch* is carefully framed. Lenz' reflections on literature and related arts are embedded in allusions to his personal history, his relationship with his family, in particular his father, and his place in the community. Before the conversation, Lenz considers himself settled in the simple, reclusive world of the Valley of Stones. To Lenz this world is entirely in the present tense, devoid of history and future, thus allowing him to shed his past and to avoid

[9] On suggestions for segmentation, see: Walter Hinderer: *Lenz*. "Sein Dasein war ihm eine notwendige Last". In: *Interpretationen: Georg Büchner. Dantons Tod, Lenz, Leonce und Lena, Woyzeck*. Hg. von Walter Hinderer. Stuttgart: Reclam 1990. Pp. 63–117. Here: Pp. 97–98; Burghard Dedner: Büchners *Lenz*. Rekonstruktion der Textgenese. In: *Georg Büchner Jahrbuch* 8 (1990–94). Pp. 3–68; Georg Reuchlein: ". . . als jage der Wahnsinn auf Rossen hinter ihm". Zur Geschichtlichkeit von Georg Büchners Modernität: Eine Archäologie der Darstellung seelischen Leidens im "Lenz". In: *Jahrbuch für internationale Germanistik* 28 (1996). Pp. 59–111; Gerhard Knapp: *Georg Büchner*. Stuttgart: Metzler 3. überarb. Aufl. 2000 (Sammlung Metzler 159). Pp. 135–137. For older models, see Hinderer 71–75.

demands on his conduct in life. The simple peasants, who know Lenz only as the companion of their pastor, care little for his biography or career and have accepted him into their community. Oberlin, also ignorant of Lenz' affairs, has embraced him warmly and loves him dearly. Lenz, in turn, has found – at least temporarily – what he was looking for: relief from his suffering, loving acceptance and uncontested belonging. After the conversation, all of this is called into question. Kaufmann turns out to be a messenger of Lenz' estranged father, acting on his behalf and pressuring Lenz to return home. Lenz reacts strongly. Visibly agitated and upset, he refuses the request and makes a prediction that will soon enough come true, turning modality into actuality: "Ich würde toll! toll!" (FA 1: 236).[10]

In between, the party sits down to dine. Nothing in the narrative prepares for the sudden transformation Lenz undergoes during the conversation that takes place that evening. Previously looking for guidance, he now commands authority. His mind, beset before with visions, maintains focus, allowing him to calmly make his case. His mood, otherwise constantly in flux, stays cheerful or sober ("bald lächelnd, bald ernst", FA 1: 234), without any signs of slipping into extremes. At the height of his abilities, engaged in his métier, Lenz also finds resonance and connection, elsewhere unattainable for him: "In der Art sprach er weiter, man horchte auf, es traf Vieles" (FA 1: 234). In contrast to the consensus of sorts, which the abbreviated ending suggests, the monologue opens in opposition. Lenz opposes the school of aesthetic thought that had just come to dominate his age, which Heinrich Heine termed with inimitable irony the "Wolfgang Goethe period of art" ("Wolfgang-Goethesche[] Kunstperiode").[11] As Kaufmann is made an advocate of the new age, the contrast between Lenz and him extends from family dynamics to aesthetics.

In opposing his contemporaries and in preparing the audience for his program, Lenz distinguishes between two types of poets: "Die Dichter, von denen man sage, sie geben die Wirklichkeit, hätten auch keine Ahnung davon, doch

[10] This frame also separates, in my understanding, the monologue from the proceeding conversation Lenz and Oberlin have on metaphysical harmony and mystic sympathy in nature. Following Hans-Jürgen Schings (*Der mitleidigste Mensch ist der beste Mensch: Poetik des Mitleids von Lessing bis Büchner*. München: Beck 1980. P. 72), a number of critics treat the *Kunstgespräch* as an extension of this conversation, arguing for a shift in emphasis from nature to art. See, for instance, Roland Borgards: "Lenz." In: *Büchner-Handbuch. Büchner-Handbuch. Leben – Werk – Wirkung*. Hg. von Roland Borgards and Harald Neumeyer. Stuttgart-Weimar: Metzler 2009. Pp. 51–70. Here: Pp. 62, 65.

[11] Heinrich Heine: <Verschiedenartige Geschichtsauffassung, 1833>. In: Heinrich Heine: *Historisch-kritische Gesamtausgabe der Werke*, ed. by Manfred Windfuhr. 16 Volumes. Hamburg: Hoffmann und Campe, 1973–1997. (Düsseldorfer Heine-Ausgabe) [DHA]. Volume 10. Pp. 301–302. Here: P. 301.

seien sie immer noch erträglicher, als die, welche die Wirklichkeit verklären wollten" (FA 1: 233). Without naming the concepts, Lenz dismisses, on the one hand, naïve realism ('die Wirklichkeit geben') and on the other, idealism in all of its incarnations ('die Wirklichkeit verklären'). Hans-Jürgen Schings has pointed to the asymmetry built into this distinction.[12] While the rejection of idealism is absolute, only certain forms of realism fall short of acceptance. The remainder of the monologue defines the approach to literature and, added by way of example, the arts Lenz seeks. Whereas the opposition to idealism remains a staple of the argument, expounded in several of the examples used, the distinction between different types of realism, one naïve or naturalist, and another refined or reflected, does not occur again. For this reason, it appears that Lenz is defining the poles in order to settle for a mediate position between them. While he does not label the approach he favors, circumstances and conventions suggest the term 'realism'.

The monologue outlines the aesthetic approach by alternating between programmatic statements and illustrative examples. The passage can be segmented into four parts: the introduction, which supplies the artistic program with concepts; one major example further elucidating the approach, but taken from experience, rather than literature or related arts (two girls on a hillside as a tableau vivant of sorts); and two minor examples that conclude the argument by evoking scenes modeled after Dutch paintings (the encounter of Christ and the Disciples at Emmaus as well as a woman praying in her chamber).

A series of densely formulated sentences establishes various parts of the program. The program begins by committing the arts to a specific form of mimesis: "Der liebe Gott hat die Welt wohl gemacht wie sie sein soll, und wir können wohl nicht was Besseres klecksen, unser einziges Bestreben soll sein, ihm ein wenig nachzuschaffen" (FA 1: 234). Art does not imitate nature as such. Rather, the imitation is to preserve a sense of creation. Nature in the myriad of its forms and processes, originated from God and art has to acknowledge that. Few claims in Büchner have perplexed critics as much as this. But it is precisely the act of creation (in the religious sense) that a number of passages outside of *Lenz* highlight with respect to art. A short exchange in *Danton's Tod* admonishes theater audiences, for they "vergessen ihren Herrgott über seinen schlechten Kopisten", i.e. the playwrights (FA 1: 45). In a letter from July 28, 1835, Büchner rebuts the claim "der Dichter müsse die Welt nicht zeigen wie sie ist, sondern wie sie sein solle" by arguing that no poet should consider himself superior to God, "der liebe Gott, der die Welt gewiß gemacht hat, wie sie sein soll" (FA 2: 411). Poets and artist are thus taken to be modest students of limited means, following in the footsteps of the divine, unattainable master. Their artifacts can only mimic, but never

[12] Schings 73.

rival or even eclipse his creation. Such self-effacement in the spirit of Christianity is worlds apart from the genial "second maker, a just Prometheus under Jove" that Anthony Ashley Cooper, the Earl of Shaftsbury imagined and that the *Sturm und Drang* poets, especially Lenz, sought to embody.[13] Büchner's Lenz humbles poets and artists by forcing them into a relationship with God; this bestows religious meaning onto the act of creation and veils the ensuing works in a Christian aura.

The very next sentence of the monologue suspends the common aesthetic dichotomy of the beautiful versus the ugly, and replaces it with vitality: "Ich verlange in allem Leben, Möglichkeit des Daseins, und dann ist's gut; wir haben nicht zu fragen, ob es schön, ob es häßlich ist" (FA 1: 234). The vitality Lenz demands here is of an undefined nature. As such his notion of life veers between politics, philosophy, and poetics, as well as between science, the social world, and socially conscious art. In evoking all of these fields at once, the character Lenz – not the actual writer – finds himself in the company of several of Büchner's contemporaries. Heinrich Heine, Karl Gutzkow, and Ludolf Wienbarg had each promoted a post-Romantic poetics of life, which promised to transcend established boundaries.[14] Heine praised the Young German writers who followed in his footsteps for precisely this reason. They too are, as he writes in *Die Romantische Schule*, committed to eradicating the barrier between living and writing, and they, as much as he himself, would "nimmermehr die Politik trennen von Wissenschaft, Kunst und Religion".[15] Indeed two years earlier, Karl Gutzkow had already predicted that a "*Poesie des Lebens*" would emerge and usher in a new era.[16] In the manifesto of the movement, *Ästhetische Feldzüge*, Ludolf Wienbarg had maintained in 1834: "Das Leben ist des Lebens höchster Zweck und höher kann es kein Mensch bringen, als den lebendigen Organismus darzustellen".[17] Even before Wienbarg makes the connection explicit, the scientific meaning of life is always implied in the poetic projects of the Young Germans. As none of these

[13] Anthony Ashley Cooper, third Earl of Shaftsbury: Soliloquy: or, Advice to an Author. In: *Characteristics of Men, Manners, Opinions, Times* [1711]. Ed. by Lawrence E. Klein. Cambridge: Cambridge University Press 1999. Pp. 70–162. Here: P. 93.

[14] For a selection of passages, see Wulf Wülfing: *Schlagworte des Jungen Deutschland: Mit einer Einführung in die Schlagwortforschung*. Berlin: Erich Schmidt 1982. Pp. 159–168.

[15] Heine DHA 8.1: 218. In the unpublished fragment <Verschiedenartige Geschichtsauffassung, 1833>, Heine goes further: "Das Leben ist weder Zweck noch Mittel; das Leben ist ein Recht. Das Leben will dieses Recht geltend machen gegen den erstarrenden Tod, gegen die Vergangenheit, und dieses Geltendmachen ist die Revoluzion" (DHA 10: 302).

[16] Qtd. in Wülfing 167.

[17] Ludolf Wienbarg: *Ästhetische Feldzüge*. Berlin-Weimar: Aufbau-Verlag 1964. P. 50.

writers can claim academic training of the kind Büchner had received, his aesthetics of life, and by extension also that of his Lenz, appears to be even more firmly grounded in the natural sciences.[18]

For Lenz, engaging the observer's sensibility, rather than his rationality or his morality, becomes art's first and foremost mission. Works of art may certainly be judged as being morally right or wrong, as being edifying or corrupting, but these are not aesthetic judgments. At least they have no place in the aesthetics of vitality Lenz envisions. Judgments of beauty and of the sublime, the established experiences discussed in idealist aesthetics from Kant to Schiller, are similarly inadequate:[19] "das unbedeutendste Gesicht macht einen tiefern Eindruck als die bloße Empfindung des Schönen" (FA 1: 235).[20] In Lenz' aesthetic design, vitality overrides both rationality and morality.

What follows from this denouncement of idealism is an even more compact formulation of Lenz's own position, adding at once several layers of complexity to the program. Lenz imagines: "Man versuche es einmal und senke sich in das Leben des Geringsten und gebe es wieder, in den Zuckungen, den Andeutungen, dem ganzen feinen, kaum bemerkten Mienenspiel" (FA 1: 234). Unpacking these claims, it seems that Lenz argues for an aesthetics of experimentation ("Man versuche es"), of empathy ("senke sich"), and of commonality, found at the periphery of the social world ("das Leben des Geringsten") and in the most prosaic of subject matters ("Mienenspiel"). Lenz' aesthetic program, in its opposition to idealism, also destabilizes notions of the work of art as timeless or autonomous, and argues instead for artistic engagement, and introduces the element of empathy.

[18] As a field, the life sciences, in particular the disciplines of zoology, comparative anatomy, and physiology, underwent a paradigm shift at around the time Büchner wrote his *Lenz*. For Büchner's position within the discipline (based on his own contributions, his dissertation, *Mémoire sur le système nerveux du barbeau*, and his job talk *Über Schädelnerven*), see Udo Roth: *Georg Büchners naturwissenschaftliche Schriften: Ein Beitrag zur Geschichte der Wissenschaften vom Lebendingen in der ersten Hälfte des 19. Jahrhunderts*. Tübingen: Niemeyer 2004. On the preceeding phase, see Robert J. Richards: *The Romantic Conception of Life: Science and Philosophy in the Age of Goethe*. Chicago-London: University of Chicago Press 2002. On Büchner's poetics of life, see, for instance, Ingrid Oesterle: "Ach die Kunst" – "ach die erbärmliche Wirklichkeit". Ästhetische Modellierung des Lebens und ihre Dekomposition in Georg Büchners *Lenz*. In: *Ideologie und Utopie in der deutschen Literatur der Neuzeit*. Hg. von Bernhard Spiess. Würzburg: Königshausen und Neumann 1995. Pp. 58–67.

[19] On the sublime with respect to *Lenz*, see Andreas Pilger: Die 'idealistische' Periode in ihren Konsequenzen. Georg Büchners Darstellung des Idealismus in der Erzählung *Lenz*. In: *Georg Büchner Jahrbuch* 8 (1990–94). Pp. 104–125. Here: Pp. 110–119.

[20] The phrase "die Empfindung des Schönen" also appears repeatedly in the writing of Winckelmann. See MBA 5: 427.

This concept of empathy transcends the category of pity, predominant in enlightenment philosophy from Rousseau to Lessing.[21] Lenz is clearly not interested in identification, i.e. placing himself (out of self-interest) into the position of the other. Rather, he envisions an embrace, guided by love, brotherly love or *caritas* in the religious sense, which seeks understanding but preserves the difference between self and other: "Man muß die Menschheit lieben, um in das eigentümliche Wesen jedes einzudringen, es darf einem keiner zu gering, keiner zu häßlich sein, erst dann kann man sie verstehen" (FA 1: 235).[22] This approach asks aesthetics to integrate experiences of the repulsive, the ugly, and the profane on the one hand; on the other hand, it shifts aesthetic attention away from the top of the social pyramid or even from the middle class (the focus of bourgeois tragedies, written by the historic Lenz) to the periphery of society. Art becomes social art by turning to subject matter found at the fringes and the margins of the social world.

This departure from idealism and the shift towards the less beautiful, the marginalized, demands, in Lenz' estimation, new forms of perception. To enable the kind of aesthetic experiences Lenz seeks, the senses have to be educated in new ways: "Man muß nur Aug und Ohren dafür haben" (FA 1: 234). To be sure, literature partakes in unlocking the senses. Lenz cherishes Shakespeare, folk songs, and at least some of Goethe's works for their capacity to engage the senses. There, Lenz finds, "tönt es einem [. . .] entgegen" (FA 1: 234). After briefly alluding to these examples, along with two of his plays, Lenz sets literature aside and turns to art forms allowing for unmediated sensual experiences: sculpture, painting, and also music. The examples he discusses for the remainder of the monologue belong to the visual arts. Yet it is crucial to note that Lenz does not describe paintings (or experiences of conventionally framed paintings) following the conventions of ekphrasis. Rather, he practices what he preached before. He evokes visual sensations with his words.[23]

[21] After surveying the tradition, Schings diagnoses in *Lenz* a "Sprung vom anthropologischen Gefühlsoptimismus der aufklärerischen (rousseauschen) Mitleids- und Sympathielehre zu einer emphatischen Philosophie des Leidens" (Schings 79).
[22] Büchner voices this compassionate empathy in a letter to his parents from February 1834 (FA 2: 378–380).
[23] See Günter Oesterle: Klassik, Romantik und Vormärz. In: *Büchner-Handbuch*. Pp. 299–305. Here: Pp. 302–303. Most critics have concentrated on the visual (Schmidt, Axel: *Tropen der Kunst: Zur Bildlichkeit der Poesie bei Georg Büchner*. Wien: Passagen 1991; Marie-Victoire Nantet: Images en transit dans le *Lenz* de Büchner. In: *Romantisme* 118 (2002–4). Pp. 7–22; Christian Neuhuber: *Lenz-Bilder. Die Bildlichkeit der Dichtung und ihre Rezeption in der bildenden Kunst*. Wien-Köln-Weimar: Böhlau 2009. Pp. 33–78). But the program of sensual education also extends, as indicated, to the aural and even to the tactile, for Lenz praises Dutch paintings as being the "die einzigen faßlichen" (FA 1: 235).

The impression of the two girls sitting on the hill is the first example Lenz provides. The visual sensation he evokes here is the striking contrast of colors. Of the two girls, he notices: "die eine band ihre Haare auf, die andre half ihr; und das golden Haar hing herab, und ein ernstes bleiches Gesicht, und doch so jung, und die schwarze Tracht und die andre so sorgsam bemüht" (FA 1: 234). The organizing colors – the girl's golden hair playing against the pale skin and black dress – cause the observer's eye to be drawn to other contrastive qualities, namely the unexpected, striking juxtaposition of the girl's youth and her helper's serious, concentrated demeanor. The scene is both a momentary, everyday occurrence, and, unwittingly, a tableau with a painterly composition, an arresting color palette and even, in depicting these two girls so focused in an act of assistance, an image with an allegorical message, a representation of human companionship and selfless assistance writ large. Indeed this everyday moment immediately brings to mind a particular artistic style, a specific school of painting to which Lenz compares the vision: "Die schönsten, innigsten Bilder der altdeutschen Schule geben kaum eine Ahnung davon" (FA 1: 234).

Given Lenz' reservation towards idealism and his previous criteria of vitality over beauty, his first example is surprising not only because this moment of real life is compared to a painting, but also because it is proclaimed beautiful, twice. "Die schönsten, innigsten Bilder" cannot surpass it, and when the tableau breaks up, "die schöne Gruppe war zerstört" (FA 1: 234). The focus of Lenz' tableau, the seeming source of its arresting beauty, could be located in the striking quality of its subject's skin tone: "ein ernstes bleiches Gesicht, und doch so jung" (FA 1: 234). The comparison to painting is instructive, for it ultimately serves not to reduce the tableau to one stylistic category, but to underscore its difference from the visual arts. The fleeting moment is both more beautiful than the Old German School, and at the same time is not art. The girls are manifestly alive, from the living color of their pale skin to the ephemeral quality of the entire scene, which breaks apart when they finish their task. Beauty is a sensibility rather than an ideal, and one accessible only in the ever-changing rhythm of lived experience. Lenz makes this larger claim several sentences later, describing how, as the scene transforms itself into new variations, its beauty becomes incorporated into a larger abstract: "Nur eins bleibt, eine unendliche Schönheit" (FA 1: 234). In its infinite permeability, this permanent beauty seems to represent the essence of life itself. The tableau thus surpasses painting because it encompasses vitality in its purest form, as an example of authentic lived experience.

Its beauty nonetheless causes the observer to wish he could fix the scene permanently, transforming it into art. In doing so Lenz resorts to the Medusa of Greek mythology, more precisely the Gorgon's severed head, a figure at once gruesome and violent, sublime and terrifying. This figure, embodying the very effects Lenz had previously shunned, brings to the fore, if only in the subjunctive, a number of paradoxes inherent in mimetic representation. Shifting pronouns and thus references from "ich" to "man", Lenz declares:

> Man möchte manchmal ein Medusenhaupt sein, um so eine Gruppe in Stein verwandeln zu können, und den Leuten zurufen. Sie standen auf, die schöne Gruppe war zerstört; aber wie sie so hinabstiegen, zwischen den Felsen war es wieder ein andcres Bild. Die schönsten Bilder, die schwellendsten Töne, gruppieren, lösen sich auf. Nur eins bleibt, eine unendliche Schönheit, die aus einer Form in die andre tritt, ewig aufgeblättert, verändert, man kann sie aber freilich nicht immer festhalten und in Museen stellen und auf Noten ziehen und dann Alt und Jung herbeirufen, und die Buben und Alten darüber radotieren und sich entzücken lassen. (FA 1: 234–235)

Transforming nature into art is at once an act of creation and one of destruction. Mimetic representation of nature through art revolves around a paradox because art can capture and preserve nature only by rendering life inert. It is here that Büchner's Lenz turns to the Medusa: the Gorgon's gaze stops time, freezes every action, and petrifies whomever it strikes. These features unfold the paradox of representation temporally, spatially, and sensually. For this reason, the Medusa is a figure of liminality. She commands the threshold separating life and death, change and standstill, generation and manifestation. A realist aesthetics can feature such a powerful and storied figure of the imaginary only in the subjunctive. Yet, the presence of the Gorgon and her gaze allow the observer to see what in reality can never be seen: the transformation that takes place when these boundaries are crossed, when art imitates nature, and when nature is turned into art.

As a mythological figure the Medusa remains a fleeting reference. Her severed head vanishes as quickly from the text as it had entered it, confining the terror and the expcrience of the sublime it brings to an instant. As a figure of liminality, though, she maintains a presence. She calls attention to other such figurations situated at similar thresholds: the artist who strives to capture life in his work and the observer who seeks to find it therein. And later, the two paintings will evoke the Christian dogmas of resurrection and transubstantiation. But in the present context, Büchner's Lenz shifts his focus from the imaginary of myth to the materiality of media. The monologue mentions two media exhibiting art: the museum, which displays sculptures and paintings; and the score, which records music. The primary medium for the visual and the acoustic arts each specializes in a different dimension of representation, spatiality and temporality respectively. Both dimensions converge in an earlier figure that highlights sensuality and marks in the passage the turning point from myth to media, as well as from the authentic experience of life to its rendering in art. The monologue resorts to this figure when elucidating the dynamic interaction of ever-changing forms and unattainable beauty, the physical manifestations and the immaterial force generating them; the figure capturing this interaction reads "ewig aufgeblättert, verändert" (FA 1: 234). With the semantics of the word "aufgeblättert" pointing to botany and zoology, Büchner's Lenz places the natural sciences at the center of his vitalist aesthetics of liminality.[24]

Later, Lenz more explicitly invests his aesthetic criteria of vitality with Christian meaning. In his final examples, he combines two ideas, the aesthetics of life and the schooling of sensibilities. Here, he qualifies as art that which can enliven or animate the observer. Nature, convincingly rendered, has this effect on him, "so daß ich über seinem Gebild fühle" (FA 1: 235). Similarly, the Dutch paintings are successful because they alone are "faßlich" (FA 1: 235). They arouse immediate sensations; they are graspable, tactile, and accessible. Viewing the rare successful example, in Lenz' estimation, approximates the experience of devotional reading: "ich kenne nur zwei Bilder, und zwar von Niederländern, die mir einen Eindruck gemacht hätten, wie das neue Testament" (FA 1: 235). Indeed, not only do the paintings evoke the immediacy of the Bible, they each thematize spectatorship in the context of devotional reading.

The first example is a painting of Christ and the Disciples at Emmaus (Lenz does not recall the artist) that Büchner saw in Darmstadt, which at the time was attributed to Rembrandt, and later reattributed to Carel van Savoy.[25] It is a story of recognition, or, in other words, of reading a face. When the disciples recognized Christ, they in turn read the story of the resurrection itself. Lenz allows two media, book and painting, to overlap in his description. He praises the economy of words in the New Testament telling of the story: "Wenn man so liest, wie die Jünger hinausgingen, es liegt gleich die ganze Natur in den Paar Worten" (FA 1: 235). The few lines are capable of capturing all of nature, the element he has singled out as so important sentences earlier. Yet when Lenz himself recounts the story, he does so by describing the painting, not the text. His narration of the feelings the image evokes, feelings guided, as in the tableau vivant, by color and light, obscures the exact moment the painting depicts. Thus the image is never frozen in time, but comes alive as a narrative whole.

> Es ist ein trüber, dämmernder Abend, ein einförmiger roter Streifen am Horizont, halbfinster auf der Straße, da kommt ein Unbekannter zu ihnen, sie sprechen, er bricht das Brot, da erkennen sie ihn, in einfach-menschlicher Art, und die

[24] Jacob Grimm und Wilhelm Grimm: *Deutsches Wörterbuch*. 16 Volumes. Leipzig: Hirzel 1854–1960. Volume 1. P. 625: "AUFBLÄTTERN, *expandere, explicare, entfalten, gilt von blumen und vom gefieder*."

[25] MBA 5: 431.

> göttlich-leidenden Züge reden ihnen deutlich, und sie erschrecken, denn es ist finster geworden, und es tritt sie etwas Unbegreifliches an, aber es ist kein gespenstisches Grauen; es ist wie wenn einem ein geliebter Toter in der Dämmerung in der alten Art entgegenträte, so ist das Bild, mit dem einförmigen, bräunlichen Ton darüber, dem trüben stillen Abend. (FA 1: 235)

If the tableau vivant stood out because of its contrastive colors, this painting is marked by a subdued, monochromatic palette described with words like "trüber", "dämmernd", "halbfinster", "einförmig", and "bräunlich". The light indeed seems to recede from the painting as Lenz narrates, so that it begins at twilight with a hint of red on the horizon, but ends in darkness and a monotonous brown. The slow darkening works at cross-purposes with the narrative theme, resurrection and recognition, and seems in this way as significant as the use of color in the earlier tableau. For rather than render the moment of the disciples recognizing the resurrected Jesus for dramatic effect, the muted tones underscore the ordinary, subdued, everyday nature of the encounter. The list of actions that take place is equally simple and mundane: the encounter with the stranger, the breaking of the bread, even the recognition itself. The act of breaking bread, symbolically significant both as the image of transubstantiation and its reenactment in the taking of the sacrament, is here held in check by its ordinary, real-life narrative meaning, just as the divine features of Christ coexist with his simple, suffering human form. The disciples feel fear and confusion, which itself is narratively motivated by the receding light, but it is not a fear of having seen something ghostly or supernatural. Rather the experience is comforting; a feeling of having encountered a beloved departed, returning with familiar manners. The sacred and the secular, the extraordinary and the everyday are reflected in each other in the scene, in its simplicity and quietude. There is a presence of death, but not of horror in confronting the promise of resurrection. Lenz' description of the painting underscores then two points that are essential for his understanding of vitality. The first is that the artwork must capture the real, immediate, everyday moments of human existence. The second, the one that makes this painting in particular significant, is that vitality, coming to life, is the essential story of Christianity itself, the story of the resurrection, of Christ's overcoming of death and the revivification of the flesh.

The second painting Lenz describes connects to the first as a devotional reenactment in its memory. He describes a painting of a woman who follows the Sunday Mass from the solitude of her bedchamber, reading along in her Bible. Details of the scene – the solitary, seated figure, her prayer book, the sand strewn on the floor in Sunday neatness, the open window delineating the interior and exterior spaces, suggest the marks of seventeenth-century Dutch genre painting. But the scene seems to have been inspired from another text; the opening of Tieck's *Leben und Tod des kleinen Rothkäppchens* describing the grandmother worshipping at home.[26] Indeed, without a specific visual model, the scene is divested of color. Rather, if any media could be said to overlap here, it is music. The visual image is brought to life, kept from stasis, by the movement and temporality of the sounds it evokes. The phrase "es ist als schwebten zu dem Fenster über die weite ebne Landschaft die Glockentöne von dem Dorfe herein" (FA 1: 236) recalls the image of sound as unceasing movement in Lenz' earlier statement on beauty: "Die schönsten Bilder, die schwellendsten Töne, gruppieren, lösen sich auf" (FA 1: 234). In the woman's solitude she hears and is surrounded by the presence of the community, "der Sang der nahen Gemeinde" (FA 1: 236), whose song she follows in her own reading. Thus doubly, through music and text, she traces the narrative of the Christian mass, reenacting, in effect, the story of resurrection that the first painting told through the sacrament of transubstantiation occurring during mass.

The two pictures Lenz evokes are linked thematically, but they are also invested in the same threshold between life and death. They illustrate the return to life after death in the example of Christ, and life nearing death in the example of the solitary woman. In this way, they refer to the Christian beliefs in resurrection and transubstantiation, the reanimation of the flesh after death that Christ promised and exemplified, and Christ's flesh-and-blood presence in the bread and the wine the congregation consumes during mass. Lenz' re-creation of the paintings also connects back to the tableau vivant, itself a living painting. All three of his examples depict quiet scenes of absorption and gestures of selflessness within the presence of community – braiding hair, sharing bread, voicing prayers. All three are alive with the human and the everyday.

III.

Lenz' criterion of vitality may have echoed with the poetics of life espoused by a number of Büchner's contemporaries, but it also voices a key dilemma found in idealist aesthetic programs of an earlier period. It is the question of mimesis that Lenz' Medusa head brings to the fore, the question of life and death, nature and art, creation and imitation. How can an artist transform nature, copying from life, without rendering the resulting artwork lifeless? Denis Diderot's *Essai sur la peinture* would counter this question with a robust defense of naturalism. The practical treatise for aspiring artists appeared as a companion to his review of the 1765 *Salon* art exhibition in Paris, as a way for Diderot to decry the overly academic, mannered tendencies of the French rococo style. Distributed in handwritten copies through Melchoir Grimm's *Correspondance littéraire*, the essay only became widely known when it was published posthumously in 1795. Goethe read

[26] MBA 5: 431–432.

it enthusiastically in August of 1796, although from his idealistic Classicist perspective, he objected to Diderot's high estimation of nature over art. He stated as much in comments to his translation of Diderot's first two chapters, which were published in the *Propyläen* in 1798 and 1799. Whereas Diderot argued for the possibility, through sensitive imitation, of capturing living nature in art, Goethe, in an effort to defend art's autonomy, willingly conceded that the ideal artwork, unlike nature, was not alive. Goethe's defense of aesthetic ideals inevitably displays his debt to the originator of German Classicism, Johann Joachim Winckelmann, who had already deliberated on the benefits of imitating nature and art in his groundbreaking *Gedanken über die Nachahmung der griechischen Werke in der Malerei und Bildhauerkunst* (1755) and his monumental *Geschichte der Kunst des Altertums* (1764). Winckelmann here also weighs in on the question of nature and art's relative vitality.

Lenz' assertion that vitality supersedes the categories of beauty and ugliness is the first indication that Büchner intended to engage with Diderot's *Essai sur la peinture*. Or, more precisely, Diderot's naturalistic argument set in the context of Goethe's idealistic counter-argument, for Büchner most likely knew Diderot's essay through Goethe's translation and commentary.[27] As such the two voices, French rationalism and German Classicism, represent the two poles within Lenz's critical landscape: on the one hand naturalist realism; on the other, idealism. Later on, when Kaufmann defends idealism with the examples of the Apollo Belvedere and the Sistine Madonna, Winckelmann enters as a third interlocutor of the *Kunstgespräch*, as both the most reviled representative of the "idealistische Periode", and, when read closely, as a possible challenge to Lenz precisely on the topic of animation and imitation.

The *Kunstgespräch* begins, though, with an allusion to the first chapter of Diderot's *Essai*, on drawing. Here Diderot's defense of the imitation of nature, though secular, overlaps closely with Lenz' claims for the perfection of God's created world. Diderot argues that nature is never arbitrary, that each object, beautiful or ugly, has its own logic and necessity. Goethe's translation reads: "Jede Gestalt, sie mag schön oder häßlich sein, hat ihre Ursache, und unter allen existierenden Wesen ist keins, das nicht wäre, wie es sein soll".[28] Diderot advises the successful artist to carefully imitate nature, even if he cannot always discern the cause of its manifestations. He should do this even at the expense of conventional rules of art, themselves the result of ignorance

[27] See FA 1: 836 and MBA 5: 420.

[28] Johann Wolfgang Goethe: Diderots Versuch über die Malerei: Übersetzt mit Anmerkungen begleitet. In: *Sämtliche Werke. Briefe, Tagebücher und Gespräche*. Ed. by Dieter Borchmeyer et al. 40 Volumes. Frankfurt a. M.: Deutscher Klassiker Verlag 1985–2000. Volume 12. Pp. 423–471. Here: P. 426. Henceforth this text will be cited as Goethe FA 12 followed by the page number.

of nature's true foundation: "so würde doch ein Künstler, der diese Regeln vernachlässigte, und sich an eine genaue Nachahmung der Natur hielte, oft [. . .] entschuldigt werden müssen".[29] The closer one follows nature, without questioning its inherent beauty, Diderot argues, the more successful the artistic results: "je vollkommener die Nachahmung wäre, je gemäßer den Ursachen, desto zufriedener würden wir sein".[30] For in this act of imitation attuned to the causes of nature, one represents not conventional beauty, but the world as it should be ("wie es sein soll" [FA 1: 234]), the phrase Lenz uses to describe the world's perfection as well.

In preserving the act of creation, Lenz argues that vitality becomes the single aesthetic criterion, a trace of life itself: "das Gefühl, daß Was geschaffen sei, Leben habe, [. . .] sei das einzige Kriterium in Kunstsachen" (FA 1: 234). This criterion will grow in significance through the examples Lenz provides, and echoes a key point of contention in Goethe's debate with Diderot's *Essai*. For it is precisely in the matter of life and death that Goethe identifies his antagonist's gravest aesthetic confusion, namely the conflation of art and nature.[31] Goethe writes of Diderot: "Die Neigung aller seiner theoretischen Äußerungen geht dahin, Natur und Kunst zu konfundieren".[32] The difference between the two lies in their relationship to life: "Die Natur organisiert ein lebendiges, gleichgültiges Wesen, der Künstler ein totes, aber ein bedeutendes".[33] With this and similar statements Goethe provides a platform for an idealistic program that the fictional Lenz will adamantly attack. Apart from the few examples of vital art he names, he dismisses most artistic attempts: "Alles Übrige kann man ins Feuer werfen" (FA 1: 234). He speaks specifically of drawing ("die Leute können auch keinen Hundsstall zeichnen"), the topic of Diderot's first chapter that Goethe so strongly contested. And here Lenz argues that idealization results in the lifeless figure of a marionette.[34] He writes: "Da will man idealistische Gestalten, aber Alles, was ich davon gesehen sind Holzpuppen"

[29] Goethe FA 12: 429.
[30] Goethe FA 12: 427. The idea of the artist's program to represent the hidden logic of nature comes out more strongly in Diderot's original: "Plus l'imitation serait parfaite et analogue aux causes, plus nous en serions satisfaits". *Oeuvres complètes de Diderot: édition critique et annotée.* Ed. Herbert Dieckmann, Jean Fabre et Jacques Proust. 33 Volumes. Paris: Hermann, 1975. Volume 14. Pp. 343–411. Here: P. 344.
[31] On this point see Johannes F. Lehmann: Auf Leben und Tod: Goethe contra Diderots *Essai sur la peinture*. In: *Jahrbuch der deutschen Schillergesellschaft* 48 (2004). Pp. 58–80.
[32] Goethe FA 12: 428.
[33] Goethe FA 12: 428.
[34] On marionettes, see Rudolf Drux: "Holzpuppen": Bemerkungen zu einer poetologischen Kampfmetapher bei Büchner und ihrer antiidealistischen Stoßrichtung. In: *Georg Büchner Jahrbuch* 9 (1995–99). Pp. 237–253.

(FA 1: 234). The comparison of idealized figures to wooden dolls echoes the later part of Diderot's chapter on drawing, where he derides the practice of art academies that train students to copy paid models who have been placed into artificial, awkward poses like wooden anatomical dolls. While Diderot uses a verb, "se fair mannequiner",[35] Goethe translates the passage with a substantive, describing the "poor devil" of a model, "der gedrungen ist, dreimal die Woche zu kommen, sich auszukleiden, und sich durch den Professor, wie eine Gliederpuppe behandeln zu lassen".[36] While Goethe counters that it is pedagogically necessary for students to copy from models, his defense cannot match the heat of Diderot's original invective. Lenz' pronouncement against idealism, following the comparison to wooden dolls, is equally vehement: "Dieser Idealismus ist die schmählichste Verachtung der menschlichen Natur" (FA 1: 234).

Lenz' alternative is an aesthetics of empathy, sinking oneself into the lives of the marginalized in order to reflect it back. Again Diderot serves as a possible sympathetic voice for this position. His *Essai sur la peinture* in its own way includes the socially and aesthetically marginalized. It begins with an unexpected example, considering as an artistic subject a woman who has lost her sight as a young girl. Neither an ideal figure nor a conventionally beautiful one, she rather exemplifies the necessary adjustments nature makes to a disabled human body. Diderot goes on to argue strenuously that art students study real life models from all ages, social classes and walks of life. People's gestures arise out of their lived experiences, Diderot insists, asking how a model's pose could compare to the authenticity of the real gesture: "zu dem Bauer, der für Müdigkeit sich auf die Erde streckt, zu dem Philosophen, der neben seinem Feuer nachdenkt, zu dem gedrängten erstickten Mann, der unter der Menge in Ohnmach fällt?".[37]

Lenz' first significant example of an artwork, the tableau vivant, a spontaneous scene set outside in a natural landscape, also suggests affinities to Diderot's *Essai sur la peinture*. Diderot advocated painting immediate scenes from life, outdoors, and placed a special emphasis on color, the topic of his second chapter. Here he begins by singling out color's importance in capturing vitality: "Die Zeichnung gibt den Dingen die Gestalt, die Farbe das Leben; sie ist der göttliche Hauch der alles belebt".[38] Now giving a religious interpretation to his previously secular celebration of natural perfection, Diderot goes on to argue that the most difficult but beautiful color to paint is that most associated with life, namely the color of skin, and in particular the flushed cheek of a young girl: "die schönste Farbe in der Welt sei die liebenswürdige Röte,

[35] Diderot 14: 346.
[36] Goethe FA 12: 439.
[37] Goethe FA 12: 440.
[38] Goethe FA 12: 448.

womit Unschuld, Jugend, Gesundheit, Bescheidenheit und Scham die Wangen eines Mädchens zieren".[39] The central focus of Lenz' tableau, the source of both its life and its beauty, also lies in the delicate quality of a young girl's skin, "ein ernstes bleiches Gesicht, und doch so jung" (FA 1: 234).

Diderot's implicit voice can thus be identified in a number of passages in the dialogue on art: the reevaluation of beauty and ugliness, the celebration of nature's inherent perfection, the defense of the socially marginalized as valid subjects of art, and the appreciation of natural, open-air tableaus, alive with color. Johann Joachim Winckelmann's voice, on the other hand, is evident when Kaufmann uses two of Winckelmann's famous examples, the Apollo Belvedere and Raphael's Madonna (presumably the Sistine Madonna), to argue that no human form can equal their beauty.[40] Winckelmann's spirit in fact seems to arrive earlier, though, with the introduction of Medusa's frightening head. With it Greek mythology makes an unanticipated intrusion into an argument framed by Christian references – to God the creator, to Christian *caritas*, to the Old German school of art. One wishes sometimes to petrify such a group, Lenz acknowledges, to turn the girls into statues, the artistic medium Winckelmann's descriptions elevated so highly in German Classicism – the mythological reference leads to an association specifically with Greek statuary. And yet Lenz rejects this momentary desire to calcify and classicize with the acknowledgment that the qualities the most lasting beauty possesses are the very opposite of statues, namely immediacy and constant changeability, moving in perfect synchronization with the patterns of nature ("ewig aufgeblättert, verändert"). As he insists that this kind of beauty cannot be frozen or hung in museums, his ironic tone counters the effusive emotionalism of Winckelmann's famous descriptions of museum holdings, be they the works of the Dresden gallery or the Vatican museum. For in a sense Winckelmann resolved the mimetic paradox oppositely, insisting that ideal art *is* alive. His form of idealism rested on the belief that art is more immediate, moving, and inspiring than nature itself. In doing so he mobilized not the myth of the Gorgon, as Lenz did, but of Pygmalion.[41]

[39] Goethe FA 12: 454.

[40] See FA 1: 841–842 and MBA 5: 428–429. A text-based comparison of the *Kunstgespräch* and various writings of Winckelmann is offered by Sabine Dissel: *Das Prinzip des Gegenentwurfs bei Georg Büchner: Von der Quellenmontage zur poetologischen Reflexion*. Bielefeld: Aisthesis 2005. Pp. 80–109.

[41] On Winckelmann's aesthetic, see Alex Potts: *Flesh and the Ideal: Winckelmann and the Origins of Art History*. New Haven-London: Yale University Press 1994; Inka Mülder-Bach: *Im Zeichen Pygmalions: Das Modell der Statue und die Entdeckung der 'Darstellung' im 18. Jahrhundert*. München: Fink 1998; Élisabeth Décultot: *Johann Joachim Winckelmann: Enquête sur la genèse de l'histoire de l'art*. Paris: Presses universitaires de France 2000.

In *Gedanken über die Nachahmung* Winckelmann does not argue that modern man, in imitating the ancient Greeks, should reject nature. Rather Winckelmann's admiration of the Greeks is couched in a sociological narrative about their sport and athleticism, their culture of the gymnasium, of personal beauty and hygiene, of unhampered clothing, of dance and gracefulness, as examples of lives lived with a closeness to nature and interest in healthful vitality unavailable to the modern artist. It was precisely this closeness that led to their ability to imagine ideal beauty: "Die häufigen Gelegenheiten zur Beobachtung der Natur veranlasseten die Griechischen Künstler noch weiter zu gehen: sie fiengen an, sich gewisse allgemeine Begriffe von Schönheiten [. . .] zu bilden, die sich über die Natur selbst erheben solten".[42] The imperative of beauty is to take nature, or the real, to its highest potential. Thus Winckelmann articulated the Greeks' aesthetic motto as: "die Personen ähnlich und gleicher Zeit schöner zu machen".[43]

Lenz rejects this idealizing mimetic program with phrases that allude to and critique Winckelmann. He returns to the language of empathy and love articulated earlier, asserting: "Man muß die Menschheit lieben" (FA 1: 235). He defends the lowly and the ugly and dismisses a key term from Winckelmann, the sensation of beauty, in the assertion: "das unbedeutendste Gesicht macht einen tiefern Eindruck als die bloße Empfindung des Schönen" (FA 1: 235). He describes an artwork not copied from the outside world that has no life, muscle or pulse in words that seem to take a direct dig at Winckelmann's description of the Apollo Belvedere.[44] And indeed Kaufmann's counterargument, that one would never in real life find the human ideals of the Sistine Madonna or the Belvedere, echoes *Gedanken über die Nachahmung* too, in which Winckelmann quotes Raphael himself to show how the painter constructed an idealized female figure: "Da die Schönheit [. . .] unter dem Frauenzimmer so selten sind, so bediene ich mich einer gewissen Idee in meiner Einbildung".[45]

As with Diderot, snippets of Winckelmann's prose flicker through Lenz' words. Winckelmann's two examples of ideal art, offered by Kaufmann, thus stand as veiled counter-examples to Lenz' own and warrant careful examination. The first, Raphael's Sistine Madonna, Winckelmann described in the *Gedanken über die Nachahmung*, the career-making monograph he wrote in Dresden shortly before moving to Rome. In his final two examples of artwork, Lenz singles out paintings with Christian themes. Winckelmann's description

[42] Johann Joachim Winckelmann: *Kleine Schriften, Vorreden, Entwürfe*. Ed. Walther Rehm. Berlin-New York: de Gruyter 2. Aufl. 2002. Pp. 27–59. Here: P. 34.
[43] Winckelmann 35.
[44] See MBA 5: 428.
[45] Winckelmann 35.

of the Madonna is, by contrast, a tour de force of refashioning a devotional Christian painting into a masterwork of antiquity. Winckelmann describes the Madonna as a statue rather than a painting, dismissing the colors as washed out ("ausgewittert"[46]) while praising her gestures, expression, even her contour. Like the Greek statue of a deity, she is shown larger than life, possessing the same qualities of noble simplicity and quiet grandeur that Winckelmann attributes to the Laocoön statue: "Sehet die Madonna mit einem Gesichte voll Unschuld und zugleich einer mehr als weiblichen Grösse, in einer seelig ruhigen Stellung, in derjenigen Stille, welche die Alten in den Bildern ihrer Gottheiten herrschen liessen. Wie groß und edel ist ihr gantzer Contour!".[47] The painting has no narrative but rather depicts the two saints Sixtus and Barbara, in a suspended moment of worship. Winckelmann thus classicizes this Christian theme, moving it as far as possible from the marginal, ephemeral and the everyday.

Winckelmann's description of the Apollo Belvedere, on the other hand, the second implicit counter-example to Lenz' notion of art, brings the statue to life, both describing it as a story in motion, and invoking the myth of Pygmalion to capture the observer's experience of witnessing its perfection. In the famous passage, reprinted both in his book on allegory and his *Geschichte der Kunst des Altertums*, Winckelmann imagines a contemplative, elevating encounter with the statue: "Ich vergesse alles andere über dem Anblicke dieses Wunderwerks der Kunst, und ich nehme selbst einen erhabenen Stand an, um mit Würdigkeit anzuschauen. Mit Verehrung scheint sich meine Brust zu erweitern und zu erheben [. . .]; denn mein Bild scheint Leben und Bewegung zu bekommen, wie des Pygmalions Schönheit".[48] Thus instead of an artwork being frozen, Winckelmann imagines it literally coming alive, emphasizing that life itself is synonymous with movement. Lenz had alluded to the statue in criticizing work that has no life, muscle or pulse, but indeed Winckelmann makes this claim not to show that the statue is lifeless. It is, rather, animated with a god-like, superhuman force: "Keine Adern noch Sehnen erhitzen und regen diesen Körper, sondern ein Himmlischer Geist, der sich wie ein sanfter Strohm ergossen, hat gleichsam die ganze Umschreibung dieser Figur erfüllet".[49] The artwork is alive, filled with motion, energized by a higher, divine power.

This then would be Winckelmann's answer to the question of imitation and animation, but it is not one Lenz finds satisfying. In answering his opponent Kaufmann he returns to the dichotomy of life and death, saying

[46] Winckelmann 47.
[47] Winckelmann 46.
[48] Winckelmann 268.
[49] Winckelmann 267.

of his response to these ideal examples: “ich muß gestehen, ich fühle mich dabei sehr tot” (FA 1: 235). In the *Gedanken*-essay Winckelmann had written about the imitation of nature and distinguished two kinds. The first is the copying of a single example; the second is an amalgamation of observations, drawn from life and brought together in one painting. He writes of this second form: “Jenes heißt eine ähnliche Copie, ein Portrait machen; es ist der Weg zu Holländischen Formen und Figuren”.[50] Whereas the painters of the Italian Renaissance had rediscovered beauty through their imitation of the Greeks, the Dutch had traveled an unnecessarily arduous path via the imitation of nature. Lenz, on the other hand, advocates a scrupulous reproduction of nature: “Der Dichter und Bildende ist mir der Liebste, der mir die Natur am Wirklichsten gibt” (FA 1: 235). This and his explicit preference for Dutch over Italian paintings read as renewed denunciations of Winckelmann. For this idealistic antagonist, who felt most passionately alive among the statues of the Vatican museum, most intimately connected to humanity in imaging the young wrestlers of an Athenian gymnasium, most religiously inspired by the divinities of a long past culture and mythology, Lenz has no patience. These are the fantasies that insult human nature, “die schmählichste Verachtung der menschlichen Natur”. These are the fantasies that remove the observer from the immediacy of life, from social reality, from the secular and the sacred of lived experience.

IV.

For all the contexts that have been suggested in locating the fascinating, lucid, and evocative program Büchner’s Lenz sketches, the social reformer and utopian thinker Count Claude-Henri de Rouvroy de Saint-Simon and his disciples, the Saint-Simonians, have hardly been considered. The lack of interest is not surprising, since Saint-Simonianism suffers from chronic ill repute. At once social movement and pseudo-religious cult, extravagant doctrine and short-lived commune, its ideas and its proponents appeared simply too outlandish to be taken seriously. Büchner seemed to echo such sentiments when he met one of the missionaries the movement had dispatched to garner support and to proselytize. After the encounter, he wrote a much-cited letter to his parents, mocking the Saint-Simonian (mostly for his costume and manners).[51] Yet the incident also demonstrates that the movement and its followers were hard to avoid for someone who lived through the early years of

[50] Winckelmann 37.

[51] The letter dates from the end of May 1833 (FA 2: 368). See also the letter from March 1835, in which Büchner described his economic condition as so precarious that he might soon accept “Handgeld entweder von den Jesuiten für den Dienst der Maria oder von den St. Simonisten für die femme libre” (FA 2: 397).

the July monarchy and moved in the milieu of political radicalism, as Büchner did during his studies in Straßburg.[52] Despite the irony in which he shrouded the movement's emissary, Büchner was apparently well versed in its doctrine. His friend Alexis Muston, whom he accompanied on a journey through the region of lower Hessen, noted in his diary that they discussed "St Simonisme, renovation sociale et religieuse, république universelle, états-unis de l'Europe, et autre utopies".[53] On several occasions, Büchner's writings reflect a familiarity with the terminology of the movement.[54] This cluster of evidence may warrant giving Saint-Simonianism a second look.[55] Such an investigation would have to be more thorough and sweeping than the space of this article permits. But a glimpse into a potential connection may be justified here because the utopian renewal of society and religion which Saint-Simon and his disciples envisioned assigns a crucial role to the arts. It is the repositioning of art as social art where the aesthetic teachings of the Saint-Simonians and the aesthetic program espoused in Büchner's *Lenz* converge.[56]

The doctrine Saint-Simon developed over several decades was codified by his followers, Barthélémi-Propser Enfantin and Saint-Amand Bazard, in the late 1820s and early 1830s. A two-volume collection of lectures, *Doctrine de Saint-Simon*, summarizes their positions.[57] At the core of the school's teachings is a reformed society – a society that not only overcomes modern fragmentation, spiritual destitution, and class conflict, but also redistributes the riches of industrial advances and entices every member to contribute to

[52] For an account of Saint-Simonian activities in Straßburg in 1831–1833, see Jan-Christoph Hauschild: *Georg Büchner: Biographie*. Stuttgart-Weimar: Metzler 1993. Pp. 162–167.

[53] Qtd. in Heinz Fischer: *Georg Büchner und Alexis Muston. Untersuchungen zu einem Büchner-Fund*. München: Fink 1987. P. 284.

[54] See Hauschild 164.

[55] While early critics, such as Karl Viëtor and Hans Mayer were willing to point out similarities in political convictions, the overwhelming majority of later scholars gloss over any intersections. Karl Viëtor: *Georg Büchner: Politik – Dichtung – Wissenschaft*. Bern: Francke 1949. P. 55 and Hans Mayer: *Georg Büchner und seine Zeit*. Frankfurt a. M.: Suhrkamp 3. Aufl. 1972. P. 181.

[56] The standard reference work on the reception of Saint-Simonianism in Germany makes only a fleeting reference to Büchner as a protégé of Gutzkow: Eliza Marian Butler: *The Saint-Simonian Religion in Germany: A Study of the Young German Movement*. New York: Howard Fertig 1968. P. 300.

[57] *Doctrine de Saint-Simon. Exposition de la première année (1828–1829)*. Paris: Bureau de l'Organisateur et du Globe 1830; *Doctrine de Saint-Simon. Exposition de la deuxième année (1829–1830)*. Paris: Bureau de l'Organisateur et du Globe 1830. Both volumes exist in various editions and reprints and are included in the collection *Oeuvres de Saint-Simon et d'Enfantin*. 47 Volumes. Paris: E. Dentu 1865–1878. Volumes 41–42. This edition is henceforth cited as OSSE.

the greater good. Art is the primary catalyst for engendering such radical change. Saint-Simonianism is thus both a utopian social theory and a theory of social aesthetics.[58] The doctrine appreciates the arts as a dynamic force that can harness the power of imagination in order to ameliorate the lot of the poor, inspire fraternity, and open up art's audience for the common cause by both appealing to sentiment and turning the aesthetic experience into an act of religious worship. Here the intersections between Saint-Simonian aesthetics and that of Büchner's Lenz become visible. The focus on the life of the lowliest that Büchner's Lenz maintains echoes Saint-Simon's preoccupation with the conditions of the poorest class.[59] The empathy with which Lenz looks at this life resonates with the brotherly love that, according to Saint-Simonian teaching, enables all people to connect regardless of social standing.[60] The religious aura surrounding the artist as a re-creator of the divine creation relates to Saint-Simon's endowment of the arts as a practice of worship in his *Nouveau Christianisme*.[61] And the feelings Lenz seeks to experience when approaching art connect with the role of sentiment in Saint-Simonian theory of art.[62] Within German literature, Büchner may very well have discovered the life of the lowliest, for which Elias Canetti has celebrated him.[63] Within the transnational constellation of democratic radicalism, the social concerns advanced in Büchner's *Lenz* appear to be in dialogue with the social art of Saint-Simonianism.

V.

Every exposition and contextualization of the monologue on literature and related arts in *Lenz* needs to close with a number of caveats: Büchner's Lenz,

[58] Saint-Simonian aesthetics and its impact have been studied for various arts, including music (Ralph P. Locke: *Music, Musicians and the Saint-Simonians*. Chicago: University of Chicago Press 1986), visual arts (Neil McWilliam: *Dreams of Happiness: Social Art and the French Left, 1830–1850*. Princeton: Princeton University Press 1993), and literature (Philippe Régnier: Les Saint-Simoniens et le movement romantique. In: *Romantismes et socialismes en Europe (1800–1848)*. Ed. by André Billaz and Ulrich Ricken. Paris: Didier 1987. Pp. 207–223).
[59] See, among others, Saint-Simon's *Du système industriel*. There he speaks of "l'amélioration des conditions de la classe la plus pauvre" (OSSE 21: 167).
[60] See, for instance, *Exposition de doctrine*: "L'amour est le LIEN principal qui UNIT le *supérieur* à l'*inférieur*" (OSSE 42: 328).
[61] See OSSE 23: 161.
[62] Again, the *Exposition de doctrine* has one of the more apodictic formulations of the overarching idea: "Les beaux-arts sont l'expression du *sentiment*" (OSSE 41: 108).
[63] Elias Canetti: Rede zur Verleihung des Georg Büchner-Preises 1972. In: *Büchner-Preis-Reden. 1972–1983*. Vorwort Herbert Heckmann. Stuttgart: Reclam 1984. Pp. 18–31. Here: P. 30.

not Büchner, authors the program. What is more, the monologue, though it clearly stands out, is firmly embedded in the narrative centering on the short stay of the *Sturm and Drang* poet Lenz in the Valley of Stones. The close link between narrative and monologue allows the aesthetic program to be related first, to the conduct of the fictional character Lenz[64]; second, to certain figures and constellations of motives in other parts of the story; third, to the overarching aesthetics of the novella; and fourth, to the aesthetics of other works by Büchner, in particular his drama *Woyzeck*.[65] While it is certainly possible to make these connections (as many studies have), there is nothing in the monologue that enforces this self-reflective approach to poetics.

As part of the highly concentrated *Lenz*-narrative, the monologue on literature and related arts may be long; as an account of aesthetic thinking, it is remarkably short. Its brevity makes the *Kunstgespräch* dense as well as allusive. Within the short space allotted to it, the monologue drops the names of the two most iconic poets ("Shakespeare", "Göthe"), praises folk songs, condemns wooden-puppets ("Holzpuppen"), cites titles of Lenz's bourgeois tragedies ("'im Hofmeister' und in den 'Soldaten'"), evokes emblematic works of art ("Apoll von Belvedere [. . .] Raphaelische Madonna"), distinguishes between Renaissance paintings of Dutch and Italian origin (without bothering to mention the period), stylizes an everyday scene into a tableau vivant, conjures up the severed heard of the Gorgon of Greek mythology, and bows to the One God of Christianity as the subprime creator of an inherently perfect nature. Every item on the list, and this list only includes those that are clearly identifiable, comes with its own tradition and evokes its own discourses.[66] Since the monologue is so condensed, it is neither obvious nor trivial which of these discourses are relevant. In some cases, a mentioning or a fleeting reference may simply not be sufficient to establish a meaningful connection.

The monologue is a first sketch, perhaps a blueprint, but not a thought-out treatise on aesthetics. Executed in a manner of exposition, all key concepts – life, reality, imitation, sentiment and empathy – are underdeveloped. The occasional claims do not neatly coalesce to form a doctrine. And the examples given expand the scope of concepts and claims as much as they elucidate them. The passage does indeed suggest a visibly marked context for all of this, i.e., the age of Idealism ("die idealistische Periode", FA 1: 233). However,

[64] Given the status as aesthetic discourse, the observation that the character Lenz fails to live his program is hardly surprising. On the gap between theory and praxis, see Pilger 109.

[65] See, for instance, Knapp 178.

[66] For a summary of scholarship focused on sources see FA 1: 833–844 and MBA 5: 416–433.

German Idealism extends through various fields, the philosophy of Kant, Fichte, Schelling, and Hegel, the literary Classicism of Goethe and Schiller, its Romantic counter-project in the works of Tieck, the brothers Schlegel, Novalis, and Brentano, as well as the aesthetic Philhellenism of Johann Joachim Winckelmann; and the monologue on art makes its speaker into an outspoken opponent. Idealism is thus a context solely by way of contrast. The vantage point of Lenz' critique is anything but obvious. The aesthetics of the historical Lenz, specifically the *Anmerkungen übers Theater* (1774), certainly espouses anti-Idealist tenets. But Büchner's Lenz does not wholeheartedly embrace the *Sturm und Drang* doctrine either. Since the monologue on art (somewhat anachronistically) situates the age of Idealism at the time the conversation takes place (in 1778), the reader also seems invited to close the frame and to relate the program to the end of this age in the 1830s, when realism appears on the horizon and the plea for social art is formulated in France.[67]

Within these cautiously defined parameters, the aesthetic program sketched in *Lenz* can be characterized as follows: Büchner's Lenz calls for an aesthetics that is situated between idealism and naturalism and that conceives of realism in terms of vitalism. Such an aesthetics focuses on threshold moments between life and death, change and standstill, generation and manifestation, thus reconfiguring the paradoxes inherent in mimetic representation. These paradoxes emerge from a series of liminal figures: God as the supreme creator, the artist as his humble imitator, the severed head of the Medusa, the girls at the hillside who through their movements and actions arrange and dissolve themselves into artistic scenes, the resurrection of Christ and the transubstantiation of his body evoked through the examples of the two paintings. As an aesthetics of liminality, the program privileges those works of art that capture life with the myriad of its facets and that reverberate with a sense of God's creation. As their dead matter comes alive, they also reanimate the observer, awakening the repertoire of his sensibilities, above all his empathy. By engaging the observer in social concerns, found at the periphery of society and surfacing in the most prosaic of subject matters, this aesthetics ultimately promotes a sense of commonality. In so doing, it describes and represents a new kind of reality: a vision of an egalitarian, inclusive humanity that anticipates the representational program Erich Auerbach sketches out in *Mimesis* a century later. What Büchner's Lenz outlines, Auerbach will recognize as both the task and the achievement of modern literary realism.

[67] Surprisingly, neither of these connections has been well-explored. For Büchner and early Realism, see Christian Begemann: Realismus. In: *Büchner-Handbuch*. P. 322–326.

Patrick Fortmann

Langeweile, Lebenskarriere und Literatur: Zu einer Figur poetischer Produktivität bei Büchner

The rich and circuitous history of ancient melancholy and its modern twin, boredom, runs deep in Georg Büchner and his works. In keeping with that part of the tradition that makes the affliction the mark of exceptionality, this article considers its intersection with poetic production on three occasions. It reconstructs, first, how Büchner's early editor, his brother Ludwig, places the little-known author under the sign of Saturn, turning him at once into a poetic genius and a melancholic. It then studies how Büchner's texts challenge this link made operative in retrospect. In Lenz*, a seldom considered strophe, improvised during an onslaught of insanity, breaks away from the dominating discourse of suffering and hints at the redemptive power of poetry.* Leonce und Lena *ironically catalogues various careers in life, each born out of boredom, but ultimately passes on all, including that of the poetic genius, and thus exposes the predicatments of life between Restoration and Romanticism.*

I.

In einem der letzten Briefe an Karl Gutzkow kommt Georg Büchner auf die “abgelebte moderne Gesellschaft” zu sprechen und stellt diesem merkwürdigen “Ding” eine vernichtende Diagnose: “Das ganze Leben derselben besteht nur in Versuchen, sich die entsetzlichste Langeweile zu vertreiben. Sie mag aussterben, das ist das einzig Neue, was sie noch erleben kann” (FA 2: 440). Die viel zitierte Erklärung enthält schon den Kern der gesamten, von Büchner formulierten Konzeption der Langeweile und der dieser verwandten Melancholie in all ihrer Brisanz und ihrer Widersprüchlichkeit, ihrer Tragik und ihrer Komik. Denn ungeachtet der apodiktisch vorgetragenen Verabschiedung, besteht die moderne Gesellschaft fort. Obwohl alles erlebt und alles gesagt ist, wird weitergelebt und weitergesprochen. So werden diejenigen, die sich in den paradoxen Verhältnissen einrichten und das Déjà-vu in Permanenz konfrontieren müssen, zu Wiedergängern verschiedenster Spielart: zu Wiederholungstätern und Lebensschauspielern, zu Kopisten und Zitatakkrobaten. Man lebt aus zweiter Hand und kann deshalb weder dem Schrecken der Langeweile noch dem Abgrund der Melancholie entgehen.

Büchners Texte, deren überscharfe Sensorien im Anliegen des Augenblicks stets auch den kulturellen Moment registrieren, greifen die Problematik einer Lebensführung unter den Vorzeichen von Langeweile und Melancholie auf. Sowohl die Komödie *Leonce und Lena* als auch das Prosastück *Lenz* lassen jeweils an prominenter Stelle und in fast gleichlautenden Passagen einen Katalog von Lebensentwürfen Revue passieren, die sämtlich dieser Konstellation entspringen. In einem der Eröffnungsmonologe des Prinzen Leonce liest sich das wie folgt:

> Die Bienen sitzen so träg an den Blumen, und der Sonnenschein liegt so faul auf dem Boden. Es krassiert ein entsetzlicher Müßiggang. – Müßiggang ist aller Laster Anfang. – Was die Leute nicht Alles aus Langeweile treiben! Sie studieren aus Langeweile, sie beten aus Langeweile, sie verlieben, verheiraten und vermehren sich aus Langeweile und sterben endlich aus Langeweile [. . .]. Alle diese Helden, diese Genies, diese Dummköpfe, diese Heiligen, diese Sünder, diese Familienväter sind im Grunde nichts als raffinierte Müßiggänger. (FA 1: 96; I, 1)

Die in die Natur ("Bienen", "Blumen", "Sonnenschein") projizierte, dem Moment wie der Soziallage des müßiggängerischen Prinzen geschuldete Befindlichkeit gibt zu einer allgemeinen Betrachtung Anlass. Ihr Gegenstand sind Lebensläufe, genauer gesagt Lebensentwürfe, deren Gleichförmigkeit und Vorhersagbarkeit sie erst zu vorgezeichneten Lebensläufen werden lässt. Diese, seit dem Ausgang des 18. Jahrhunderts zu beobachtende Verfestigung und Regulierung von Biographien, unabhängig von Lebensschicksalen, hat Niklas Luhmann aus soziologischer Sicht mit dem weit gefassten Begriff der "Karriere" belegt.[1] Karrieren gliedern Lebensschicksale in Stationen. Sie geben an, auf welcher Stufe sich jemand befindet und ermöglichen so den Vergleich mit anderen. Über Karrieren lässt sich gesellschaftlich kontrollierte und zurechenbare Individualität gewinnen; jedoch nur zum Preis der Vorherbestimmtheit. Dieses Muster der Lebenskarriere in seiner allgemeinsten Form, von der Liebe über die Ehe zur Fortpflanzung bis zum Tod, macht der oben zitierte Monolog sichtbar. Allerdings geht er noch einen Schritt weiter; denn er identifiziert auch die Kosten einer solchen Karriere, die jeder zu gegenwärtigen hat, der sie beschreitet: Lebenskarrieren erzeugen Langeweile.

Der kurze, konzentrierte Monolog stellt in diesem Zusammenhang mehrere Karrieremuster zur Debatte, mit deren Hilfe der Weg zu einem Selbst beschritten werden könnte. Diese Muster der Selbstfindung wie der Lebensführung werden vor dem Hintergrund von fünf dominierenden und konkurrierenden Feldern vorgestellt. Es handelt sich hierbei um die Felder von Wissenschaft ("studieren"), Religion ("beten"), Politik, Liebe ("verlieben") und Familie ("verheiraten und vermehren"). Leitvorstellungen, die die Organisation dieser Felder von ihren Extremen her bestimmen, sind die Konzepte von Heroismus ("Helden") auf dem Feld der Politik, von "Genies" und "Dummköpfen" auf

[1] Vgl. hierzu den schmalen, aber wichtigen Aufsatz von Niklas Luhmann: Copierte Existenz und Karriere. Zur Herstellung von Individualität. In: *Riskante Freiheiten. Individualisierung in modernen Gesellschaften*. Hg. von Ulrich Beck und Elisabeth Beck-Gernsheim. Frankfurt a. M.: Suhrkamp 1994. S. 191–200.

dem Feld der Wissenschaft, von "Heiligen" und "Sündern" auf dem Feld der Religion und von Vätern auf dem Feld der Familie. Mit diesen Konzepten verbinden sich zudem auf den ihnen zugehörigen Feldern eigene Karrieremuster und Schicksalssemantiken, die jeweils eine Antwort auf die Frage nach der Identität in der modernen Gesellschaft bereithalten.

Es erschiene durchaus lohnend, die hier vorgestellten Karrieren mit den Konfigurationen von Büchners Texten abzugleichen. Zu denken wäre etwa an die Verabschiedung der heroischen Existenz durch den Titelhelden in *Danton's Tod*, die sich im Fatalismusbrief spiegelt ("die Herrschaft des Genies ein Puppenspiel", FA 2: 377), an die Wissenschaftssatire im *Woyzeck*, die sich an den Figuren des Doktors und des Professors festmacht, oder an die Befragung der Religion im *Lenz*, die sich an der Gestalt Oberlins entzündet. Im Folgenden soll es indes um eine andere Karriere gehen, die bisher in der Vorstellung von "Genie" nur angeklungen ist: dem Künstlertum. Die poetische Existenz, die damit angesprochen ist und die zu den vorgeschlagenen Feldern noch das der Kunst hinzufügt, verdankt sich mit besonderem Nachdruck der Langeweile und der Melancholie.[2] Denn zum einen stellt Büchner selbst in einem späten Brief an seine Verlobte Wilhelmine Jaeglé die Gleichförmigkeit und Eintönigkeit seines Lebens in Zürich ("das Mühlrad dreht sich als fort ohne Rast und Ruh") der "Freude am Schaffen meiner poetischen Produkte" gegenüber (FA 2: 464f.); zum anderen unterhält die Problemstellung deutliche Bezüge zum Urtext aller Reflexion über die Melancholie und ihren modernen Zwilling Langeweile, dem pseudo-aristotelischen *Problemata XXX.1* und der dort aufgeworfenen Frage, warum offenbar alle großen Männer, Philosophen, Staatsmänner, Dichter oder Künstler, Melancholiker gewesen seien.

Dieser doppelbödigen Figur von Melancholie und Langeweile auf der einen und poetischer Produktivität auf der anderen Seite soll mit drei Lektüren nachgegangen werden. Jede stellt eine andere Auffassung von der Modellierung des Selbst und der Gestaltung der Identität vor, mit denen sich die junge Generation um 1830 konfrontiert sieht; jede artikuliert auf ihre Weise die

[2] Eine prominente Konstellation, die hier nicht besprochen werden kann, betrifft die politische Melancholie. Büchners Danton macht sie namhaft, wenn er Worte wiederholt, die historisch bezeugt sind: "die Revolution ist wie Saturn, sie frißt ihre eigenen Kinder" (FA 1: 31; *Danton's Tod* I, 5). Die hier formulierte fatalistische Erkenntnis ist eine Verdammung zur Melancholie. Die Referenz auf Saturn, den melancholischen Gott, läßt keinen Zweifel daran, dass Revolutionäre nicht anders können, als Melancholiker zu sein. Die Schwermut von Büchners Helden hat deshalb auch einen politischen Bezug. Walter Benjamin wird später in einem anderen Zusammenhang von "Linker Melancholie" sprechen. Walter Benjamin: Linke Melancholie. Zu Erich Kästners neuem Gedichtbuch. In: Ders.: *Gesammelte Schriften*. Hg. von Rolf Tiedemann und Hermann Schweppenhäuser. 7 Bände. Frankfurt a. M.: Suhrkamp 1980. Hier: Band 3. S. 279–283.

Skepsis der Angehörigen dieser Generation, ob auch sie ihren Platz in der Gesellschaft, ihren Ort in der Geschichte und ihre Stelle in der Kultur werden finden können. In der biographischen Skizze seines Bruders Ludwig wird Georg Büchner unter Aufbietung der traditionellen Topoi und Reflexionsfiguren zugleich als Genie und als Melancholiker konfiguriert, und die erste Zusammenstellung seiner Texte in den *Nachgelassenen Schriften* somit dem kulturellen Gedächtnis unter dem Zeichen der Schwermut überantwortet (III.). In einer wenig beachteten Passage des *Lenz*-Projekts gelingt es der Titelfigur, seinem psychischen Leiden eine improvisierte Lied- oder Gedichtstrophe abzutrotzen, die auf den Kern des Zusammenhangs von Religion und Krankheit zielt (IV.). Die Reflexion von Langeweile und Melancholie führt in *Leonce und Lena* zwar zur Katalogisierung von Lebenskarrieren, aber eben auch zur Weigerung, eine davon zu verfolgen, was ausdrücklich die poetische Existenz einschließt. Vorausgehen soll diesen Lektüren ein kurzer Aufriss des Problemfelds, das durch Langeweile und Melancholie abgesteckt ist (II.).

II.

Büchners Texte werden von gelangweilten und melancholiegeplagten Figuren bevölkert. Der Titelheld von *Danton's Tod* ist in einer rätselhaften Paralyse erstarrt, die ihn unfähig zum Handeln macht. In *Leonce und Lena* weiß sich der Prinz vor Langeweile und Lebensekel kaum noch zu retten. Der schwermütige Hauptmann im *Woyzeck* unterbricht seine lethargischen Grübeleien nur, um seinen Untergebenen zu quälen. Lenz schließlich verfällt, von Melancholie und Langeweile gleichermaßen bedrängt, zunehmend dem Wahnsinn. Bis auf die Nebenfiguren, insbesondere den müßigen Narren Valerio, erstrecken sich die desaströsen Effekte dieses allgegenwärtigen Leidens.

Ebenso wenig wie seine Figuren bleibt ihr Autor von derartigen Anfällen verschont. Der Schüler bespricht "jene Seelenstimmung [. . .], die man mit dem Namen der *Melancholie* bezeichnet" (FA 2: 42), in dem kurzen Kommentar "Über den Selbstmord" und klagt selbst, während er Lektionen zur Münzkunde über sich ergehen lassen muss, über "*Langweile* und *Abspannung*" als untrügliche "Symptome die ich zufolgende dieses Studiums an mir selbst bemerkt" (FA 2: 46f.). Der Student erspart sich in Gießen durch einen reservierten Umgang mit alten Bekannten "viel Langeweile" (FA 2: 379). Im heimischen Darmstadt rufen die "widrigen Verhältnisse" in dem gerade aus Frankreich Zurückgekehrten eine nicht näher bezeichnete "unglückselige Stimmung" (FA 2: 375) hervor. Am Studienort Gießen geht es ihm kaum besser: "Ich war im Äußeren ruhig, doch war ich in tiefe Schwermut verfallen; dabei engten mich die politischen Verhältnisse ein" (FA 2: 385f.). Doch selbst im ungleich angenehmeren Straßburg kann der Arbeitstisch, an dem die Dissertation entsteht, zum "Gefängnis" werden, sogar "zum langweiligsten unter der Sonne"

(FA 2: 439). Reisen würde keine Abhilfe schaffen, wie der frisch gebackene Doktor an Eugène Boeckel schreibt: "Ich meine eine Tour durch die Spitäler von halb Europa müßte einem sehr melancholisch und die Tour durch die Hörsäle unserer Professoren müßte einem halb verrückt" machen (FA 2: 438). In Zürich, der letzten Lebensstation, wird es für den neu berufenen Dozenten nach einer anregenden Eingewöhnungsphase "immer öder" (FA 2: 464). Büchners Briefe, denen diese Äußerungen entnommen sind, lesen sich mitunter wie eine lang gezogene Litanei; sie sind eine fortgesetzte Klage über ein Übel, das sich zwar nicht abschütteln lässt, dem aber auch heitere Aspekte abgewonnen werden können: "Das Leben ist überhaupt etwas recht Schönes und jedenfalls ist es nicht so langweilig, als wenn es noch einmal so langweilig wäre" (FA 2: 437).

Angesichts dieses Befunds kann einerseits kein Zweifel bestehen, dass "die Signatur" des Leidens in Büchners Werk "ubiquitär" ist.[3] Andererseits ließe sich das Phänomen "nur mit einem Gewaltstreich" auf einen "eindeutigen Begriff bringen".[4] Denn welcher Begriff könnte hier in Anschlag kommen? Vorgeschlagen wurden entweder die alteuropäische, gravitätische Melancholie (Gnüg und Knoll sowie Völker, Dörr und Schmidt) oder die moderne Langeweile (Becker, Mosler, Bolten, Fues);[5] die vortheoretische Schwermut

[3] Harald Schmidt: *Melancholie und Landschaft. Die psychotische und ästhetische Struktur der Naturschilderungen in Georg Büchners "Lenz"*. Opladen: Westdeutscher Verlag 1994. S. 22.

[4] Burghard Dedner. Leonce und Lena. In: *Interpretationen: Georg Büchner. Dantons Tod, Lenz, Leonce und Lena, Woyzeck*. Hg. von Walter Hinderer. Stuttgart: Reclam 1990. S. 119–176. Hier: S. 142.

[5] Vgl. zur Melancholie: Hiltrud Gnüg: Melancholie-Problematik in Alfred de Mussets *Fantasio* und Georg Büchners *Leonce und Lena*. In: *Zeitschrift für deutsche Philologie* 103 (1985). S. 194–211, und Hiltrud Gnüg: Melancholie-Problematik im Werk Büchners. In: *Studia Büchneriana. Georg Büchner 1988*. Hg. von Fausto Cercignani. Milano: Cisalpino 1990. S. 91–105; Heide Knoll: Schwermütige Revolten. Melancholie bei Georg Büchner. In: *Protomoderne: künstlerische Formen und überlieferte Gegenwart*. Hg. von Carola Hilmes und Dietrich Mathy. Bielefeld: Aisthesis 1996. S. 99–112; Ludwig Völker: *Muse Melancholie – Therapeutikum Poesie. Studien zum Melancholie-Problem in der deutschen Lyrik von Hölty bis Benn*. München: Fink 1978; Ludwig Völker: Die Sprache der Melancholie in Büchners *Leonce und Lena*. In: *Georg Büchner Jahrbuch* 3 (1983). S. 138–146. Sowie zur Langeweile: Gustav Beckers: *Georg Büchners "Leonce und Lena". Ein Lustspiel der Langeweile*. Heidelberg: C. Winter 1961; Peter Mosler: *Georg Büchners "Leonce und Lena". Langeweile als gesellschaftliche Bewußtseinsform*. Bonn: Bouvier 1974; Jürgen Bolten: Geschichtsphilosophische Einsicht, Langeweile und Spiel. Zu Büchners "Leonce und Lena". In: *Archiv für das Studium der neueren Sprachen und Literaturen* 222 (1985). S. 293–305; Wolfram Malte Fues: Die Entdeckung der Langeweile. Georg Büchners Komödie "Leonce und Lena". In: *Deutsche Vierteljahrsschrift für Literaturwissenschaft und Geistesgeschichte* 66 (1992). S. 687–696.

(Jens) oder die pathologische Schizophrenie (Irle, Reuchlein, Schmidt);[6] das englische *boredom* oder der französische *ennui*; *The English Malady* oder *La maladie de siècle* (Voss);[7] daneben noch Weltschmerz und Lebensekel; Trägheit und Lethargie, Eintönigkeit und Überdruss, Müßiggang (Armstrong)[8] und Nichtstun (Fuest)[9]. Die Liste ließe sich fortführen.[10]

Kaum eindeutiger als das vielschichtige und zugleich unscharfe Begriffsfeld ist der Zusammenhang, in den das Phänomen zu stellen wäre. Geht es um Geistesgeschichte in den Spielarten von Existentialismus oder Nihilismus, um die Vorwegnahme von Einsichten, die sich bei Sören Kierkegaard oder Arthur Schopenhauer formuliert finden, um "fatalistische[s] Geschichtsbewusstsein"[11] oder um Skepsis gegenüber der "Sprache der Moderne"[12]? Steht die Resignation über die politische Erstarrung im Vordergrund[13] oder wird das hypochondrische Leiden der Übersättigten, explizit der alten Aristokratie und implizit des neuen Geldadels, der Lächerlichkeit preisgegeben? Werden Geschichten seelischer Erkrankungen erzählt, die es

[6] Vgl. Walther Jens: Schwermut und Revolte. Georg Büchner. In: Ders.: *Von deutscher Literatur und Rede*. München: Fink 1969. S. 80–103; Gerhard Irle: Büchners "Lenz" – eine frühe Schizophreniestudie. In: Ders.: *Der psychologische Roman*. Stuttgart: Hippokrates-Verlag 1965. S. 73–83. (Schriftenreihe zur Theorie und Praxis der Psychotherapie. Band 7); Georg Reuchlein: ". . . als jage der Wahnsinn auf Rossen hinter ihm". Zur Geschichtlichkeit von Georg Büchners Modernität: Eine Archäologie der Darstellung seelischen Leidens im "Lenz". In: *Jahrbuch für internationale Germanistik* 28.1 (1996). S. 59–111; Harald Schmidt: Schizophrenie oder Melancholie? Zur problematischen Differentialdiagnostik in Georg Büchners "Lenz". In: *Zeitschrift für deutsche Philologie* 117 (1998). S. 516–542.

[7] Vgl. Theodor E. Voss: Arkadien in Büchners "Leonce und Lena". In: *Georg Büchner. Leonce und Lena. Kritische Studienausgabe. Beiträge zu Text und Quellen*. Hg. von Burghard Dedner. Frankfurt a. M.: Athenäum 1987. S. 275–436.

[8] Vgl. William Bruce Armstrong: "Arbeit" und "Muße" in den Werken Georg Büchners. In: *Georg Büchner III*. Hg. von Heinz Ludwig Arnold. München: edition text + kritik 1981. S. 63–98. (Text und Kritik, Sonderband).

[9] Leonhard Fuest: *Poetik des Nicht(s)tuns: Verweigerungsstrategien in der Literatur seit 1800*. München: Fink 2008.

[10] Dabei sind diese Begriffe keineswegs trennscharf. Vgl. zu den Berührungspunkten von Melancholie und Langeweile: Ludwig Völker: *Langeweile. Untersuchungen zur Vorgeschichte eines literarischen Motivs*. München: Fink 1975. S. 122–123, und Wolf Lepenies: *Melancholie und Gesellschaft*. Frankfurt a. M.: Suhrkamp 1972. S. 115–171. Sowie bezogen auf *Leonce und Lena* die Übersicht bei: Dedner, "Leonce und Lena" 141–165.

[11] Bolten 295.

[12] Fues 695.

[13] Vgl. u.a. Mosler 66; Martina Kitzbichler: *Aufbegehren der Natur. Das Schicksal der vergesellschafteten Seele in Georg Büchners Werk*. Opladen: Westdeutscher Verlag 1993. S. 63.

im Horizont des medizinischen Wissens der Zeit (Reuchlein, Seling-Dietz,[14] Fauser[15]) oder der Moderne (Irle, Schmidt) zu deuten gilt? Oder wird etwa die lange Traditionsreihe des Leidens an Melancholie und Langeweile in den Texten noch einmal durchgearbeitet (Völker, Dörr)? Sämtliche Dimensionen des Problemfelds sind in der Tat plausibel gemacht worden – mit dem eher bescheidenen Ergebnis, dass sich der Komplex in Büchners Texten "nicht konsistent deuten läßt".[16] Es bleiben Überblicke, literarhistorische Standortbestimmungen, präzisere Diagnosen, Vergleichsstudien, Stellenkommentare und Kataloge von Topoi. Das Feld ist also zur Genüge vermessen. Nunmehr scheint es an der Zeit zu sein, sich spezifischen Konstellationen zuzuwenden.[17] Dies soll im Folgenden geschehen.

III.

"*Büchner* zählte 23½ Jahr, als ihn der Tod ereilte" (N 46), so beginnt der Nekrolog, mit dem die kurze biographische Skizze des ersten Herausgebers von Georg Büchners *Nachgelassenen Schriften* schließt.[18] Der Einleitungssatz, mit dem Ludwig Büchner im Vorwort zu der Ausgabe des Jahres 1850 auf das Leben des älteren Bruders zurückblickt, indem er dessen Spanne quantifiziert, gibt gattungsgerecht zu einem bilanzierenden Porträt Anlass. Es beginnt mit der Beschreibung der körperlichen Erscheinung, um dann in seelenkundlicher Absicht den Weg von außen nach innen anzutreten: "Büchner war groß, schlank, von schönen und einnehmenden Gesichtszügen; das lodernde Feuer seines Geistes wurde gedämpft durch eine gewisse Milde und Sanftmuth seines Wesens, die oft selbst zum Melancholischen hinneigte" (N 46). Ludwig Büchner konfiguriert die "Seelenkräfte" seines früh verstorbenen Bruders, obschon diese durch "innige Harmonie" geprägt gewesen seien (N 46), gleich eingangs im Hinblick auf ihre melancholische Inklination. Im Anschluss an ein

[14] Vgl. Carolin Seling-Dietz: Büchners *Lenz* als Rekonstruktion eines Falls "religiöser Melancholie". In: *Georg Büchner Jahrbuch* 9 (1995–99). S. 188–236.
[15] Vgl. Yvonne Fauser: Die Vorwegnahme der medizinischen Erkenntnis von manisch-depressiven Störungen in der Literatur – dargestellt an Büchner *Lenz* und *Leonce und Lena*. In: *Georg Büchner Jahrbuch* 11 (2005–08). S. 63–80.
[16] Volker C. Dörr: "Melancholische Schweinsohren" und "schändlichste Verwirrung". Zu Georg Büchners "Lustspiel" *Leonce und Lena*. In: *Deutsche Vierteljahrsschrift für Literaturwissenschaft und Geistesgeschichte* 77 (2003). S. 380–406. Hier: S. 380.
[17] Vgl. etwa zu Melancholie und Gleichförmigkeit: Nicolas Pethes: "Das war schon einmal da! wie langweilig!" Die Melancholie des Zitierens in Georg Büchners dokumentarischer Poetik. In: *Zeitschrift für Deutsche Philologie* 125 (2006). S. 518–535.
[18] Alle Zitate aus diesem Nekrolog werden unter der Sigle N direkt im Haupttext nachgewiesen.

Grundthema in der vielstimmigen Reflexionstradition wird Georg Büchners Leben unter die Vorzeichen der Melancholie gestellt.

Drei Lebenskarrieren überschneiden sich in Ludwig Büchners Würdigung: der politisch handelnde Mensch, der die "revolutionäre Thätigkeit" (N 18) aus "politischem Enthusiamus" (N 1) betreibt, und dabei doch "noch mehr *Socialist*, als *Republikaner*" (N 48) gewesen sei,[19] der Naturwissenschaftler und Philosoph, dessen Vorträge in Straßburg "mit sehr großem Beifall" (N 32) begrüßt werden und in Zürich "den allgemeinsten Beifall" (N 38) finden und dessen einzige wissenschaftliche Abhandlung über das Nervensystem der Flussbarbe "für eine meisterhafte Arbeit erklärt" (N 33) wird, sowie schließlich der Dichter, der durch die Montage von Gutzkow-Zitaten mehrfach als "Genius" präsentiert wird (N 24).

Die gemeinsame Fluchtlinie, welche die Repräsentation des Revolutionärs, des Wissenschaftlers und des Dichters vereinigt, ist die umfassende Abweichung als Antwort auf die in dem pseudo-aristotelischen *Problemata XXX.1,* aufgeworfenen Frage nach dem Zusammenhang von Melancholie und Exzeptionalität, denn offenbar seien, wie es im Text heißt, alle großen Männer, Philosophen, Staatsmänner, Dichter oder Künstler, Melancholiker gewesen.[20] Der Renaissance-Gelehrte Marsilio Ficino wird in seinem Werk *De vita libri tres* (1482/89) dann die Melancholie mit der Manie verbinden.[21] Auf der damit etablierten Traditionsspur behauptet sich die Melancholie selbst gegen den Abschied von der klassischen Temperamentenlehre, den die Entdeckung des Blutkreislaufs durch William Harvey 1628 einleitet. Die Melancholie überlebt den Bruch im medizinisch-naturwissenschaftlichen Wissen dadurch, dass sie ihre traditionsgesättigten Arsenale von Konzepten, Bildern und Formen der Ästhetik anträgt. Ihre wissenschaftliche Bedeutungslosigkeit setzt erst ihre ästhetischen Potentiale frei. Deshalb kann Ludwig Büchner, wenn er das herausragende Leben Georgs im Grundsatz auf die Differentialität des Melancholikers festlegen will, zur Entfaltung dieses Programms auf verschiedene, im Paradigma der Melancholie bereitliegende Momente zurückgreifen. Mündliche Familienüberlieferung und eigenes Quellenstudium, im Wesentlichen die Lektüre von Büchners Briefen, verbindend stellt der Bruder den

[19] Ludwig Büchner bestimmt aus der Retroperspektive der gescheiterten Revolution von 1848 die politische Position des Bruders so, dass sie einer von ihm favorisierten gleicht. *Der widerständige Klassiker: Einleitungen zu Büchner vom Nachmärz bis zur Weimarer Republik.* Hg. von Burghard Dedner. Frankfurt a. M.: Athenäum 1990. S. 55.

[20] Aristoteles: *Problemata* 953a10.

[21] Vgl. zum *Problemata* 953a10 sowie zu Marsilio Ficino: Martina Wagner-Egelhaaf: *Die Melancholie der Literatur. Diskursgeschichte und Textfiguration.* Stuttgart-Weimar: Metzler 1997. S. 32–41 bzw. 42–61.

Revolutionär, Wissenschaftler und Autor Georg Büchner in einen traditionsbeladenen Zusammenhang hinein.[22]

Die melancholische Gelehrsamkeit zeichnet Büchner so früh aus, dass er seit seiner Schülerzeit am Darmstädter Pädagog stets "unter den Besten" (N 1) zu finden gewesen sei. Sie lässt ihn ausserdem der "Lösung derjenigen Räthsel" nachjagen, die "bei den am Tiefsten Eindringenden auch den nachhaltigsten Seelenschmerz zu erzeugen im Stande sind" (N 4f.). Daneben weist ihn sein Rückzug aus Gesellschaft und Geselligkeit in Einsamkeit und Natur als Melancholiker aus (N 2). Die Anatomie, seit Robert Burtons *Anatomie of Melancholy* (1621) ein locus classicus der Tradition, wird mit der Erwähnung von Büchners anatomischen Studien (N 18, 29, 37) auf ihren Ursprung zurückgeführt. Charakteristisch für Büchners melancholische Konstitution ist auch sein Vorgefühl des nahen Endes; wie insgesamt seine Einsicht in die kurze Lebensspanne, die ihm zugemessen ist: Den Satz " 'Ich werde nicht alt werden' " (N 33) fügt Ludwig Büchner aus mündlicher Familienüberlieferung in die Darstellung ein.

Zwei Begründungs- und Motivationsfiguren, die sich ebenfalls zur typologischen Repräsentation der Melancholie rechnen lassen, führt Ludwig Büchner für die Disposition seines Bruders an: die langen Phasen der Trennung von der geliebten Braut, Wilhelmine Jaeglé, welche das Prinzip der erotischen Melancholie evozieren, und die erzwungene politische Untätigkeit nach dem Scheitern der Agitation durch den *Hessischen Landboten*, welche den bekannten Strukturzusammenhang von politischer Handlungshemmung und literarischer Kompensation umschreibt. Nicht zufällig schließt in der Darstellung von Ludwig Büchner die Schilderung der Entstehung von *Danton's Tod* direkt an die Selbstauflösung der Gießener "Gesellschaft der Menschenrechte" an (N 19f.). Wenn von den Entstehungsumständen des Dramas die Rede ist, greift Ludwig Büchner auf den Komplex eines überaktiven Geist in einem zur Untätigkeit verdammten Körper zurück, der im Kern eine Variation der mittelalterlichen *acedia* darstellt: "Die fortwährende Angst vor Verhaftung, verbunden mit der angestrengtesten Arbeit an 'Danton', hatten ihn in der letzten Zeit seines Darmstädter Aufenthalts in eine unbeschreibliche geistige Aufregung

[22] Dedner hat unter Hinweis auf Ludwig Büchners literarisches Werk *Der neue Hamlet* argumentiert, dass dieser den Bruder in identifikatorischer Projektion der eigenen Seelenbefindlichkeit zum Melancholiker gemacht habe. Vgl. Dedner: *Der widerständige Klassiker* 24, 55–57, sowie zum besagten Werk Peter Berglar: Der neue Hamlet. Ludwig Büchner in seiner Zeit. In: *Archiv für Kulturgeschichte* 58 (1976). S. 204–226. Ohne über die Spekulation hinauszufinden, könnte man umgekehrt geltend machen, dass Ludwig Büchner, dem noch ein wesentlich umfangreicheres Briefkorpus vorlag als das, das auf uns gekommen ist, einen unübersehbaren Zug in Büchners Briefen interpretiert. Die Frage, ob sich die Melancholie Ludwig Büchners mit der Georg Büchners überschneidet, wird indes kaum zu klären sein.

versetzt; er sprach selten, aß wenig und zeigte immer eine verstörte und stiere Miene" (N 21). Büchners Hast, Eile und Rastlosigkeit in seiner literarischen Produktion entspringen sämtlich demselben melancholischen Leiden, das sowohl körperlich als auch geistig erfahren wird.

Die melancholische Disposition des Dichters überträgt sich auf seine Werke. Für Ludwig Büchner liegt der Fall klar: Die Aufmerksamkeit des Autors richtet sich auf Gegenstände, die die eigene Befindlichkeit spiegeln. Der vorherrschende Eindruck ist die "Lust am Wehe"; "immer spielt seine Phantasie [. . .] am Liebsten mit Tod und Verwesung mit der raschen Vergänglichkeit des Irdischen"; insbesondere in "Lenzen's Leben und Sein fühlte er verwandte Seelenzustände, und das Fragment ist halb und halb des Dichtes eigenes Portät" (N 47). Verantwortlich für diese Selbstdarstellung des Dichters in ihm gemäßer Literatur ist schließlich dessen "schwermüthige und zerrissene Gemüthsstimmung" (N 47).

Die Strukturlinien der Melancholie, die der Bruder in Büchners Biographie von der auf den Anfangsseiten des Berichts zitierten Aussage "'Ich habe Anlagen zur Schwermut'" (N 4) bis zur Identifikation einer Neigung "zum Melancholischen" im Schlussteil (N 46) einzeichnet, liegen in der Reflexionstradition dieses Leidens zum Abruf bereit. Ludwig Büchner greift somit auf topische Elemente zu, um exzeptionelle Individualität zu kommunizieren. Das Porträt des Bruders rekonstruiert die Lebenskarrieren eines schwermütigen Subjekts. Wenn seine biographische Skizze dabei durchgängig Genie auf Melancholie reimt, dann wird dort eine Figur zur Geltung gebracht, die auch Büchners literarische Texte umspielen.

IV.

Im Gedächtnis der Goethezeit verkörpert der Sturm und Drang-Dichter Jakob Michael Reinhold Lenz wie kaum ein anderer die melancholischen Dispositionen des poetischen Genies. Schon zu Lebzeiten fast vollständig in Vergessenheit geraten, hat kein Geringerer als Goethe seinem Gefährten aus Straßburger Tagen diese Rolle geradezu auf den Leib geschrieben. In der Rückschau von *Dichtung und Wahrheit* muss Lenz nämlich für all die "Ausschweifungen und Auswüchse des Shakespeareschen Genies" und der dadurch gekennzeichneten Periode einstehen, die Goethe in seiner eignen Biographie für überwunden betrachtet.[23] Wenn er im 11. Buch des Werkes dessen "Sinnesart" zu charakterisieren sucht, wählt er dazu mit Bedacht "das englische Wort whimsical", weil dies, "wie das Wörterbuch ausweist, gar manche Seltsamkeiten in einem

[23] Johann Wolfgang Goethe: *Aus meinem Leben. Dichtung und Wahrheit*. Hg. von Klaus-Detlef Müller. Frankfurt a. M.: Deutscher Klassiker Verlag 1986. FA 1.14: 540.

Begriff zusammenfaßt".[24] Und wenn er im 13. Buch auf sein "Talent" zu sprechen kommt, dem er immerhin zugesteht, dass es "[a]us wahrhafter Tiefe, aus unerschöpflicher Produktivität" hervorging, dann betont er doch zugleich, dass es "bei aller seiner Schönheit, durchaus kränkelte" und dass sich in ihm "große Züge" mit "den albernsten und barockesten Fratzen" mischen.[25] Damit sind die Hauptlinien des Lenz-Porträts, poetische Begabung, soziale Auffälligkeit und psychische Erkrankung, bereits vollständig gezeichnet. Über die Goethezeit hinaus bleibt es bestimmend und wird vor Büchner nurmehr mit weiteren Details aufgefüllt.[26]

Ganz im Bann Goethes steht Ludwig Tieck in seiner dreibändigen Ausgabe von Lenz' Werken. Seine Einleitung beginnt sogleich mit dem Hinweis auf "das Seltsame, Eigenthümliche, und das, wodurch Lenz in der deutschen Literatur gewissermaaßen einzig dasteht", und präzisiert diesen Eindruck wenig später als die Unmöglichkeit, sich "ein klares, festes Bild von seinem Geist und Charakter zu machen", denn Anziehung und Abstoßung wechseln sich ab, "so zart, rührend, kräftig, ja groß er zu Zeiten sein kann, so klein, widerwärtig und roh erscheint er dann wieder".[27] Auch die Darstellungen von Lenz' knapp dreiwöchigem Aufenthalt bei dem Pfarrer Johann Friedrich Oberlin im Steintal, die Büchner bei seiner Arbeit am *Lenz*-Projekt vorlagen, schließen sich dem im wesentlichen an. Der im *Morgenblatt für gebildete Stände* erschienene Artikel eines Büchner-Freunds "Der Dichter Lenz. Mittheilungen von August Stöber" aus dem Jahr 1831 wählt nicht allein die zwiespältige Einschätzung von Tiecks Einleitung als Motto, sondern bringt auch gleich in den ersten Sätzen ganz im Sinne der von Goethe und Tieck praktizierten Engführung von Charakterstudie und Literaturkritik die Hoffnung zum Ausdruck, dass das Dargestellte "dem Psychologen und Literatoren vielleicht keine unwillkommene Gabe seyn" möge (zitiert nach: MBA 5: 246). Mit der Absicht, jeden Schatten eines Fehlverhaltens von Oberlin fernzuhalten, geht auch der kurze, Lenz gewidmete Abschnitt im *Vie de J.F. Oberlin* von Daniel Ehrenfried Stoeber, dem Vater August Stoebers, auf den Aufenthalt im Steintal ein. "L'infortuneé Lenz" wird hier wiederum "le genie qui étincelait à travers les nuages de la folie" attestiert; seine Krankheit ("une mélancholie profonde") sei aber schon zu weit vorgeschritten gewesen, um bei Oberlin mehr als vorübergehende Linderung und Pflege finden zu können

[24] Goethe FA 1.14: 540.
[25] Goethe FA 1.14: 652.
[26] Vgl. die Sammlung der Zeugnisse in: *Jakob Michael Reinhold Lenz im Urteil dreier Jahrhunderte: Texte der Rezeption von Werk und Persönlichkeit, 18.–20. Jahrhundert*. Hg. von Peter Müller. Bern etc.: Lang 1995 sowie bezogen auf Büchner und erweitert um Oberlin: MBA 5: 79–127.
[27] *Gesammelte Schriften von J.M.R. Lenz*. Hg. von Ludwig Tieck. 3 Bände. Berlin: G. Reimer 1828. Hier: Band 1. S. I, VIII.

(zitiert nach: MBA 5: 286). Die Krankheit selbst bringt Oberlins eigenhändiger Rechenschaftsbericht mit dem Kurztitel "Herr L. . . . . ." nicht nur auf den Begriff der "Melancholie", sondern listet auch sogleich deren Ursachen auf, einschließlich der "Folgen der Prinzipien die so manche heutige Modebücher einflößen" (zitiert nach: MBA 5: 239). Mit Blick auf die hier zur Disposition gestellte Konstellation, die Beziehung zwischen Genie und Melancholie, sind damit der Wissensstand und die Textlage umrissen, die den Ausgangpunkt für das *Lenz*-Projekt von Georg Büchner bilden.

Diese Konstellation verweist zudem, nach einer Lesart, die Ludwig Büchner etabliert hat, auf Berührungspunkte zwischen Autor und Figur, Büchner und Lenz. Was beide verbindet, sind grundlegende "Erfahrungskorrespondenzen", nämlich ein "Zug von Melancholie und Weltschmerz, ebenfalls die topische Langeweile, die Jahrhundertkrankheit der Gebildeten (Lenz gestaltet sie in 'Der neue Menoza')".[28] Jenseits der biographischen Ähnlichkeiten und der ästhetischen Schnittmengen entfaltet die fragliche Konstellation in einer kurzen, kaum je eigens gewürdigten Passage des *Lenz*-Projekts ihre Virulenz. Gemeint ist das Gespräch von Lenz und Oberlin über Langeweile, Gott und Leiden sowie die folgende, von Lenz gesprochene Lied- oder Gedichtstrophe.

Wie die Mehrzahl der Episoden in dem Prosastück ist auch diese Szene chronologisch deutlich abgegrenzt.[29] Als Lenz eines Morgens ausbleibt und Oberlin in sein Zimmer tritt, findet er ihn in einem apathischen Zustand vor. Lenz reagiert erst auf wiederholte Ansprache und dann auf gänzlich unerwartete Weise: "Ja Herr Pfarrer, sehen Sie, die Langeweile! die Langeweile! o! so langweilig, ich weiß gar nicht mehr, was ich sagen soll, ich habe schon alle Figuren an die Wand gezeichnet" (FA 1: 244). Auf Oberlins folgenden, nurmehr monotonen Rat hin, "er möge sich zu Gott wenden" (FA 1: 244), erweitert er seine Ausführungen über Müßiggang und Langeweile zu einem Katalog dadurch geprägter Lebensweisen:

> ja wenn ich so glücklich wäre, wie Sie, einen so behaglichen Zeitvertreib aufzufinden, ja man könnte sich die Zeit schon so ausfüllen. Alles aus Müßiggang. Denn die Meisten beten aus Langeweile; die Andern verlieben sich aus Langeweile, die Dritten sind tugendhaft, die Vierten lasterhaft und ich gar nichts, gar nichts, ich mag mich nicht einmal umbringen: es ist zu langweilig. (FA 1: 244)

Langeweile ist für Lenz zum beherrschenden Zug des Lebens geworden – sei es, dass sich jemand betend an Gott wendet, oder auf ein Liebesabenteuer

[28] Gerhard P. Knapp: *Georg Büchner*. Stuttgart: Metzler 3. überarb. Aufl. 2000 (Sammlung Metzler 159). S. 131, 126. Hervorhebungen im Zitat getilgt.

[29] Vgl. zur Einordnung der Szene die verschiedenen Vorschläge zur Gliederung des Textes bei Walter Hinderer: *Lenz*. Sein Dasein war ihm eine notwendige Last. In: *Interpretationen. Georg Büchner. Dantons Tod, Lenz, Leonce und Lena, Woyzeck*. Hg. von Dems. Stuttgart: Reclam 1990. S. 63–117. Hier: S. 97f., und Knapp 135–137.

wirft (wobei hier provozierend die religiöse Fixierung auf Gott mit der libidonösen Fixierung auf einen anderen Menschen gleichgeordnet werden); sei es, dass dem Moralstandard "tugendhaft" Genüge getan wird, oder dass er "lasterhaft" unterlaufen wird, als Einheit der Gegensätze scheint die Langeweile stets allem Handeln vorauszuliegen. Lenz verhält sich demgegenüber allerdings schon teilnahmslos. Seine Rolle ist die reflektierende des entrückten Zuschauers geworden. Er versagt sich der *vita active* und damit jeder Tätigkeit. So ist er – einmal mehr – aus jeder sozialen Ordnung ausgeschlossen, ist "gar nichts, gar nichts" (FA 1: 244). Diesmal allerdings aus Langeweile. Verworfen wird schließlich auch die letzte Option des Leidens an der Gleichförmigkeit, zu dem der Lebensüberdruss führen kann: der Selbstmord. Auch er ist, da er als Handlung dem Langeweile-Paradox unterliegt, "zu langweilig" (FA 1: 244).

Oberlin hatte bis hierhin also schon einige Provokationen einstecken müssen. Im Anschluss daran spricht Lenz nun eine Lied- oder Gedichtstrophe, nach dem Gesang der Waldbachgemeinde (FA 1: 231), und dem der Magd (FA 1: 240) die dritte, die im Text vorkommt. Lenz identifiziert sie sogleich als seine, aus der Situation heraus improvisierte Komposition, wenn er dem sichtlich schockierten Oberlin zu bedenken gibt: "sehn Sie, jetzt kommt mir doch was ein" (FA 1: 245).[30] Tatsächlich ist diese Passage die einzige, die Lenz als Dichter zeigt. Bei seiner Ankunft im Steintal hatte er, von Oberlin nach seinen Werken gefragt, "'Ha, ha, ha, ist er nicht gedruckt?'", noch geantwortet "Ja, aber belieben Sie mich nicht darnach zu beurteilen" (FA 1: 227), und damit die Hinterlassenschaft seiner literarischen Existenz dem Vergessen anheimgegeben. Im Kunstgespräch hatte er nur im Allgemeinen auf seine Bemühungen in den Dramen, "im Hofmeister" und in "den Soldaten" verwiesen (FA 1: 234). Erst bei der zunehmenden Zersetzung seines Geistes holt ihn die Literatur als Teil seiner Vergangenheit wieder ein. Seine Strophe lautet:

> O Gott in Deines Lichtes Welle,
> In Deines glüh'nden Mittags Zelle
> Sind meine Augen wund gewacht,
> Wird es denn niemals wieder Nacht? (FA 1: 244)

Diese Strophe ist in mehrfacher Hinsicht bemerkenswert. Zunächst bezieht sich Lenz damit auf seine Krankheit, die er jetzt poetisch durcharbeitet. Ganz konkret wird das Symptom der Schlaflosigkeit angesprochen, unter der Lenz mindestens seit seiner Ankunft im Steintal leidet und über die er gegenüber Oberlin mehrfach klagt: "ich will ja nichts als Ruhe, Ruhe, nur ein wenig Ruhe und schlafen können" (FA 1: 249, vgl. auch 227, 247 und 249f.). Dann unternimmt die Strophe einen deutlichen Versuch zur Selbsttherapie mit den Mitteln der Literatur, den Lenz auch noch zu anderen Zeiten anstellt, der indes

[30] Vgl. hierzu: FA 1: 861; MBA 5: 468f. mit Parallelstellen.

irgendwo sonst produktiv gewendet wird: “Er sprach, er sang, er rezitierte Stellen aus Shakespeare, er griff nach Allem, was sein Blut sonst hatte rascher fließen machen” (FA 1: 229); “er zeichnete, malte, las, griff nach jeder Zerstreuung” (FA 1: 239). Auch später, nachdem ihn “der Wahnsinn packte”, versucht er, sich mit literarischen Übungen Linderung zu schaffen: “er erzählte, er sagte in der heftigsten Angst Gedichte her” (FA 1: 248). Schließlich setzt Lenz sich mit dieser Strophe entschieden – und darin liegt ihre ebenso pointierte wie aufs Äußerste zugespitzte Provokation – gegen die religiöse Lebenskarriere zur Wehr, und zwar genauer gegen die theologische Laufbahn, “das Leben eines Landgeistlichen” (FA 1: 242), das der Vater für ihn vorgesehen hat, das Lenz aber schlicht nicht leben kann; gegen die moralische Verdammung der modernen Literatur, die Lenz nicht aufgeben kann; gegen eine zwar mitleidsvolle und von Nächstenliebe getragene, aber letztlich nur äußerliche und paternalistische Anteilnahme, die Lenz nicht gerecht werden kann; gegen eine Lebensführung, die wie im Steintal ganz auf Gott, die Offenbarung und die ‘unsichtbare Welt’ ausgerichtet ist und die Lenz’ Leiden nur verschlimmern kann; sowie ganz gezielt gegen die Lehre von religiöser ‘Erweckung’ und ‘Wiedergeburt’, die theologische Grundlage von Oberlins Reformgemeinde, zu der Lenz keinen Zugang finden kann.

Die Strophe travestiert den pietistischen Frömmigkeitsausdruck, mitsamt dem diesseitsgewandten Leidenskult, indem sie ihn zunächst stilsicher nachahmt und ihm dann den Boden entzieht.[31] Die ungeheure Provokation der Verse, die mit der Anrufung Gottes einsetzen und mit dem Herbeisehnen der Nacht ausklingen, liegt in der hintersinnigen Verkehrung der Semantik von Licht und Dunkelheit (“Lichtes”), Tag und Nacht (“Mittags”, “Nacht”), Hitze und Kälte (“glüh’nden”), Wachen und Schlafen (“gewacht”), Sehen und Blindheit (“Augen”), Gemeinschaft und Einsamkeit (“Zelle”), Gesundheit und Leiden (“wund”).

Das Licht, das von Gott ausstrahlt und auf die Seelen der Menschen einwirkt, nimmt in der christlichen Semantik eine so grundsätzliche Stellung ein, dass seine metaphorische Reichweite nicht auf den Pietismus beschränkt ist.[32] Insofern wirkt die erste Zeile “O Gott in Deines Lichtes Welle” zunächst ganz unverfänglich. Im Einklang mit der Tradition scheint oberflächlich betrachtet auch die zweite Zeile zu sein, die die Lichtmetaphorik aufgreift und diese mit Mittagshitze kombiniert. Die Wärme oder sogar Hitze, die in der Nähe Gottes

[31] Da die Strophe auf das semantische Zentrum des Pietismus zielt, ergeben sich zahllose Bezüge zu dessen Liedern und Gebeten. Im Rahmen einer Arbeit, deren Anliegen nicht in der Quellenkunde besteht, müssen globale Hinweise auf die entsprechenden Metaphernfelder genügen. Diese wie der Wortschatz des Pietismus insgesamt sind umfassend aufgearbeitet durch: August Langen: *Der Wortschatz des deutschen Pietismus*. Tübingen: Niemeyer 1954.

[32] Vgl. Langen 44f.

erfahren wird, steht gegen die Kälte als Ausdruck der Gottesferne. Genauer ist in der Strophe von Glut die Rede. Der topische Ort der Glut ist die Wüste, welche im Pietismus entweder den Zustand der Seele vor dem Einwirken Gottes anzeigen kann oder unmittelbar auf Gottesferne hinweist.[33] Ein naives Verständnis der Strophe wird also schon an dieser Stelle mit ersten Störsignalen konfrontiert. Zugleich kontrastiert in der zweiten Zeile die unendliche Weite Gottes mit der äußersten Einschränkung des Sprechers, angezeigt durch das Wort "Zelle". Schwankt dieser Aufenthaltsort schon bedenklich zwischen Mönchs- und Gefängniszelle, so wird das Unbehagen dadurch verstärkt, dass der Sprecher eingeschlossen ist, während nach pietistischer Vorstellung Gott die ihm zugewandte Seele aufschließen soll.[34]

Nach den Irritationssignalen der zweiten Zeile vollzieht sich der Bruch mit der pietistischen Rhetorik in der dritten Zeile, die die Auswirkungen des göttlichen Lichts und der Gluthitze auf den Menschen, der in diesem Zustand leben muss, körperlich-konkret beschreibt: "Sind meine Augen wund gewacht". Wiederum ruht die Kontrafaktur auf subversiv betriebener Umsemantisierung auf. Neben der 'Wiedergeburt' ist das 'Erwecken' bekanntlich die semantische Leitvokabel des Pietismus. Als 'erweckt' gelten die, die für die Offenbarung empfänglich sind.[35] Dagegen stellt die dritte Zeile die Behauptung, dass unausgesetztes Erweckt-Sein unausweichlich zum Leiden führt.[36]

Die vierte Zeile sehnt schließlich die Nacht herbei. Wenn das göttliche Licht und die Hitze die Stelle Tages vertreten und dieser also deutlich mit dem *fiat lux* der Schöpfung verbunden ist, dann verweist "Nacht" auf die ewige Nacht, die das Ende der Schöpfung markiert. Indes ist dieses Ende aller Dinge hier nicht christlich als Apokalypse und jüngstes Gericht vorgestellt, sondern als ein Hinaustreten aus der Schöpfungsordnung. In der Schlusszeile der Strophe wird aus der Erlösung durch Gott die Erlösung von Gott. Die "Profanation", von der Oberlin später, angesichts von Lenz' Darstellung des Theodizee-Problem spricht ("wär' ich allmächtig, sehen Sie, wenn ich so wäre, und ich könnte das Leiden nicht ertragen, ich würde retten, retten"), ist an dieser Stelle sogar noch größer (FA 1: 249). Dass Oberlin Lenz rundum verstanden hat, zeigt seine Reaktion: "Oberlin blickte ihn unwillig an und wollte gehen" (FA 1: 244).

In der Travestie pietistischer Theologie durch Lenz mittels seiner Strophe liegt durchaus etwas vom "Schelm in der Einbildung", zu dem Goethe seinen

[33] Vgl. Langen 130.
[34] Vgl. Langen 79–83.
[35] Vgl. Langen 32–34, 44.
[36] Die rhetorische Struktur der Strophe gleicht somit der von Büchners Umarbeitung des geistlichen Lieds, das die Waldbachgemeinde singt.Vgl. dazu: Heinrich Anz: "Leiden sey all mein Gewinnst". Zur Aufnahme und Kritik christlicher Leidenstheologie bei Georg Büchner. In: *Georg Büchner Jahrbuch* 1 (1981). S. 160–168.

Freund aus Straßburger Tagen in *Dichtung und Wahrheit* gemacht hat, und vielleicht mehr noch von dem "humoristische[n] Autor", der Tieck zufolge "mit dem Enthusiasmus ein verhöhnendes Spiel, und mit dem Spiele selbst ein Andres, ganz außer der Poesie liegendes [treibt], welches dieses und jede Poesie vernichtet".[37] Allerdings behaupten sich bei Büchner die Poesie und ihr diskreditierter Dichter gerade durch das hintersinnige Spiel, das hier getrieben wird. Wie das Prosastück insgesamt, so tritt auch die kurze, vierzeilige Strophe dem Lenz-Bild der Goethezeit korrigierend entgegen. Indem Büchner dem Dichter Lenz auf diese Weise das Wort erteilt, macht er nicht nur auf den Teufelskreis von religiöser Seelenprüfung und psychischem Leiden aufmerksam, der hier reflektiert und durchbrochen wird, er interveniert nicht allein gegen die moralischen Zurechtweisungen und die religiösen Zumutungen, denen die Lebenskarriere des modernen Schriftstellers ausgesetzt ist, sondern er besteht auch mit Nachdruck auf dem Eigenrecht der Dichtung, das trotz aller Anfechtungen von außen und gegen die Gefährdungen von innen gewahrt wird. Mittels der Strophe setzt Lenz den umfassenden "Leidens- und Angstdiskurs", in dem er steht, und die "destruktive[n] Bezugssysteme[n]", in die er eingespannt ist, zumindest für den Moment außer Kraft, indem er diese Bedrängungen ästhetisch aufhebt.[38]

V.

Auf den ersten Blick könnte es scheinen, als suche Büchner im *Lenz* Anschluss die Diskursspur des melancholischen Genies, die um 1800 in einer "Renaissance alter Inspirationstheorie" ein letztes Mal aufblitzt, so dass die traditionsbehaftete Lehre von "Trübsinn und Schwermut als Bedingungen der Möglichkeit dichterischer Produktion [. . .] noch einmal auf die Spitze getrieben" wird.[39] Diese Konzeption des Genies, die im Sturm-und-Drang noch überdeutlich an Melancholie gekoppelt war, konnte Büchner in der Tat beim historischen Lenz vorfinden.[40] Bei allen Anklängen an dessen Ästhetik im Kunstgespräch, insbesondere an die *Anmerkungen übers Theater*, muss indes bedenklich stimmen, dass der Geniebegriff an dieser Stelle übergangen wird.[41] Die Aussparung ist als Absage zu verstehen. Büchners Ästhetik, so wie sie im Kunstgespräch aufscheint, ist vielmehr auf das Leben orientiert

[37] Goethe FA 1.14: 652; Tieck, Band 1. S. VIIIf.
[38] Knapp 143, 147.
[39] Gerhard Sauder: *Empfindsamkeit.* Band 1: *Voraussetzungen und Elemente.* Stuttgart: Metzler 1974. S. 150.
[40] Vgl. zum Zusammenhang von Melancholie und Genie im Sturm und Drang: Gert Mattenklott. *Melancholie in der Dramatik des Sturm und Drang.* Königsstein/Ts.: Athenäum 2. Aufl. 1985. S. 43–46, und Schmidt, *Melancholie und Landschaft* 150–153.
[41] Vgl. Knapp 151.

("Ich verlange in allem Leben, Möglichkeit des Daseins", FA 1: 234f.). In dieser Konzeption ist weder für den "Idealismus" im allgemeinen noch für das Genie im besonderen Platz (FA 1: 234). Trotz der Möglichkeiten, die die Literatur eröffnet, ist eine Lebenskarriere, die sich auf Poesie gründet, nicht weniger prekär als andere.

Besonders eindringlich weist ein kurzer Wortwechsel in *Leonce und Lena* die Konzeption des Genies als Lebensentwurf zurück. In diesem wichtigen Intertext zur *Lenz*-Passage mustern der Prinz Leonce und der Narr Valerio die Option auf eine Professionalisierung der poetischen Lebensform:

> VALERIO: So wollen wir Genies werden.
>
> LEONCE: Die Nachtigall der Poesie schlägt den ganzen Tag über unserm Haupt, aber das Feinste geht zum Teufel, bis wir ihr die Federn ausreißen und in die Tinte oder die Farbe tauchen. (FA 1: 108)

Valerios Vorschlag, den Bildungsgang des Genies einzuschlagen, stößt auf die unumwundene Ablehnung Leonces. Mit der Nachtigall nimmt dieser den Wappenvogel der Kunstperiode aufs Korn. Als solcher begegnet die sprichwörtlich klagende Nachtigall auch in einer angestrengten poetisch-mythologischen Anspielung ("Philomeles Lied", FA 2: 16) eines Schülergedichts Büchners mit der Anfangszeile "Leise hinter düstrem Nachtgewölke".[42] Derartige Höhenflüge der Poesie und ihres emblematischen Vogels bringt Leonce im Drama handgreiflich auf den Boden der Realität zurück. Von ihrer gehobenen Position über den Köpfen der Zuhörer gerät die Nachtigall zuerst in die Niederungen der Hände; sodann sollen dem Vogel die Federn ausgerupft werden, um so nicht nur hinter Gesang und Kleid zur Wahrheit des Körpers vorzudringen, sondern um auf diese Weise überhaupt erst die Federn, sprich die künstlerischen Werkzeuge von Dichter und Maler zu gewinnen. Ironischerweise wird so die Entfiederung des Kunstvogels zur Bedingung der Möglichkeit ästhetischer Arbeit. Die überkommene Konzeption des Genies bleibt bei Büchner chancenlos.

Die Absage an das Genie, einschließlich der Parodie romantischer Poesie sowie der karnevalesken Entfiederung ihres Wappenvogels ist ihrerseits eingebunden in eine umfängliche Reihe von Lebenskarrieren, die der heiratsunwillige Prinz und sein närrischer Begleiter im ersten Akt durchspielen. Es handelt sich um Karrieren, wie die Eröffnungsszene herausarbeitet, die aus "Müßiggang", "Melancholie" und "Langeweile" hervorgehen (FA 1: 96). Momente aus dem eingangs zitierten Monolog Leonces aufgreifend, geht es dabei wiederum um die vorgezeichneten Wege, auf denen ein Subjekt

[42] Da sich der Schüler Büchner an Friedrich von Matthisson orientiert, verwundert es nicht, dass sich die Nachtigall auch in dessen Gedicht *Melancholie* wiederfindet. Vgl. den Hinweis bei: Schmidt, *Melancholie und Landschaft* 154f. mit Anm. 217.

sich finden oder verfehlen kann. Die Lebenskarrieren, die hier zur Sprache kommen, bilden sich im reibungslosen Austausch zwischen Erfahrungen, die durch die zeitgenössische Gesellschaft eröffnet, und Eindrücken, die durch Lektüre erschlossen werden; sie pendeln sich, anders gesagt, zwischen Restauration und Romantik ein. Im Spiel zwischen sozialer Erfahrung und literarischem Eindruck, zwischen der Realität der Restauration und der Imagination der Romantik werden eine Reihe von Entwürfen vorgeschlagen und sogleich wieder verworfen, weil sie entweder der Probe durch die Parodie oder der durch den Karneval oder beidem nicht standhalten. Im Vorfeld der Szene geht es dabei um Leonces Karriere als Liebender ("ich habe Langeweile, weil ich dich liebe. Aber ich liebe meine Langeweile wie dich." FA 1: 101) und Ehemann ("Heiraten! Das heißt einen Ziehbrunnen leer trinken." FA 1: 107). Im Rahmen der längeren Liste betrifft das Leonces und Valerios mögliche Karrieren als Herrscher, deren Humor sowohl im "spazieren fahren" und "Soldaten ausschneiden" bestehen würde, als auch darin, "schwarze Fräcke und weiße Halsbinden zu Staatsdienern [zu] machen"; als Gelehrte, die sich der bohrenden Entscheidungsfrage "a priori? oder a posterioir?" widmen würden und also für Leonce entweder auf eine Kopie des "Herrn Vater" oder die Wiedererzählung eines "alte[n] Märchen[s]" hinausliefen; als Helden, deren "Heroismus" vom Alkohol befeuert ("fuselt") und vom "Lazarettfieber" bedroht würde; als Genies, die, wie ausgeführt, dem Poesievogel die Federn rupfen würden; als Bürger, die sogleich in den Selbstmord fliehen würden, um nur dem Dasein als "nützliche Mitglieder der menschlichen Gesellschaft" zu entkommen; als Häretiker, deren Widerstandswillen der Religion dennoch auf den Leim ginge, weil sie verkennen, dass "der Teufel [. . .] nur des Kontrastes wegen da [ist], damit wir begreifen sollen, daß am Himmel doch eigentlich etwas sei"; als Reisende schließlich, deren Motto ("Wir gehen nach Italien") den ausgetretenen Königsweg zur Selbstbildung antritt und damit jede Karriereentscheidung vertagt (FA 1: 109f.; I, 3). In der letzten Station der Reihe ist die Idee der Bildung des Subjekts in der Gesellschaft und durch die Literatur überdeutlich angesprochen. Der Wortwechsel stellt die gängigen Karrieremuster und Schicksalssemantiken auf den Feldern von Politik, Wissenschaft, Militär, Kunst, und Religion zur Debatte – nur um ihnen der Reihe nach den Boden zu entziehen. Sie werden allesamt verworfen und der Lächerlichkeit preisgegeben, weil sie dem Denken und Verhalten, den Kalkulationen und Wünschen eine Richtung anweisen. Sie projizieren Ordnungsvorstellungen auf eine Welt, die dies nicht zulässt; sie stiften Sinn in einem Zusammenhang, der sich der Sinngebung entzieht. Deshalb kann es allenfalls, wie ein Szenenentwurf zum ersten Akt mit einem der für das Drama so charakteristischen Wortspiele klarstellt, "einen läufigen Lebenslauf" geben (FA 1: 139). Zwischen Restauration und Romantik geraten Lebenskarrieren in Bewegung; sie laufen ins Leere.

Norbert Otto Eke

"Komm Leonce, halte mir einen Monolog, ich will zuhören". Büchners eingestandener Stillstand

Wilhelm Genazino has read Büchner's modernity as one that opens dramatic space to the experience of boredom instead of masking it; in so doing, he plants the seed that will overcome modern disorientation. This thesis, formulated by the Büchner Prize Winner of 2004, frames the re-reading of Büchner's comedic aesthetics in the present article. Leonce und Lena *lures the audience into an aesthetic system that on the surface offers consolation and affirmation, which turn into despair and critique. Humor and comedy, the article argues, function as Büchner's Trojan horse. They facilitate a sobering look at the story of the bored Prince Leonce and thus become the vehicle for political critique. Seen in this light, they enact the advice Gutzkow had for Büchner – to counter the weight of the present state of affairs with camouflage.*

I. Der erzählte Raum der Langeweile

In seiner Büchner-Preis-Rede *Der Untrost und die Untröstlichkeit der Literatur* hat Wilhelm Genazino die Modernität von Büchners *Leonce und Lena* dahingehend bestimmt, dass Büchner in diesem Lustspiel auf schonungslose Weise der Langeweile erzählerisch Raum gebe. Gerade dadurch, dass Büchner die Langeweile als schmerzende Erfahrung gewissermaßen 'annehme', unterscheide sein Stück sich von den kompensatorischen Angeboten der heutigen Unterhaltungsindustrie, die mit ihren Zeitvernichtungsstrategien die Instabilität moderner Subjektkonzeptionen lediglich verhülle: "Bei Büchner wird Langeweile nicht vertrieben, sondern angenommen. [. . .] Langeweile bei Büchner ist eingestandener Stillstand, der beim Subjekt bleibt. Wir Heutigen kennen Langeweile als verscheuchte Langeweile. Unsere Erlebnisplaner haben sie zu unserem Feind erklärt".[1] Indem er die Figuren "geduldig durch ihre Langeweile hindurchgehen"[2] lasse, stelle Büchner sie aus, statt sie zu verhüllen, und lege damit in die haltlose Gegenwart den Keim zu ihrer Überwindung. Den Punkt dieses Umschlags sieht Genazino, der selbst in seiner Prosa durch eine poetische Handhabung des Beiläufigen hindurch Räume der Sichtbarkeit in einer zunehmend verstellten Alltagswirklichkeit aufschließt,

[1] Wilhelm Genazino: Der Untrost und die Untröstlichkeit der Literatur. In: *Deutsche Akademie für Sprache und Dichtung. Jahrbuch 2004*. Hg. von der Deutschen Akademie für Sprache und Dichtung zu Darmstadt, Redaktion: Michael Assmann. Darmstadt: Wallstein 2005. S. 128–134. Hier: S. 130.
[2] Ebd., S. 131.

mit Leonces Explikation der Ermüdung und Abmattung ("Mein Leben gähnt mich an, wie ein großer weißer Bogen Papier" [MBA 6: 106]), im ersten Akt des Lustspiels unmittelbar markiert:

> Merken wir, wie die Langeweile in diesen wenigen Zeilen in die Erzählung einer Langeweile umschlägt? Und wie die Langeweile dadurch eine neue, interessante Gestalt annimmt? Aus der Empfindung der inneren Leere wird plötzlich ein erzählter Raum. Aus einem Mangel wird eine Ressource. Eine eindrucksvollere Peripetie ist schwerlich denkbar. Das heißt, Langeweile bei Büchner ist der Selbstausdruck einer Sehnsucht, die darauf wartet, daß wir ihre Verhüllung abwerfen.[3]

Wilhelm Genazino knüpft mit dieser Überlegung zur Dialektik des eingestandenen Stillstands in Büchners Lustspiel an ein Vorstellungsmodell an, das Kant in dem kurzen Abschnitt "Von der langen Weile und dem Kurzweil" seiner *Anthropologie in pragmatischer Hinsicht* (1798) in signifikanter Weise gegen die Moralisierung des Langeweile-Begriffs in Veröffentlichungen der bürgerlichen Aufklärungsbewegung ins Feld geführt hat.[4] Jenseits ihres temporalen Bedeutungsgehalts als Zeitdauer oder Zeitlänge (eine lange Zeit/Weile) war Langeweile im 18. Jahrhundert aus dem Interesse an psychologischen Phänomenen (Erfahrungsseelenkunde) wie der Hypochondrie und der Melancholie heraus allmählich zum Schlüsselbegriff der Subjekterfahrung geworden. Zugleich erfolgte ihre Bestimmung unter den Auspizien des Wertsystems Bürgerlichkeit im Hinblick auf den "Verdruß" bereitenden

[3] Ebd.

[4] Zur Begriffsgeschichte vgl. Martina Kessel: *Langeweile. Zum Umgang mit Zeit und Gefühlen in Deutschland vom späten 18. bis zum frühen 20. Jahrhundert.* Göttingen: Wallstein 2001. Grundlegend darüber hinaus zu den wechselnden Bedeutungsdimensionen der Langeweile (in Auswahl): Guy Sagnes: *L'ennui dans la littérature française de Flaubert à Laforgne (1848–1884)*. Paris: Colin 1969; Ludwig Völker: *Langeweile. Untersuchungen zur Vorgeschichte eines literarischen Motivs*. München: Fink 1975; Reinhard Kuhn: *The Demon of Noontide. Ennui in Western Literature*. Princeton, New Jersey: Princeton University Press 1976; Lothar Pikulik: Langeweile oder Die Krankheit zum Kriege. Bemerkungen zu einem nicht nur literarischen Thema. In: *Zeitschrift für deutsche Philologie 105* (1986). S. 593–618; Alfred Bellebaum: *Langeweile. Überdruß und Lebenssinn. Eine geistesgeschichtliche und kultursoziologische Untersuchung*. Opladen: Westdeutscher Verlag 1990; Christopher Schwarz: *Langeweile und Identität. Eine Studie zur Entstehung und Krise des romantischen Selbstgefühls*. Heidelberg: Winter 1993; Patricia Meyer Spacks: *Boredom. The Literary History of a State of Mind*. Chicago-London: University of Chicago Press 1995; Gabriele Planz: *Langeweile. Ein Zeitgefühl in der deutschsprachigen Literatur der Jahrhundertwende*. Marburg: Tectum 1996; Elizabeth S. Goodstein: *Experience without Qualities. Boredom and Modernity*. Stanford: Stanford University Press 2005.

"Mangel angenehmer Beschäftigung"[5] und die Untätigkeit des Müßiggangs. Das Nichtstun wiederum galt als moralisch nichtswürdig und widernatürlich, der Müßiggang selbst als Laster in der Nachfolge der Acedia, das mit seiner moralischen Diskreditierung zugleich pathologisiert wurde (Locke empfiehlt so beispielsweise die Einrichtung von Arbeitshäusern für die nichttätige Stadtbevölkerung). 'Glück' (individuelle wie kollektive Glückserfahrung) auf der anderen Seite der Werteskala wiederum schien der Leitvorstellung des tätigen Bürgers folgend nur in der Fluchtlinie jenes dynamischen "Streben[s] im Sinne der 'Beförderung'"[6] vorstellbar, in der sich 'Bürgerlichkeit' im 18. Jahrhundert konstituiert hatte.[7]

In der *Anthropologie* nüchtert Kant den Langeweile-Begriff im Vergleich dazu wieder aus. Er bestimmt Langeweile hier zunächst als "höchst widriges Gefühl",[8] das einen gewissen Kultivierungsgrad (ein im Vergleich zu den Angehörigen der Naturvölker höher entwickeltes Bewusstsein) voraussetze. Langeweile ist ihm "Anekelung" der "eigenen Existenz, aus der Leerzeit des Gemüts an Empfindungen, zu denen es unaufhörlich strebt".[9] Sie ist negativer Anreiz, zugleich aber auch "Druck oder Antrieb, jeden Zeitpunkt, darin wir sind, zu verlassen und in den folgenden überzugehen".[10] Die Natur, so Kant, habe "den Schmerz zum Stachel der Tätigkeit" in den Menschen gelegt, "um immer zum Bessern fortzuschreiten, und auch im letzten Augenblicke des Lebens ist die Zufriedenheit mit dem letzten Abschnitte desselben nur komparativ (teils indem wir uns mit dem Lose anderer, teils auch mit uns selbst vergleichen) so zu nennen; nie aber ist sie rein und vollständig".[11]

[5] Anonym: Über den Kuß und die Langeweile. Sorau 1777, S. 39; zitiert nach Ursula Hofstaetter: *Langeweile bei Heinrich Heine*. Heidelberg: Winter 1991. S. 29.
[6] Schwarz 29.
[7] Auf die Gegenläufigkeit der von Rousseau im 'Zweiten Discours' entfalteten Vorstellung von Arbeit und Privateigentum als Denaturierung des Menschen zu diesem Ethos der Regsamkeit und Nützlichkeit verweist Schwarz, S. 28: "Arbeit und Langeweile sind bei ihm Konstitutionsmerkmale eines seiner ursprünglichen Lebenszusammenhänge entfremdeten Wesens. Im reinen Naturzustand kann Langeweile nicht aufkommen, weil die Wünsche über das Erreichbare nicht hinausgehen und der unzivilisierte Mensch durch Zukunftsprojektionen nicht irritiert wird. Weil der Mensch wie ein Tier lebt, hat er keine Langeweile. Weil sich sein Leben auf die Befriedigung von Schlaf-, Hunger-, und Sexualbedürfnissen beschränkt, erfüllt es sich im ruhigen Genuß der Gegenwart".
[8] Immanuel Kant: *Anthropologie in pragmatischer Hinsicht*. In: *Werke in sechs Bänden*. Hg. von Wilhelm Weischedel. Band 6. Darmstadt: Wissenschaftliche Buchgesellschaft 1975. S. 443 ("Von dem erlaubten moralischen Schein").
[9] Ebd.
[10] Ebd., S. 554 ("Von der langen Weile und dem Kurzweil").
[11] Ebd., S. 556f.

Kants doppelte Bestimmung der Langeweile als Schmerz und Stimulanz zur Überwindung eines widrigen Zustands setzt bei der Vorstellung an, dass die Bewegung, das Vorwärtsschreiten, fundamentale Bedingung eines erfüllten Lebens ist. Sie verweist zurück zugleich auf die Einschließung des Zeit-Problems in den modernen Begriff der Langeweile, der eine gesellschaftliche (die stetig funktionaler werdende Welt), eine politische (Autonomisierung von Entscheidungsprozessen) und eine metaphysische (Transzendenzverlust) Bedeutungsdimension hat, sich als subjektive Erfahrung der langen Weile, also der als lang empfundenen Dauer, vor allem aber in ganz signifikanter Weise mit dem Entzug einer zeitbezogenen Zukunftsperspektive verbindet:[12] Chronos, die fließende Zeit, die vergeht und dem Menschen unzugänglich ist, hat die Verbindung zum Kairos, dem plötzlich sich ereignenden Augenblick, den es beim Schopf zu packen gilt, und damit zu seinem Gegenstück verloren. Beide zusammen aber erst bilden eine Zeit, die einerseits gleich zu sein scheint, andererseits Raum bietet für die Selbsterfahrung des Individuums als Subjekt (der Geschichte). Wenn Büchner in *Danton's Tod* das temporale Verständnis von Identität im Bewusstsein des Titelhelden zur Erfahrung temporaler A-Identität werden lässt ("CAMILLE. Rasch Danton wir haben keine Zeit zu verlieren. / DANTON. (er kleidet sich an.) aber die Zeit verliert uns"

[12] Christopher Schwarz (Anm. 4) hat diesen Zusammenhang am Beispiel der romantischen Literatur eingehend beschrieben: "Das Virulentwerden der Langeweile in der romantischen Literatur bezeugt nicht zuletzt die traumatischen Erfahrungen des Emanzipationsprozesses. Die Erfindung der Einzigartigkeit des Individuums und das je individuelle Verfehlen von Individualität erweisen sich als gleichursprünglich. Die Frage 'Wer bin ich?' stellt sich nur dem, der sich seiner selbst nicht sicher ist. Die literarische Rede über Langeweile ist stets auf ein Bewußtsein bezogen, dem die affektiven Grundlagen seiner Identität brüchig geworden sind. Unter sozialgeschichtlichen Gesichtspunkten verweist dieser hier zunächst thesenhaft formulierte Befund auf die prekäre Situation des im späten 18. Jahrhundert durch den sozialen Differenzierungsprozeß in die Individualität 'abgeschobenen' Individuums (Niklas Luhmann). Die Krisen der Langeweile und die Erfahrung von Bodenlosigkeit, Beliebigkeit und innerer Leere korrespondieren einander. Jenseits der gesellschaftlichen Arrangements, gestützt allein auf seine Einzigartigkeit, droht das Individuum sich zu verlieren. Der Schwund an stabilisierenden, vertrautheitsstiftenden Lebensformen kann dabei durch die traditionellen Medien der politischen Herrschaft, der Religion, der Arbeit, der Familie und der Moral nicht aufgefangen werden. Auch nicht durch die Kunst, denn sie verliert im Zuge der Ausdifferenzierung der Gesellschaft selbst ihre synthetisierende Kraft. Entweder wird sie zum Zerstreuungsmittel für das immer größer werdende Publikum oder zum Ort der ästhetischen Opposition einer Elite. Die durch den Zerfall der genannten Vermittlungsinstanzen entstandene Dissonanz von Ich und Welt prägt maßgeblich jene moderne Langeweile, deren Geschichte bis heute nicht abgeschlossen ist" (S. 9).

[MBA 3.2: 30][13]), ist damit genau der im Verlust des Kairos begründete Bruch im Zeitbewusstsein markiert, der um 1800 in einem starken Maße an die Vorstellung der Langeweile angekoppelt wird: Zeit als 'Gestaltungsprinzip' – eine Vorstellung, die sich erst im 18. Jahrhundert zugleich mit der Idee der Geschichte als einer des Fortschritts herausgebildet hat – wird fraglich, der Abstraktionsmodus der Protention (Erwartung des noch Geschehenden) geht verloren; zurück bleibt die Erfahrung bloßer 'Zeitlichkeit', also der messbare temporale Ab- und Verlauf der um den Kairos kupierten chronologischen Zeit, in einer augenfällig ereignislosen, leeren Gegenwart, die zeremoniell ausgefüllt (vgl. dazu allein das in *Leonce und Lena* satirisch bloßgestellte Hofzeremoniell), durch Zerstreuungen verschiedener Art abgekürzt, auf jeden Fall aber vertrieben werden muss. In diesem Sinne ist der Zeit*vertreib* Versuch, die leere Zeit vergessen zu machen.[14]

Die Erfahrung des Entgleitens der vom Kairos bestimmten Zeit erfährt im Vormärz eine eminent politische Ladung vor dem Hintergrund einschneidender (politischer, sozialer, ökonomischer) Transformationen, die die subjektive Zeiterfahrung einerseits dynamisieren, andererseits und gleichzeitig die

[13] Vgl. dazu weiterführend Norbert Otto Eke: "Ja, ja, wir leben schnell, schneller, als je Menschen lebten." Beiläufige Anmerkungen zum Verhältnis von Revolution und Beschleunigung in Revolutionsdramen des Vor- und Nachmärz. In: *Vormärz und Klassik*. Hg. von Lothar Ehrlich, Hartmut Steinecke und Michael Vogt. Bielefeld: Aisthesis 1999. S. 221–233.

[14] Die enge Bindung der Langeweile an das Zeiterlebnis markiert den Punkt der Differenz zwischen Langeweile und Melancholie, die in vielerlei Hinsicht verschwistert sind. Zur notwendigen Differenzsetzung zwischen Melancholie und Langeweile siehe Lothar Pikulik: Zweierlei Krankheit zum Tode. Über den Unterschied von Langeweile und Melancholie im Lichte der Philosophie Schopenhauers. Mit einer Anwendung auf die Literatur. In: Udo Benzenhöfer u.a.: *Melancholie in Literatur und Kunst*. Hürtgenwald: Pressler 1990. S. 183–197; ders.: Langeweile oder Die Krankheit zum Kriege. Des weiteren: Franz Loquai: *Künstler und Melancholie in der Romantik*. Frankfurt a. M. u.a.: Lang 1984; Johann Glatzel: *Melancholie und Wahnsinn. Beiträge zur Psychopathologie und ihren Grenzgebieten*. Darmstadt: Wissenschaftliche Buchgesellschaft 1990; Volker Friedrich: *Melancholie als Haltung*. Berlin: Gatza 1991; Ludger Heidbrink: *Melancholie und Moderne. Zur Kritik der historischen Verzweiflung*. München: Fink 1994; Roland Lambrecht: *Der Geist der Melancholie. Eine Herausforderung philosophischer Reflexion*. München: Fink 1996. Grundlegend zur Melancholie darüber hinaus: Hans-Jürgen Schings: *Melancholie und Aufklärung. Melancholiker und ihre Kritiker in Erfahrungsseelenkunde und Literatur des 18. Jahrhunderts*. Stuttgart: Metzler 1977; Raymond Klibansky, Erwin Panofsky, Fritz Saxl: *Saturn und Melancholie. Studien zur Geschichte der Naturphilosophie und Medizin, der Religion und der Kunst*. Frankfurt a. M.: Suhrkamp 1990; Wolf Lepenies: *Melancholie und Gesellschaft. Mit einer neuen Einleitung: Das Ende der Utopie und die Wiederkehr der Melancholie*. Frankfurt a. M.: Suhrkamp 1998.

anthropologische Wesensbestimmung der Geschichte, das Herzstück des Idealismus, und mit ihr den Glauben an die (moralische, politische) Finalisierbarkeit der Geschichte fraglich werden lassen.[15] Der Begriff der 'Zeit' wird spätestens nach der Julirevolution nicht allein zum zentralen Schlagwort der Epoche;[16] der von Helvetius im dritten Diskurs seiner 1758 erstmals erschienenen Abhandlung *De l'esprit* bereits konstatierte Zusammenhang von sowohl politischer wie geistiger Einengung, Beschränkung, Perspektivlosigkeit und Verlust des Zeithorizonts auf der einen und Langeweile/Ennui auf der anderen Seite[17] wird in diesem Rahmen auch zu einem Indikator politischer Diagnostik.[18]

Hier ordnet sich das Werk Büchners Werk ein, das in immer neuen Variationen, von *Danton's Tod* über *Leonce und Lena* und *Lenz* bis hin zu *Woyzeck*, die vormärzliche Langeweile-Erfahrung an die Reflexion auf den historischen Prozess anschließt, ohne dass der kalte Blick des Zeitdiagnostikers Büchner ein Entkommen aus der Erfahrung des gleichermaßen Zeit- und Identitätsverlusts eröffnete – nicht in die Politik (in *Danton's Tod* führt die Heteronomie der Zeit zwangsläufig in den Tod), nicht in die Melancholie (in *Lenz* bleibt dem an der Inkommensurabilität von Ich und Welt zerbrochenen Stürmer und Dränger selbst dieser Ausweg aus der Langeweile versperrt), nicht in den 'glücklichen' Müßiggang als aus dem Zeitfluss herausgesprengtem Augenblick einer Beruhigung der rasenden Zeit und der Aufhebung des Leidens an der Ereignislosigkeit (in *Leonce und Lena* ist diese Form der Rettung gleichsam satirisch eingeklammert).

[15] Vgl. dazu Eke.
[16] Vgl. Wulf Wülfing: *Schlagworte des Jungen Deutschland. Mit einer Einführung in die Schlagwortforschung*. Berlin: Erich Schmidt 1982.
[17] [Claude Adrien Helvetius:] *Discurs über den Geist des Menschen*. Aus dem Französischen des Herrn Helvetius. Zweyte Auflage. Liegnitz-Leipzig: David Siegert 1787. Hier heißt es im Abschnitt "Von den Kräften, welche auf unser Gemüth wirkten" über die Langeweile: "Besonders aber spielet alsdann die lange Weile ihre größte Rolle in den Zeitaltern, in welchen die großen Leidenschaften entweder durch die Sitten, oder durch die Einrichtung der Regierung, kurz gebunden gehalten werden. Alsdann ist sie das allgemeine Triebrad" (S. 292).
[18] Im Blick auf Heine hat Ursula Hofstaetter den Vorgang der Umcodierung der Langeweile zum gesellschaftlich verursachten Phänomen eingehend beschrieben. Siehe Hofstaetter. Zu dieser Umcodierung auch Florian Vaßen: Die Bourgeoisie und die Langeweile oder Da hilft nur eine richtige Revolution. Georg Weerths Feuilleton im Frühjahr 1849. In: *Georg Weerth und das Feuilleton der "Neuen Rheinischen Zeitung"*. Hg. von Michael Vogt. Bielefeld: Aisthesis 1999. S. 39–56. Hier: S. 48. Auf die europäische Dimension des neuen Langeweile-Verständnisses verweist Schwarz 215.

II. "Warum muß ich es grade wissen?". Leonce oder: Das unglückliche Bewusstsein

"Ja Herr Pfarrer, sehen Sie, die Langeweile! Die Langeweile! O! so langweilig [. . .] ja wenn ich so glücklich wäre, wie Sie, einen so behaglichen Zeitvertreib aufzufinden, ja man könnte sich die Zeit schon so ausfüllen. Alles aus Müssiggang. Denn die Meisten beten aus Langeweile; die Anderen verlieben sich aus Langeweile, die Dritten sind tugendhaft, die vierten lasterhaft und ich gar nichts, gar nichts, ich mag mich nicht einmal umbringen: es ist zu langweilig" (MBA 5: 44). Büchner hat – wie hier in der Novelle *Lenz* – die Langeweile einerseits universalisiert (und damit zugleich gewissermaßen entsozialisiert).[19] Er hat das Zeiterlebnis des Leerlaufs andererseits ganz unmittelbar an die subjektive Schmerzerfahrung, an den Leidensdruck gebunden, der aus der Reflexion erwächst. Beides, Schmerz und Leiden (hier: an den als ungenügend und widrig empfundenen Lebensverhältnissen), wiederum bewahrt im Sinne von Kants anthropologisch fundierter Bestimmung der Langeweile als negativem Stimulanzium der Veränderung über die bloß passive Ekelreaktion hinaus das Bewusstsein eines Anderen, Gegenläufigen und hält damit – ex negativo – eine Verbindung zur Zukunft. Reflexion, das Wissen um die Widrigkeit der eigenen Existenz, erst 'macht' den Schmerz, den Kant als "Stachel zur Tätigkeit" hatte verstanden wissen wollen.

In *Leonce und Lena* hat Büchner von hier aus nicht nur sozialkritisch-satirische, psychologische, utopische und genrespezifische Bedeutungsdimensionen der Langeweile aufgerufen;[20] er hat mit dem Prinzen Leonce zugleich auch eine Allegorie des unglücklichen Bewusstseins in den Raum seines Theaters der Langeweile gestellt und damit gleichsam eine ästhetische Umschrift zu Kants Thesen geliefert – zu den Bedingungen der Bühne und im Wirkungsfeld der Bühnenkunst. Leonce ist die Zeit abhanden gekommen. Der Verlust an utopischer Phantasie, die Veränderung als potentielle Möglichkeit

[19] Was das angeht, unterscheidet sich Büchners Konzeptualisierung der Langeweile in signifikanter Weise von der romantischen Bestimmung des Ennui. Vgl. dazu Jürgen Große: Ennui und Entschluß. Zur Genealogie neuzeitlicher Langeweiledeutung. In: *Sinn und Form* 58 (2006). H. 1. S. 18–31. Hier: S. 25: "Die romantischen Versuche einer Deutung des Ennui als privilegierter Erfahrung, das Dandytum ostentativen Müßiggangs setzen dagegen immer noch die Nicht-Totalität der Langeweile voraus, nämlich in der Unterscheidung von Langweilern, die sich nicht langweilen – die Masse der 'geschäftigen' Menschen –, und zum Nichtstun Befähigter, einer Minorität, die sich erst an der Betriebsamkeit, an der unausdrücklichen Langeweile der anderen langweilt".

[20] Zu den verschiedenen Deutungsvarianten vgl. MBA 6: 173; MBA 6: 166.

in der Zeit zu denken erlaubt,[21] macht dem Prinzen von Popo einerseits die Gegenwart schal, lässt andererseits in ihm den Wunsch nach einem Zustand des Außer-sich-Seins ("wer sich einmal auf den Kopf sehen könnte") entstehen:

LEONCE: [. . .] O wer sich einmal auf den Kopf sehen könnte! Das ist eines von meinen Idealen. Und dann – und dann – noch endlich Viel der Art. – Bin ich ein Müßiggänger? Habe ich keine Beschäftigung? – Ja, es ist traurig . . .

HOFMEISTER: Sehr traurig, Eure Hoheit.

LEONCE: Daß die Wolken schon seit drei Wochen von Westen nach Osten ziehen. Es macht mich ganz melancholisch.

HOFMEISTER: Eine sehr gegründete Melancholie. (MBA 6: 100)

Das Wissen um die Ereignislosigkeit der Zeit und das Leiden daran, beides unterscheidet Leonce von Valerio als dem im Unterschied zu Leonce " 'wahren' Müßiggänger",[22] der in der ersten Szene geradezu aus dem Nichts auftaucht, zum Begleiter des traurigen Prinzen wird und subversiv dessen "ästhetisierenden Nihilismus"[23] untergräbt.[24] Von Politik ist dabei erst einmal nicht die Rede.

[21] Zu diesem Verhältnis von Zeit und Langeweile vgl. Verena Kast: *Vom Interesse und dem Sinn der Langeweile.* Düsseldorf-Zürich: Walter 2001. S. 166: "Wagen wir, wirklich eine utopische Phantasie zu haben, im vollen Bewußtsein, daß wir bei der Realisierung dann etwas hinter dieser Utopie zurückbleiben werden, so nährt das die Überzeugung, daß sich etwas verändern läßt, daß man eine offene Zukunft hat. Imagination ist wichtig im Zusammenhang mit der Öffnung der Zukunft. Die Imagination ist auch der Raum der Zukunft. Menschen, denen die Zukunft versperrt ist, haben es schwer, eine Imagination überhaupt zuzulassen. Es gilt aber auch das Umgekehrte: Dadurch, daß wir uns in unserer Gesellschaft nicht mehr gestatten, große Phantasien zu haben, die Welt der Phantasie sowieso etwas gering geachtet wird – geht es nicht direkt um nützliche kreative Prozesse –, werden wir im Grunde genommen immer anfälliger für Langeweile".

[22] Jürgen Bolten: Geschichtsphilosophische Einsicht, Langeweile und Spiel. Zu Büchners 'Leonce und Lena'. In: *Archiv für das Studium der neueren Sprachen und Literaturen* 137 (1985). S. 293–305. Hier: S. 300.

[23] Peter Horn: Der mechanistische Materialismus und die Sinnlosigkeit der Welt in Büchners *Leonce und Lena*. In: *Acta Germanica. Jahrbuch des südafrikanischen Germanistenverbandes* 14 (1981). S. 83–109. Hier: S. 104.

[24] Wolfgang Martens hat Valerio als den eigentlichen Spielmacher des Dramas gedeutet, dem insbesondere der letzte Akt gehöre (vgl. Wolfgang Martens: Büchner – Leonce und Lena. In: *Die deutsche Komödie. Vom Mittelalter bis zur Gegenwart.* Hg. von Walter Hinck. Düsseldorf: August Bagel 1977. S. 145–159. Hier: S. 157f.). Das freilich läßt außer acht, dass auch diese auf den ersten Blick mephistophelische Figur sich in der Automatenszene des Schlussaktes gerade in dieser Rolle gleichsam selbst dementiert: "VALERIO. Aber eigentlich wollte ich einer hohen und geehrten Gesellschaft verkündigen, daß hiemit die zwei weltberühmten Automaten angekommen sind und daß ich vielleicht der dritte und merkwürdigste von beiden

Leonce beklagt nicht die Misere der politischen Situation; er beklagt in erster Linie *das Wissen* um den langweiligen Charakter seiner (der) Existenz, was ihn davon träumen lässt, ein anderer zu sein, weder "Subjekt der Langeweile noch das ihres Bewußtseins".[25]

Leonces Wunsch, ein Anderer zu sein, ist definiert als Freiheit zurückgenommen-reduzierter Art: als Befreiung von der Last des Denkens, als Befreiung damit auch von der Erinnerung an die Idee des Anderen (Utopischen), die als Negativ im Positiv des Wunsches anwesend bleibt. Nicht in die Revolte treibt der Schmerz die Spielfigur Leonce, die sich hier am Anfang des Lustspiels die Maske des Melancholikers vorbindet, sondern in den Wunsch nach Nichtwissen, nach Reflexions- und Bewusstlosigkeit mithin.[26] Entsprechend sucht Leonce im spielerischen Zeitvertreib – wie beispielsweise in der Rosetta-Szene durch die Inszenierung von Intensitäten (Schmerz, Leidenschaft, Liebe) als anderer Erfahrungsweise des Außer-sich-Seins – das schmerzende Bewusstsein der Langeweile zu vertreiben. Der Mangel (Verdruss) gebiert den Traum eines selbstvergessenen Agierens auf der Bühne der Welt, in dem das Motiv des bewusstlosen Automatenseins vom Ende des Stücks bereits anklingt.

> Müßiggang ist aller Laster Anfang. Was die Leute nicht Alles aus Langeweile treiben! Sie studiren aus Langeweile, sie beten aus Langeweile, sie verlieben, verheirathen und vermehren sich aus Langeweile und sterben endlich aus Langeweile, und – und das ist der Humor davon – Alles mit den wichtigsten Gesichtern, ohne zu merken, warum, und meinen Gott weiß was dazu. Alle diese Helden, diese Genies, diese Dummköpfe, diese Heiligen, diese Sünder, diese Familienväter sind im Grunde nichts als raffinirte Müßiggänger. – Warum muß ich es grade wissen? Warum kann ich mir nicht wichtig werden und der armen Puppe einen Frack anziehen und einen Regenschirm in die Hand geben, daß sie sehr rechtlich und sehr nützlich und sehr moralisch würde? – Der Mann, der eben von mir ging, ich beneidete ihn, ich hätte ihn aus Neid prügeln mögen. O wer einmal jemand Anderes sein könnte! Nur 'ne Minute lang. Wie der Mensch läuft! Wenn ich nur etwas unter der Sonne wüßte, was mich noch könnte laufen machen. (MBA 6: 100)

Vordergründig ein depressiv-narzisstischer Charakter, den die existentielle Langeweile unbefriedigter Erlebnissehnsucht zum Ekel vor dem Leben

---

bin, wenn ich eigentlich selbst recht wüßte, wer ich wäre, worüber man übrigens sich nicht wundern dürfte, da ich selbst gar nichts von dem weiß, was ich rede, ja auch nicht einmal weiß, daß ich es nicht weiß, so daß es höchst wahrscheinlich ist, daß man mich nur so reden *läßt*, und es eigentlich nichts als Walzen und Windschläuche sind, die das Alles sagen" (MBA 6: 121).

[25] Wolfram Malte Fues: Die Entdeckung der Langeweile. Georg Büchners Komödie *Leonce und Lena*. In: *Deutsche Vierteljahrsschrift für Literaturwissenschaft und Geistesgeschichte* 66 (1992). S. 687–696. Hier: S. 690.

[26] Bolten 300f.

führt,[27] ist der Prinz von Popo in erster Linie Rollenposeur, ein Schauspieler und Darsteller seiner selbst. Melancholie, Liebes- und Weltschmerz, romantisches Sehnen – keine seiner Äußerungen ist unmittelbarer Selbstausdruck. Einerseits übernimmt Büchner damit Elemente der Figurenanlage aus Brentanos Komödie *Ponce de Leon*, die ihm "im wesentlichen als Materialreservoir" gedient hat (MBA 6: 380); andererseits kennt seine Lustspielwelt als solche allerdings auch keinen gesellschaftlichen Ort, der es erlaubte, eine unbeschädigte Persönlichkeit zu entwickeln. Selbst als (gescheiterter) Liebhaber spricht Leonce geborgten Text:

> LEONCE (allein). Ein sonderbares Ding um die Liebe. Man liegt ein Jahr lang schlafwachend zu Bette, und an einem schönen Morgen wacht man auf, trinkt ein Glas Wasser, zieht seine Kleider an und fährt sich mit der Hand über die Stirn und besinnt sich – und besinnt sich. – Mein Gott, wieviel Weiber hat man nöthig, um die Scala der Liebe auf und ab zu singen? Kaum daß Eine einen Ton ausfüllt. Warum ist der Dunst über unsrer Erde ein Prisma, das den weißen Gluthstrahl der Liebe in einen Regenbogen bricht? – (Er trinkt.) In welcher Bouteille steckt denn der Wein, an dem ich mich heute betrinken soll? Bringe ich es nicht einmal mehr so weit? Ich sitze wie unter einer Luftpumpe. Die Luft so scharf und dünn, daß mich friert, als sollte ich in Nankinhosen Schlittschuh laufen. – Meine Herren, meine Herren, wißt ihr auch, was Caligula und Nero waren? Ich weiß es. – Komm Leonce, halte mir einen Monolog, ich will zuhören. Mein Leben gähnt mich an, wie ein großer weißer Bogen Papier, den ich vollschreiben soll, aber ich bringe keinen Buchstaben heraus. Mein Kopf ist ein leerer Tanzsaal, einige verwelkte Rosen und zerknitterte Bänder auf dem Boden, geborstene Violinen in der Ecke, die letzten Tänzer haben die Masken abgenommen und sehen mit tod<t>müden Augen einander an. Ich stülpe mich jeden Tag vier und zwanzigmal herum, wie einen Handschuh. O ich kenne mich, ich weiß was ich in einer Viertelstunde, was ich in acht Tagen, was ich in einem Jahre denken und träumen werde. Gott, was habe ich denn verbrochen, daß du mich, wie einen Schulbuben, meine Lection so oft hersagen läßt? –
>
> Bravo Leonce! Bravo! (Er klatscht.) Es thut mir ganz wohl, wenn ich mir so rufe. He! Leonce! Leonce! (MBA 6: 105f.)

Die Liebe zur Idee der Liebe begleitet (und leitet) Leonce noch auf seiner Flucht in ein imaginäres Italien, mit der er sich der von ihm erwarteten Eheschließung mit der Prinzessin Lena entziehen zu können hofft – und doch letztlich nur vor seiner ihm problematischen Existenz davonläuft: "Aber Valerio, die Ideale! Ich habe das Ideal eines Frauenzimmers in mir und muß es suchen. Sie ist unendlich schön und unendlich geistlos. Die Schönheit

[27] Die Anlage der Figur entspricht damit erst einmal der psychologischen Definition der Langeweile als unbefriedigter Erlebnissehnsucht. Vgl. Wilhelm Josef Revers: *Die Psychologie der Langeweile.* Meisenheim am Glan: Westkulturverlag Hain 1949.

ist da so hülflos, so rührend wie ein neugebornes Kind. Es ist ein köstlicher Contrast. Diese himmlisch stupiden Augen, dieser göttlich einfältige Mund, dieses schaafnasige griechische Profil, dieser geistige Tod in diesem geistigen Leib" (MBA 6: 111). Auch Leonces Entschluss, sich zu ertränken, nachdem er und Lena sich ihre Liebe bekannt haben, ist (weltschmerzliche) Pose, die sich an der Idee berauscht, im erfüllten Augenblick der Liebe Ich und Welt, Innen und Außen wieder zur Deckung zu bringen: "Mein ganzes Seyn ist in dem einen Augenblick. Jetzt stirb. Mehr ist unmöglich. Wie frischathmend, schönheitglänzend ringt die Schöpfung sich aus dem Chaos entgegen. Die Erde ist eine Schaale von dunkelm Gold, wie schäumt das Licht in ihr und fluthet über ihren Rand und hellauf perlen daraus die Sterne. Meine Lippen saugen sich daran: dieser eine Tropfen Seligkeit macht mich zu einem köstlichen Gefäß. Hinab heiligen Becher! (Er will sich in den Fluss stürzen)" (MBA 6: 116).

Das theaterhafte Arrangement der Rosetta-Szene setzt diesem Rollenspiel einen explizit artifiziellen Rahmen. Aus der schmerzenden Erfahrung der Geschichte als Leerzeit heraus gibt Leonce (sich) in der Rosetta-Szene im künstlichen Innenraum seines Gefühlstheaters eine Vorstellung der Tragik (der tragisch scheiternden Liebe): "Leonce. Sind alle Läden geschlossen? Zündet die Kerzen an! Weg mit dem Tag! Ich will Nacht, tiefe ambrosische Nacht. Stellt die Lampen unter Krystallglocken zwischen die Oleander, daß sie wie Mädchenaugen unter den Wimpern der Blätter hervorträumen. Rückt die Rosen näher, daß der Wein wie Thautropfen auf die Kelche sprudle. Musik! Wo sind die Violinen? Wo ist Rosetta? Fort! Alle hinaus!" (MBA 6: 103).

Bereits der Raum der Begegnung zwischen Leonce und Rosetta ist ein zeitferner Spielplatz der Gefühle, der in seiner illusionären Scheinhaftigkeit die Leidenschaften negiert, denen er zum Ausdruck verhelfen soll. Intensitäten wie Leidenschaft und Liebe sind vom Grundsatz her dialogisch, sie intendieren "einen Prozeß der Interaktion zwischen dem Selbst und der Welt".[28] Diese Interaktion aber ist in der von Leonce sorgsam in Szene gesetzten Trennung von seiner Geliebten von vornherein ausgeschlossen. Leonces Spiel, welches das Draußen (die Realität) im Wortsinn ausschließt, indem es die Fenster zur Welt verdunkelt ("Sind alle Läden geschlossen?"), ist monologisch, wendet sich im Grunde genommen nur an sich selbst, d. h. an den Spielmeister Leonce, der die Empfindung der (seiner) inneren Leere im artifiziellen Raum seines Intensitätstheaters 'überspielt'. Rosetta ist im Rahmen dieses selbstbezüglichen Spiels nichts anderes als Projektionsfläche erdachter Gefühle (Liebe, Schmerz). Der Spieler Leonce liebt nicht Rosetta, sondern die Liebe als exaltierten Gefühlszustand – und zumal die Idee der schmerzhaft endenden

[28] Kast 172.

Liebe, deren – Rosetta zur Qual werdende – Feier ihm im 'anderen' Zeit/ Raum der Kunst temporär den verlorenen Welt-/Zeitbezug ersetzt.

Leonce: Ach Rosetta, ich habe die entsetzliche Arbeit . . .
Rosetta: Nun?
Leonce: Nichts zu thun . . .
Rosetta: Als zu lieben?
Leonce: Freilich Arbeit!
[. . .]
Rosetta: So liebst Du mich aus Langeweile?
Leonce: Nein, ich habe Langeweile, weil ich dich liebe. Aber ich liebe meine Langeweile wie dich. Ihr seid eins. O dolce far niente, ich träume über deinen Augen, wie an wunderheimlichen tiefen Quellen, das Kosen deiner Lippen schläfert mich ein, wie Wellenrauschen. (Er umfaßt sie). Komm liebe Langeweile, deine Küsse sind ein wollüstiges Gähnen, und deine Schritte sind ein zierlicher Hiatus.
Rosetta: Du liebst mich, Leonce.
Leonce: Ei warum nicht?
Rosetta: Und immer?
Leonce: Das ist ein langes Wort: immer! Wenn ich dich nun noch fünftausend Jahre und sieben Monate liebe, ist's genug? Es ist zwar viel weniger, als immer, ist aber doch eine erkleckliche Zeit, und wir können uns Zeit nehmen, uns zu lieben.
Rosetta: Oder die Zeit kann uns das Lieben nehmen.
Leonce: Oder das Lieben uns die Zeit. Tanze, Rosetta, tanze, daß die Zeit mit dem Takt deiner niedlichen Füße geht.
Rosetta: Meine Füße gingen lieber aus der Zeit. [. . .]
Leonce (indeß träumend vor sich hin): O, eine sterbende Liebe ist schöner, als eine werdende. Ich bin ein Römer; bei dem köstlichen Mahle spielen zum Des<s>ert die goldnen Fische in ihren Todesfarben. Wie ihr das Roth von den Wangen stirbt, wie still das Auge ausglüht, wie leis das Wogen ihrer Glieder steigt und fällt! Adio, adio meine Liebe, ich will deine Leiche lieben. (ROSETTA nähert sich ihm wieder.) Thränen, Rosetta? Ein feiner Epikuräismus – weinen zu können. Stelle dich in die Sonne, daß die köstlichen Tropfen krystallisiren, es muß prächtige Diamanten geben. Du kannst dir ein Halsband daraus machen lassen. [. . .] <W>einst du? Um ein klein wenig, und meine liebe Liebe käme wieder auf die Welt. Ich bin froh, daß ich sie begraben habe. Ich behalte den Eindruck. (MBA 6: 104f.)

Als inszenierter Zeitvertreib (im Wortsinn) bleibt die theatralische Rosetta-Szene weltflüchtiges Spiel, das weder die im Ästhetischen selbst angelegte Tendenz zur Verselbstständigung durchkreuzt, noch die verlorene Zeit (als Funktion von Geschichte) einholt. Zwar wird im Zuge von Leonces Rearrangement der Leerzeit zum Intensitätstheater eines tragischen Liebes-Todes – genauer: des Todes/Sterbens der Liebe – aus dem Spiel der Trennung Ernst. Die Erfahrung 'erhebender' Gefühle aber scheitert an der Künstlichkeit eines Spiels, das dem Schmerz, dem selbst erfahrenen Leiden (hier an der Langeweile) wie dem Rosetta zugefügten Leiden (hier dem Liebesschmerz) einen ästhetischen Genuss abzugewinnen trachtet. Am Ende bleibt folgerichtig nichts zurück als der schwache Abglanz authentischen Erlebens: der bloße

“Eindruck” von Liebe und Schmerz.[29] Das weist voraus auf die Schlussutopie eines auf Dauer gestellten Lebens in der Zerstreuung, das die Lustspielwelt des Theaterstücks ‘Leonce und Lena’ ins Unendliche potenziert und in vergleichbarer Weise, wie dies in der Rosetta-Szene präfiguriert ist, dabei die Welt ausschließt.

III. “Und dann umstellen wir das Ländchen mit Brennspiegeln”. Einschließung im Spiegelraum der Selbstgenügsamkeit

Büchners Lustspieldramaturgie folgt auf der Ebene des Spiels der Bewegungskurve eines Aufbruchs, der raumgreifenden Bewegung der Flucht vor der Langeweile des Immergleichen, und einer durch die Eheschließung von Prinz und Prinzessin formal beglaubigten ‘glücklichen’ Heimkehr. Mit ihr wird am Ende das Leiden an der Langeweile stillgestellt in einem Spiegelraum der Selbstgenügsamkeit.

Leonce: Nun Lena, siehst Du jetzt, wie wir die Taschen voll haben, voll Puppen und Spielzeug? Was wollen wir damit anfangen, wollen wir ihnen Schnurrbärte machen und ihnen Säbel anhängen? Oder wollen wir ihnen Fräcke anziehen, und sie infusorische Politik und Diplomatie treiben lassen und uns mit dem Mikroskop daneben setzen? Oder hast Du Verlangen nach einer Drehorgel auf der milchweiße ästhetische Spitzmäuse herumhuschen? Wollen wir ein Theater bauen? (Lena lehnt sich an ihn und schüttelt den Kopf.) Aber ich weiß besser was Du willst, wir lassen alle Uhren zerschlagen, alle Kalender verbieten und zählen Stunden und Monden nur nach der Blumenuhr, nur nach Blüthe und Frucht. Und dann umstellen wir das Ländchen mit Brennspiegeln, daß es keinen Winter mehr giebt und die uns im Sommer bis Ischia und Capri hinaufdestilliren, und wir das ganze Jahr zwischen Rosen und Veilchen, zwischen Orangen und Lorbeern stecken.

Valerio: Und ich werde Staatsminister und es wird ein Dekret erlassen, daß wer sich Schwielen in die Hände schafft unter Kuratel gestellt wird, daß wer sich krank arbeitet kriminalistisch strafbar ist, daß Jeder der sich rühmt sein Brod im Schweiße seines Angesichts zu essen, für verrückt und der menschlichen Gesellschaft gefährlich erklärt wird und dann legen wir uns in den Schatten und bitten Gott um Makkaroni, Melonen und Feigen, um musikalische Kehlen, klassische Leiber und eine komm<o>de Religion. (MBA 6: 124)

Die Frage, ob die ‘Welt’ *aus*schließende *Ein*schließung des Landes zu einem märchenhaften Arkadien in Leonces Vorschlag einen “Zeitraum der Lizenzen” schafft, mithin utopisch konnotiert ist, oder ob Büchner damit vielmehr die “Flucht in eine Gegenwelt” (MBA 6: 347) an das Ende seines Lustspiels stellt, wird in der Forschung seit jeher kontrovers diskutiert (MBA 6: 347; woran die Aufschlüsselung des intertextuellen Referenzrahmens,

[29] Martens sieht in Leonces Inszenierung den Reflex einer Langeweile, die in Aggression mündet. Vgl. dazu Martens 151.

in dem Büchner sich bewegt,[30] nichts geändert hat). Festzuhalten ist: Das imaginäre Reich des ewigen Sommers, das Leonce in diesem traumhaften Finale prospektiv entwirft, ist gegründet auf einen Generalangriff auf die Zeit, der mit der vom Kairos bestimmten auch die chronologische Zeit (Uhren, Kalender) zum Opfer fällt. Die Traum-Zeit im Reich des neuen Herrschers Leonce ist spielerisch eingestellte, artefaktische Zeit – womit Büchner zunächst einmal ein literarisches Spielmodell aufnimmt, demzufolge die zeitlose Liebe aus der Zeit erlöst. Leonces Ankündigung einer Wiederholung der Krönungsfeierlichkeiten ("Gehn Sie jetzt nach Hause, aber vergessen Sie Ihre Reden, Predigten und Verse nicht, denn morgen fangen wir in aller Ruhe und Gemüthlichkeit den Spaß noch einmal von vorn an" [MBA 6: 123]) verleiht in diesem Zusammenhang der Vorstellung eines reversiblen Geschichtskreislaufs Ausdruck, der die Idee einer mechanisch bewegten Lebenswelt von anderer Seite her entgegenkommt: "Nun Lena, siehst du jetzt wie wir die Taschen voll haben, voll Puppen und Spielzeug?". Das heißt: Die arkadische Utopie bleibt als Vorstellung (Setzung) des Spielers Leonce ein Zukunftsentwurf auf der Ebene eines Spiels zweiter Ordnung: seinerseits spielerisch und illusorisch. Als zeitflüchtiges Paradies, das nur sich selbst reflektiert, und als solches Gegenstück des zeitlosen Raums der Langeweile ist das Reich des 'Herrschers' Leonce herausgeschnitten aus dem welthaltigen Raum des Politischen, ohne dass der Text dies zu verschleiern suchte – im Gegenteil: Die Leere der Geschichte wird durch den tröstlichen Rahmen der letztendlichen Eheschließung lachend überspielt, aber nicht beseitigt. Allein spielerisch (illusorisch) öffnet sich im gattungskonformen Schlussfinale mithin der erzählte Raum der Langeweile. Diese Lösung der Widersprüche wiederum stellt Büchner als eine rein-ästhetische Operation aus, d.h.: er rückt sie ins Licht einer kalkulierten Künstlichkeit, die gar nicht erst den Versuch unternimmt, Realität vorzutäuschen. Der Spaß ist regelrecht verdorben durch

[30] Der Kommentar der Marbacher Ausgabe verweist auf die Zeitlosigkeit als "allgemeines Kennzeichen gegenweltlich-arkadischer Phantasien" (MBA 6: 537), schenkt dabei allerdings der Bedeutung der Zeit-Thematik im Vormärz keine weitere Beachtung; das Motiv der Brennspiegel dürfte Büchner aus Jean Paul "Kampaner Thal" übernommen haben (auch dieses, "eine Art Arkadien oder 'Himmelreich', ist wie von Brennspiegeln umstellt") (MBA 6: 538). Das Vorstellungsbild der 'klassischen Leiber' und der 'kommoden Religion' lässt sich lesen als Anspielung auf "die Voraussagen Heines und jungdeutscher Schriftsteller vom Ende der christlichen Ära, wie z.B. in Heines Ankündigung in 'Französische Maler' von 'einer noch verhüllten Doktrin, die <. . .> dem Menschen nicht die sichern irdischen Genüsse verbietet <. . .>, die den Menschen vielmehr schon auf dieser Erde beseligen möchte, und die sinnliche Welt eben so heilig achtet wie die geistige' (DHA [Düsseldorfer Heine Ausgabe] XII, 34)" (MA 6: 541).

die zur Schau gestellte Theaterhaftigkeit der Problemlösung. Nur auf dem Theater ist der von Büchner an das Ende seines Lustspiels gestellte 'gute Ausgang' so möglich.

Leonces und Lenas Auftritt als animierte Maschinen, welcher der Schlusslösung des Lustspiels vorausgeht, erscheint in diesem Lichte als Ausdruck der Abgestorbenheit und Maschinenhaftigkeit der modernen Welt, von der im vormärzlichen Deutschland unter anderem Heine – und später Weerth – schreiben. Das Automatenmotiv ist aber auch ein überdeutlicher Fingerzeig auf die Maskenhaftigkeit der Spielfiguren, der Büchners Theater über die Lustspielebene hinaus keine Plausibilität gewährt. Büchners Figuren bleiben gespielte Figuren im doppelten Sinn: unterworfen einerseits einer Mechanik, der sie nichts entgegenzusetzen haben; andererseits "Nichts als Kunst und Mechanismus, nichts als Pappendeckel und Uhrfedern" (MBA 6: 122) im Wortsinn und als solche "Schablone, Routine, Wiederholung".[31]

Büchner schließt das Stück, das immer wieder in selbstreflexiver Manier seinen Kunstcharakter ausstellt,[32] damit mit einer Utopie, die um ihre eigene Irrealität weiß und dieses Wissen im Gestus der lachhaften Übersteigerung an das Publikum weiterreicht. Die verstiegene Theaterhaftigkeit nimmt dem 'guten' Ausgang des Spiels das Beruhigende und vertreibt das Publikum aus dem Manipulationsspiel der Komödie. Wenn es in einem 1847 in der Berliner *Monatsschrift für Dramatik, Theater, Musik* veröffentlichten Artikel heißt, die Komödie sei dazu in der Lage, "die verkehrten Richtungen und Zustände der Gegenwart, die Verirrungen und Schiefheiten unserer socialen Verhältnisse, besonders die Ungereimtheiten, in welche ein engherziges Bekämpfen und Unterdrücken der freien Regsamkeit in Wort und Schrift verwickeln, zu komischen Kontrasten zu verarbeiten"[33] und von hier aus eine befreiende Wirkung zu entfalten, ist damit die Form des politischen Lustspiels theoretisch begründet, der *Leonce und Lena* in der ästhetischen Praxis der Überbietung

[31] Martens 158f.

[32] Etwa wenn Leonce in den vielen überdrehten Wortspielen Valerio als Produkt der Sprache (als durch die Sprache gezeugtes Wesen) bezeichnet. Vgl. dazu MBA 6: 108: "LEONCE. [. . .] Valerio gieb den Herren das Geleite. / VALERIO. Das Geläute? Soll ich dem Herrn Präsidenten eine Schelle anhängen? Soll ich sie führen, als ob sie auf allen Vieren gingen? / LEONCE. Mensch, du bist nichts als ein schlechtes Wortspiel. Du hast weder Vater noch Mutter, sondern die fünf Vokale haben dich miteinander erzeugt." – Zur Bedeutung dieses Wortspiels (1. in Valerios Namen sind, wenn man die alte Schreibung des Buchstabens 'v' als 'u' in Rechnung stellt, alle fünf Vokale vorhanden; 2. das Wortspiel enthält einen spielerischen Verweis auf die in der Vorrede Jean Pauls zum zweiten Band des "Kometen" erwähnte 'politische' Gruppe 'magnetischer Studenten'), vgl. MBA 6: 466f.

[33] *Monatsschrift für Dramatik, Theater, Musik*. Berlin 1847.

der romantischen Komödie vorausgeht. Im Dreischritt von Repräsentation (die Bühne als Ort der Darstellung von Welt), der Illusionierung (das Theater als Spiel der und mit der Welt) und Entzug des Trostes durch eine selbstreferentielle Überbietung der Illusion verweist Büchner den Zuschauer aus der Welt der künstlichen (tröstlichen) Bilder der (seiner) imaginären Welt. Das Spiel der Theatralisierungen schafft Differenz durch die Einsicht in die Artifizialität des 'guten Ausgangs', genauer: es verweist zurück auf die Differenz zwischen der *imaginären* Welt des Theaters, auf dem die Aufhebung der Widersprüche spielerisch möglich ist, und der *realen* Welt als gleichsam rückwärtiges Webmuster der Kunstwelt, in der diese Widersprüche fortbestehen. Solcherart bringt Büchners kalter Blick in den rasenden Stillstand der Moderne die Langeweile gegen die Wirklichkeit in Stellung, lockt er den Zuschauer zunächst hinein in ein ästhetisches System kalmierender Tröstlichkeit, um ihm durch Überfütterung und Übersättigung den Boden zu entziehen.

Über das Stoffliche hinaus appelliert die Form dergestalt an die Souveränität des Zuschauers, sich seiner Freiheit im Widerstand gegen die unglaubwürdige 'gute' Geschichte zu versichern.[34] Das Komische, Lustspielhafte ist in Büchners Geschichte des gelangweilten Prinzen Leonce trojanisches Pferd so, Transportmittel mithin für politische Aussagegehalte – dies ganz im Sinne von Gutzkows Rat, Büchner möge sich doch angesichts des Drucks der Verhältnisse der Camouflage bedienen: "Treiben Sie wie ich den Schmuggelhandel der Freiheit: Wein verhüllt in Novellenstroh, nichts in seinem natürlichen Gewande: ich glaube, man nützt so mehr, als wenn man blind in Gewehre läuft, die keineswegs blindgeladen sind".[35]

Mit der Wiederentdeckung des Leidens an der Langeweile als Ferment des Auf- und Ausbruchs aus der Leere sinnlos verfließender Zeit ist Wilhelm Genazino in seiner eingangs zitierten Büchner-Preis-Rede dieser Dialektik von Büchners Lustspielästhetik ganz nah gekommen. Zugleich hat er darin die Spur des Utopischen bestimmt, die noch alle Literatur durchzieht: "In jedem einzelnen Buch", so Genazino, "steckt die Einsicht in einen Mangel. Die stoische Wirklichkeit hat eine stoische Literatur hervorgebracht. In der Literatur – und *nur* in der Literatur – überlebt die Sehnsuchtswirtschaft der Menschen. Sie ist unsere palliative Heimat".[36]

[34] Die Deutung des Satirischen als einem bloß sekundären Affekt des Lustspiels verfehlt von hier aus die grundsätzliche Stoßrichtung des Stückes, welches das Lächerliche der Schlusslösung in sein ästhetisches Kalkül einbezieht und den Zuschauer gerade nicht aus dem Eingeständnis des Stillstands entlässt. Wolfgang Martens (S. 149) dagegen hatte in Frontstellung zur marxistischen Literaturwissenschaft die Satire nur als sekundären Affekt eines Lustspiels bezeichnet, dessen tragende Säulen Trauer und Ironie seien.

[35] FA 2: 398.

[36] Genazino 134.

John B. Lyon

Tactical Citation in Georg Büchner's *Leonce und Lena*

Citations in Georg Büchner's works have a political function. Although often understood as indicators of historical realism on the one hand or of a modernist aesthetic on the other, citations are also political tools, tactics that subvert a dominant political order. This essay draws on the concepts of tactics and strategies from Michel de Certeau's The Practice of Everyday Life, *and asserts that citations in* Leonce und Lena *are tactical, that is, they appropriate elements from a dominant power in order to subvert that power. By creating confusion and ruptures that threaten the dominant power, tactical citations demonstrate that individual action can be political, that the supposed discontinuity in Büchner between individual, creative action, and larger societal change on a historical scale need not be seen as an irreconcilable opposition. Instead, it is a productive tension, and tactical citations, as confusing and unpredictable as their results may be, open up spaces from which societal change can emerge.*

I.

In a letter of June 10, 1836, Karl Gutzkow, the publisher of Georg Büchner's first drama, *Danton's Tod*, explains to Büchner why the drama was not an initial success, why it "zog nicht":[1]

> Weil einige der bekannten heroice Dicta in Ihre Komödie hineinliefen und von den Leuten drin gesprochen wurden, als käme der Witz von Ihnen. Darüber vergaß man, daß in der Tat doch mehr von Ihnen gekommen ist, als von der Geschichte und machte aus dem Ganzen ein dramatisiertes Kapitel des Thiers. (FA 2: 441)[2]

Gutzkow identifies a tension between citation and artistic originality that characterizes much of Büchner's work: Büchner's texts are replete with direct quotes from, summaries of, and allusions to other texts. The work of Thomas Michael Mayer, highlighted in the recent Marburger edition of Büchner's works, documents in detail the extent to which Büchner draws on other texts – in numerous cases he copies sentences, even paragraphs, word for word. One negative assessment of this phenomenon in *Danton's Tod* accuses Büchner and his realist contemporaries of an excessive tendency, even a "Krankheit": the "Mißbrauch 'echter Dokumente.' Ausdrücke, Reden, die für Danton oder

[1] Special thanks to Holly Yanacek for her assistance with this article.

[2] Gutzkow refers here to Louis Adolphe Thiers' *History of the French Revolution*, one of Büchner's sources for *Danton's Tod*. Thanks to Patrick Fortmann for pointing out this citation.

St. Just belegt sind, müssen verwendet werden, und gerade sie wirken oft wie aufgesetzte fremde Zuthaten, weil die übrigen Worte der Figuren von Büchner stammen und nicht von ihnen selbst".[3]

Recent scholarship has been much kinder to Büchner and has recognized that there is good reason for citations in Büchner to appear "aufgesetzt" and "fremd". Scholarship focused on "citation" and "citationality" ["Zitat" or "Zitathaftigkeit"][4] has recognized that Büchner does not veil his citations, but rather draws our attention to them, that readers cannot help but recognize Büchner's texts as mosaics of citations. Or, as Hans Hiebel states, "Die Zitate wollen *als* Zitate und mit ihren Obertönen oder Konnotationen verstanden sein".[5] Approaches to this practice in Büchner vary, however. As Reiner Niehoff summarizes, most studies within this tradition tend to view citations either from a realist impulse, focusing on their origin and seeing in Büchner's work an aim to reflect as accurately as possible an earlier era, or from a more modernist aesthetic, in which the citation is detached from its historical context in order to situate it thematically within a larger, mosaic-like context.[6]

The present study, while relying on the contributions of these approaches, reads Büchner's citations differently. They are not only manifestations of historicism or realism, nor solely expressions of a modernist aesthetic, but are also political engagements, tactics to subvert a dominant political order.

II. Aesthetics and Politics

This endeavor addresses a fundamental paradox in Georg Büchner's life and his works. John Reddick labels it a "systematic discontinuity"[7] – the troubled relationship between aesthetics and politics, between individual, creative action, and larger societal change on a historical scale. This discontinuity

[3] Richard Moritz Meyer: *Die deutsche Literatur des neunzehnten Jahrhunderts*. Berlin: G. Bondi 1900. P. 167.

[4] See Rüdiger Campe: Zitat. In: *Büchner-Handbuch: Leben – Werk – Wirkung*. Ed. by Roland Borgards and Harald Neumeyer, Stuttgart-Weimar: Metzler 2009. Pp. 274–282, for a recent summary of some of the salient points in this literature, as well as a helpful bibliography. An important study in this regard is also Jürgen Sieß: *Zitat und Kontext bei Georg Büchner: Eine Studie zu den Dramen "Dantons Tod" und "Leonce und Lena"*. Göppingen: Kümmerle 1975.

[5] Hans Hiebel: Das Lächeln der Sphinx: Das Phantom des Überbaus und die Aussparung der Basis: Leerstellen in Büchners *Leonce und Lena*. In: *Georg Büchner Jahrbuch* 7 (1988–89). Pp. 126–143. Here: P. 142.

[6] See Reiner Niehoff: *Die Herrschaft des Textes*. Tübingen: Niemeyer 1991. Pp. 7–10.

[7] John Reddick: *Georg Büchner: The Shattered Whole*. Oxford: Clarendon Press 1994. P. 7.

shapes our understanding of Büchner's biography. Were his political activities only youthful recklessness which Büchner quickly abandoned for literary production after the *Hessische Landbote* affair, or was his aesthetic production and supposed philosophical pessimism only dissimulation towards his family or temporary despair that Büchner overcame while holding true to his revolutionary aims? The uncertain answers to these qucstions, the paradox that there may be truth in each, influences how we interpret his literary oeuvre.

On the one hand, there is a strong tradition of political interpretations of Büchner that focuses on social and historical change. Best known among these are Marxist approaches, which see Büchner, in Georg Lukács's words, as "a *plebeian revolutionary*, who starts to perceive with clarity the economic foundations of a liberation of the working masses".[8] Büchner is a revolutionary and a philosophical materialist who fights against the oppression of the poor before the concept of a proletariat class had been fully developed. He recognizes the material basis of reality and challenges the oppression of the poor by calling for revolution.

In contrast to this approach one finds an aesthetic as well as a pessimistic philosophical approach focused less on society as a whole and more on the individual. It is represented in the work of scholars such as Karl Viëtor, who asserts: "Dichtungen wie *Dantons Tod* und *Woyzeck* müssen verstanden und gewertet werden als Ausdruck von Glaubenskatastrophen und Weltangst-Träumen, von Verzweiflungsausbrüchen so stark und tief, daß nur die lebendigsten und stärksten Menschen des Zeitalters sie auszuhalten vermögen".[9] Büchner is a pessimist and politics interest him less than do existential questions. One finds support for this view in Büchner's own correspondence. In June 1833, he writes to his family, "daß nur das notwendige Bedürfnis der großen Masse Umänderungen herbeiführen kann, daß alles Bewegen und Schreien der *Einzelnen* vergebliches Torenwerk ist. Sie schreiben, man liest sie nicht; sie schreien, man hört sie nicht; sie handeln, man hilft ihnen nicht" (FA 2: 69). Clearly, he plays down his own revolutionary activity in this letter, but one cannot help feel that there is also some degree of sincere disillusionment expressed here as well; efforts at revolutionary agitation (such as the *Hessische Landbote* of the following year) are doomed to failure.

Clearly, both sides of this argument – Büchner as a historical figure and political agitator on the one hand, and Büchner as an aesthetically inclined

[8] Georg Lukács: *German Realists in the Nineteenth Century*, ed. by Rodney Livingstone, trans. by Jeremy Gaines and Paul Keast. Cambridge, MA: MIT Press 1993. P. 74.

[9] Karl Viëtor: *Georg Büchner: Politik, Dichtung, Wissenschaft*. Bern: Francke 1949. P. 296.

and politically impotent author on the other – find support in Büchner's biography, correspondence, and literary works.

This "systematic discontinuity" or tension within Büchner may never find adequate resolution. The aim of the present article is not to wholly resolve this tension, but to question its basic premise. I assert that the opposition between actions on an individual and a historical scale is a flawed construct; that while individual actions and aesthetic acts may change neither society as a whole nor the course of history, they can be political nonetheless. Crucial to this argument are the terms "tactics" and "strategy" that I borrow from Michel de Certeau's *The Practice of Everyday Life*.[10] For Büchner, individual action, particularly aesthetic creation, is significant not in what it accomplishes strategically, but tactically. Büchner demonstrates the significance of the tactical as a means of disrupting strategic manifestations of power, and although he does not specify how one transitions from one to the other any better than de Certeau does – that is, how individual resistance can lead to full-scale socio-historical transformation – an understanding of the tactical at least intimates how individual aesthetic acts can be political.

III. Strategies and Tactics

Michel de Certeau differs from post-structuralist contemporaries such as Michel Foucault in that he views individuals not only as objects of discourse, not only as products of the traditions, language, symbols, art, and articles of exchange given to them by a culture (as Foucault might assert). Instead, he focuses on individual agency and how people appropriate cultural objects to subvert the functioning of power at the mundane, daily level. He thus addresses the relationship between individuals and societal power structures by positing individuals who have enough autonomy to manipulate and influence their linguistic and cultural environment. They create a space temporarily free of a dominant system of power. De Certeau asserts that

> *a way of using* imposed systems constitutes the resistance to the historical law of a state of affairs and its dogmatic legitimations. A practice of the order constructed by others redistributes its space; it creates at least a certain play in that order, a space for maneuvers of unequal forces and for utopian points of reference.[11]

For de Certeau the objects and structures that society and power impose on an individual are not as significant as the use that an individual makes of these

[10] First published in 1980 as *L'invention du quotidien. Vol. 1, Arts de faire*, it was translated and published in English shortly thereafter. Michel de Certeau: *The Practice of Everyday Life*, trans. by Steven Rendall. Berkeley: University of California Press 1984.
[11] De Certeau 18.

objects and structures. "A way of using" allows for temporary redistribution of power relationships and point towards utopian ideals. He describes the focus on use or appropriation with the term "tactics", which he opposes to "strategies". Tactics are this "way of using", individualized use insofar as it subverts, disrupts, or redirects a monolithic employment of power. In contrast, he defines strategies as

> the calculation (or manipulation) of power relationships that becomes possible as soon as a subject with will and power (a business, an army, a city, a scientific institution) can be isolated. It postulates a *place* that can be delimited as its *own* and serve as the base from which relations with an *exteriority* composed of targets or threats (customers or competitors, enemies, the country surrounding the city, objectives and objects of research, etc.) can be managed.[12]

Strategies are the exercise of an identifiable and localizable power, its efforts to subordinate others to itself.

In contrast to this formal, localizable manifestation of power, "a tactic is an art of the weak".[13] It manipulates the existing power structure to subvert it. It is a type of insurgency found in the most mundane actions. Stated differently,

> [. . .] it is a maneuver 'within the enemy's field of vision,' as von Bülow put it, and within enemy territory. [. . .] It operates in isolated actions, blow by blow. It takes advantage of "opportunities" and depends on them, being without any base where it could stockpile its winnings, build up its own position, and plan raids. What it wins it cannot keep. [. . .] It must vigilantly make use of the cracks that particular conjunctions open in the surveillance of the proprietary powers. It poaches in them. It creates surprises in them. It can be where it is least expected. It is a guileful ruse.[14]

Tactics are individualized action that temporarily subverts, disrupts, or redirects the focus of society at large. At best they can produce ambiguity, uncertainty, and confusion, a space in which something revolutionary might emerge. Because tactics are conducted from a position of instability and of constant threat from the dominant power, they cannot be localized or isolated, nor can they secure their position or plan a general strategy. Yet the militarism in de Certeau's terminology (not only "tactics" and "strategies", but also the evocation of an enemy in the von Bülow reference, and terms such as "blow by blow" and "plan raids") points to the political import that he attributes to these everyday actions. As innocuous as "the practice of everyday life" might sound, de Certeau conceives of it as an incessant conflict, a revolution carried out by the weak against any power that would totalize its position. Strategies

[12] De Certeau 35–36.
[13] De Certeau 37.
[14] De Certeau 37.

and tactics thus do not represent specific ideological positions, only power and its absence.

De Certeau gives real-world examples of tactics to support this theoretical model. He presents "*la perruque*", the French slang term for "the worker's own work disguised as work for his employer", as an example of subversive tactics.[15] He cites games as another instance where tactics are formalized and taught. In games one gains "a preliminary body of material concerning the kinds of rationality proper to the practice of spaces".[16] And, of more direct interest to readers of Büchner, he identifies tactics or tactical logic in tales and legends, as well as in the stylistic and linguistic effects within these. Tales and legends "are deployed, like games, in a space outside of and isolated from daily competition, that of the past, the marvelous, the original. In that space can thus be revealed, dressed as gods or heroes, the models of good or bad ruses that can be used every day. Moves, not truths, are recounted".[17] Similarly, "both rhetoric and everyday practices can be defined as internal manipulation of a system – that of language or that of an established order. 'Turns' (or 'tropes') inscribe in ordinary language the ruses, displacements, ellipses, etc., that scientific reason has eliminated from operational discourses in order to constitute 'proper' meanings".[18] In each of these examples – games, tales and legends, and rhetoric – de Certeau finds actions that, although situated within a larger structure, temporarily subvert, disorient, or suspend that structure, that turn the rules of the structure against itself and create a space of play and uncertainty. There is a degree to which these acts are futile ("What it wins it cannot keep"), that they have only temporary effectiveness. Yet there is also a degree to which, in creating ambiguity, confusion, and uncertainty, they open up space for revolution on a small scale, for sorties or guerilla actions against a dominant power structure.

Büchner's works are replete with examples of such tactics, and these tactics intimate a continuity between his extra-literary political activities and his aesthetic production. His texts contain frequent examples of what de Certeau highlights as tactical: games (a card game features prominently in the opening scene of *Danton's Tod* – a game rife with wordplays and other rhetorical tropes that create more confusion than certainty – and childrens' games are prominent in *Woyzeck*), tales and legends (the incessant references to fairy tales and legends in Büchner's oeuvre are too numerous to cite here – the "Großmuttermärchen" from *Woyzeck* serves as only one example), and even of *la perruque* (Woyzeck's pissing on the wall against his employer's will

[15] De Certeau 25.
[16] De Certeau 22.
[17] De Certeau 23.
[18] De Certeau 24.

or Valerio manipulating the power structure in *Leonce und Lena* to his own ends). Büchner is a master of the tactical, and his texts demonstrate tactics and teach tactical thinking.

IV. Citation and Appropriation in Büchner

The remaining pages focus on a prevalent tactic in Büchner, a mode of use or appropriation, namely, citations and allusions. As mentioned above, scholars tend to view citation in Büchner either in terms of historicism and realism or in terms of a modernist aesthetic. A focus on tactics and appropriation, however, shifts the focus of such analysis from the object of citation, which has been the predominant focus of this tradition, to the act of citation. That is, this study focuses less on citations and more on their use or appropriation. "Citation" suggests a focus on the textual object, the words or phrases cited. These words can be viewed in terms of their fidelity to an original, their historical context, their formal structure, and the context in which they appear. One can read citations in terms of "intertextuality", as recent literature on Büchner's citations has done.[19] Such an approach often assumes that both the cited context and the context in which it is cited are relatively stable frames of reference – that one can understand the relation between the two, their "intertextuality", only because one understands what each pole represents. Clearly, in Büchner, this is not always the case, as I will demonstrate below. A focus on "appropriation" or the tactical use of citation, however, does not require such assumptions and focuses on the politics instead of the aesthetics of citation. To view citations as tactics or appropriations is to observe how borrowings from other sources destabilize, however temporarily, a dominant power structure, how they open up spaces and create ambiguity rather than provide closure. To use de Certeau's terms from the passage cited earlier, tactical citations "poach" in "the cracks" found in "the surveillance of the proprietary powers", they "create surprises in them".

To demonstrate the significance of this approach, I discuss *Leonce und Lena*, a drama that stages the tension between a "romantic" and a "realistic" Büchner.[20] Citation and appropriation play a crucial role in this drama. As Walter Hinderer asserts: "das literarische Zitat ist in *Leonce und Lena* das entscheidende ästhetische Bauprinzip und Teil der Kommunikationsstrategie".[21]

[19] See Campe 274–282.

[20] See Arnd Beise: Leonce und Lena. In: *Büchner-Handbuch*. Pp. 75–89. Here: Pp. 84–85 for a brief overview of these tendencies in Büchner reception. See also Hiebel 126, who addresses the question: "Ist *Leonce und Lena* ein melancholisches romantisches Lustspiel oder eine politische Satire?".

[21] Walter Hinderer: *Büchner Kommentar zum dichterischen Werk*. München: Winkler 1977. P. 133.

Appropriations permeate the drama at the level of content and structure, and the drama represents these textual appropriations as tactical, as engaged in a struggle to undermine strategies.

An example highlights the destabilizing function of appropriation and its difference from citation, how appropriation goes beyond simply repeating or referencing another text. The "Vorrede" to *Leonce und Lena* consists of two citations: "Alfieri: 'e la fama?' / Gozzi: 'e la fame?' "(99).[22] Hinderer indicates that these two citations, in referencing hunger and fame, point to the conflict between an idealist and a more materialist aesthetic program; others have linked them to Büchner's own statement that he would rather have fame than bread from his literary work.[23] As instructive as these references are, they do not exhaust or even fully elucidate the function of this citation, for they connect it to clear frames of reference (idealism, materialism, biography) without pointing to its polyvalence and disruptive potential.

To date, the actual sources of these citations in Alfieri's and Gozzi's works have not been found. In the *Frankfurter Rundschau* of August 14, 1995, however, Ingo Fellrath identifies Büchner's source for these citations not in Alfieri and Gozzi, but in George Sand, who in the second letter of her *Lettres d'un voyageur* (published in the *Revue des Deux Mondes* of July 15, 1834) describes Venice and her favorite place for sleeping, the white marble steps that lead from the Viceroy's gardens to the canal. Rather than expose herself to those who would criticize her cigar smoking, her principles, and her morality, she would prefer to sleep in this place. "All I can say is that it is extremely kind of these gentlemen [her critics] to take any notice of me and that, if I had no debts, I would never leave the Viceroy's steps to expose myself to their censure at my desk. *Ma la fama*, says proud Alfieri. *Ma la fame* is Gozzi's cheerful reply".[24] Here one finds the same rhetorical construction, with only minor variations, that appears in the "Vorrede" to *Leonce und Lena*. Büchner's citations, then, are unattributed citations of a second order – he cites Sand citing Alfieri and Gozzi, and since scholars have been unsuccessful to date

[22] All citations of *Leonce und Lena* reference the "Emendierter Text" of the Marburg edition of Büchner's works: MBA 6.
[23] Hinderer 133.
[24] George Sand: *Lettres d'un Voyageur*, trans. by Sacha Rabinovitch and Patricia Thomson. New York: Penguin, 1987. P. 85. "Tout ce que je puis dire, c'est que ces messieurs sont bien bon de s'occuper de moi, et que, je n'avai pas de dettes, je ne quitterai pas le perron du vice-roi pour leur procurer du scandale à mon bureau, *Ma la fama*? dit l'orgueilleux Alfieri. *Ma la fame*? répond Gozzi joyeusement" (George Sand: *Lettres d'un voyageur*. Cans: Meline 1838. P. 90). Both Sand and Fellrath are referenced in MBA 6: 427.

in documenting the source of the Gozzi and Alfieri citations, one wonders if Sand, herself, cites them accurately or merely paraphrases general themes.[25]

These uncertainties raise a number of issues that a focus on citation alone does not address. They indicate that the source of Büchner's citation is neither wholly stable nor reliable. That is, although Büchner attributes them to Alfieri and Gozzi, the actual source appears to be George Sand. By not mentioning her, is Büchner deliberately misleading, or is he only simplifying matters for his audience, focusing their attention on hunger and fame? Is he suppressing Sand, or is this a veiled reference that insiders, those familiar with Sand's socially and politically radical writings, would recognize? However one answers these questions, it is evident that these two citations are not what they seem on first glance.

The citations also point to thematic elements beyond those traditionally found in scholarship on this passage (i.e. materialism and idealism), yet that are fundamental to the drama. At least three are relevant in this context. The first is gender, a topic that scholars have not yet associated with these citations. Clearly, Sand resents critics who castigate her as a woman for behavior that would be acceptable for a man. What would make her willing to face such criticism (i.e. to fight the battles of burgeoning feminism)? Hunger? Fame? To what extent does Büchner raise issues of gender with these citations? To what extent does he elide them and support patriarchy by attributing the words to two males instead of to Sand? For those aware of its origin, the citation introduces gender as a troubling issue, which it certainly is in a drama where a woman abandons her homeland and her political position to avoid an arranged marriage. The citation points to an ideal space where a woman can be free of patriarchal norms, a utopia that this drama with its otherwise utopian ending ignores. With this appropriation of Sand, Büchner raises more questions about gender than his drama answers.

Second, the context of the citation draws attention to issues of place and displacement. Sand's geographical location (Italy) figures prominently in *Leonce und Lena*, as does the sense of being connected to a place and of being displaced from that connection – Sand would prefer not to leave the steps of the viceroy, but material concerns compel her to do so. Similarly, Lena and Leonce flee their respective homelands, compelled by a desire for freedom. The questions that Alfieri and Gozzi pose, as Sand frames them, ask what forces are powerful enough to persuade one to leave a place in which one feels at home. This citation is about unsettling what is comfortable

[25] Fellrath points to Sand's familiarity with both authors and identifies these themes in their texts, but likewise recognizes that these specific citations have not yet been found in their work. Ingo Fellrath: Der Ruhm, der Hunger und das Plagiat. In: *Frankfurter Rundschau* 14.08.1995.

and stable, about disorienting that which was secure and grounded, again a significant issue in *Leonce und Lena*.

But most significant, and also related to the previous two themes, is that this citation draws attention to the act of citation itself. It is a self-reflexive citation about citation, or more specifically, it is an act of appropriation that prompts its readers to reflect on appropriation. Those who would recognize the Sand reference would understand this best, in seeing both Büchner's changes to as well as his elision of its context. But even those unfamiliar with the Sand reference would recognize from the attributions to Gozzi and Alfieri that these are not Büchner's words. And in reflecting on appropriation, one sees that Büchner is less interested in fidelity to an original text or in a degree of intertextuality than he is in the function that these appropriations fulfill. By drawing readers' attention to citation at the outset of the drama, Büchner alerts readers to the significance of citations and invites them to reflect on their function within the subsequent acts and scenes. These three varied themes – gender, place, and citation – represent a multiplicity of voices and perspectives, what Hans Hiebel labels "eine gewisse Vielstimmigkeit oder Polyphonie des Textes".[26] Before the drama even begins, they challenge a dominant discourse or singular narrative voice. This passage demonstrates how Büchner uses and appropriates texts to unsettle and disrupt, to create spaces of disorientation and of potential utopias.

V. Appropriation and Politics in *Leonce und Lena*

Büchner appropriates words, ideas, and even gestures throughout the drama, as others have demonstrated. For example, Burghard Dedner states: "Als Mosaik aus Anspielungen ließe sich die gesamte Komödie lesen".[27] Rather than offer an exhaustive catalog of each of these, the present essay focuses on a few to demonstrate how Büchner uses appropriation as a political tool. One thinks of Valerio's first interaction with Leonce – a gestural imitation of König Peter, Leonce's father ("stellt sich dicht vor den Prinzen, legt den Finger an die Nase und sieht ihn starr an" [MBA 6: 101]). Here Valerio appropriates König Peter's gesture to mock him; this appropriation is more explicit than the Sand reference in subverting the dominant power structure. Yet it is also more atypical of appropriations, for it is so directly satirical as to be one-sided. As Dedner notes, satirical criticism aims at a singular meaning,

[26] Hiebel 134.

[27] Burghard Dedner: Bildsysteme und Gattungsunterschiede in *Leonce und Lena, Dantons Tod* und *Lenz*. In: *Georg Büchner: Leonce und Lena. Kritische Studienausgabe: Beiträge zu Text und Quellen*. Ed. by Burghard Dedner. Frankfurt a. M.: Athenäum 1987. Pp. 157–218. Here: P. 170.

whereas the more complex nature of Büchner's appropriations produces "die doppelironische Gleichzeitigkeit von Ernst und Spaß, von lyrischem Pathos und Witz, von authentischem und konventionalisiertem Sprechen".[28] The drama is replete with examples where appropriations create more ambiguity than clarity. As Helmut Müller-Sievers asserts, "Witz" in the drama should not be read as criticism, but as "den (zwangsläufig nicht immer glückenden) Versuch [. . .], das geschlossene linguistische Universum des kleinen runden Königreichs durch Wortspitzen und Spitzfindigkeiten zu perforieren".[29] Perforations of the linguistic universe, as Müller-Sievers labels them, can lead to perforations of the political universe, as well.

One tactic that Büchner uses to create such perforations is to have characters in positions of power cite or reference others in an effort to shore up the system of power, but with the ultimate result that such citations undermine their own credibility. For example, in Act I, scene ii, König Peter, while being dressed, refers to Spinozan and Transcendental Idealist Philosophies in an attempt to assert his sophistication and fitness as a king. The comic effect of his misappropriations – that he doesn't understand the philosophy he employs in support of his power – yields the opposite result, however. They show him to be a bumbling fool who doesn't understand what he says and is unfit to rule. His citations and references manifest a formal similarity between source and the citation, yet at the same time also manifest a discontinuity on a hermeneutic level. That is, those who refer to or borrow from others seem not to understand what they are saying, only that it fits into the political agenda. Here, it is less the citation itself and more the incompatibility of the citation with its speaker that creates a hermeneutic discontinuity and ultimately subverts the power structure.

Two other examples function similarly. In the same scene, König Peter asks his servants: "Ha, was bedeutet der Knopf im Schnupftuch? Kerl, was bedeutet der Knopf, an was wollte ich mich erinnern?", to which his Kammerdiener responds "Eure Majestät wollten sich an etwas erinnern, als sie diesen Knopf in Ihr Taschentuch zu knüpfen geruhten" (MBA 6: 102). The servant repeats the king's question as a statement without conveying any new information – he cites the king without engaging the content of what the king said. A few lines later, the king speaks to his councilors: " – denn entweder verheirathet sich mein Sohn, oder nicht (legt den Finger an die Nase) entweder, oder – Ihr versteht mich doch? [. . .] Was halten Sie davon, Präsident?", to which the president of the council responds: "Eure Majestät, vielleicht ist es so,

[28] Dedner 177.

[29] Helmut Müller-Sievers: *Desorientierung: Anatomie und Dichtung bei Georg Büchner*. Göttingen: Wallstein 2003. P. 130.

vielleicht ist es aber auch nicht so". And then the entire council responds in chorus: "Ja, vielleicht ist es so, vielleicht ist es aber auch nicht so" (MBA 6: 103). The council repeats the King's either/or alternative without adding new meaning. They cite the King only to reinforce his power and their role in the power structure that supports him. They invoke formal elements from other sources in order to reinforce a monarchy. But they do so at the expense of understanding and meaning – the disparity between what is repeated and the information conveyed points to an emptiness in this type of citation, a lack of engagement with its subject matter.

Similarly, in Act III, scene 2, the schoolmaster teaches the peasants to shout "Vivat!" to honor the king. Here we see citation again, but this time imposed by someone else: the peasants are forced to repeat the schoolmaster's words. Büchner emphasizes that the peasants understand nothing of what they repeat when the schoolmaster asserts: "Sie sehen wie die Intelligenz im Steigen ist. Bedenken Sie, es ist Latein" (MBA 6: 119). He attributes intelligence to the peasants for their ability to repeat Latin, but indicates nowhere that they understand what they are repeating. As in the previous examples, a degree of irony is evident – those who repeat others' words may support a system of power overtly, but the discrepancy between their words and their use or appropriation of those words often undermines the message they would convey. Here appropriation happens less on the level of the characters in the drama, for they manifest little agency in this situation, and more on the author's level: the characters repeat the words of others, but by creating the ironic situation, Büchner appropriates these citations to highlight a discrepancy between form and content and thus undermines the dominant power structure.

There are multiple examples of appropriation in the drama that reflect a more deliberate exercise of tactics by characters. Valerio is perhaps the most obvious practitioner of such appropriations. In Act I, scene 1, he states: "Seht, Herr, ich könnte mich in eine Ecke setzen und singen vom Abend bis zum Morgen: 'Hei, da sitzt e Fleig' an der Wand! Fleig' an der Wand! Fleig' an der Wand!' und so fort bis zum Ende meines Lebens". Leonce responds: "Halt's Maul mit deinem Lied, man könnte dabei ein Narr werden" (MBA 6: 101). This passage demonstrates, in nuce, how tactical appropriations function in Büchner. Valerio cites a well-known folk song, apparently as a sign of boredom, even melancholy. Yet this folk song also has a veiled political function: oppositional agitators sang it in Frankfurt during the 1830s to tip off fellow conspirators when the police were near.[30] The informed reader may recognize this revolutionary allusion, even if Leonce might not, but its most immediate result is confusion and uncertainty: it could make one into a fool. Tactical

[30] MBA 6: 439.

appropriations in *Leonce und Lena* increase confusion and disorder, while creating a space for multiple meanings. As Völker Dörr asserts:

> Durch Zitate wird das Maß der Entropie des Textes – und nicht etwa der Grad der Ordnung einer sich identischen Struktur – erhöht: weil sich stets mehrere neue Möglichkeiten des Anschlusses ergeben, oder negativ formuliert: weil nie wirklich determiniert ist, *wie*, in welchem eindeutigen Sinne denn das Zitierte der Semantik des zitierenden Textes eingefügt werden soll.[31]

Or, to cite de Certeau from earlier, such appropriations create a multiplicity of meaning, an uncertainty, that creates "at least a certain play in that order, a space for maneuvers of unequal forces and for utopian points of reference".

A final example demonstrates how usage and appropriation can be political acts. In Act III, scene 3, a masked Valerio brings Leonce und Lena, also masked, to court. In this scene, Valerio not only criticizes essentialist notions of identity and meaning, but also expands tactics of use and appropriation from the textual to the visual realm. In response to the question, "Wer seyd Ihr?", Valerio removes mask after mask, to which König Peter responds: "aber etwas müßt Ihr dann doch seyn?" (MBA 6: 121). The masks are the visual equivalent of textual citations – they refer to another image, but seem jarring in the given context. They create more confusion than certainty, as König Peter's response demonstrates: "Der Mann bringt mich in Confusion, zur Desperation. Ich bin in der größten Verwirrung" (MBA 6: 121). Valerio's visual appropriations have the same effect as textual citations – they create confusion and desperation by referring to something else, by invoking another frame of reference. They unsettle supposedly stable systems of power.

Valerio's tactics continue as he describes Leonce and Lena as two automatons, referencing a fascination of the eighteenth and early nineteenth centuries and a well-known passage from E. T. A. Hoffmann's "Der Sandmann". He emphasizes their membership in human society by highlighting their ability to imitate socially acceptable behavior, as well as to repeat well-known phrases ("Glaube, Liebe, Hoffnung" [MBA 6: 122], a citation from I Corinthians 13:13 in the bible). Valerio highlights imitation and citation as the foundation of society, and by drawing attention to this, he simultaneously criticizes a social order based on imitation rather than authenticity. Yet the disruptive potential of his focus on citation and imitation, the implications of his excessively compounded citations, are lost on those in power. Instead, they allow

[31] Volker C. Dörr: "Melancholische Schweinsohren" und "schändlichste Verwirrung". Zu Georg Büchners 'Lustspiel' *Leonce und Lena*. In: *Deutsche Vierteljahrsschrift für Literaturwissenschaft und Geistesgeschichte* 77.3 (2003). Pp. 380–406. Here: P. 395.

him to manipulate those in power, for he persuades König Peter to marry the automatons in effigy.

The marriage in effigy consists of Valerio interrupting the Hofprediger with multiple citations of official sounding language so that the official ceremony is thwarted. Instead, an informal statement in which each party agrees to "have" the other takes place. Valerio follows this again with references to the biblical creation story. These compounded and competing citations and references leave the reader with the sense there is no stable discourse, no reliable ground for meaning. The language, and the society that relies on it, is empty, just as a ceremony in effigy is empty. As the president tells the king, performing an execution is even better in effigy, "denn es geschieht ihm kein Leid dabei, und er wird *dennoch* gehängt" (MBA 6: 122). Büchner's appropriations are like official functions performed in effigy – they preserve an external form that seems to support or at least conform to the existing power structure. Yet their content is often unrelated, and their result is highly unpredictable, just as the marriage in effigy here turns out to be a marriage of the intended parties. As Helmut Krapp asserts, these appropriations are "im strengen Sinne keine Formen, sondern Formalismen",[32] empty of meaningful communication or action.

And similar to tactics, the results of the marriage in effigy are disorienting – the king, Leonce, and Lena each exclaim that they have been deceived. Yet for Leonce it is a deception with utopian results, "die Flucht *in* das Paradies" (MBA 6: 123). He exclaims: "O Zufall!", to which Lena replies "O Vorsehung!" (MBA 6: 123). The irony of this passage is evident to the reader, for it was neither coincidence nor providence that brought Leonce and Lena together at the end, but instead a combination of Valerio's machinations and the generic conventions of comedy. Valerio's tactics compound confusion upon confusion, and ultimately result in a full-scale reorganization of the socio-political structure. Yet the disjunct between this socio-political transformation and the tactics that led to it are evident in the paradoxical, even preposterous nature of the utopia posited at the end.[33]

VI. Tactics and Utopia

The utopia that Leonce and Valerio assert is characterized by a strange admixture of strategy and tactics – of localizable force and state order on the one hand,

[32] Helmut Krapp: *Der Dialog bei Georg Büchner*. München: Hanser 1958. P. 169.

[33] Like many other Büchner scholars, Arnd Beise recognizes the tension in this utopia – on the one hand, it is wholly unrealistic, but one senses that its utopian content is nonetheless significant to Büchner. See Arnd Beise: Georg Büchners *Leonce und Lena* und die Lustspielfrage seiner Zeit. In: *Georg Büchner Jahrbuch* 11 (2005–2008). Pp. 81–100. Here: P. 100.

and of the disruption of order and the pursuit of fantasy, laziness, and physical indulgence on the other. Leonce and Valerio institute laws and power structures that would undermine the basis of any power structure or laws. Valerio states:

> Und ich werde Staatsminister und es wird ein Dekret erlassen, daß wer sich Schwielen in die Hände schafft unter Kuratel gestellt wird, daß wer sich krank arbeitet kriminalistisch strafbar ist, daß Jeder der sich rühmt sein Brod im Schweiße seines Angesichts zu essen, für verrückt und der menschlichen Gesellschaft gefährlich erklärt wird und dann legen wir uns in den Schatten und bitten Gott um Makkaroni, Melonen und Feigen, um musikalische Kehlen, klassische Leiber und eine kommode Religion. (MBA 6: 124)

Valerio references Jean Paul, the bible, Goethe, and some of his colleagues from the young Germany movement to assert a utopian ideal of leisure and sensual pleasure. These references and citations want to be understood as citations, as Hans Hiebel asserts, they draw attention to their own status as appropriations.[34] And the utopia toward which they point is profoundly confusing and evidences the tension between strategy and tactics; while it appeals to behavior that would appear to undermine a sustainable society, its condition of possibility is a strong central government that can issue decrees to enforce such behavior.[35] The utopia he proposes is paradoxical, as evident in phrase, “eine kommode Religion”. This phrase appeals to comfort and ease (“kommod”), but only within an institution that justifies itself not in an appeal to comfort, but to transcendent truth, often at the expense of comfort. The implausibility of this ideal society makes it truly a “u-topia”, a place that exists nowhere and is already lost. As Helmut Krapp asserts, “das Paradies von *Leonce und Lena* [ist] von Anfang an wohl als verlorenes Paradies konzipiert”.[36]

The tension evident in this passage, although humorous in this context, reflects the paradoxical nature of tactics, that they point towards utopian moments, but, because they are, by definition, external to strategic thinking and structures, they can never institutionalize such a utopia. That is, tactics point to a utopian ideal and simultaneously to its impossibility. The utopia in *Leonce und Lena* resolves the tension between individual action and historical change, but only in a fantasy, in an unrealistic, implausible manner.[37] In other

[34] Hiebel 142.
[35] See Hiebel 143, who, agreeing with Lienhard Wawrzyn, also asserts the implausibility of this utopia.
[36] Krapp 151.
[37] Heinz Wetzel recognizes this, as well: “Nur im demonstrativ unrealistischen happy ending der Märchenkomödie scheint das Spannungsverhältnis zwischen dem Anspruch des deformierenden Systems und dem Emanzipationswillen des Einzelnen aufgehoben” (Das Ruinieren von Systemen in Büchners *Leonce und Lena*. In: *Georg Büchner Jahrbuch* 4 [1984]. Pp. 154–166. Here: P. 163).

words, more than resolve the tension, it introduces "ein massives Moment der Verwirrung".[38] It does not show a systematized or repeatable model of revolution, but instead shows revolution and societal transformation to be wholly dependent on some combination of "Zufall", "Vorsehung", and comedic generic conventions. And so the drama demonstrates, on the one hand, the inefficacy of political action. As Hans-Joachim Ruckhäberle asserts, Büchner rejects "die Vorstellung einer gesellschaftlichen Änderung durch den 'revolutionären Willen'; hier werden politischer wie individueller Wille wie ästhetischer ad absurdum geführt".[39]

On the other, however, it shows that Valerio's tactics lead to a utopia, however implausible it may be. For although tactics do not necessarily engender full-scale societal transformation, the tactics on display in *Leonce und Lena* suggest a hope that individual, tactical action might somehow bring about large-scale social and political change, even if its exact path or means remain unknown, even if it must depend on "Zufall" or "Vorsehung". And in this light one recognizes that, at some level, tactics for Büchner intimate the possibility of significant political change, that they point towards a utopia, however distant. Tactics in Büchner demonstrate that individual action can be political, that the "systematic discontinuity" between individual, creative action, and larger societal change on a historical scale need not be seen as an irreconcilable opposition, but as a productive tension, and that tactics, as confusing and unpredictable as their results may be, open up spaces from which societal change can emerge.

[38] Dörr 403.

[39] Hans-Joachim Ruckhäberle: *Leonce und Lena*: Zu Automat und Utopie. In: *Georg Büchner Jahrbuch* 3 (1983). Pp. 138–146. Here: P. 140.

Nicolas Pethes

"Er ist ein interessanter casus, Subjekt Woyzeck". Büchners Fallgeschichten

The intensity with which Büchner's literary oeuvre draws upon contemporary historical and medical sources has made his work one of the key references in studies on the intersection of literature and science. This intersection, however, is neither limited to poetic science nor scientific poetics but also affects the form of Büchner's writing. The fragmentary story Lenz, *the dramatic sketches for* Woyzeck, *and even the historical drama* Danton's Tod *in the construction of its title character all follow the narratological and epistemological structure of a case study, at the time the most popular genre for providing an empirical basis for the new human sciences. By exploring the poetic potential of the case, Büchner revolutionizes the image of human beings in literary texts by depicting them as exemplary individuals under scientific observation. At the same time, his texts reveal the various paradoxes that go along with the case-based logic of induction and generalization: By constantly crossing the border between fact and fiction, observation and imagination, as well as normality and pathology, Büchner's work introduces case narratives as a modern form of realistic anthropological writing that participates in both literature and science, and can therefore be considered as a genre between the two disciplines.*

Georg Büchner ist seit geraumer Zeit ein Lieblingsautor all derjenigen, die sich mit den Wechselbeziehungen zwischen Literatur- und Wissenschaftsgeschichte beschäftigen.[1] Nicht nur weil der Autor selbst auf beiden Feldern produktiv gewesen ist, bietet sein schmales Œuvre in schier allen seinen Details Anhaltspunkte für naturwissenschaftliche Bezüge in literarischen Texten[2] bzw. literarische Strukturen im Diskurs der Naturwissenschaften.[3] Das Interesse an solchen Wechselbeziehungen bei Büchner teilen beide Parteien der

[1] Das belegt zuletzt besonders deutlich die thematische Schwerpunktsetzung im *Büchner-Handbuch. Leben – Werk – Wirkung.* Hg. von Roland Borgards und Harald Neumeyer. Stuttgart-Weimar: Metzler 2009.

[2] Vgl. Georg Reuchlein: *Das Problem der Zurechnungsfähigkeit bei E. T. A. Hoffmann und Georg Büchner. Zum Verhältnis von Literatur, Psychiatrie und Justiz im frühen 19. Jahrhundert.* Frankfurt a. M.-Bern-New York: Lang 1985; Sabine Kubik: *Krankheit und Medizin im literarischen Werk Georg Büchners.* Stuttgart: Metzler 1991; Peter Ludwig: *"Es gibt eine Revolution in der Wissenschaft". Naturwissenschaft und Dichtung bei Georg Büchner.* St. Ingbert: Röhrig 1998.

[3] Daniel Müller-Nielaba: *Die Nerven lesen. Zur Leit-Funktion von Georg Büchners Schreiben.* Würzburg: Königshausen und Neumann 2001; Helmut Müller-Sievers: *Desorientierung. Anatomie und Dichtung bei Georg Büchner.* Göttingen: Wallstein 2003.

jüngeren methodologischen Debatte über das Verhältnis von Literatur und Wissen, Vertreter eines analytischen und daher mit ästhetischen Kategorien nicht kompatiblen Wissensbegriffs auf der einen und Anhänger einer diskursanalytischen Wissenspoetik auf der anderen Seite.[4]

Innerhalb dieses Debattenkontextes stehen Arbeiten, die Büchners medizinische Schriften detailliert, aber durchaus unabhängig vom literarischen Werk analysieren[5] neben Untersuchungen, die den Anteil dieses Werks an zeitgenössischer Wissensordnungen, insbesondere der medizinischen, nachweisen.[6] Dem Vorbehalt gegenüber einer solchen Wissenspoetik, sie basiere auf unzulässigen methodischen und terminologischen Transfers zwischen kategorial getrennten Bereichen, steht so die Frage entgegen, ob das Festhalten an geschlossenen Konzepten von Literatur und Wissenschaft nicht blind für deren historische Verwobenheit bleibt. Wählt man diesen Standpunkt, so wird man die Frage, ob Literatur Wissen enthalten oder ein wissenschaftlicher Texte ästhetisch gelesen werden könne, nicht mehr vorgängig entscheiden, sondern statt dessen die Geschichte der Grenzziehungen und -überschreitungen, die ihr historisch zugrunde liegen, zum Gegenstand der Analyse machen.

In diesem Sinne beanspruchte der Vorschlag für eine Wissenspoetik, wie ihn Joseph Vogl formuliert hat,[7] gar keine Aussage über 'Literatur' und 'Wissen' zu treffen.[8] Vielmehr galt seine Frage dem Anteil rhetorischer, fiktionaler und narrativer Elemente in Texten, die mit wissenschaftlichem Anspruch auftreten, durch das damit einhergehende Objektivitätspostulat aber die ihnen eigene Poetik zu invisibilisieren versuchen.[9] Aus diesen Überlegungen lässt sich dreierlei für die literaturwissenschaftliche Arbeit folgern: Erstens,

[4] Vgl. Tilmann Köppe: Vom Wissen in Literatur. In: *Zeitschrift für Germanistik* NF 17.2 (2007). S. 398–410, die Replik darauf von Roland Borgards (ebd. S. 425–428) sowie Gideon Stiening: Am "Ungrund" oder: Was sind und zu welchem Ende studiert man 'Poetologien des Wissens'. In: *KulturPoetik* 7.2 (2007). S. 234–248.

[5] Udo Roth: *Büchners naturwissenschaftliche Schriften. Ein Beitrag zur Geschichte der Wissenschaften vom Lebendigen in der ersten Hälfte des 19. Jahrhunderts*. Tübingen: Niemeyer 2004.

[6] Harald Neumeyer: "Hat er schon seine Erbsen gegessen?" Georg Büchners *Woyzeck* und die Ernährungsexperimente im ersten Drittel des 19. Jahrhunderts. In: *Deutsche Vierteljahresschrift für Literaturwissenschaft und Geistesgeschichte* 83 (2009). S. 218–245.

[7] Vgl. Joseph Vogl: Für eine Poetologie des Wissens. In: *Die Literatur und die Wissenschaften 1770–1930*. Hg. von Karl Richter, Jörg Schönert und Michael Titzmann. Stuttgart: Metzler 1997. S. 107–127.

[8] Vgl. dazu aber zuletzt das Studienbuch von Ralf Klausnitzer: *Literatur und Wissen. Zugänge – Modelle – Analyse*. Berlin-New York: de Gryuter 2009.

[9] So auch noch einmal in Joseph Vogls Replik zur Kritik von Stiening: Robuste und idiosynkratische Theorie. In: *KulturPoetik* 7. 2 (2007). S. 249–258.

dass eine starke analytische Abgrenzung des dem Wissensbegriff inhärenten Wahrheitsanspruchs von ästhetischen Strukturen dieser Invisibilisierungsstrategie innerhalb der Geschichte des Wissens wie der Literaturgeschichte eher aufsitzt, als dass sie sie zu reflektieren vermöchte. Zweitens, dass wissensgeschichtliche Ansätze sich nicht auf die Identifikation wissenschaftlicher Theorien beschränken können, sondern stets die Dimension ihrer Darstellung in den Blick zu nehmen haben.[10] Das gilt aber drittens nicht nur für wissenschaftliche Texte, sondern auch und gerade für literarische. Aus diesem Grund möchte der vorliegende Beitrag der Untersuchung ästhetischer Strukturen in Büchners wissenschaftlichen Texten den Hinweis auf die Bedeutung wissenschaftlicher Darstellungsformen in seiner Literatur an die Seite stellen.

Diese Formulierung legt allerdings nach wie vor nahe, dass wissenschaftliche Darstellungsformen und literarische Texte klar identifizierbar und differenzierbar sind. Genau das aber steht bei Büchner zur Debatte. Denn Büchners Texte, so wird zu zeigen sein, sind von einer Darstellungsform geprägt, die wissenschaftliche und literarische Strukturen zugleich aufweist, und daher eine vorgängige Unterscheidung beider vor einige Schwierigkeiten stellt. Denn angesichts einer solchen Darstellungsform lautet die Frage nicht mehr, ob literarische Texte Wissen oder wissenschaftliche Texte poetische Strukturen aufweisen können. Anstatt bereits vorauszusetzen, was in einem Fall Wissen und im anderen Poetik zu sein hat, wird deutlich werden, wie Büchners Dramen und seine Erzählung wissenschaftliche und literarische Perspektiven auf das Engste miteinander verknüpfen.

Die Darstellungsform, von der die Rede ist, und die, so die These der nachfolgenden Argumentation, in Büchners Texten als eine Wissen und Literatur integrierende Schreibweise aufgegriffen und ausgestaltet wird, ist diejenige des Falls bzw. der Fallgeschichte. Betrachtet man das jüngere wissenschaftshistorische und literaturwissenschaftliche Interesse an dieser Textsorte,[11]

[10] Zu einem literaturwissenschaftlichen Begriff der Darstellungsform aus wissenschaftshistorischer Perspektive, der an der o.g. Trennung festhält, vgl. hingegen *Darstellungsformen der Wissenschaft im Kontrast. Aspekte der Methodik, Theorie und Empirie*. Hg. von Lutz Danneberg und Jörg Niederhauser. Tübingen: Niemeyer 1998.

[11] *Literature and Medicine* 11.2 (1992). Special Issue “The Art of Clinical Case History”. Ed. by Joanne Trautmann Banks and Anne Hunsaker Hawkins; Susanne Lüdemann: Literarische Fallgeschichten. Schillers “Verbrecher aus verlorener Ehre” und Kleists “Michael Kohlhaas”. In: *Das Beispiel. Epistemologie des Exemplarischen*. Hg. von Jens Ruchatz, Stefan Willer und Nicolas Pethes. Berlin: Kadmos 2007. S. 208–223; *Fallstudien: Theorie – Geschichte – Methode*. Hg. von Johannes Süßmann, Susanne Scholz und Gisela Engel. Berlin: Trafo 2007; *Zeitschrift für Germanistik* NF 19. 2 (2009). Themenheft “Fallgeschichten – Von der Dokumentation zur Fiktion”. Hg. von Alexander Košenina.

dann ist es erstaunlich, wie lange sich die Forschung zu Fallgeschichten auf die Geschichte der Psychoanalyse im 20. Jahrhundert beschränken konnte.[12] Die Rechts-, Medizin- und Psychiatriegeschichte des Abendlands ist ohne das ungeheure – und bisher nur in Ansätzen erschlossene – Archiv kasuistischer Beispielerzählungen überhaupt nicht denkbar. Von Friedrich Hoffmanns *Medicina consultoria* (1721–1739) und François Gayot de Pitavals *Causes célebrès et interessantes* (1734–1743) über Carl Philipp Moritz' *Magazin zur Erfahrungsseelenkunde* (1783–1793), Johann Christian Spieß' *Biographien der Wahnsinnigen* und Theodor Pyls *Aufsätze und Beobachtungen aus den gerichtlichen Arzneywissenschaften* (1795) bis hin zu Carl Adolf Biermanns *Beiträge zur Psychiatrie* (1833) oder Richard Krafft-Ebings *Psychopathia sexualis* (1886) reichen die Fallsammlungen zwischen Frühaufklärung und Positivismus, deren Funktion darin besteht, dem Wissen über den Menschen auf den verschiedenen Ebenen seines Daseins konkretes Anschauungsmaterial zugrunde zu legen.

Die zentrale Rolle dieses anthropologischen Textarchivs für die Literaturgeschichte ist dabei auf einigen Feldern bereits wohlerforscht: Die Geschichte der Kriminalliteratur von August Gottlieb Meißners Sammlung *Kriminal-Geschichten* (1776) über den *Verbrecher aus Infamie* (1786) des Pitaval-Herausgebers Friedrich Schiller bis zu E.T.A. Hoffmanns *Das Fräulein Scuderi* (1815) basiert ebenso auf Fallerzählungen,[13] wie der anthropologische Roman bei Carl Philipp Moritz, Johann Karl Wezel oder Jean Paul.[14] Umgekehrt bedienen sich Fallsammlungen wie diejenige von Spieß reichlich aus dem

[12] *Die Fallgeschichte. Beiträge zu ihrer Bedeutung als Forschungsinstrument*. Hg. von Ulrich Stuhr und Friedrich-W. Deneke. Heidelberg: Asanger 1993; Gisela Steinlechner: *Fallgeschichten. Krafft-Ebing, Panizza, Freud, Tausk*. Wien: Facultas 1995; Gerd Kimmerle: *Zur Theorie der psychoanalytischen Fallgeschichte*. Tübingen: Diskord 1998; John Forrester: *The Seduction of Psychoanalysis*. Cambridge: Cambridge University Press 1998; *Psychoanalysis and Narrative Medicine*. Ed. by Peter L. Rudnitsky and Rita Charon. Albany: SUNY Press 2008.

[13] Vgl. *Erzählte Kriminalität. Zur Typologie und Funktion von narrativen Darstellungen in Strafrechtspflege, Publizistik und Literatur zwischen 1770 und 1920*. Hg. von Jörg Schönert. Tübingen: Niemeyer 1991.

[14] Vgl. Andreas Gailus: A Case of Individuality. Karl Philipp Moritz and the Magazine for Empirical Psychology. In: *New German Critique* 79 (2000). S. 67–105; Jutta Heinz: *Wissen vom Menschen und Erzählen vom Einzelfall. Der anthropologische Roman der Spätaufklärung*. Berlin-New York: de Gruyter 1996; Nicolas Pethes: "Unterirdisches Pädagogium". Kontingenzmanagement durch Fiktionalisierung in Jean Pauls Erziehungsexperiment *Die unsichtbare Loge*. In: *Kontingenz und Steuerung. Literatur als Gesellschaftsexperiment*. Hg. von Torsten Hahn, Erich Kleinschmidt und Nicolas Pethes. Würzburg: Königshausen und Neumann 2004. S. 81–100.

Inventar der empfindsamen Literatur der Zeit;[15] im angelsächsischen Sprachraum schlagen Autoren wie Samuel Warren mit seinen *Passages from a Diary of a Late Physician* (1837) oder E.A. Poe in *The Facts in the Case of M. Valdemar* (1845) Potential aus der großen Nähe zwischen literarischen Erzählformen und medizinischen Fallgeschichten.[16] Solche Erzählungen über fiktive Krankheitsverläufe bzw. die Wiederbelebung eines Verstorbenen mit den Mitteln des Magnetismus werden durch die schiere Anwendung der Textform eines medizinischen Fallberichts mit dem Anschein der empirischen Validität versehen – und zeitgenössisch entsprechend rezipiert, so etwa wenn Poe Zuschriften erhält, die um Bestätigung des Wahrheitsgehalts seiner Erzählung bitten, die zudem als Beleg für die Leistungsfähigkeit des Mesmerismus in Thomas Souths *Early Magnetism in its Higher Relations to Humanity* von 1846 zitiert wird. In der französischen Literatur lässt sich die Konvergenz medizinischer und literarischer Kasuistiken von den *physiologies* bis zum *roman expérimental* nachweisen, und auch August Strindbergs *Vivisektionen* von 1887 basieren auf derselben Parallele.[17]

Die Ausgangsbeobachtung der vorliegenden Ausführungen ist mithin, dass der Fall ein Darstellungsschema ist, das die Wissenschafts- und Literaturgeschichte der Moderne gleichermaßen prägt, und das auf eine Weise, die es unentscheidbar erscheinen lässt, ob das zugehörige Textgenre der Fallgeschichte seinen Ursprung in den Wissenschaften vom Menschen (in Gestalt einer Rhetorik der objektiven Beobachtung) oder der schönen Literatur (in

[15] Vgl. Alexander Košenina: "Tiefere Blicke in das Menschenherz". Schiller und Pitaval. In: *Germanisch-Romanische Monatsschrift* 55.4 (2005). S. 383–395; Nicolas Pethes: Vom Einzclfall zur Menschheit. Die Fallgeschichte als Medium der Wissenspopularisierung zwischen Recht, Medizin und Literatur. In: *Popularisierung und Popularität*. Hg. von Gereon Blaseio, Hedwig Pompe und Jens Ruchatz. Köln: Dumont 2005. S. 63–92.

[16] Vgl. Roland Barthes: *Analyse textuelle d'un conte d'Edgar Poe*. Paris: Seuil 1975 bzw. Meegan Kennedy: The Ghost in the Clinic. Gothic Medicine and Curious Fiction in Samuel Warren's *Diary of a Late Physician*. In: *Victorian Literature and Culture* 32.2 (2004). S. 327–351.

[17] Vgl. zur Gattung der *physiologies,* bereits mit Blick auf Büchner, Günter Oesterle: Das Komischwerden der Philosophie in der Poesie. Literatur-, philosophie- und gesellschaftsgeschichtliche Konsequenzen der 'voie physiologique' in Georg Büchners *Woyzeck*. In: *Georg Büchner Jahrbuch* 3 (1983). S. 201–239; zu Zola u. a. Lawrence Rothfield: *Vital Signs. Medical Realism in Nineteenth-Century Fiction*. Princeton: Princeton University Press 1994; zu Strindberg meinen Beitrag: Literarische Vivisektionen. Das Experiment als Gattungsstruktur bei August Strindberg. In: *"Wir sind Experimente: wollen wir es auch sein!" Experiment und Literatur II 1790–1890*. Hg. von Michael Gamper, Martina Wernli und Jörg Zimmer. Göttingen: Wallstein 2010. S. 351–366.

Form eines Narrativs biographischer Wendepunkte) hat.[18] Fallgeschichten sind stets von epistemischen und ästhetischen Diskursen zugleich geprägt und daher nicht einsinnig als 'wissenschaftliche' Vorlagen für 'literarische' Ausarbeitungen zu verstehen. Für diesen Perspektivwechsel bieten Büchners Texte eine anschauliche Grundlage, indem sie Protagonisten als Fälle präsentieren und damit Zeugnisse eines literarischen Realismus sind, dessen Mimesisverständnis nicht länger allein ästhetisch codiert ist, sondern den empirischen Anspruch der neuen Humanwissenschaften als literarisch relevante Kategorie ausgestaltet. Vor allem aber begreifen sie Falldarstellungen selbst als literarische Form und ermöglichen es so, eine vermeintlich ausschließlich wissenschaftliche Schreibweise ästhetisch zu lesen.

Der Nachweis für diese These wird im folgenden anhand der Erzählstruktur, der Epistemologie und der Semantik des Falls zu führen sein. Unter Erzählstruktur ist dabei das Postulat vorurteilsloser Beobachtung und die mit ihm einhergehende Rhetorik der Objektivität bzw. Textform des chronologischen Protokolls gemeint, die seit Karl Philipp Moritz' Aufruf zu einer kasuistischen Erfahrungsseelenkunde nicht nur für die Wissenschaften vom Menschen sondern auch für die Literatur prägend gewesen ist.[19] Diese Empirisierung auch der fiktionalen Literatur durch Abkehr von der rhetorischen Topik seit den 1770er Jahren – nicht zuletzt durch die Ästhetik Jakob Michael Reinhold Lenz', der auch bei Büchner als Vertreter eines neuen Realismus auftritt – ist gut aufgearbeitet, jedoch erst in Ansätzen auf die

[18] Zum "Kasus" als Kleingattung vgl. André Jolles: *Einfache Formen: Legende, Sage, Mythen, Rätsel, Spruch, Kasus, Memorabile, Märchen, Witz*. Tübingen: Niemeyer 1930. S. 171–193. Im vorliegenden Zusammenhang geht es allerdings weniger um eine schiere Gattungsdefinition als um den Blick auf eine spezifische Schreibweise, die wissenschaftliche und literarische Darstellungsformen umgreift. Der Begriff der Schreibweise ist in diesem Sinne durchaus an Roland Barthes' Konzept einer klassische Gattungsnormen unterlaufenden *écriture* (vorgestellt in *Le degré zero d'écriture*) angelehnt, aber nicht an ästhetikimmanenten Transgressionen interessiert, sondern an solchen zwischen Ästhetik und Epistemologie. Vgl. meinen Beitrag: Epistemische Schreibweisen. Zur Konvergenz und Differenz naturwissenschaftlicher und literarischer Erzählformen in Fallberichten. In: *Der ärztliche Fallbericht. Epistemische Grundlagen und textuelle Strukturen dargestellter Beobachtung*. Hg. von Rudolf Behrens, Maria Winter und Carsten Zelle. Wiesbaden: Harrassowitz (im Druck).

[19] Vgl. zur Interaktion von Moritz' *Magazin zur Erfahrungsseelenkunde* und seinem Roman *Anton Reiser* nach wie vor instruktiv Lothar Müller: *Die kranke Seele und das Licht der Erkenntnis*. Frankfurt a. M.: Athenäum 1987 sowie die weiteren Nachweise im Kapitel "Beobachten" meines Buchs *Zöglinge der Natur. Der literarische Menschenversuch des 18. Jahrhunderts*. Göttingen: Wallstein 2007.

Fallgeschichte als Schreibweise, die mit dieser Ästhetik korreliert, bezogen worden.[20]

Die epistemologische Dimension dieser Schreibweise betrifft die spezifische wissenschaftliche Logik von Fallgeschichten, ihre Inbezugsetzung einer besonderen Lebensgeschichte mit einer generellen Theorie. Was modern als Verfahren der Induktion diskutiert wird, ist bereits seit der Aufklärung die Legitimation für den Ausgang von individuellen Biographien für die Wissenschaften vom Menschen – ein Ausgang der von der Literatur der Zeit entscheidend mitgestaltet wird. Dass, wie Michel Foucault gezeigt hat, das Verständnis von Individualität im 19. Jahrhundert das aufgeklärte Programm einer subjektiven Vernunftautonomie zugunsten ihrer Unterwerfung unter die verschiedenen Überwachungs- und Registraturtechniken der modernen Macht eintauscht, ist dabei nicht nur zentraler Gegenstand von Büchners Texten, sondern auch stets verbunden mit der Darstellungsform des Falls als eines Modus' dieses gesellschaftlichen Kontrolldispositivs.[21]

Die Semantik von Individualität und die Wahrnehmung eines Lebenslaufs als Fall sind aus dieser Perspektive nicht mehr voneinander zu trennen und bedingen einander wechselseitig. Zur Erzählform der Beobachtung und zur Epistemologie des Individuums kommt drittens die Semantik des Falls hinzu, die neben derjenigen eines juristischen, medizinischen oder anthropologischen Beispiels auch die physikalische Konnotation von Herabfallen sowie die moralische des Sündigens umfasst.[22] In dieser letztgenannten Bedeutung partizipiert das Verständnis von 'Fall' noch am deutlichsten an derjenigen Tradition der *exempla*-Literatur, an deren Stelle sie sich im Rahmen der literaturtheoretischen Erneuerungsbewegungen des 18. Jahrhunderts setzt.

[20] Vgl. als erste Bestandsaufnahme *Der ganze Mensch. Anthropologie und Literatur im 18. Jahrhundert. DFG-Symposion 2002.* Hg. von Hans-Jürgen Schings. Stuttgart: Metzler 1994, als aktuellen Abriss mit einem Kapitel zu Fallgeschichten Alexander Košenina: *Literarische Anthropologie*. Berlin: Akademie 2008.

[21] Michel Foucault: *Überwachen und Strafe. Die Geburt des Gefängnisses.* Frankfurt a. M.: Suhrkamp 1976. S. 246: "Der Fall ist nicht mehr wie in der Kasuistik oder in der Jurisprudenz ein Ganzes von Umständen, das eine Tat qualifiziert und die Anwendung einer Regel modifizieren kann; sondern der Fall ist das Individuum, wie man es beschreiben, abschätzen, messen, mit anderen vergleichen kann – und zwar in seiner Individualität selbst; der Fall ist aber auch das Individuum, das man zu dressieren oder zu korrigieren, zu klassifizieren, zu normalisieren, auszuschließen hat usw.". Vgl. zur Kritik an Foucaults Trennung von traditionellen juristischen und modernen disziplinatorischen Fallnarrativen Gailus.

[22] Auf diese Mehrfachsemantik hat bisher v.a. die Kleistforschung aufmerksam gemacht. Vgl. *Heinrich von Kleist: Kriegsfall – Rechtsfall – Sündenfall.* Hg. von Gerhard Neumann. Freiburg: Rombach 1994; Bernhard Greiner: *Kleists Dramen und Erzählungen. Experimente zum 'Fall' der Kunst.* Tübingen-Basel: Francke 2000.

Im Sinne des warnenden Beispiels betrifft das vor allem Geschichten von sogenannten 'gefallenen' Mädchen. Dem gegenüber steht die Tradition der vorbildhaften Beispiele, wie sie aus der Antike etwa durch Cornelius Nepos' *De viris illustribus* oder Plutarchs *Vitae Parallelae,* in der christlichen Überlieferung in Gestalt von Heiligenlegenden, bekannt und auch zu Beginn des 19. Jahrhunderts noch durchaus vertraut sind. Dafür sprechen nicht zuletzt Büchners Schulaufsätze, allen voran die Rede zur Rechtfertigung des Selbstmords des Kato von Utica (FA 2: 31f.), der u.a. bei Plutarch überliefert ist.[23]

Büchners gegen eine nachträgliche Anwendung des christlichen Selbstmordverbots auf ein antikes Heldenopfer gerichtetes Argument, der Suizid sei die letztmögliche freie Handlung eines römischen Republikaners nach dem Staatsstreich Cäsars gewesen, ist im Rahmen der zeitgenössischen Moraldebatten und politischen Unruhen durchaus bemerkenswert. Für den vorliegenden Zusammenhang belegt sie aber vor allem diejenige Folie, von der sich das Erzählschema des Falls seit der Spätaufklärung zu emanzipieren begonnen hat: Zwar ist Cato fraglos ein exemplarisches Individuum, und sein Tod kann durchaus auch in dem Sinne als 'Fall' interpretiert werden, in dem die klassische Ständeklausel der Tragödientheorie das Scheitern des Helden an die Bedingung einer bestimmten Höhe koppelt, von der er herabstürzen kann – einer Höhe also, die den tragischen Niedergang im Sinne eines strukturellen Distinktionsmerkmals nicht nur (hinsichtlich der vorherigen schuldhaften *hamartía*) moralisch und (hinsichtlich der kathartischen Involvierung des Zuschauers) exemplarisch, sondern durchaus auch physikalisch versinnbildlicht.

Für die Ausbildung eigenständiger Fallerzählungen seit der Aufklärung ist allerdings gerade die Abgrenzung gegenüber der moralischen Dimension solcher Fälle entscheidend. In seiner *Abhandlung über die Fabel* argumentiert Gotthold Ephraim Lessing beispielsweise engagiert gegen jedwede Lesart von Tierfabeln als Allegorisierung moralischer Lehrsätze. An die Stelle einer solchen didaktischen Bedeutung werde in einer Fabel "der allgemeine Satz [. . .] *auf einen einzeln Fall zurückgeführet*".[24] Dieser für die ästhetische

[23] Büchners Werke werden im folgenden unter Angabe der Sigle FA, der römischen Band- sowie der arabischen Seitenzahl im laufenden Text aus Georg Büchner: *Sämtliche Werke, Briefe und Dokumente in zwei Bänden*. Hg. von Henri Poschmann. Bd. 1: *Dichtungen*. Bd. 2: *Schriften, Briefe, Dokumente*. Frankfurt a. M.: Deutscher Klassiker Verlag, 1992–1999 (Frankfurter Ausgabe), zitiert.

[24] Gotthold Ephraim Lessing: Abhandlungen über die Fabel. In: *Gesammelte Werke in zehn Bänden*. Berlin-Weimar: Aufbau 2. Aufl. 1968. Band 4. S. 5–85. Hier S. 37. Vgl. ohne Bezug auf Lessing, aber im Sinne dieses Arguments, Joachim Jacob: Das Besondere des Falls. Zur ästhetiktheoretischen Vorgeschichte der Fallstudie im 18. Jahrhundert. In: Süßmann, Scholz und Engel: *Fallstudien*. S. 251–264.

Theorie der Zeit keineswegs übliche Gebrauch des Terminus 'Fall' zeigt damit, wie die literarische Ästhetik sich von allegorischen Deutungsebenen ab- und der konkreten Wirklichkeit zuwendet. Diese Wirklichkeit, kommt, wie Lessing weiter schreibt, "nur dem Einzeln, dem Individuo zu; und es läßt sich keine Wirklichkeit ohne die Individualität gedenken". [25] In der Erzählform des Falls weicht mithin die moralische Exempelfunktion 'großer' Heroen bzw. 'kleiner' Verbrecher einem Interesse an den konkreten Subjekten in ihrer psycho-physiologischen Verfasstheit. Und wie zu sehen sein wird, folgt auch dieser neue fallbasierte literarische Realismus nicht mehr dem moralischen Code gut vs. böse, sondern der Unterscheidung normal vs. abweichend, die medizinische und juristische Diskurse dominiert, wenn er unterhalb gängiger Gattungskonventionen auf den Fall als Darstellungsform zurückgreift.

I. Narration: *Lenz*

Zunächst aber zurück zur Erzählstruktur von Fallgeschichten, der auf den ersten Blick augenfälligsten Parallele zwischen wissenschaftlichen und literarischen Darstellungsformen.[26] Ein Text wie Büchners *Lenz* zeigt deutlich, auf welche Weise das Protokoll der Beobachtung eines Individuums ästhetisch gelesen werden kann, ohne dass hierzu Modifikationen der Form vonnöten wären. Denn das ohne jede literarische Ambition geschriebene Journal von Johann Friedrich Oberlin über den Besuch von Jakob Michael Reinhold Lenz in seiner Elsässer Gemeinde Anfang 1778 konnte von Büchner sowohl hinsichtlich des erzählten Geschehens als auch in Gestalt des Wortlauts übernommen werden, da die Erwartungshaltung an einen literarischen Text innerhalb der Poetik des Vormärz in eine denkbar große Nähe zu derjenigen an einen empirischen Bericht wie demjenigen von Oberlin gerückt waren.

Das bedeutet nicht, dass Büchner die von seinem Straßburger Freund August Stöber 1831 im *Morgenblatt für gebildete Stände* vorgestellte (und dann 1839 in *Erwinia* publizierte) Fallgeschichte Oberlins nicht durchaus signifikant bearbeitet hätte. Diese Modifikationen betreffen insbesondere die Einführung eines Erzählers, die Fokussierung der Innensicht Lenz', die ausgestaltete Naturmetaphorik sowie die Pointierung der Religionskritik.[27]

[25] Lessing: Abhandlung 40.

[26] Eine narratologische Theorie der Fallgeschichte liegt aber trotz dieser scheinbaren Evidenz und den intensiven Forschungsbemühungen der letzten Jahre noch nicht vor: Vgl. die entsprechende Anmerkung in der Einleitung der Herausgeber zu Süßmann, Scholz, und Engel: *Fallstudien*. S. 13.

[27] Aus diesem Grund spricht die ältere Forschung von einer Verwandlung von Oberlins protokollförmigem Fallbericht in eine literarische Erzählung: Hans-Peter Pütz: Büchners 'Lenz' und seine Quelle. Bericht und Erzählung. In: *Zeitschrift für deutsche Philologie* 84 (1965). Sonderheft "Moderne deutsche Dichtung". S. 1–22.

Passagenweise ist Büchners Text aber textidentisch mit Oberlins Bericht, so dass man an diesen Stellen bei Büchner tatsächlich Oberlins Wortlaut liest – ohne dass dies als Bruch mit der Konsistenz des Textes oder gezielte Montage wahrnehmbar wäre. Dieser Eindruck bleibt auch dann gültig, wenn man nicht mehr davon ausgeht, dass Büchner im zweiten Teil der Erzählung gezielt auf eine Literarisierung der Oberlin-Vorlage verzichtet hat, um die Reduktion von Lenz' Bewusstsein abzubilden, sondern in seiner Überarbeitung nur nicht bis zu diesen späten Textpassagen vorgedrungen ist.[28] Denn es geht bei der Frage nach der Schreibweise von Fallgeschichten gar nicht um die Intention eines Autors oder die Kontingenzen der Textgenese, sondern um die Struktur eines Erzählschemas, das sowohl als ästhetisches Artefakt als auch als empirisches Beobachtungsprotokoll gelesen werden kann – und das gilt gleichermaßen für Oberlins wie für Büchners Text. Dieses Erzählschema besteht in der Rahmung von Lenz' Aufenthalt durch Ankunft und Abreise sowie einem steten Wechsel von Zuständen, in denen Lenz deutliche Anzeichen des Wahnsinns an den Tag legt, mit kurzfristigen Phasen der Besserung – wobei die Tendenz fallend ist und Oberlin am Ende das Scheitern seiner Therapieversuche eingestehen muss und Lenz aus seiner Obhut entlässt.

Schon diese sehr allgemeine Charakterisierung der Erzählstruktur zeigt, wie deutlich Büchners Text vom klassischen Novellenschema mit "unerhörter Begebenheit" und Dingsymbolik abweicht und an seine Stelle die Beobachtung von Krankheitssymptomen einerseits, ihre mögliche Wechselwirkung mit externen Einflüssen andererseits, treten lässt. Der wichtigste dieser Einflüsse auf Lenz' Zustand ist dabei sein Umgang mit Oberlin selbst, der ihn, in Übereinstimmung mit diätetischen Therapiemethoden der Zeit, durch einen von praktischer Arbeit geregelten und regelmäßiger Einkehr zum Gebet strukturierten Tagesablauf zu derjenigen "Ruhe" bringen will, nach der der leidende Dichter beständig (und darin Büchners Danton-Figur verwandt) sucht. Zugleich halten sich Oberlin wie Büchner aber an das zentrale Postulat der Fallliteratur, "nur wirkliche Fakta" niederzuschreiben und "der Versuchung widerstehen, Reflexionen einzuweben"[29] – mit anderen Worten: Deutungsversuche anzustellen. Eine Fallgeschichte ist eine Erzählung empirischer Beobachtung, die auf deren Interpretation verzichtet – und das auch in Büchners Bearbeitung. Deren Zusatz besteht ja gerade nicht in einer Deutung von Oberlins Bericht, sondern in einer Ergänzung, die das Erzählschema

[28] So Burghard Dedner: Büchners 'Lenz'. Rekonstruktion der Textgenese. In: *Georg Büchner Jahrbuch* 8 (1995). S. 3–68.

[29] So Carl Philipp Moritz: Aussichten zu einer Experimentalseelenlehre. In: *Werke*. Hg. von Horst Günther. 3 Bände. Frankfurt a. M.: Insel 1981. Band 3. S. 85–99. Hier S. 90.

einer Fallgeschichte nicht – im Sinne einer imaginativen Erweiterung oder ästhetischen Formung – verlässt, sondern gerade dadurch bestätigt, dass sie es gemäß der genannten strukturellen und darstellerischen Prinzipien ergänzt.

Das lässt sich anschaulich an der auffälligsten Umstellung nachweisen, die Büchner vornimmt: Während Oberlins homodiegetischer Bericht durchweg an dessen Perspektive gebunden bleibt, fokalisiert Büchners heterodiegetischer Erzähler intern Lenz' Wahrnehmungen. Wenn Büchner so passagenweise dasjenige, was bei Oberlin neutral rekonstruiert wird, anhand der Selbstwahrnehmung Lenz' berichtet, dann ergänzt er Einsichten, die sich Oberlins Beobachtung entziehen – nicht aber in Form einer interpretierenden Diagnose, sondern wiederum im Genre des empirischen Berichts.

Das belegt etwa ein Vergleich der Darstellungen von Lenz' erstem nächtlichen Ausflug in den Dorfbrunnen, der in Oberlins Version aus dessen Erinnerung rekonstruiert wird:

> Die darauf folgende Nacht hörte ich eine Weile im Schlaf laut reden, ohne daß ich mich ermuntern konnte. Endlich fuhr ich plötzlich zusammen, horchte, sprang auf, horchte wieder. Da hörte ich mit Schulmeisters Stimme laut sagen: Allez donc au lit – qu'est-ce que c'est que ça – hé! Dans l'eau par un temps si froid! – Allez, allez au lit! (FA 1: 966)

Büchner belässt die *histoire* dieser Szene unangetastet, modifiziert den *discours* aber durch eine vollständige Umfokalisierung:

> [E]ine unnennbare Angst erfaßte ihn, er sprang auf, er lief durchs Zimmer, de Treppe hinunter, vor's Haus; aber umsonst, Alles finster, nichts, er war sich selbst ein Traum, einzelne Gedanken huschten auf, er hielt sie fest, es war ihm, als müsse er immer "Vater unser" sagen [. . .] er stürzte sich in den Brunnstein, aber das Wasser war nicht tief, er patschte darin. Da kamen Leute, man hatte es gehört, man rief ihm zu. Oberlin kam gelaufen; Lenz war wieder zu sich gekommen, das ganze Bewußtsein seiner Lage, es war ihm wieder leicht, jetzt schämte er sich und war betrübt, daß er den guten Leuten Angst gemacht, [. . .]. (FA 1: 227f.)

Anstelle einer Suche nach Elementen für eine Literarisierung oder ästhetische Formgebung durch Büchner – die sich für andere Passagen, in denen er Oberlins Wortlaut wörtlich übernimmt, ohnehin verbietet – ermöglicht die synoptische Lektüre derartiger Passagen eine komplementäre Perspektive auf Lenz' Geschichte. Denn die beiden Textstellen stehen weder im Widerspruch zueinander, noch weisen sie einen auffälligen Unterschied hinsichtlich ihres jeweiligen diskursiven Registers auf, wie es für eine Transformation von einer empirisch-beobachtenden in eine literarisch-narrative Schreibweise notwendig schiene. Statt dessen ergänzt und komplettiert die eine Darstellung die jeweils blinden Flecken der anderen, so dass sich die Instanzen des Beobachters und des Erzählers nicht von vornherein trennen lassen und sich der Fall 'Lenz' in Gänze erst einer integralen Lektüre beider Perspektiven erschließt.

Eine solche Lektüre schmälert keinesfalls die ästhetische Pionierleistung, die Büchners Fragment für die Erzählliteratur der Moderne zukommt. Vielmehr besteht diese Pionierleistung gerade in der unerhörten Annäherung der Erzählperspektive an pathologische psychische Zustände und Wahrnehmungen, die in literarischen Texten bis dahin lediglich in Gestalt topischer oder ironischer Form (denkt man an Goethe, Jean Paul oder E.T.A. Hoffmann) dargestellt werden konnten. Büchners Erzählung hingegen optiert nicht nur im sogenannten Kunstgespräch auf poetologischer Ebene für einen bedingungslosen Realismus, sondern macht sich diesen überdies auf eine Weise zu eigen, die die moderne Literatur auf eine dokumentierbare Wirklichkeit verpflichtet und es damit erlaubt, *Lenz* als einen literarischen Fallbericht zu bezeichnen, der die Felder von Literatur und Wissenschaft auf innovative Weise verwebt.

II. Epistemologie: *Woyzeck*

Während Büchners *Lenz* die wechselseitige Ergänzung von individuellen Beobachtungsprotokollen und literarischen Texten verdeutlicht, scheint sich sein Dramenfragment *Woyzeck* auf dieser formalen Ebene denkbar weit von einer beiden gemeinsam zugrunde liegenden Schreibweise entfernt zu haben. Zudem ist *Woyzeck* eine Sammlung dramatischer Szenen und gehört damit nicht zum narrativen Genre. Dennoch reflektiert der Text noch deutlicher als *Lenz* die epistemologische Struktur des fallbasierten Wissens und setzt sie überdies in die ästhetische Form eines modernen Dramas um.[30]

Diese Struktur scheint auf den ersten Blick auch im *Woyzeck* von Büchners Quellen her zu rühren: Zum einen sind der Mord des historischen Johann Christian Woyzeck an seiner Geliebten Johanna Woost (sowie die Parallelfälle

[30] Diesen Umstand macht Rüdiger Campe zum Gegenstand seiner für die vorliegende Untersuchung wegweisenden Studie zu *Woyzeck*, die von der These ausgeht: "Büchners Texte verarbeiten nicht in erster Linie einen Stoff, sondern zitieren Texte und Darstellungsweisen". Rüdiger Campe: Johann Franz Woyzeck. Der Fall im Drama. In: *Unzurechnungsfähigkeiten. Diskursivierungen unfreier Bewußtseinszustände seit dem 18. Jahrhundert*. Hg. von Michael Niehaus und Walter Schmidt-Hannisa. Frankfurt a. M. u.a.: Peter Lang 1998. S. 209–223. Hier S. 222. Das erklärt auch, warum im *Woyzeck* der Wechsel vom narrativen ins dramatische Genre umstandslos möglich ist: Campe zufolge entspricht das Theater als Bühne für die Inszenierung von Fällen dem Inszenierungscharakter der Verhör- und Versuchsanordnungen in den Wissenschaften vom Menschen zu Beginn des 19. Jahrhunderts. Der literaturhistorisch oft bemerkte Umschlag von der in der Tradition der Haupt- und Staatsaktion stehenden Tragödie *Danton's Tod* zur innovativen Aufwertung eines Paupers zum Dramenhelden in *Woyzeck* hat aus dieser Perspektive auch mit dem von Foucault in *Überwachen und Strafen* beschriebenen Wandel in der Strafpraxis der Zeit zu tun, durch den Fallbeobachtungen an die Stelle spektakulärer Hinrichtungen treten (vgl. ebd. S. 216).

Dieß und Schmolling) am Beginn des 19. Jahrhunderts bekannte Kriminalfälle. Zum anderen wird derselbe Woyzeck in Gestalt der Gutachten des Hofrats Johann Christian August Clarus zu einem gerichtsmedizinischen Fall. Diese Gutachten, die als Rekonstruktion von Woyzecks Lebenslauf der Struktur einer Fallgeschichte folgen, wurden 1825 in der *Zeitschrift für Staatsarzneikunde* veröffentlicht und dienten Büchner als Vorlage. Allerdings weicht er, anders als im *Lenz*, stark von dieser Vorlage ab, und das nicht nur aufgrund des Wechsels ins dramatische Register. Denn Büchner ersetzt die im Gutachten dokumentierte Situation eines Arzt-Patienten-Gesprächs nach dem Mord durch die in diesem Gutachten rekonstruierte Vorgeschichte der Gewalttat. In dieser Hinsicht leistet das Stück wiederum eine Ergänzung dessen, was sich der wissenschaftlichen Beobachtung (die ja auf Woyzecks Erzählungen und Symptome beschränkt ist) entzieht. Noch signifikanter ist aber, dass Büchner einen Sachverhalt in sein Stück aufnimmt, der sich in den Berichten über den historischen Woyzeck gerade nicht findet: Franz Woyzecks Rolle als Versuchsperson in einem Ernährungsexperiment des Doktors.[31]

Das heißt also, dass Büchner die historische Situation, durch die Woyzeck zum Fall wird (sein Verhör durch Clarus), gerade nicht dramatisiert, um statt dessen Ereignisse, die Clarus nicht beobachten konnte, vorzuführen. Er erweitert diese Ereignisse zudem durch eine fiktive Szene, die Woyzecks Status als Fall bereits auf der Ebene dieser Ereignisse festschreibt, indem er ihn zum Proband eines Menschenversuchs macht und den Doktor überdies ausdrücklich sagen lässt: "Er ist ein interessanter casus, Subjekt Woyzeck" (FA 1: 210).

Woyzeck folgt also nicht nur als Drama dem Schema einer Fallgeschichte, das Stück reflektiert innerhalb einer Szene die Beobachtungskonstellation, durch die das "Subjekt Woyzeck" zunächst zum physiologischen ("Den Puls Woyzeck, den Puls, klein, hart, hüpfend, ungleich", FA 1: 199), dann zum psychiatrischen ("Woyzeck, er hat eine aberratio", FA 1: 210) und schließlich zum juristischen ("Ein guter Mord, ein ächter Mord, ein schön Mord", FA 1: 189) Fall wird. Das jeweils gemeinte Subjekt ist auf diese Weise von vornherein determiniert von den Diskursen, die es diagnostizieren, klassifizieren und ausgrenzen, und kann dem kaum noch einen eigenständigen Ausdruck entgegensetzen:

> "Sehn sie Herr Doktor, manchmal hat man so n'en Charakter, so n'e Struktur. – Aber mit der Natur ist's was andres, sehn sie mit der Natur (*er kracht mit den Fingern*) da ist so was, wie soll ich sagen, z.B." (FA 1: 209f.)

[31] Vgl. Alfons Glück: Der Menschenversuch: Die Rolle der Wissenschaft in Georg Büchners *Woyzeck*. In: *Georg Büchner Jahrbuch* 5 (1986). S. 139–182 sowie Neumeyer.

Hierin zeigt sich zum einen die deutliche Hierarchisierung, die in Fallgeschichten zwischen beobachtendem Wissenschaftler und beobachteten Individuum herrscht, und die vor allem über sprachliche Codes reguliert wird. Umgekehrt führt die Schreibweise eines Falls bei Büchner aber auch zu einer neuen literarischen Sprache, die nicht länger moralisch deutend, sondern registrierend und beobachtend verfährt.[32] Die Diagnosen des Doktors und Woyzecks Stammeln zeigen so, dass die Darstellung des Individuums als Fall Ort einer Produktivität ist, die die Literatur nicht nur um die rationale Wissenschaftssprache, sondern auch um den pathologischen Diskurs, den diese zwischen den Zeilen protokolliert, bereichert.

Zum anderen konturiert Büchners *Woyzeck* die epistemische Dialektik, von der fallbasierte Wissenschaften geprägt sind: Denn die Diagnose von Woyzecks körperlichen, geistigen und sozialen Auffälligkeiten geht einher mit dem Anspruch, ihn zugleich als repräsentatives Fallbeispiel, dessen Daten generalisierbar und auf den 'normalen' oder 'durchschnittlichen' Menschen bezogen werden können: "Zweite spezies, fixe idee, mit allgemein vernünftigem Zustand, er tut noch alles wie sonst, rasiert sein Hauptmann!" (FA 1: 210)

Woyzeck ist mit anderen Worten sowohl anormal als auch normal und genau deshalb für eine auf den Übergang zwischen beiden Zuständen angewiesene Wissenschaft vom Menschen ein "interessanter casus". Auf diese Weise zeigt Büchners Text, dass Fallgeschichten zwar auf die Begründung eines allgemeinen Wissens über Menschen zielen, ihre Protagonisten aber gerade keine durchschnittliche Personen sind, sondern solche, die in ihrem Handeln, Sprechen und Verhalten von der Norm abweichen, also krank, kriminell oder wahnsinnig sind. Das verdeutlicht das epistemologische Grundparadox jeder fallbasierten Argumentation: Erst Lenz' Wahnsinn und Woyzecks Mordtat bilden den Anlass für die Beobachtungsprotokolle, die Büchner vorliegen. Desgleichen erlaubt im Drama *Woyzeck* erst der ökonomisch und sozial depravierte Zustand der Titelfigur seine Verwendung als Versuchsperson im Ernährungsexperiment des Doktors. Dieses Experiment befördert überdies den körperlichen, vor allem aber auch den geistigen Verfall Woyzecks und eröffnet auf diese Weise die Möglichkeit zu weitergehenden Beobachtungen, wie die Freude des (forschenden, nicht therapierenden) Arztes angesichts der Anzeichen des Wahnsinns bei Woyzeck deutlich belegt.

Damit illustriert Büchners Stück, wie sich die Wissenschaften vom Menschen im 19. Jahrhundert am anormalen Subjekt orientieren: Zum einen, insofern Woyzecks soziale Stellung ihn als Objekt für die Untersuchung der physiologischen und psychischen Folgen einseitiger Ernährung qualifiziert,

[32] Vgl. noch einmal Oesterle sowie Durs Grünbeins Büchner-Preisrede *Den Körper zerbrechen*. Frankfurt a. M.: Suhrkamp 1995.

zum anderen, als sein durch diese Untersuchung in Mitleidenschaft gezogener Geisteszustand einen rechtlichen Einspruch gegen seine Verwendung als Versuchsperson verhindert. Die Diagnose einer "aberratio mentalis" durch den Doktor, die dem historischen Woyzeck das Leben gerettet hätte, ist in Büchners pointierter Wendung zugleich Anlass und Auswirkung der Konstitution der gleichnamigen Dramenfigur als experimentellen Fall.[33]

Büchners Fragment schließt mithin nicht nur an sämtliche Wissensbereiche an, die um 1830 auf Fallgeschichten basieren, sondern reflektiert auch die implizite Logik dieser Tradition: Denn wenn der Doktor Woyzeck in einer asyndetischen Fügung "casus, Subjekt" nennt, dann unterstreicht er damit die Untrennbarkeit beider, oder anders gesagt: das unmittelbare Bedingungsverhältnis zwischen einer Beobachtung des Menschen als Fall und seiner Konstruktion als Subjekt im – von Foucault hervorgehobenen – Doppelsinn von 'Individuum' und 'Unterworfenem'. Woyzeck wird im Stück durch staatliche (Hauptmann) und wissenschaftliche (Doktor) Machtinstanzen im Modus der Entmündigung und Ausbeutung als Individuum konstruiert. Den Zusammenhang dieser Unterdrückung Woyzecks mit der Semantik der Individualität macht der Dramentext explizit, wenn Woyzeck vom Hauptmann in ein Gespräch über Moral (FA 1: 206f.) und vom Doktor in eines über Willensfreiheit (FA 1: 209) verstrickt wird: In der Tradition der Kantischen Philosophie stehen Freiheit und Moral in einem Bedingungsverhältnis zueinander und sind Beleg für die Vernunftautonomie des Individuums. In der Auseinandersetzung mit dem Hauptmann aber relativiert Woyzeck die Tugendfähigkeit des einzelnen mit dem Hinweis auf seinen sozialen Stand: "Sehn Sie, wir gemeinen Leut, das hat keine Tugend, es kommt einem nur so die Natur" (FA 1: 207). Gegenüber dem Doktor beharrt er mit den gleichen Worten ("Aber Herr Doktor, wenn einem die Natur kommt", FA 1: 209), sein "musculus constrictor vesicae" sei nicht "dem Willen unterworfen". Beides ist

[33] Das epistemologische Paradox, wie aus der Beobachtung von Normabweichungen eine allgemeingültige Wissenschaft vom Menschen entstehen kann, wird darüber hinaus in der Jahrmarktszene des Stücks versinnbildlicht, in der das Tier als weitere Figuration eines vom normalen Menschen abweichenden Objekts der Anthropologie vorgeführt wird: Indem der Marktschreier einem Pferd Verstand zuspricht, durchkreuzt er die vermeintlich eindeutige Differenz zwischen Mensch und Tier; wenn er das Pferd in der Folge als "viehdummes Individuum" (FA 1: 177) bezeichnet, geht er aber noch einen Schritt weiter: Die Bezeichnung 'viehdumm' ist eine anagrammatische Umstellung des Worts 'Individuum', so daß dem Kernkonzept der idealistischen Anthropologie ihr Gegenbild, die tierische Unvernunft, auf der Ebene des Wortlauts eingeschrieben ist. Umgekehrt bedeutet das, daß die physiognomische Untersuchung des Menschen als "Viehsionomik" (ebd.) vollzogen wird – ein Zugang, der der Thematisierung der Sexualität als tierische Natur des Menschen in *Danton's Tod* und *Woyzeck* entspricht.

individualitätstheoretisch insofern signifikant, als Woyzeck nicht nur gesellschaftlich, materiell und physisch depraviert wird, sondern auch auf Diskursebene die Attribute des vernunftbegabten und freiheitswürdigen Individuums verliert. Sein restringierter Sprachcode, seine Orientierungslosigkeit sowie nicht zuletzt die Anzeichen seines Wahnsinns korrespondieren diesem diskursiven Entzug von Moral- und Freiheitsfähigkeit.

Auf diese Weise machen Büchners literarische Fallgeschichten auch die jeweiligen Kontrolldispositive kenntlich, innerhalb derer die Individuen Lenz bzw. Woyzeck im Sinne Foucaults als Fälle konstituiert werden, und zwar sowohl im Modus der teilnehmenden Beobachtung durch Oberlin als auch in Gestalt der instrumentalisierenden Objektivierung durch den Doktor: So, wie *Lenz* von der religiösen Beicht- und Geständnispraxis geprägt ist, ist *Woyzeck* auf die Szenarien einer psychiatrischen Anamnese bzw. eines kriminalistischen Verhörs bezogen und entwirft überdies die Konstellation eines medizinischen Menschenexperiments. Geständnis auf der einen, Anamnese, Verhör und Experiment auf der anderen Seite bilden so ein Ensemble von Beobachtungsrelationen, deren Protokoll die Fallgeschichte und deren Produkt das Individuum als moralisch beurteiltes, psychiatrisch diagnostiziertes, juristisch verurteiltes und medizinisch instrumentalisiertes Fallbeispiel ist.[34]

III. Semantik: *Danton's Tod*

Büchners *Lenz* und *Woyzeck* sind schlagende Belege für die Wissenspoetik fallbasierter Schreibweisen und die zentrale Rolle, die ihr im 19. Jahrhundert bei der Modernisierung der literarischen Formensprache zukommt. Zugleich sind diese Texte aber aufgrund der ihnen zugrunde liegenden Berichte bzw. Gutachten so unmittelbar von empirischen Fallberichten beeinflusst, dass sie doch für eine Übernahme wissenschaftlicher Darstellungsformen durch die Literatur zu sprechen scheinen. Die These einer eigenständigen literarischen Funktion von Fallgeschichten müsste sich in ihrer Allgemeinheit aber gerade an Texten bewähren, die auf anderen Quellen als medizinischen oder juristischen beruhen. Ein solcher Text ist Büchners erstes Drama *Danton's*

[34] Diese Lesart einer Reflexion wissenschaftlicher Verfahrensweisen durch eine Reduplikation wissenschaftlicher Darstellungsformen stellt eine Alternative zu Deutungen dar, die Büchners Leistung in einer literarischen Subversion der Wissenschaften vom Menschen sehen: Vgl. Kubik 200, oder Ludwig 237–240 und 270. Dass der literarische Fallbericht einen dezidierten Einspruch gegen die im Fall von Woyzeck bekanntlich unmittelbar tödlichen Konsequenzen des Gutachterurteils darstellt, bleibt aber unabhängig von der These, Büchner leiste nicht nur eine kritische Reflexion, sondern zugleich eine formale Adaption der Fallgeschichte als Textsorte, eine gültige Lesart seiner Zielsetzung.

Tod, das 1834 auf der Grundlage eines intensiven Studiums von Darstellungen der französischen Revolution entsteht.

Auf diese Weise folgt das Stück ebenfalls den Prinzipien von Büchners dokumentarischem Verfahren.[35] Neben den umfänglichen Zitaten aus dem ihm vorliegenden Quellenmaterial, aus denen insbesondere die öffentlichen Reden im Drama zusammengesetzt sind, entwirft Büchner aber auch die Titelfigur seines Dramas als einen nicht nur historischen sondern zugleich psychologischen und moralischen Fall, dessen vormals glänzende Karriere sich überdies im metaphorischen Sinne im Fall befindet. Auf diese Weise kann Büchners erstes Drama, wenn nicht selbst als dramatische Fallgeschichte, so doch als Darstellung der verschiedenen um 1830 nach wie vor kurrenten Semantiken des Falls gelesen werden.

Auf den ersten Blick allerdings scheint die Integration von Psychologie, Moral und Physik in Dantons 'Fall' schlicht den Gattungskonventionen eines Dramas geschuldet: Danton ist als großes Individuum in der antiken Heroentradition gezeichnet, und sein Tod am Ende des Stücks nicht nur aufgrund des Titels konsequent, sondern auch im Sinne der Tragödienästhetik notwendig. Auch die moralische Dimension dieses Scheiterns – die am deutlichsten in Dantons Auseinandersetzung mit Robespierre, aber auch in seiner abnehmenden Bereitschaft, noch einmal in das politische Geschehen einzugreifen, problematisiert wird – fügt sich der klassischen Frage nach dem Schuldigwerden des Protagonisten. Und dennoch ist Dantons Scheitern weder in einer tragischen Verfehlung der Jakobiner noch in einem moralischen Dilemma begründet. Danton stirbt, weil er nicht mehr als Revolutionär zu agieren imstande ist und den Dingen ihren eigenen Lauf lässt, was im Stück aber weniger als moralische *hamartía* denn als pathologische Deformation seines vormals sanguinischen in ein nunmehr melancholisches Temperament vorgeführt wird.

Das belegen zum einen Dantons verschiedentliche Klagen über die ewige Wiederkehr alltäglicher Vollzüge, aus denen sich die Vergeblichkeit jedes Versuchs eines revolutionären Umsturzes bereits ablesen lässt (FA 1: 38f.). Dass diese existentielle Langeweile, die in der gleichen Weise auch von Lenz (FA 1: 244) und vom Hauptmann im *Woyzeck* (FA 1: 205–207) artikuliert wird, aber nicht mehr dem traditionellen Topos der *acedia* folgt, sondern in ihren psychophysiologischen Kontexten beobachtet wird, zeigen Dantons Anspielungen an eine die Verfahrensweisen der empirischen Medizin im ersten Auftritt ("Wir müßten uns die Schädeldecken aufbrechen", FA 1: 13),

[35] Vgl. Burghard Dedner: Georg Büchner: "Dantons Tod". Zur Rekonstruktion der Entstehung anhand der Quellenverarbeitung. In: *Georg Büchner Jahrbuch* 6 (1990). S. 106–131.

sein Plädoyer für den Ausgang von der "Natur" bei der Bewertung menschlichen Handels gegenüber Robespierre (FA 1: 33) und seine daraus folgende Annahme einer inneren Determiniertheit allen Tuns: "Was ist das, was in uns hurt, lügt, stiehlt und mordet?" (FA 1: 49) Auch Dantons Feststellung "Man arbeitet heut zu Tag Alles in Menschenfleisch" (FA 1: 62) ist aus dieser Perspektive nicht nur auf die Praxis der Jakobiner gemünzt, mit Hilfe der Guillotine zu regieren, sondern zugleich auf die Materialität historischer und politischer Prozesse im Sinne ihrer physiologischen Grundlagen. Auf diese Weise wählt *Danton's Tod* als Ausgangspunkt für die Dramatisierung historischer Zusammenhänge anstelle einer geschichtsphilosophischen Grundlegung den Blick derjenigen empirischen "Menschenbeobachter",[36] die das 18. Jahrhundert als Autoren von Fallgeschichten angesprochen hatte, um eine idealistische durch eine empirische Anthropologie zu ersetzen. Die Dramenästhetik von *Danton's Tod* im Kontext fallbasierter Schreibweisen zu lesen, bedeutet demnach nicht, die politische Dimension des Stücks zu ignorieren. Im Gegenteil: Indem bei Büchner dem Politiker die Gesetzmäßigkeiten der Geschichte so unbekannt sind, wie dem Aufklärungsanthropologen die Funktionen von Körper und Psyche, sind auch hier exemplarische Beobachtungen vonnöten, die zeigen, wie sie im Einzelfall wirken.

Eine solche Einzelfallstudie über den Mechanismus eines politischen Umsturzes ist Dantons Fall aus dem "Pantheon" (FA 1: 62) aufs Schafott. Um einen Fall handelt es sich dabei auf allen Ebenen der mit diesem Begriff verbundenen Semantik: Ein juristischer Kasus liegt vor, insofern Danton vor dem Revolutionstribunal angeklagt und verurteilt wird. Eine *historia morbi* stellt neben Dantons Melancholie auch Luciles Weg in den Wahnsinn dar. Und die moralische Konnotation des Sündenfalls bzw. gefallenen Mädchens kommt in Dantons Auseinandersetzung mit Robespierre, v.a. aber in der Marion-Szene zum Ausdruck (FA 1: 26–28). Auf diese Semantik bezieht sein Gefährte Lacroix den Begriff, wenn er angesichts von Dantons Passivität und dem zu erwartenden Scheitern seiner Fraktion ankündigt, nach Hause zu gehen "und als Lucretia auf einen anständigen Fall studieren" (FA 1: 41). Dantons 'Fall' führt mithin nicht nur die juristische, medizinische und moralische Dimension des Begriffs eng, sondern koppelt alle diese Bedeutungen mit der tragödientheoretischen Kategorie des Scheiterns hypertropher Individuen. Auf diese Weise zeigt Büchners *Danton*, wie die Literatur Fälle nicht nur als Motiv, sondern auch als ästhetische Form aufzugreifen vermag.

Keinesfalls aber bedeutet die Form des Falls, dass die zugehörigen Texte sämtlich als biographische Narrative aufträten. Auch das ist möglich, wie Büchners Fragment *Lenz* zeigt. Aber Dramentexte wie *Woyzeck* oder *Danton's*

[36] Moritz 93.

Tod können die gemeinte kasuistische Schreibweise ebenso gut und mitunter noch differenzierter adaptieren und ausgestalten. Das ist möglich, weil das entscheidende Strukturelement dieser Schreibweise nicht in einem stabilen Erzählschema besteht, sondern in einer Konstruktionsweise von Individuen in Texten, die weder anthropologischen Modellen noch der Topik literarischer Figuren folgen: So wie die Wissenschaften vom Menschen Subjekte auf immer wieder neue Weise vermessen und differenzieren, fungiert auch Büchners literarisches Personal nicht mehr als *exemplum* für feste Charakterschemata. Seine Texte etablieren zwischen ihren Figuren Beobachtungsrelationen, innerhalb derer Subjekte mit Blick auf ein neues Menschenbild entworfen werden. Damit ist Büchners ästhetisches Verfahren, die Literatur für die ihr bisher nicht zugänglichen animalischen, paradoxen und instabilen Züge des Menschen zu öffnen, analog zur Methode der Humanwissenschaften, Fallgeschichten als Ausgangspunkt für ein unbekanntes und erst noch zu systematisierendes Wissen über den Menschen zu nutzen.

Das heißt, dass die Fallgeschichte eine Schreibweise ist, die Beobachtungen am Menschen zu Protokoll gibt, für die weder ein Theoriegebäude noch eine ästhetische Formtradition zur Verfügung steht. Aufgrund dieser Wissen und Kunst gemeinsamen Leerstelle sind die entsprechenden Beobachtungen auch stets wissenschaftlich und ästhetisch zugleich codierbar bzw. variabel anschließbar: die Suche nach Kausalverhältnissen langt bei der Etablierung narrativer Zusammenhänge an (*Lenz*), der krisenhafte Wendepunkt eines Prozesses oder einer Krankengeschichte schlägt um in eine tragische Peripetie (*Danton's Tod*), und die Diagnose einer Pathologie mündet in diejenigen Inszenierungen, innerhalb derer der Blick des wissenschaftlichen Beobachters mit dem des Zuschauers eines Spektakels verschmilzt (*Woyzeck*). Durch diese Ausgestaltung kasuistischer Schreibweisen zeigt Büchners Werk deutlich an, wie die Beobachtung des menschlichen Individuums als empirischer Einzelfall zur Basisstruktur einer Wissenschaft und Literatur integrierenden Kultur der Moderne wird.

Ariane Martin

Eine Anekdote aus "den englischen Blättern": Büchner als Gegengeschichtsschreiber (am Beispiel seines Briefes vom 15. März 1836)

This essay explores the observation that Büchner, in his letters to his family, frequently tells stories. The letter from March 15, 1836 contains an anecdote about a scandalous murder case at the Braunschweig theater whose source, a previously unknown article in the English press, has now been identified. Based on this letter, the essay demonstrates that this particular anecdote, with its clear references to factual events, is characteristic of Büchner's written conversation. As a minor genre, the ancedote caters to the spirit of dissent that, in the context of the discussed letter, explicitly marks the author's political opposition. By using anecdotal fragments, Büchner engages in critical counter-historiography.

I.

In seinem Überblick über das Briefwerk Georg Büchners hat Gerhard P. Knapp festgestellt, dass die Briefe zwar "zu den meistzitierten Texten des Autors" zählen, diese aber nur "ungenügend erforscht" sind.[1] Es ist dies als eines der "Paradoxa"[2] der Büchner-Forschung bezeichnet worden, welches tatsächlich noch immer zu konstatieren ist. Büchners Briefe sind als poetologische und politische Kommentare zu lesen, jedoch zugleich als literarische Texte.[3] Es sollte daher zugunsten eines differenzierteren Verständnisses von Büchners gesamtem Œuvre darum gehen, nach den ästhetischen und rhetorischen Eigenheiten dieser Texte zu fragen, nach und nach eine "Typologie des Briefwerks herauszuarbeiten"[4] und die ganze "Skala kommunikativer Strategien"[5] auszuloten, zu denen unter anderem die

[1] Gerhard P. Knapp: *Georg Büchner.* Stuttgart: Metzler 3. Aufl. 2000 (Sammlung Metzler 159). S. 49.
[2] Patrick Fortmann: Büchners Briefe an seine Braut. In: *Deutsche Vierteljahrsschrift* 81.3 (2007). S. 405–439. Hier: S. 405.
[3] Vgl. Ariane Martin: *Georg Büchner*. Stuttgart: Reclam 2007. S. 9.
[4] Gerhard Schaub: Georg Büchner: *Poeta rhetor*. Eine Forschungsperspektive. In: *Georg Büchner Jahrbuch* 2 (1982). S. 170–195. Hier: S. 193.
[5] Knapp 51.

"Argumentationslist"[6] zählt, die Thomas Michael Mayer in Büchners Briefen an die Eltern beobachtet hat. An einem dieser Briefe an die Familie[7] werde ich exemplarisch zeigen, dass die Anekdote als Kunstform der Gegengeschichtsschreibung in den Briefen dieses Autors hinsichtlich seines Profils als politischer Schriftsteller eine bemerkenswerte Rolle spielt. Bevor dieser nur auf den ersten Blick unscheinbare Brief an die Familie vom 15. März 1836 mitsamt seinem Bezugstext, einem bisher unbekannten und nun ermittelten Bericht aus der englischen Presse, ausführlicher zu betrachten ist, gilt es zu vergegenwärtigen, dass die Anekdote durchaus charakteristisch ist für Büchners Briefe.

II. Der Briefschreiber als Geschichtenerzähler

Georg Büchner zeigt sich nicht nur in seinem *Lenz*-Fragment als Erzähler, sondern in beachtlichem Umfang und ganz eigener Kontur auch in seinen Briefen. Der Briefschreiber Büchner ist im Grunde ein Geschichtenerzähler, zumindest was die Briefe an die Familie angeht. Zu den Eigenheiten des Briefwechsels mit der Familie scheint überhaupt das Geschichtenerzählen gehört zu haben, wie gleich der erste überlieferte Brief zum Auftakt dieser Korrespondenz nahe legt. In diesem Brief schreibt der junge Wilhelm Büchner in Darmstadt am 13. November 1831 an seinen älteren Bruder Georg, der in Straßburg soeben sein Studium begonnen hat: "Eine Geschichte, welche hier passiert ist, will ich Dir doch erzählen" – es folgt eine komische Schauergeschichte aus Hessen, deren Erzähler daraufhin gleich ebenfalls solche Geschichten aus dem Elsass einfordert: "Gegen die Geschichte, welche ich Dir [. . .] mitgetheilt habe, kannst Du mir in einem [. . .] Brief einige sich

[6] Thomas Michael Mayer: "Wegen mir könnt Ihr ganz ruhig sein…". Die Argumentationslist in Georg Büchners Briefen an die Eltern. In: *Georg Büchner Jahrbuch* 2 (1982). S. 249–280. Mayer verweist darauf, dass die Briefe an die Familie Briefe an die Eltern waren und "1835/36 fast immer die Mutter" (S. 271) als Adressatin hatten. Dies bedenkend, spreche ich gleichwohl von den Briefen an die Familie, zumal Büchner durchgehend die kollektive Anrede 'Ihr' benutzt.

[7] Vgl. Aus den Briefen an die Familie. In: *Nachgelassene Schriften von Georg Büchner*. Frankfurt a. M.: Sauerländer 1850. S. 237–280. Im Folgenden zitiert unter der Sigle N. Ich zitiere Büchners Briefe (eigentlich: Briefauszüge) an die Familie nach diesem Erstdruck, welcher diese verlorenen Briefe bruchstückhaft überliefert. Die fragmentarische und problematische Überlieferung jener Briefe ist bekannt. Nicht unproblematisch sind allerdings auch neuere Editionen. BW archaisiert (aus Prinzip), FA modernisiert (wegen Verlagsvorgabe notgedrungen). Eine Neuedition der Briefe Büchners, welche die Materialität der Zeugen und damit die Überlieferung sichtbar macht, habe ich im Reclam-Verlag vorgelegt: Georg Büchner: *Die Briefe*. Hg. von Ariane Martin. Stuttgart: Reclam 2011. Der Briefe-Band der MBA ist noch nicht erschienen.

dort zugetragene Wolfsgeschichten erzählen" (BW 6). Ob Georg Büchner seinem jüngeren Bruder solche Geschichten erzählt hat, ist nicht überliefert, der Familie aber, den Eltern und Geschwistern, hat er eine ganze Reihe von Geschichten brieflich übermittelt. Als abgeschlossene Erzählungen inszeniert sind, um nur einige Beispiele zu nennen, 1831 der 'Ramorino'-Brief über den Einzug der polnischen Generäle in Straßburg (offenbar ein Auszug aus einem größeren Brief), der Brief über den Besuch der Weihnachtsmesse 1832 im Straßburger Münster (auch dies ein Auszug), 1833 der Brief mit der atmosphärisch dichten Erzählung über die Wanderung in den Vogesen, welche in der Forschung immer wieder mit dem *Lenz*-Erzählfragment in Beziehung gesetzt wurde, oder der Brief über die Begegnung mit einem Saint-Simonisten auf dem Straßburger Münster, die narrativ wie die Einladung zu einem Bühnengeschehen in Szene gesetzt ist: "Wenn Ihr neulich bei hellem Wetter bis auf das Münster hättet sehen können, so hättet Ihr mich bei einem langhaarigen, bärtigen, jungen Mann sitzend gefunden" (N 241f.). So plastisch die Einbildungskraft des Lesers als Zuschauer im Nachhinein herausfordernd lautet der Auftakt dieser Passage, die mitsamt der Pointe am Schluss die Begegnung mit jenem jungen Mann als heitere Begebenheit anekdotenhaft präsentiert.

Alle genannten Beispiele stammen, wie gesagt, aus den Briefen an die Familie, die lediglich als ausgewählte Auszüge des verlorenen gesamten Briefkonvoluts durch den Erstdruck in den *Nachgelassenen Schriften* von 1850 überliefert sind. Es handelt sich bei diesen Briefen an die Familie um eine Auswahl an Textpassagen, deren Zusammenstellung durch den Bruder Ludwig Büchner mehr oder weniger nach bestimmten Kriterien komponiert scheint. Während die in der Einleitung des Herausgebers zitierten Briefstellen eher der Illustration biographischer Sachverhalte dienen, wird den Briefen im Editionsteil "Aus den Briefen an die Familie" neben der Funktion, Georg Büchners politische Haltung zu dokumentieren,[8] offenbar auch ein ästhetischer Wert beigemessen. Zumindest verleiht die Auswahl der Ausschnitte den Briefen einen ganz bestimmten Charakter. Sie präsentieren Büchner vor allem als Erzähler, indem sie häufig jeweils eine Geschichte als erzähltes Erlebnis oder als kommentiertes Ereignis im Zusammenhang bieten, wie die angeführten Beispiele zeigen.

[8] Es werde "beinahe nur das gegeben, was zur Kenntniß der politischen Bewegungen jener Zeit und des Antheils, den Büchner daran hatte, wichtig erschien". Ludwig Büchner: Georg Büchner (1850). In: *Der widerständige Klassiker. Einleitungen zu Georg Büchner vom Nachmärz bis zur Weimarer Republik.* Hg. von Burghard Dedner. Frankfurt a. M.: Athenäum 1990 (Büchner-Studien 5). S. 105–134. Hier: S. 134.

Stehen die kommunikativen Aspekte bei der Textsorte Brief im Vordergrund, so ist die Briefkultur des 19. Jahrhunderts als "eine Art schriftlicher Gesprächskultur" aufzufassen.[9] Es ist daher zunächst einmal nicht weiter verwunderlich, dass die in den *Nachgelassenen Schriften* ausgewählten Briefpassagen aus Büchners Briefen an die Familie sich insgesamt dadurch auszeichnen, dass sie gespickt sind mit kleinen Erzählungen, mit scheinbar beiläufigen Anekdoten, jene epische Kleinform, die auch als mündlich gepflegte Gebrauchskunst üblich ist und nun eben schriftlich zum Einsatz kommt. Es gehört zum Gattungscharakter der Anekdote, dass sie "einen Zwischenstatus zwischen der mündlich verbreiteten und der gedruckten Literatur" einnimmt.[10] Wenn Büchner in seinen Briefen auf die von ihm dann erzählten pointierten kleinen Geschichten explizit hinweist, so scheint er deren gleich noch näher zu erläuternden Gattungscharakter im Blick zu haben, sich der literarischen Form 'Anekdote' mitsamt ihrer Traditionen bewusst zu sein und diese kalkuliert zu verwenden.

Das Geschichtenerzählen wird jedenfalls vom Briefschreiber explizit thematisiert. So fragt er beispielsweise im Brief an die Familie vom 2. Juli 1834: "A propos, wißt Ihr die hübsche Geschichte vom Herrn Commissär" (N 240), um dann einen Bericht über eine Razzia in Butzbach nach einer illegalen Druckerpresse als witzige Anekdote mit einer derb-komischen Pointe am Schluss zum Besten zu geben, der angesichts seines Realitätsbezugs durchaus sarkastisch anmutet. Gelegentlich hat Büchner solche sarkastischen Geschichten dann nicht erzählt, aber deren Erzählung in Aussicht gestellt, so in einem Brief von Anfang Juni 1836 an Karl Gutzkow im Zusammenhang des ihn politisch und moralisch empörenden Gebarens von Wolfgang Menzel: "ich könnte Ihnen übrigens erbauliche Geschichten erzählen" (BW 103). Dies hat er dann wohl nicht getan, zumindest sind diese Geschichten in den bekannten Briefen nicht überliefert. An anderer Stelle aber hat Büchner solche Geschichten erzählt, so im genannten Brief an die Familie vom 2. Juli 1834 von dem alles andere als 'hübschen' oder 'erbaulichen' Polizeieinsatz in Butzbach, der als Camouflage präsentiert zugleich die politische Verfolgung und den Widerstand dagegen als erfolgreich demonstriert. Eine andere Geschichte dieser Art, die von einem skandalösen Vorfall in Braunschweig handelt und die ebenfalls politische Implikationen hat, gilt es nun mitsamt ihrer Quelle näher zu betrachten. Sie findet sich im Brief an die Familie vom 15. März 1836.

[9] Rainer Baasner: Briefkultur im 19. Jahrhundert. Kommunikation, Konvention, Postpraxis. In: *Briefkultur im 19. Jahrhundert*. Hg. von Rainer Baasner. Tübingen: Niemeyer 1999. S. 1–36. Hier: S. 14.
[10] Sonja Hilzinger: *Anekdotisches Erzählen im Zeitalter der Aufklärung. Zum Struktur- und Funktionswandel der Gattung Anekdote in Historiographie, Publizistik und Literatur des 18. Jahrhunderts*. Stuttgart: J. B. Metzler und Carl Ernst Poeschel 1997. S. 28.

III. Ein Skandal in Braunschweig

In diesem auf den 15. März 1836 datierten Brief aus Straßburg an die Familie in Darmstadt heißt es:

> Ich will euch dafür sogleich eine sonderbare Geschichte erzählen, die Herr J. in den englischen Blättern gelesen, und die, wie dazu bemerkt, in den deutschen Blättern nicht mitgetheilt werden durfte. Der Director des Theaters zu X . . . ist der bekannte Componist Methfessel. Er hat eine hübsche Frau, die dem Herzog gefällt, und ein Paar Augen, die er gern zudrückt, und ein Paar Hände, die er gern aufmacht. Der Herzog hat die sonderbare Manie, Madame Methfessel im Costüm zu bewundern. Er befindet sich daher gewöhnlich vor Anfang des Schauspiels mit ihr allein auf der Bühne. Nun intriguirt Methfessel gegen einen bekannten Schauspieler, dessen Name mir entfallen ist. Der Schauspieler will sich rächen, er gewinnt den Maschinisten, der Maschinist zieht an einem schönen Abend den Vorhang ein Viertelstündchen früher auf, und der Herzog spielt mit Madame Methfessel die erste Scene. Er geräth außer sich, zieht den Degen und ersticht den Maschinisten; der Schauspieler hat sich geflüchtet. (N 275)

Wie Büchner in seinem Vorspann zu dieser Geschichte vermerkt, präsentiert er den Eltern diese Anekdote quasi als vorweggenommene Gegengabe – der oben zitierte Brief seines Bruders Wilhelm legt nahe, dass er damit auf eine Eigenheit der Familienkorrespondenz zurückgreift. Dies wird unten nochmals zur Sprache kommen, wenn der weitere Kontext des Briefes zur Debatte steht, der zu vergegenwärtigen ist, um die präsentierte Anekdote angemessen in ihrem Zusammenhang zu interpretieren. Dann werden auch die gattungsgeschichtlichen Implikationen der Anekdote zu erörtern sein. Als ein wesentliches Gattungsmerkmal der Anekdote sei hier vorerst ihr "Anspruch auf Faktizität"[11] festgehalten. Die zu den 'genres mineurs' zählende Anekdote gibt sich als Historiette zu erkennen, eine mit der Anekdote oft synonym gesetzte Gattung, die im 17. und 18. Jahrhundert neben der "unterhaltsame[n] Thematisierung des Erotischen und weiterer Lieblingsthemen der genres comique" vor allem "historisch Wahres zu bieten" beansprucht.[12] Im 19. Jahrhundert hat Büchner diese Tradition fortgeschrieben. Mit seiner Anekdote bietet er historisch Wahres.

Es gilt zunächst, das reale Geschehen, welches Büchners Anekdote als Historiette zugrunde liegt, in den Blick zu nehmen. In neueren Ausgaben ist

[11] Harald Steinhagen: "Man kann gar nicht so viel fressen, wie man kotzen möchte". Die kunstlose Kunst der Anekdote. In: *Almanach der Varnhagen Gesellschaft* 2 (2002). S. 21–39. Hier: S. 23.

[12] *Genres mineurs. Texte zur Theorie und Geschichte nichtkanonischer Literatur (vom 16. Jahrhundert bis zur Gegenwart)*. Hg. und kommentiert von Fritz Nies unter Mitarbeit von Jürgen Rehbein. München: Wilhelm Fink 1978. S. 41.

"X . . . . ." als "Braunschweig"[13] aufgelöst. Der Herausgeber der *Nachgelassenen Schriften* hat den tatsächlichen Vorfall aus dem Jahr 1836 am Braunschweiger Theater im Jahr 1850 dagegen offenbar noch für so brisant gehalten, dass er den Namen der vermutlich im handschriftlichen Original genannten Stadt nicht gedruckt hat und der Herzog von Braunschweig damit nicht auf den ersten Blick zu identifizieren war, während Ludwig Büchner bei dem von ihm im Druck ausgeschriebenen Namen des Komponisten keine solchen Vorbehalte hatte.

Zu dem von Georg Büchner in seinem Brief namentlich genannten Komponisten sei gesagt, dass Albert Methfessel (1785–1869) tatsächlich seit vielen Jahren ein bekannter Komponist war. So hatte ihn Heinrich Heine bereits 1823 in einem kleinen Artikel als einen "der ausgezeichnetsten deutschen Musiker" charakterisiert,

> dessen Lieder-Melodieen durch ganz Deutschland verbreitet sind, von allen Volks-Classen geliebt werden, und sowohl im Kränzchen sanftmüthiger Philisterlein, als in der wilden Kneipe zechender Burschen, klingen und wiederklingen.[14]

Dieser Liederkomponist, der auch Opern komponierte und seit 1824 als Musikdirektor in Hamburg tätig war, bevor er 1832 nach Braunschweig ging, war dort dann allerdings nicht der Direktor des Theaters, dessen Spielplan, wie üblich bei Hof- und Nationaltheatern, zum großen Teil aus Opern und Singspielen bestand. Die "persönlichen Vorlieben Herzog Wilhelms begünstigten im Spielplan das Vorherrschen der italienischen Belcantooper (Rossini, Bellini und Donizetti) und der französischen Spieloper (Auber, Boieldieu)".[15] Methfessel war am Theater zu Braunschweig Hofkapellmeister und Dirigent und nahm also die Funktion eines Musikdirektors wahr. In dieser gehobenen Stellung hatte er auch die junge Sopranistin Emilie Louise Lehmann (1818–1854) kennen gelernt, zunächst seine Schülerin, die ihre Karriere als Sängerin am Hoftheater zu Braunschweig begann und die er 1834 heiratete. Von "meiner kleinen hübschen Frau"[16] sprach Methfessel am 3. Januar 1840 in einem Brief an Heine. Der Direktor des Theaters zu Braunschweig war

[13] Stillschweigend emendiert in BW 96, kenntlich emendiert in FA 2: 431.

[14] Heinrich Heine: *Sämtliche Werke. Düsseldorfer Ausgabe. Historisch-kritische Gesamtausgabe*. 16 Bände. Hg. von Manfred Windfuhr. Hamburg: Hoffmann und Campe 1973–1997. Hier: Band 10. S. 223.

[15] Ralf Eisinger: *Das Hagenmarkt-Theater in Braunschweig (1690–1861)*. Braunschweig: Stadtarchiv und Stadtbibliothek 1990 (Braunschweiger Werkstücke. Reihe A. Veröffentlichungen aus dem Stadtarchiv und der Stadtbibliothek). S. 247.

[16] Heinrich Heine: *Werke – Briefwechsel – Lebenszeugnisse. Säkularausgabe*. Hg. von den Nationalen Forschungs- und Gedenkstätten der klassischen deutschen Literatur in Weimar und dem Centre National de la Recherche Scientifique in Paris. Band 25. Berlin: Akademie Verlag 1974. S. 239.

jedenfalls nicht der Komponist Methfessel, wie Büchner annahm. Intendant war August von Münchhausen (1789–1858). "Die Intendantenposten waren [. . .] mit Hofchargen besetzt, die einzig und allein darauf bedacht waren, die Wünsche des Herzogs zu respektieren".[17] Ein Engagement von Gewicht hatte allerdings der Tenor Julius Cornet (1792–1860), ein berühmter Opernsänger aus Österreich, der zunächst Erfolge an der Oper Wien feierte, dann nach Graz ging, von dort 1820 nach Braunschweig, 1826 nach Hamburg, 1829 nach Paris und schließlich einem Ruf wieder nach Braunschweig folgte, wo er 1832 die Regie der Oper übernahm. Über diese verschiedenen Leitungspositionen war Büchner zwar nicht präzise informiert, aber entscheidend ist, dass der Hofkapellmeister Methfessel trotz seiner hohen Stellung am Hoftheater selbstverständlich abhängig war von dem Herrscherhaus. Er war abhängig von jenem Wilhelm von Braunschweig (1806–1884), seit 1830 Herzog von Braunschweig, dessen Geliebte die junge Gattin seines Hofkapellmeisters war, welcher sich wiederum mit dem erotischen Interesse seines Herzogs an seiner Gemahlin eigennützig arrangiert zu haben scheint.

Was den von Büchner als Gewährsmann erwähnten Zeitungsleser Herrn J. angeht: "Wahrscheinlich Wilhelmines Bruder",[18] meint Henri Poschmann im Kommentar der *Frankfurter Ausgabe*, also Louis Théodore Jaeglé; "vielleicht Johann Jakob Jaeglé, der Vater von B.[üchner]s Verlobter Wilhelmine",[19] vermutet dagegen Edda Ziegler in der *Münchner Ausgabe*, was wahrscheinlicher ist. Hinter Herrn J. verbirgt sich wohl eher der protestantische Pfarrer und Vater von Wilhelmine Jaeglé, der in jungen Jahren bei einer englischen Familie Hauslehrer gewesen war und ein Bändchen englische Lyrik übersetzt hatte,[20] der eine umfangreiche Gelehrten- und Dichterbibliothek besaß und aufgrund seiner breiten Interessen die internationale Presse zur Kenntnis genommen haben dürfte – gerade was die ihm aus seiner Jugend vertrauten englischen Zeitungen anging.

Was die von Büchner nicht präzise bezeichnete Quelle für die von ihm erzählte Anekdote betrifft, die englischen Zeitungen, so konstatierte 1972 Heinz Fischer in seinen Anmerkungen zu Büchners Briefen: "Dieser Verweis auf die englische Presse ist noch ungeklärt".[21] Und auch Henri Poschmann konnte 1999 im Kommentar der *Frankfurter Ausgabe* nur feststellen: "Die

[17] Eisinger 244.
[18] FA 2: 1192.
[19] Georg Büchner. *Werke und Briefe. Münchner Ausgabe*. Hg. von Karl Pörnbacher, Gerhard Schaub, Hans-Joachim Simm und Edda Ziegler. 12. Aufl. München: Deutscher Taschenbuch Verlag 2006. S. 732.
[20] Vgl. Johann Jakob Jägle: *Gedichte nach Englischen Originalen*. Regensburg: Zeidler 1799.
[21] Heinz Fischer: *Georg Büchner. Untersuchungen und Marginalien*. Bonn: Bouvier 1972. S. 100; Anm. 12.

Quelle ist nicht nachgewiesen".[22] Soweit ich sehe, war die englischsprachige Zeitung von der Forschung bisher nicht ermittelt, die in Büchners Brief als Quelle der von ihm als Anekdote nacherzählten Braunschweiger Begebenheit in allgemeiner Form erwähnt ist. Der intertextuell aufschlussreiche Bezugstext ist nun ausfindig gemacht. Es handelt sich um einen Korrespondentenbericht ohne Verfasserangabe, der in der ebenso seriösen wie angesehenen, auch auf dem Kontinent gelesenen Londoner Tageszeitung *The Times* am 29. Februar 1836 auf der dritten Seite mit einer Vorbemerkung erschienen war, die zunächst zitiert sei, da Büchner sich darauf bezogen hat. Dem in der *Times* auf Februar 1836 nur ungefähr datierten Bericht über einen skandalösen Vorfall in Braunschweig voran geht folgende Bemerkung:

> Brunswick, Feb., 1836. – We have been entertained here with a tragedy by our Royal Duke, that will prove to the world the cause of continual disagreement between the Prince and the people. The late acts of this family are convincing proofs of madness, and yet we are compelled to term it only 'passion.' The one is discarded for neglecting the nobility – the other will be protected for murdering his subjects! Here are the simple facts of the case:[23]

Es folgt der Bericht, der gleich ebenfalls zu zitieren sein wird. Zuvor sei festgehalten, dass die Feststellung Büchners (oder die von Büchner referierte Feststellung des Zeitungslesers Jaeglé), das englische Blatt habe zu dem Vorfall bemerkt, dieser habe in deutschen Blättern nicht mitgeteilt werden dürfen, eine Interpretation darstellt, die allerdings nahe liegend ist. In der *Times* ist die deutsche Presse definitiv nicht erwähnt, was schlicht dahin gedeutet werden kann, dass die deutsche Presse nicht über den Vorfall berichtet hat und also nicht darüber berichten durfte. Zugleich wirft die Vorbemerkung der *Times* ein äußerst kritisches Licht auf die Angelegenheit und benennt klipp und klar dessen skandalöse soziale Komponente hinsichtlich der Herrschaftsverhältnisse in den deutschen Ländern. Der Korrespondent der *Times* bezeichnet die Angelegenheit als Tragödie, welche die grundsätzliche Diskrepanz zwischen Herrscher und Volk erneut bestätige und der Welt unter Beweis stelle. Der traurige Niedergang des Braunschweiger Fürstenhauses sei schlagend bewiesen, auch wenn man sich gezwungen sehe, die Sache als Ausbruch von Leidenschaft zu apostrophieren. Dem fahrlässigen Verhalten des Adels gelte es Einhalt zu bieten, es gelte die Untertanen davor zu schützen, von der adligen Herrschaft ermordet zu werden. Der Herzog von Braunschweig stand als Mörder eines seiner Untertanen da. Es handelte sich um ein Kapitalverbrechen, um einen Mord, verübt in unverantwortlicher Reaktion auf eine blamable Situation, an deren Konstellation der Herzog selbst entscheidenden Anteil hatte. Die kritische Stimme des Korrespondenten

[22] FA 2: 1192.
[23] *The Times* 29.2.1836. Der Druckfehler "Brunwisck" ist korrigiert.

der *Times* vor Ort in Braunschweig dürfte Meinungen und Einschätzungen artikuliert haben, die in der deutschen Presse vermutlich keine Stimme hatten (zumindest ist bisher kein Hinweis auf den Vorfall in einer deutschen Zeitung nachgewiesen), die Büchner aber ohne Abstriche als allzu gerechtfertigt empfunden haben muss. Die von ihm präsentierte Anekdote orientiert sich dann auch recht eng an dem Bericht der *Times*, der die simplen Fakten des Falls folgendermaßen zusammenfasste:

> The present reigning Duke paid court to Mrs. Methfessel (*née* Demoiselle Lehmann), and which was much countenanced by her husband. The Duke found the most convenient spot for 'making love' was behind the scenes, when Mrs. Methfessel was in her theatrical costume. This is a known fact. A Mr. Cornet, a celebrated singer, having quarreled with Methfessel, fell of course into disgrace with the Duke; and, to be revenged, persuades the machinery master to exhibit the lovers to the public. As a matter of joke the poor fellow agrees, and raises the curtain just at the instant when the Royal Duke and Madame Methfessel are tenderly embracing each other! Thus the actors appear upon the stage: the lady faints, the Duke cries revenge, unsheaths his sword, and passes it through the body of the machinery master, who breathes his last upon the stage – a tragic end! Unless Cornet flies, you may hear of another murder in a post or two.[24]

Folgende spezifische Informationen hat Büchner aus dem Artikel in der *Times* bezogen: 1) die Billigung des erotischen Verhältnisses, das der Herzog mit der verheirateten Schauspielerin unterhielt, durch den Ehemann, durch Methfessel; 2) die kleiderfetischistischen Vorlieben des Herzogs für das Theaterkostüm der Madame Methfessel mitsamt der Bühne als Schauplatz des Tête-à-tête; 3) die Differenzen Methfessels mit dem bekannten Bühnenkünstler Cornet, dessen Name Büchner entfallen war; 4) personelle Konstellationen und Verlauf der Angelegenheit an besagtem Braunschweiger Bühnenabend mit der Ermordung des Maschinisten durch den Herzog als Finale; 5) die Flucht des Bühnenkünstlers. Bei letzterem handelte es sich um eben jenen Julius Cornet, der für die Opernregie verantwortlich war und diese Leitungsfunktion am Braunschweiger Opernhaus wohl nicht von ungefähr auf dem Höhepunkt seiner Karriere ausgerechnet im Jahre 1836 aufzugeben dachte. Die diversen biographischen Darstellungen verschleiern den Fall, so zum Beispiel die Würdigung des Tenors durch den Theaterkritiker August Lewald, der noch im selben Jahr 1836 in seiner *Allgemeinen Theater-Revue* lediglich erwähnt, Cornet sei vor Braunschweig in Hamburg "auf das Vortheilhafteste engagirt" gewesen,

> verließ jedoch diesen Ort nach einigen Jahren und trat wieder in Braunschweig in's Engagement, um die Regieführung der Herzoglichen Oper zu übernehmen. Hier wird er nun wohl seine theatralische Laufbahn beschließen. Er gedenkt sich in der

[24] *The Times* 29.2.1836.

> Kraft der schönsten Mannesjahre zurückzuziehen, um in künstlerischer Ruhe auf seinem romantischen Schlosse [. . .] seiner Familie und seinen Freunden zu leben.[25]

Wie die Flucht oder der Rückzug des Julius Cornet, der Braunschweig im Jahre 1837 endgültig verließ, sich im einzelnen darstellte, ist von untergeordneter Bedeutung angesichts der Ermordung jenes anonymen Maschinisten durch den Herzog von Braunschweig, angesichts des gewaltsamen Todes eines Mannes, der als Bühnentechniker die Bühnenmaschinerie bediente und sich in dieser Funktion von dem Opernregisseur zu einem vermeintlich nur groben Spaß gewinnen ließ, der ihn das Leben kostete, weil er als vermeintlich Schuldiger dem in seiner Blamage blindwütigen Herzog gerade recht kam, um sich spontan abzureagieren. In der gängigen Geschichtsschreibung findet sich kaum eine Spur von dem Skandal, der sich Anfang 1836 in Braunschweig zugetragen hat. Erwähnt ist dort als ein gewisser Makel nur immer wieder die Ehelosigkeit des Herzogs, der allerdings einige nichteheliche Kinder gezeugt haben soll. Die landläufige Historiographie stellt als Problem lediglich heraus, dass Wilhelm von Braunschweig unverheiratet und also ohne legitime Nachkommen blieb. "Ungeachtet der vielfach im Lande laut gewordenen Wünsche ist W. unvermählt geblieben, sodaß aller Voraussicht nach das Haus Braunschweig mit ihm erlöschen [. . .] wird".[26] Das war dann auch der Fall. Für das Jahr 1836 sind immerhin Gerüchte erwähnt, die indirekt mit dem Vorfall im Februar zu tun gehabt haben dürften:

> Gerüchte um Verlobungen des Herzogs tauchten zu verschiedenen Malen auf; so erwartete man 1836, als er nach England gereist war, daheim eine Verbindung mit der Prinzessin Victoria; in demselben Jahre scheint er auf eine württembergische Prinzessin ernsthafte Absichten gehabt zu haben.[27]

Abgesehen von diesen Gerüchten ist Wilhelm von Braunschweig vor allem für seine zahlreichen Liebschaften berüchtigt gewesen.

> Die Liste der herzoglichen Mätressen, der Sängerinnen, der Schauspielerinnen und insbesondere der Tänzerinnen des Residenztheaters ist sehr umfangreich, und trotz aller Bemühungen des Herzogs um Geheimhaltung waren die Braunschweiger Bürger über die jeweilige Favoritin relativ gut unterrichtet.[28]

[25] August Lewald: Julius Cornet. In: *Allgemeine Theater-Revue* 2 (1836). S. 297–300. Hier: S. 298.

[26] *Allgemeine deutsche Real-Encyklopädie für die gebildeten Stände. Conversations-Lexikon*. 10. Aufl. Band. 15. Leipzig: Brockhaus 1855. S. 266f.

[27] P.[aul] Zimmermann: Wilhelm, Herzog zu Braunschweig und Lüneburg. In: *Allgemeine Deutsche Biographie.* Band. 43. Leipzig: Duncker & Humblot 1898. S. 4–13. Hier S. 8.

[28] Bernhard Kiekenap: *Braunschweiger Episoden. Geschichten über Herzog Wilhelm, Hermann Hollandt, Oswald Spengler, Karl von Müller, Günter Gaus und weitere Braunschweiger*. Braunschweig: Appelhans 2006. S. 76.

Sein Ruf war in sexualmoralischer Hinsicht nicht gerade der Beste, wie hier einer seiner Biographen knapp feststellt, der sich in einer mehrbändigen Monographie sehr ausführlich über diesen Herrscher geäußert hat.[29] Es ist an dieser Stelle notwendig, ein Wort zu dieser Darstellung über den Herzog von Braunschweig zu sagen, deren Verfasser den Realitätsgehalt des Presseberichts über den Braunschweiger Theaterabend Anfang 1836 in Zweifel gezogen, sich dabei aber ohne jeden Vorbehalt auf die unveröffentlichten Tagebücher des Herzogs und auf weiteres Material aus dem Herrscherhaus berufen, widersprüchliche und unpräzise Angaben gemacht und auch den Artikel in der *Times* nicht gekannt, sondern seiner Vermutung eine problematisch vermittelte, unvollständig wiedergegebene Sekundärquelle zugrunde gelegt hat. Der Verfasser, der sich gleich im Vorwort als politischer Lobredner des Herzogs gezeigt hat,[30] ist im Zusammenhang mit der Beziehung des Herzogs zur Gattin seines Hofkapellmeisters andeutungsweise auch auf den besagten Vorfall am Braunschweiger Theater zu sprechen gekommen, indem er diesen in Abrede gestellt hat. Er hat schlicht und einfach behauptet, dass ihn die englische Presse erfunden habe, sich damit unverkennbar die Umdeutungsabsicht des Herrscherhauses zu eigen gemacht, das angesichts

[29] Vgl. Bernhard Kiekenap: *Karl und Wilhelm. Die Söhne des Schwarzen Herzogs*. 2 Bände. Braunschweig: Appelhans 2000. Der zweite Band enthält eine Literaturübersicht, Quellen und Anmerkungen. 2004 erschien noch ein dritter Band, der die Jahre nach 1848 betrifft und hier nicht relevant ist.

[30] "Herzog Wilhelm war keinesfalls der unbedarfte, schlecht informierte und faule Monarch, der sich mehr um die Schauspielerinnen des Theaters und um die Jagd als um die Regierungsgeschäfte kümmerte, wie bisweilen behauptet wird. Natürlich ließ er seinen Ministern [. . .] weitestgehend freie Hand, was ihn aber nicht davon abhielt, wie man aufgrund seiner Tagebücher nachweisen kann, sich regelmäßig – in einigen Jahren mehr in anderen weniger – über die wichtigsten Ereignisse Vortrag halten zu lassen". Kiekenap: *Karl und Wilhelm* 1: 16. Abgesehen davon, dass es das Mindeste gewesen sein dürfte, dass ein Herrscher in seiner Regierungsverantwortung sich hin und wieder über die Regierungsgeschäfte informiert, wenn er sie schon nicht selbst in die Hand nimmt, gesteht der Biograph seinem Herzog gleich darauf das zu (und wiederholt dies in weiteren Veröffentlichungen), was angeblich 'bisweilen' unterstellt wurde und er unmittelbar zuvor relativiert hatte, dass nämlich "Wilhelms Leidenschaften [. . .] die Jagd und das Theater, und hier besonders die Schauspielerinnen" (ebd.), gewesen seien. Was die Theaterleidenschaft angeht, so ist in einer grundlegenden Studie zum Braunschweiger Theater über "Herzog Wilhelm" nachzulesen: "Anders als sein Vorgänger verband er mit dem Theater keine persönlichen Ambitionen künstlerischer Natur; eher sah er darin eine höfische Institution, die den repräsentativen Ansprüchen entsprechen sollte". Eisinger 244.

des für sein Ansehen katastrophalen Vorfalls allerdings "besorgt und verärgert" sein musste:

> Diese melodramatische Beziehung mit der Sängerin Luise Emilie Methfessel, aber auch die vorangegangenen Liebschaften des Herzogs waren begehrter Gesprächsstoff der Braunschweiger Gesellschaft. Phantasie und Neid der Erzähler reicherten die Berichte noch mit Übertreibungen an, und so konnte es nicht ausbleiben, dass auch die ausländische Presse – trotz Zensur – sich der Sache annahm und das braunschweigische Staatsministerium schließlich zu energischen Gegenvorstellungen veranlasste. Der Briefwechsel, der in dieser Angelegenheit mit dem Herzoglich Braunschweigischen Bundestagsgesandten, Herrn Geheimen Cabinetsrath [sic!] Freiherr v. Strahlenheim, zu Frankfurt geführt worden ist, zeigt, dass man in Braunschweig über die Presseberichte sehr besorgt und verärgert gewesen ist.[31]

Der erwähnte (unveröffentlichte[32]) Briefwechsel zwischen dem Bundestagsgesandten in Frankfurt, der das Herzogtum Braunschweig dort zu vertreten hatte, und dem Staatsministerium, der ihm vorgesetzten Behörde, wird nun, sofern der Inhalt dieser Korrespondenz in Betracht kommt, gar nicht als Beleg für das behauptete Gerücht herangezogen. Lediglich ein einziges Schreiben des Ministers Werner von Veltheim vom 21. März 1836 an den Gesandten in Frankfurt wird zitiert, ein hinsichtlich der Herrschaftsinteressen durchsichtiges Schreiben, das dem Gesandten "über einen Zeitungsartikel Mittheilung" macht, der an "Dreistigkeit der Lüge und Bosheit der Verleumdung"[33] nicht zu übertreffen sei – nämlich angesichts des Vorfalls ein schlechtes Licht auf das Herrscherhaus wirft. Deshalb, so der Kommentar des Biographen, sollte der Gesandte "dagegen angehen und verhindern, dass hier Vorurteile gegen die herzogliche Familie zurückbleiben".[34] Die Frage, ob diese Vorurteile möglicherweise begründet waren, stellt er sich nicht.

In seinem Brief nennt der Minister nun merkwürdigerweise nicht die renommierte, von Regierung und Parteien unabhängige *Times*, sondern ein anderes Blatt: "Eine Englische Zeitung 'The London Evening Mail' vom 29sten v.M. enthält den folgenden Artikel, den Wir jedoch nur in einer Uns mitgetheilten Übersetzung kennen",[35] hat der Minister an den Gesandten geschrieben. Ob die seit 1789 in London drei- bis fünfmal in der Woche erscheinende Zeitung *Evening Mail* (denn diese Zeitung muss gemeint

[31] Kiekenap, *Karl und Wilhelm* 1: 503.
[32] Der Briefwechsel liegt im Niedersächsischen Staatsarchiv Wolfenbüttel. Vgl. Kiekenap: *Karl und Wilhelm* 2: 363, 390.
[33] Kiekenap, *Karl und Wilhelm* 1: 503.
[34] Kiekenap, *Karl und Wilhelm* 1: 504.
[35] Kiekenap, *Karl und Wilhelm* 1: 503.

gewesen sein) den in der *Times* vom 29. Februar 1836 gedruckt vorliegenden Artikel tatsächlich am selben Tag mitsamt der Vorbemerkung und offenbar mit dem identischen Wortlaut des Textes in der *Times*, wie anhand der dann vom Minister zitierten Übersetzung[36] des Artikels anzunehmen ist, ebenfalls veröffentlicht hat, wäre zu prüfen.[37] Zu vermuten bleibt vorläufig, dass der Minister die beiden Zeitungen verwechselt hat, zumal ihm ohnehin nicht der originale Artikel vorlag, sondern ein Text aus zweiter Hand, eine Übersetzung. Der Biograph des Herzogs hat das nicht geprüft, stattdessen nach dem Zitat des übersetzten englischen Zeitungsartikels einfach pauschal die Existenz weiterer Drucke behauptet: "Auch Zeitungen in anderen Städten (Den Haag, Paris, Hamburg und Regensburg)" hätten den Artikel gebracht.[38] Einen Nachweis dafür ist er schuldig geblieben. Vielleicht ist dieser aber auch gar nicht zu erbringen gewesen, behauptet er doch gleich darauf das genaue Gegenteil, indem er seine Zweifel an der wahrscheinlichen Realität des Skandals wie folgt begründet:

> Gegen den Wahrheitsgehalt der englischen Zeitungsmeldung spricht die Tatsache, dass weder Herzog Wilhelm [. . .] etwas von einem derartigen Vorfall in seinen Tagebüchern berichtet, noch andere Veröffentlichungen aus jener Zeit darüber Kenntnis geben.[39]

[36] Diese lautet: "Braunschweig, Febr. 1836. Wir sind hier durch unseren Königlichen Herzog mit einem Trauerspiel unterhalten worden, welches der Welt die Ursache des fortwährenden Mißverständnisses zwischen Fürsten und Volk erweisen wird. Die letztc Handlung dieser Familie sind überzeugender Beweis des Wahnsinns und doch sind wir gezwungen, sie nur Leidenschaft zu nennen. Der eine ward abgesetzt, weil er den Adel verachtete, – der andere wird beschützt werden, wenn er auch Unterthanen mordet. Hier ist die einfache Thatsache: Der gegenwärtig regierende Herzog machte der Frau Methfessel, geborene Demoiselle Lehmann, den Hof und ward sehr von deren Ehemann unterstützt. Der Herzog fand, daß der bequemste Platz die Liebe zu pflegen (of making love) hinter den Coulissen sei, wenn Frau Methfessel im Theatercostüme war. Das ist eine bekannte Sache! – Herr Cornet, ein berühmter Sänger, hatte Streit mit Methfessel und fiel deshalb bei dem Herzog in Ungnade und um sich zu rächen, überredete er den Maschinisten, die Liebenden dem Publikum vorzustellen. Aus Spaß willigte der arme Kerl ein, und zog den Vorhang auf, gerade in dem Augenblicke, als der Herzog und Frau Methfessel sich auf das Zärtlichste umarmten. So erschienen sie als Schauspieler auf der Bühne; die Dame ward ohnmächtig, der Herzog schrie Rache, zog den Degen und durchbohrte den Maschinisten, der auf der Bühne starb – ein tragisches Ende. Wenn Cornet nicht entflohen ist, so könnt ihr in einigen Posttagen eine zweite Mordthat erfahren!". Kiekenap: *Karl und Wilhelm* 1: 503f.

[37] Der Jahrgang 1836 der *Evening Mail* ist in deutschen Bibliotheken nicht vorhanden.

[38] Kiekenap, *Karl und Wilhelm* 1: 504.

[39] Kiekenap, *Karl und Wilhelm* 1: 504.

Zuvor hat er andere Veröffentlichungen in vier Städten unbelegt behauptet. Und dass der Herzog, der seine erotischen Eskapaden sonst in seinen Tagebüchern offenbar ausgiebig thematisiert hat, in diesem Fall, in dem es weniger um Erotik als vielmehr um Herrscherwillkür und blutige Gewalt ging, um seine eigene gewalttätige Ausschreitung gegen einen seiner Untertanen, darauf verzichtete, dies zu notieren, ist angesichts seiner öffentlichen Blamage keineswegs verwunderlich. Die Sache sollte ungeschehen gemacht, sollte unterdrückt, verschwiegen, durch Umdeutung relativiert werden, wie das auszugsweise von dem Biographen des Herzogs zitierte Schreiben des Ministers aus Braunschweig an den Bundestagsgesandten in Frankfurt erkennen lässt. Dort wird die Gewalt, die dem Maschinisten angetan wurde, durchaus erwähnt (der von der *Times* berichtete Vorfall hat also – so oder so – stattgefunden, wobei genauere Recherchen dazu weiterer historischer Forschung vorbehalten bleiben), aber verharmlost. Die

> so unbedeutende Verletzung, die einem der Theaterarbeiter von Sr. Durchlaucht dem Herzoge selbst mit der untersten Spitze des Degenbeschlages in dem Augenblicke zugefügt wurde, als Höchstderselbe das Theater verlassend und den kürzesten Weg über einen Theil der Bühne wählend, von jenem Arbeiter, der Ihn nicht gewahrte, mit einer Maschinerie, die derselbe fortzutragen im Begriffe war, unvorsichtig berührt wurde,

erläutert der Minister dem Gesandten die amtliche Version der Geschichte, um dann gleich im Anschluss daran zu bemerken, dass der Herzog den Maschinisten “mit dem frei in der Hand getragenen Degen von sich abwehrte”.[40] Was der Herzog auf der Bühne zu suchen hatte, warum er seinen Degen offen trug und wie es angehen kann, dass er mit diesem Degen einen Theaterarbeiter verletzt – das hat sich sein Biograph nicht gefragt, sich vielmehr unbesehen die Sicht des Herrscherhauses in Braunschweig zu eigen gemacht.

Der Skandal in Braunschweig, über den die *Times* im Klartext berichtet hatte, wurde nach zeitgenössischen Bemühungen, eine dem Herrscherhaus genehme Version der Geschichte zu verbreiten und jeder anderen Version entgegenzutreten, auch später in der offiziellen Geschichtsschreibung entweder ganz verschwiegen oder aber umdeutend relativiert. Sie erfuhr aber zumindest in der englischsprachigen Presse eine gewisse Resonanz. Das Themenblatt *The Journal of Belles Lettres* der amerikanischen Wochenschrift *Waldie's select circulating library* druckte den Artikel aus der *Times* ohne genauere Quellenangabe am 26. April 1836 kommentiert und unter der Überschrift “The duke and the actress – a coup de theatre” stark gekürzt nach.[41] In der Sammlung *The Annual Register, or a view of the History, Politics, and Literature,*

[40] Kiekenap, *Karl und Wilhelm* 1: 504.
[41] *Waldie's select circulating library. The Journal of Belle Lettres* 17.1 (26.4.1836). S. 4.

of the year 1836 findet sich in der Abteilung "Chronical" vom Februar 1836 unter der Überschrift "A Murder alleged to have been committed by the reigning Duke of Brunswick" ein Nachdruck des Berichts aus der *Times* in nur unwesentlich abweichendem Wortlaut und ohne die Vorbemerkung mit folgendem einleitenden Hinweis: "The following extraordinary narrative was extracted from the Times newspaper".[42] Die englischsprachige Presse jedenfalls hat den Herzog von Braunschweig, der seine Kindheit nach dem Tod seiner Mutter in London verbracht hatte und der vielleicht auch wegen seiner Verbindung zu England dort von besonderem Interesse war, als einen Mörder betrachtet. Ein Mord ist alles andere als ein Kavaliersdelikt, wobei die personelle Konstellation des Geschehens ein bezeichnendes Licht auf den Adel wirft. Der Adel erscheint als moralisch verkommen. Büchner hat sehr wohl die Brisanz dieser Braunschweiger Begebenheit gesehen, die er deshalb gezielt in das Zentrum seines Briefs nach Darmstadt gestellt hat.

IV. Der Gegengeschichtsschreiber und die Kunst der Anekdote

Die Information aus der *Times* über den Skandal in Braunschweig hat Büchner in einer kunstvollen Anekdote verdichtet, indem er das für die Anekdote wesentliche "Moment der prägnanten Kürze"[43] syntaktisch konsequent durchgeführt und stilistisch gekonnt pointiert hat. Für die Anekdote gilt: "Der Sachverhalt wird straff und konzentriert wiedergegeben, es werden genaue Angaben zu Personen, Ort und Zeit gemacht".[44] Entsprechend hat Büchner seine Sätze gestaltet, nur die Zeitangabe fehlt; stattdessen ist auf die Quelle hingewiesen, auf die englische Presse, die *Times* vom 29. Februar 1836, wie nun feststeht. Außerdem hat Büchner, "der gelernte und begabte Rhetor" gerade in den Briefen,[45] mit beiden Händen in die ihm wohlbekannte rhetorische Schatzkiste gegriffen.

So hat er kunstvoll nur vordergründig dezent, tatsächlich aber eindeutig, den forciert ironischen Satz über den Komponisten Methfessel gestaltet, der das Verhältnis zwischen den beiden Männern charakterisiert, indem die mit ihnen in Beziehung stehende Frau wie eine Sache gekennzeichnet ist: "Er hat eine hübsche Frau, die dem Herzog gefällt, und ein Paar Augen, die er gern zudrückt, und ein Paar Hände, die er gern aufmacht" (N 275). Nach der einleitenden Untertreibung, die attraktive Madame Methfessel gefalle dem

[42] [Edmund Burke:] *The Annual Register, or a view of the History, Politics, and Literature, of the year 1836*. Abt. *Chronicle*. London: Rivington 1837. S. 23.
[43] Steinhagen 23.
[44] Sonja Hilzinger: Anekdote. In: *Kleine literarische Formen in Einzeldarstellungen*. Stuttgart: Reclam 2002. S. 7–25. Hier S. 8.
[45] Schaub 194.

Herzog (de facto hat sie mit ihm ein sexuelles Verhältnis), entfaltet der kunstvoll arrangierte Chiasmus des 'zu' und 'auf' in seiner jeweils metonymischen Qualität – der Ehemann drückt die Augen zu und macht die Hände auf, das heißt, er übersieht den Ehebruch und lässt sich dies bezahlen – einen anzüglichen Witz. Die antithetische Konstellation des 'zu' und 'auf' gestaltet also keineswegs einen Gegensatz, wie das wiederholte und somit parallel gesetzte 'gern' beim Augenzudrücken und Händeaufhalten signalisiert. Sie macht gerade mit dem 'gern' vielmehr ein funktionales Zusammenspiel kenntlich, der (bürgerliche) Ehemann verhält sich wie ein Zuhälter gegenüber dem (adeligen) Freier. Im Herzogtum Braunschweig des 19. Jahrhunderts erscheint damit die Galanterie, jenes vorrangig höfische Verhaltensideal des ausgehenden 17. und beginnenden 18. Jahrhunderts, reduziert auf zwielichtige amouröse Angelegenheiten, verquickt mit Macht und Geld. Die galante Welt des Höfischen wird als moralisch fragwürdiges Arrangement desavouiert, zugleich aber in diesem Arrangement auch die korrumpierte bürgerliche Haltung gegenüber dem Adel.

Oder Büchner wählte, um ein weiteres Beispiel seiner rhetorisch versierten Kunstfertigkeit als Anekdotenschreiber anzuführen, anstatt der Klartext-Formulierung "making love"[46] aus der *Times* für das Bühnengeschehen an jenem Braunschweiger Theaterabend eine elegantere und witzigere, gleichwohl eindeutige Formulierung, die er in handlungslogisch präziser Verknüpfung aus zwei Elementen gestaltete: Der Herzog habe sich "gewöhnlich vor Anfang des Schauspiels" mit seiner Geliebten "allein auf der Bühne" befunden, er hat also bei noch geschlossenem Vorhang ein von Büchner als solches dezent nicht explizit benanntes 'making love' betrieben, um dann schließlich an jenem Abend im Februar 1836 unfreiwillig "mit Madame Methfessel die erste Scene" (N 275) zu spielen – eine Periphrase für das 'making love' (beziehungsweise für das im Klartext in der *Times* genannte Umarmen: "the Royal Duke and Madame Methfessel are tenderly embracing each other"[47]), welches nun bei geöffnetem Vorhang für das Publikum als unfreiwilliges Schauspiel der Akteure sichtbar geworden ist. Die auf der Oberfläche galante Konstellation des Geschehens ist wieder ironisch desavouiert. Der Dramatiker Georg Büchner hat dabei das Performative des Geschehens sehr genau gesehen, handelt es sich doch um ein Bühnengeschehen, um 'performance', was er ausdrücklich herausstellt. Damit ist wiederum historisch die Galanterie des 17. und 18. Jahrhunderts aufgerufen, auf deren "inszenatorisches Moment" als "leibliche Präsentation" von "adeliger Körperkultur" Isabelle Stauffer im Rahmen von Überlegungen zur Galanterie im Zusammenhang von Performativität, medialer Erzeugung spezifischer Körpermodellierungen und damit

[46] *The Times* 29.2.1836.
[47] *The Times* 29.2.1836.

einhergehender Gefühlslagen aufmerksam gemacht hat.[48] Am Hoftheater zu Braunschweig im 19. Jahrhundert ist das alte höfische Verhaltensmuster der Galanterie allerdings ad absurdum geführt und derb komisch gewendet, was Büchner forciert ironisch herausgestellt hat, indem er das Geschehen in galantem Ton als Burleske präsentiert.

Vorerst sei festgehalten, dass Büchner rhetorisch kalkuliert die Differenz zwischen einem inzwischen historisch gewordenen höfischen Verhaltensideal aus dem ausgehenden 17. und beginnenden 18. Jahrhundert und dessen Verfall im 19. Jahrhundert anekdotisch auf den Punkt gebracht hat. Mit seiner erotisch (und politisch) pikanten Anekdote knüpft Büchner ironisch doppelbödig damit zugleich gattungsgeschichtlich an die französische Tradition des 17. und 18. Jahrhunderts an, als die "affaire secrettes & cachées des Princes" den Gegenstand der "anecdote" bildeten,[49] wobei der "Begriff *anecdote* [. . .] durch *histoire secrète et galante*" näher bezeichnet wurde und "*galante* [. . .] im Sinn [. . .] von *amoureuse* zu verstehen ist".[50] Die "unterhaltsame Thematisierung des Erotischen" war auch in der Historiette dominant.[51] Handelte es sich bei den "*anecdotes* und *historiettes*" im 18. Jahrhundert noch um die "beiden spezifisch im höfisch-aristokratischen Milieu angesiedelten semi-oralen Kurzprosagattungen",[52] so ist im 19. Jahrhundert bei Büchner ein signifikanter Unterschied zu verzeichnen. Zwar hat Büchner die tatsächliche Begebenheit in Braunschweig anekdotisch in einem semi-oralen Medium erzählt, in einem Brief, und damit den mündlich-schriftlichen Zwischenstatus des Genres Anekdote quasi verdoppelt, aber das höfisch-aristokratische Milieu des 19. Jahrhunderts, der in *Leonce und Lena* verspottete Spätabsolutismus, der als gänzlich "abgelebte" Gesellschaft nun endlich "aussterben" (BW 103) möge, wie Büchner an Gutzkow schrieb, stellt sich nun in einem anderen Licht dar, in seinem Verhältnis zu anderen sozialen Milieus. Büchner hat in seiner Anekdote das Personal über den Herzog als Repräsentanten des Adels hinaus auf das Bürgertum erweitert – vom Hofkapellmeister und der mit ihm verheirateten Sängerin über den Opernregisseur und Tenor bis hin zum Maschinisten, im Figurenarsenal sozial und ökonomisch am niedrigsten gestellt zugleich das Opfer derjenigen Figur, welche in der sozialen Hierarchie an der Spitze steht, des Herzogs. Büchners Anekdote gibt sich bereits hier, sozusagen textimmanent, als ein Palimpsest zu erkennen, indem sie auf der

[48] Isabelle Stauffer: Verführende SchriftKörper? Liebe, Ekel und Tod bei Christian Friedrich Hunold. In: *Deutsche Vierteljahrsschrift für Literaturwissenschaft und Geistesgeschichte* 83.1 (2009). S. 128–144. Hier S. 128f.
[49] *Genres mineurs* 49.
[50] Hilzinger, *Anekdote* 9.
[51] *Genres mineurs* 41.
[52] Hilzinger, *Anekdotisches Erzählen* 29.

Oberfläche die gattungsgeschichtliche Tradition der Anekdote, wie sie in Frankreich im 17. und 18. Jahrhundert gebräuchlich war, aktualisiert, damit aber untergründig die Verhältnisse im 19. Jahrhundert kritisiert und somit literarisch eine Geschichtsschreibung betreibt, die auf eine Analyse der Gegenwart zielt. Festzuhalten bleibt, dass Büchner seiner Anekdote erstens aufgrund ihres intertextuellen Dialogs mit dem sozialkritisch argumentierenden Artikel aus der *Times* eine politische Dimension eingeschrieben hat, dass er zweitens seiner Anekdote unter Rekurs auf die französische Tradition des 17. und 18. Jahrhunderts im Sinne Gérard Genettes "den Stempel einer Gattungsimitation"[53] aufgedrückt hat, wodurch er die politische Dimension ästhetisch weiter dynamisierte; drittens hat er seine Anekdote in ihrer zunächst zweifachen Überschreibung als Palimpsest gestaltet, dessen Funktion in einer kritisch auf die Gegenwart orientierten Geschichtsschreibung dingfest zu machen ist. Dieser besondere Charakter von Büchners Anekdote wird durch den Kontext potenziert, in den sie eingebettet ist, durch den gesamten Text des Briefes, den die *Nachgelassenen Schriften* überliefern.

Bevor dieser Kontext zur Debatte stehen soll, gilt es zu fragen: Wie ist diese Anekdote in der Forschung bisher kommentiert worden? Die Gattungszugehörigkeit der von Büchner in seinem Brief erzählten Geschichte war offensichtlich, damit zugleich das dezidiert literarische Verfahren des Briefschreibers, der sich unterschiedlicher Genres zu bedienen weiß. Ohne weiteren Kommentar hat Thomas Michael Mayer als Stichwort "Methfessel-Anekdote"[54] in seiner Büchner-Chronik unter dem Datum des 15. März 1836 notiert. Die "anekdotische Vignette", die in Büchners Brief vom 15. März 1836 "eingelegt" sei, ist auch Heinz Fischer aufgefallen, der deshalb "eine an die Technik des Szenenschnitts erinnernde Erzählweise" in diesem Brief (und anderen Briefen Büchners) festgestellt hat.[55] Tatsächlich mag die in den Brief implantierte Anekdote angesichts der sie umrahmenden Ausführungen auf den ersten Blick wie ein Fremdkörper wirken. Gerhard P. Knapp hat den "Eindruck von Widersprüchlichkeit" in Büchners Briefen konstatiert,[56] welcher sich aus der allerdings nur vordergründigen Differenz, wie sich zeigen wird, zwischen der Anekdote und dem sonstigen Briefinhalt ergibt, in den sie scheinbar unvermittelt in einer Art Szenenschnitttechnik eingebettet ist.

Der Kontext der Anekdote gestaltet sich wie folgt: Ihr sind "Nachrichten von Verhaftungen in Bayern und Hessen" vorangestellt, ihr nachgestellt sind

[53] Gérard Genette: *Palimpseste. Die Literatur auf zweiter Stufe*. Aus dem Französischen von Wolfram Bayer und Dieter Hornig. Frankfurt a. M.: Suhrkamp 1993. S. 529.
[54] Thomas Michael Mayer: Georg Büchner. Eine kurze Chronik zu Leben und Werk. In: *Georg Büchner I/II*. Hg. von Heinz Ludwig Arnold. München: Edition Text + Kritik 2. Aufl. 1982 (Text + Kritik. Sonderband). S. 357–425. Hier S. 407.
[55] Fischer 100f.
[56] Knapp 51.

Ausführungen über "Exil und Berufsverbot in Hessen-Darmstadt"[57] – dieser Briefinhalt ist in seinem angespannten Ausdruck der Sorge über die politisch Verfolgten und der Empörung über deren Verfolgung vollständig zu vergegenwärtigen, um den Stellenwert der in diesen Kontext implantierten Anekdote adäquat einschätzen zu können.

> ..... Ich begreife nicht, daß man gegen K ..... r etwas in Händen haben soll; ich dachte, er sei mit nichts beschäftigt, als seine Praxis und Kenntnisse zu erweitern. Wenn er auch nur kurze Zeit sitzt, so ist doch wohl seine ganze Zukunft zerstört: man setzt ihn vorläufig in Freiheit, spricht ihn von der Instanz los, läßt ihn versprechen, das Land nicht zu verlassen, und verbietet ihm seine Praxis, was man nach den neusten Verfügungen kann. – Als sicher und gewiß kann ich Euch sagen, daß man vor Kurzem in Bayern zwei junge Leute, nachdem sie seit fast vier Jahren in strenger Haft gesessen, als unschuldig[58] in Freiheit gesetzt hat! Außer K ..... r und Groß sind noch drei Bürger aus Gießen verhaftet worden. Zwei von ihnen haben ihr Geschäft, und der eine ist obendrein Familienvater. Auch hörten wir, Max v. Biegeleben sei verhaftet, aber gleich darauf wieder gegen Caution in Freiheit gesetzt worden. Gladbach soll vor einiger Zeit zu acht Jahren Zuchthaus verurtheilt worden sein; das Urtheil sei aber wieder umgestoßen, und die Untersuchung fange von Neuem an. Ihr würdet mir einen Gefallen thun, wenn ihr mir über Beides Auskunft gäbet. (N 274)

Nach dieser Empörung über die Schikane gegen den Darmstädter Arzt Heinrich Küchler sowie über die diversen Verhaftungen (namentlich diejenigen des genannten Arztes und der Gießener Studenten August Gros und Maximilian von Biegeleben) und Verurteilungen (namentlich diejenige von Georg Gladbach, einem ehemaligen Mitschüler Büchners am Darmstädter Gymnasium) folgt in einem neuen Absatz scheinbar unvermittelt die Anekdote über den Vorfall am Theater zu Braunschweig. Auf den ersten Blick markiert der anekdotische Einschub einen thematischen Bruch mit dem sonstigen Briefinhalt. Nach diesem Einschub folgen in einem weiteren Absatz von eigener Betroffenheit geprägte Ausführungen zum Exil, zu den politisch Verfolgten und Exilierten insbesondere aus Darmstadt im Unterschied zu denjenigen Darmstädtern, die sich ohne Skrupel aus Gründen der Karriere vor Ort mit den Machtverhältnissen arrangieren. Anstatt der vom Herausgeber der *Nachgelassenen Schriften* mit Pünktchen markierten Auslassung dürfte in der Handschrift der Name der großherzoglichen Residenzstadt Darmstadt gestanden haben.

> Ich kann euch versichern, daß nicht das geringste politische Treiben unter den Flüchtlingen hier herrscht; die vielen und guten Examina, die hier gemacht werden, beweisen hinlänglich das Gegentheil. Uebrigens sind wir Flüchtigen und Verhafteten gerade nicht die Unwissendsten, Einfältigsten oder Liederlichsten! Ich sage nicht zuviel, daß bis jetzt die besten Schüler des Gymnasiums und die fleißigsten

[57] Mayer, *Chronik* 407.
[58] In der Vorlage ist "unschuldig" zusätzlich zur Sperrung fett gesetzt.

> und unterrichtetsten Studenten dieß Schicksal getroffen hat, die mitgerechnet, welche von Examen und Staatsdienst zurückgewiesen sind. Es ist doch im Ganzen ein armseliges, junges Geschlecht, was eben in . . . . . . herumläuft und sich ein Aemtchen zu erkriechen sucht! (N 275)

Gerhard P. Knapp hat den "Ausdruck von Betroffenheit, Empörung und zunehmender Selbstvergewisserung" als charakteristisch für Büchners Briefe an die Eltern beobachtet, dies stehe "im Zeichen des stetigen Bemühens um elterliches Verständnis für die eigenen Entscheidungen".[59] Diese Beobachtung ist hier sowohl an dem vor als auch an dem nach der Anekdote platzierten Brieftext gut nachzuvollziehen.

Büchners Brief vom 15. März 1836 ist jedoch insgesamt unter den Prämissen zu betrachten, die Thomas Michael Mayer in seinem Aufsatz über die Argumentationsstrategien in Büchners Briefen an die Eltern entwickelt hat, da auf dieser Grundlage der politische Stellenwert der zur Debatte stehenden Anekdote innerhalb des Briefes genauer bestimmt werden kann, in dem sie zentral platziert ist. "Rechtfertigung und Beruhigung ist der allgemeine Zweck der Briefe Büchners an die Eltern".[60] Diese reaktiven Komponenten zeigen sich – einschließlich des "Zweck[s] eines ständigen 'Leistungsnachweises'"[61] – insbesondere in den Ausführungen, welche der Anekdote folgen. Vor allem aber ist mit Blick auf die zur Debatte stehende Anekdote eine bemerkenswerte aktive Komponente in den Briefen an die Eltern zu berücksichtigen, welche die selbstbewusste Haltung des Briefautors dokumentiert. Büchners Briefe nämlich zeigen "den unablässigen Versuch, ein Gleichgewicht zwischen der primär und ständig notwendigen Beruhigung und geradezu einem Programm ziviler Aufklärung herzustellen".[62] Thomas Michael Mayer hat festgestellt, dass die Briefe des Emigranten in Straßburg an die Familie in Darmstadt sich als "'elternpädagogische[s]' Programm" lesen lassen,[63] als Programm politischer Bildung und Aufklärung, als eine "Lektion in Staatsbürgerkunde" im Rahmen eines "fast systematischen Mitteilungs*programms*", das vor allem drei Themen umfasst:

> Verteidigung auch minimaler Bürgerrechte gegen willkürliche Übergriffe; Verteidigung der Emigranten im Ausland wie der literarischen Opposition in Deutschland; und, damit verknüpft, die moralische Fürstenschelte. Alle drei Themen sind, wo immer möglich, so mit Vergleichen belegt, daß eine Werteskala: reine Aristokratengewalt – konstitutionelle Monarchie – Republik deutlich wird.[64]

[59] Knapp 59.
[60] Mayer, *Argumentationslist* 266.
[61] Mayer, *Argumentationslist* 274.
[62] Mayer, *Argumentationslist* 263.
[63] Mayer, *Argumentationslist* 272.
[64] Mayer, *Argumentationslist* 271.

Alle drei genannten Elemente sind im Brief vom 15. März 1836 versammelt: die Verteidigung von Bürgerrechten in der Sorge und Klage über die politische Verfolgung im ersten Teil des Briefes vor der Anekdote, die Verteidigung der Emigranten im dritten Teil des Briefes nach der Anekdote und schließlich im zweiten und mittleren Teil des Briefes die mit der Anekdote präsentierte 'moralische Fürstenschelte' – schon durch ihre mittige Stellung ist die Anekdote mit den sie umgebenden Ausführungen formal verknüpft.

Diese Verknüpfung ist auch hinsichtlich der kommunikativen Aspekte der Textsorte Brief vom Briefschreiber hergestellt. Unmittelbar bevor Büchner die Anekdote platziert, bittet er die Eltern dringlich um Auskünfte über die politisch Verfolgten, von denen er zuvor gesprochen hat, um dann die Anekdote als vorweggenommene Gegengabe für diese Auskünfte zu präsentieren: "Ihr würdet mir einen Gefallen thun, wenn ihr mir [. . .] Auskunft gäbet./Ich will euch dafür sogleich eine sonderbare Geschichte erzählen" (N 274). Auskunft über die politisch Verfolgten und die Anekdote über den Vorfall in Braunschweig haben formal den gleichen Stellenwert und betreffen inhaltlich mit politisch skandalösen Zuständen im einen wie im anderen Fall im Kern dieselbe Sache. Im Sinne des 'elternpädagogischen' Programms erzieht Büchner die Eltern damit quasi zu Gleichgesinnten und gesteht ihnen zugleich eine verdeckte Schreibweise zu, die er selbst praktiziert – mit seiner Anekdote (und mit dem Brief, in den diese Anekdote implantiert ist) sowie in seinem im engeren Sinn literarischen Œuvre.

Die eigenwillige und auf den ersten Blick nicht erkennbare mehrschichtige Textkonstruktion dieses Briefes mit seiner Verknüpfung der von Büchner als Palimpsest angelegten Anekdote mit den Ausführungen zuvor und danach nämlich variiert eine Schreibweise, die Bodo Morawe als maßgebende Strategie für Büchners Drama *Danton's Tod* erläutert hat. Büchners Revolutionsdrama könne

> angemessen nur verstanden werden, wenn man erstens das Prinzip der 'doppelten' Textkonstruktion beachtet, zweitens den dafür grundlegenden "codex palimpsestus" in Betracht zieht und drittens mit dem Palimpsest-Charakter des Werks seinen programmatischen Subtext, das Programm der 'gauche républicaine', zur Kenntnis nimmt.[65]

Diese *Danton's Tod* betreffende Feststellung lässt sich grundsätzlich und nur geringfügig modifiziert auch auf Büchners Anekdote in seinem Brief vom 15. März 1836 übertragen. Der programmatische Subtext der bereits als Palimpsest identifizierten Anekdote, Büchners republikanische Haltung, korrespondiert

[65] Bodo Morawe: *Citoyen Heine. Das Pariser Werk.* Band 1: *Der republikanische Schriftsteller*. Bielefeld: Aisthesis 2010. S. 326.

dabei nicht nur intertextuell mit dem Artikel aus der *Times* und mit den gattungsgeschichtlichen Bezügen der Anekdote des 17. und 18. Jahrhunderts, sondern nicht zuletzt auch mit dem unmittelbaren Kontext, in den sie eingebettet ist. Die politische Kontur der Anekdote wird durch diesen Kontext, durch die direkte Nachbarschaft mit dezidiert politisch oppositionell geprägten Ausführungen, unter lediglich anderen Vorzeichen greifbar, die sich aus der Struktur der Anekdote als Palimpsest ergeben. Die Anekdote stellt sich in diesem Brief auf der Oberfläche als eine "Klartextlücke"[66] dar, die sie aufgrund ihres Charakters als Palimpsest aber nicht ist. Vielmehr potenziert sie ästhetisch den politischen Klartext, der sie umgibt. Text (Anekdote) und Kontext (der die Anekdote umgebende Brieftext) ergänzen einander, indem erst durch diesen Zusammenklang alle drei von Thomas Michael Mayer genannten Kernthemen der Briefe an die Eltern mitsamt der dreifach geschichteten Werteskala gebündelt zur Sprache kommen. Zweifellos nämlich thematisiert die Anekdote über den Vorfall in Braunschweig 'Aristokratengewalt', wie nicht zuletzt der entsprechend kritisch argumentierende Artikel in der *Times* zu erkennen gibt, jener Bezugstext der von Büchner anekdotisch nacherzählten skandalösen Begebenheit. Und zweifellos artikuliert sich mit der Anekdote 'moralische Fürstenschelte', wie die erörterten gattungsgeschichtlichen Implikationen der Anekdote nahe legen.

Angesichts der dezidiert politischen Klartext sprechenden Ausführungen Büchners in diesem Brief erscheint auch die in diese Ausführungen einge bettete Anekdote in einem gattungsgeschichtlich weiter greifenden Zusammenhang, als der bisher festgestellte. Stellte sich die Kunstform der Anekdote Büchners auf der Oberfläche gattungsgeschichtlich als Camouflage der französischen Tradition der Anekdote im 17. und 18. Jahrhundert als 'histoire secrète et galante' dar, so reichen die gattungsgeschichtlichen Implikationen historisch weiter und sind dann grundsätzlicher Art, wenn man den unmissverständlich politisch akzentuierten Kontext der Anekdote in Büchners Brief bedenkt. Büchner nämlich greift auch unmittelbar auf den historischen Ursprung der Anekdote in der Antike zurück, der daher kurz zu vergegenwärtigen ist.

Die griechische Gattungsbezeichnung 'anekdota' bedeutet bekanntlich soviel wie 'nicht Herausgegebenes' und diese Bezeichnung ist der ursprüngliche Titel einer gegen Kaiser Justinian und dessen Gemahlin Theodora gerichteten Schrift *Anekdota* des byzantinischen Geschichtsschreibers Prokopius von Cäsarea aus dem 6. Jahrhundert mit entlarvenden Geschichten über den oströmischen Hof, die der Autor in seiner im Auftrag des Kaisers verfassten offiziellen Geschichte der Regierung Justinians nicht veröffentlicht

[66] Mayer, *Argumentationslist* 258.

hatte (erhalten geblieben und 1623 in der lateinischen Übersetzung *Arcana historia* veröffentlicht, die erste deutsche Übersetzung 1753 unter dem Titel *Geheimgeschichte*). Es handelt sich also um "eine Sammlung von Berichten über den Lebenswandel und den Charakter" des Herrschers, seiner Gemahlin und der Günstlinge des Hofes, "die Prokop selbst nicht herauszugeben wagte, aber dennoch der Nachwelt überliefern wollte".[67] Prokops heimlich verfasste "Geheimgeschichte des byzantinischen Hofes [. . .] stellte also die unterdrückte, verschwiegene Seite der offiziellen Historiographie dar und bezog daraus ihre politische Brisanz".[68] Ganz in diesem Sinne verfuhr Büchner mit seiner Anekdote über den Herzog von Braunschweig.

Er steht also zugleich in der unmittelbaren gattungsgeschichtlichen Tradition Prokops, dessen grundsätzliche Intention auch Büchners Anekdote motiviert, und deren historisch spezifischer Ausformung im 17. und 18. Jahrhundert, auf die er auf der Oberfläche anspielt. Beide gattungsgeschichtlichen Bezüge sind in Büchners Anekdote miteinander verknüpft. Sonja Hilzinger hat in ihrer gründlichen gattungsgeschichtlichen Studie die Entstehung der Gattung 'Anekdote' im Rückgriff auf die Geheimgeschichte Prokops erläutert und herausgestellt, dass deren wesentliche Merkmale – der Bericht "von Verbrechen und Verfehlungen der Herrschenden [. . .] mit entlarvender Absicht"[69] – sich in der Rezeption des 17. und 18. Jahrhunderts in Frankreich mehr oder weniger stark ausgeprägt zwar grundsätzlich erhalten haben, aber im

> 18. Jahrhundert eine Akzentverschiebung stattgefunden hat: nicht mehr die Verbrechen der Mächtigen, sondern ihre verborgenen Schwächen sollten ans Licht gebracht werden; der herrschaftskritische Impetus blieb also in abgeschwächter Form weiterhin gewahrt.[70]

Büchner nun kombiniert in seiner Anekdote über den Braunschweiger Skandal ein Verbrechen der Mächtigen (den Mord des Herzogs am Maschinenmeister) mit den Schwächen der Mächtigen (die kleiderfetischistischen Vorlieben des Herzogs mitsamt ihrer verkappten exhibitionistischen Note im erotischen Verhältnis zu seiner Geliebten) und bezieht sich damit auf die französische Tradition des 17. und 18. Jahrhunderts, vor allem aber aktualisiert er die antike Tradition der Geheimgeschichte Prokops, indem er mit seiner Anekdote politisch bewusst Gegengeschichtsschreibung betreibt. Der politisch oppositionelle Charakter dieser Gegengeschichtsschreibung korrespondiert als 'moralische Fürstenschelte' inhaltlich widerspruchsfrei und in der Intention deckungsgleich mit dem sonstigen Briefinhalt, der Sorge und Empörung über

[67] Steinhagen 39.
[68] Hilzinger, *Anekdote* 7.
[69] Hilzinger, *Anekdotisches Erzählen* 26.
[70] Hilzinger, *Anekdotisches Erzählen* 29.

die politische Verfolgung im Spätabsolutismus artikuliert. Damit ist die Anekdote in diesem Brief hinsichtlich der politischen Aussagekraft alles andere als ein Fremdkörper. Sie ist im Rahmen des 'elternpädagogischen Programms' lediglich ein besonders ambitioniertes, ein literarisches, ein kunstvolles Mittel der politischen Aufklärung, die damit wirkungsvoll betrieben werden soll.

Diese Wirkung entfaltet sich gerade in der Verbindung der Anekdote mit dem sie umgebenden Briefinhalt, denn dieser wie jene zielen auf die tatsächlichen politischen Missstände, auf die Realität. Der Realitätsbezug ist für die Anekdote konstitutiv. "Ihre Form hängt [. . .] unlösbar am Stofflichen: Sie erzählt ihrem eigenen Anspruch nach stets etwas Faktisches, ein reales Vorkommnis, präsentiert einen empirischen Fund, keine Erfindung".[71] An dem von Gerhard P. Knapp als "Realismusbrief"[72] bezeichneten Brief Büchners vom 28. Juli 1835 an die Eltern über den "Dichter" als "Geschichtschreiber" (N 264) zur Rechtfertigung seines Dramas *Danton's Tod* sei zu beachten, dass der Autor "die Vorrangstellung der Ästhetik über die Historiographie bündig postuliert, daß er aber *beide* dem Primat der Geschichte, d.h. der empirischen Wirklichkeit unterordnet".[73] Was für das Drama gilt, das gilt erst recht für die Anekdote, deren gattungsgeschichtlich gegründete "Aufgabe" es ist, "Geschichte zu vermitteln" und sich damit zugleich abzuheben "gegenüber einer sich als wissenschaftlich verstehenden, streng methodisch geregelten Historiographie".[74] Die Gegengeschichtsschreibung, die Büchner betreibt, hat nicht nur einen anderen Gegenstand als die offizielle Geschichtsschreibung, sie bedient sich auch eines anderen Verfahrens, einer verdeckten Schreibweise, indem sie sich in der Form einer Anekdote als Palimpsest gestaltet. Entsprechend anders stellt sich auch ihr Gegenstand dar. Eine gute Anekdote vertraut Harald Steinhagen zufolge

> auf die Aussagekraft des Singulären, des Besonderen oder Absonderlichen, des Unscheinbaren oder vermeintlich Unbedeutenden und in dessen Namen kämpft die Anekdote [. . .] einen fröhlichen Kleinkrieg gegen alles Große, Berühmte, Aufgeblähte und angeblich Bedeutende [. . .]. Sinn [. . .] realisiert sie [. . .] durch einen in seiner Faktizität verbürgten Realitätssplitter, eine scheinbar unbedeutende Nebensächlichkeit, einen winzigen Vorfall, eine *quantité négligeable*, die im Rahmen einer offiziellen Darstellung keinen Platz hätte. Sie wühlt [. . .] im Abfall der Geschichtsschreibung [. . .] und findet dort, in den [. . .] Kleinigkeiten und [. . .]

[71] Steinhagen 22.
[72] Knapp 57.
[73] Knapp 57.
[74] Volker Weber: *Anekdote. Die andere Geschichte. Erscheinungsformen der Anekdote in der deutschen Literatur, Geschichtsschreibung und Philosophie*. Tübingen: Stauffenburg 1993 (Stauffenburg Colloquium 26). S. 216f.

> Belanglosigkeiten, in den unwichtigen, unpassenden oder gar störenden Details, ihr Material, [. . .] dem sie mehr Wahrheit zutraut als allen seriösen offiziellen Würdigungen. Sie wendet sich also gegen den Vorrang des Großen vor dem Kleinen, des Bedeutenden vor dem vermeintlich Unbedeutenden, des Allgemeinen vor dem Besonderen und steht damit quer zum herrschenden Denken.[75]

Quer zum herrschenden Denken, in Opposition zu Verlautbarungen, die durch übergeordnete Macht gestützt sind, hat die Anekdote "die Tendenz und den Anspruch, eine andere Geschichte zu präsentieren als die vorherrschende, 'offizielle' Historie".[76] Sie war schon bei Prokop ein "kritisches Korrektiv"[77] und ist es noch bei Büchner. Sowohl Prokop als auch Büchner wollten "Wahrheiten aufschreiben und überliefern, die der offiziellen Historiographie entgegenstanden".[78] Der im gattungsgeschichtlichen Ursprung der Anekdote angelegte "Geist des Widerspruchs"[79] lebt bei Büchner weiter. Mit dem 'Abfall der Geschichtsschreibung' bewahrt die Anekdote Spuren einer vom Vergessen bedrohten Geschichte jenseits der offiziellen Geschichtsschreibung und erweist sich damit unter kulturwissenschaftlicher Perspektive als ein flüchtiges Gedächtnismedium,[80] das im Falle Büchners ein ausgesprochen politisches Profil ausgebildet hat.

Der Geschichtenerzähler und Gegengeschichtsschreiber Georg Büchner kann im Sinne der Überlegungen von Novalis als ein "Anekdotenmeister"[81] gelten, vergleichbar etwa mit Heinrich Heine, der überhaupt mit Büchner "den merkwürdigsten Parallelismus" aufweist.[82] So spricht Heine in den deutschen Entwürfen zur französischen *Lutezia*-Vorrede in einem wesentlichen

[75] Steinhagen 38.
[76] Weber 217.
[77] Steinhagen 39.
[78] Hilzinger, *Anekdote* 8.
[79] Steinhagen 39.
[80] Vgl. Aleida Assmann: Texte, Spuren, Abfall: die wechselnden Medien des kulturellen Gedächtnisses. In: *Literatur und Kulturwissenschaften. Positionen, Theorien, Modelle*. Hg. von Hartmut Böhme und Klaus R. Scherpe. Reinbek bei Hamburg: Rowohlt 1996. S. 96–111.
[81] "Geschichte ist eine große Anekdote. / Eine Anekdote ist ein historisches Element – ein historisches Molecule oder Epigramm. Eine Geschichte in Anekdoten [. . .] ist ein höchst interessantes Kunstwerck. Die Geschichte in gewöhnlicher Form ist eine zusammengeschweißte – oder in einander zu einem Continuo geflossne Reihe von Anecdoten. [. . .] Ein Anekdotenmeister muß alles in Anekdoten zu verwandeln wissen". Novalis: *Werke, Tagebücher und Briefe*. Hg. von Hans-Joachim Mähl und Richard H. Samuel. Band 2: *Das philosophisch-theoretische Werk*. Hg. von Hans-Joachim Mähl. München-Wien: Carl Hanser 2. Aufl. 2005. S. 356.
[82] Morawe 292.

Zusammenhang, in dem er sich grundsätzlich über seine Schreibstrategie des 'Ideenschmuggels' äußert, auch von seinen Historietten, von Anekdoten also:

> Ich mußte daher darauf bedacht seyn alles was ich insinuiren wollte, das Ereigniß sowohl als meine Ansicht darüber, alles was ich dachte und fühlte, in die Form des Faktums zu kleiden, indem ich etwa fremden Personen meine Privatmeinungen in den Mund legte oder gar parabolisch verfuhr. Meine Briefe enthalten daher viel Historietten und Arabesken deren Symbolik nicht jedem verständlich ist und die dem rohen Gaffer als kleinliche Anekdotenkrämerey oder gar als Commerage erscheinen konnte.[83]

Die Anekdote ist nicht als Commerage zu diffamieren, als Klatsch, Gerede, Tratsch, sondern die Kunst der Anekdote realisiert sich als kritische Gegengeschichtsschreibung parabolisch, also gleichnishaft, sinnbildlich. Was für Heine gilt – "je parabolisais mes idées. Voilà pourquoi mes lettres contiennent beaucoup d'historiettes et d'arabesques"[84] – gilt auch für Büchner. Auch Büchners Briefe enthalten Anekdoten, auch er parabolisiert in den Anekdoten seine Ideen, seine politische Haltung, wie gerade die Anekdote über den skandalösen Mordfall am Theater zu Braunschweig in seinem Brief vom 15. März 1836 dokumentiert. Dieser nur auf den ersten Blick unscheinbare Brief gewinnt mit jener Anekdote eine bisher übersehene Relevanz für das gesamte Œuvre dieses Autors, da sie ihn als einen Erzähler zu erkennen gibt, der bisher in seiner Bedeutung nicht zur Kenntnis genommen wurde. Sie weist den Dichter als Geschichtsschreiber aus, als einen Gegengeschichtsschreiber, der kulturgeschichtlich bewusst und ästhetisch ambitioniert auf die politische Realität verpflichtet war. Dieser Brief zeigt exemplarisch, dass die Anekdote in ihrem Anspruch auf Faktizität für Büchners Briefe charakteristisch ist, in welchen gattungsgeschichtlichen Traditionen er steht und wie er diese quer zum herrschenden Denken aktualisiert. Mit der Anekdote als einem der 'genres mineurs' artikuliert sich ein Geist des Widerspruchs, der im Kontext des erörterten Briefes die politisch oppositionelle Haltung des Autors besonders profiliert, die deutlich macht, dass Büchner mit anekdotischen Bruchstücken kritisch Gegengeschichtsschreibung betreibt.

[83] Heine, *Sämtliche Werke*. Hier: Band 13. S. 293.
[84] Heine, *Sämtliche Werke*. Hier: Band 13. S. 166.

Gerd Labroisse

Zu Volker Brauns 'kreativer' Rezeption von Büchner-Briefen

Volker Braun used excerpts from twenty-two of Büchner's letters to comment on the sociopolitical situation in the provincial German countries after the 1830 Revolution in France. This essay demonstrates how Braun actualizes Büchner's statements for his own critical assessment of the political situation in the GDR in the late 1970s. This strategy emerges out of his unoffical version of Marxism, which, he hopes, might overcome exisiting deficits by asking everybody to contribute.

Einführung

Brauns Essay fand ein erstaunlich geringes literaturwissenschaftliches Interesse. In diesem Fall könnte es daran liegen, dass man, insbesondere in der BRD, dem, was sich im Literatur-Bereich in der DDR abspielte, nur begrenzt Beachtung schenkte, auch daran, dass es sich bei Volker Braun um einen engagiert marxistisch-sozialistischen Autor handelt. Keinesfalls lag es an Zugangsschwierigkeiten, denn der von Braun 1977 für eine Büchner-Briefausgabe des Berliner Verlags "Der Morgen" als Nachwort verfasste Text, wofür es keine Druckerlaubnis gab, wurde 1978 in der Zeitschrift *Connaissance de la RDA* der [marxistischen] Université Paris VIII publiziert und 1981 als Wiederabdrucke in zwei Publikationsreihen in der Bundesrepublik.[1]

Im 2009 erschienenen *Büchner-Handbuch* schrieb Henri Poschmann,[2] dass Volker Brauns "Begleittext zu einer Büchner-Briefausgabe in der DDR" nicht

[1] Volker Braun: Büchners Briefe. In: *Connaissance de la RDA* 1978. Nr. 7. S. 8–17. Wiederabdrucke in: *Georg Büchner III*. Sonderband Text + Kritik. Hg. von Heinz Ludwig Arnold. München 1981. S. 5–14; in: *Georg Büchner Jahrbuch* 1 (1981). S. 11–21. – In der DDR erschien der Essay in: Volker Braun: *Texte in zeitlicher Folge*. Band 1–10. Halle-Leipzig: Mitteldeutscher Verlag 1989–1993. Hier: Band 5 (1990). S. 293–310. Daraus wird künftig zitiert mit: Bandnummer. Seitenzahl. – Diese Publikationen brachten die Büchner-Zitate ohne Quellen-Angaben. Im vorliegenden Beitrag sind sie angegeben nach dem Abdruck in Georg Büchner: *Schriften, Briefe, Dokumente*. Hg. von Henri Poschmann. 2 Bände. Frankfurt a. M.: Deutscher Klassiker Verlag 2006 [textidentisch mit FA]. Hier: Band 2. Briefe von und an Büchner 1831–1837. S. 353–466. Künftig zitiert mit: [Bandnummer] II. Seitenzahl. Der Stellenkommentar zu den Briefen: S. 1065–1226. Künftig zitiert mit: Kommentar. Seitenzahl.

[2] Henri Poschmann: Briefe. In: *Büchner-Handbuch. Leben – Werk – Wirkung*. Hg. von Roland Borgards und Harald Neumeyer. Stuttgart-Weimar: Metzler 2009. S. 138–155. Hier: S. 151f.

gedruckt werden durfte. “Der Autor des Dramas *Lenins Tod* wusste, was er tat”. Im ebenfalls verbotenen Stück hätte er “den blutigen Terror der herrschenden Partei, in dem die Oktoberrevolution in Russland ‘ihre Kinder fraß’, mit der Schreckensphase der Revolution parallelisiert, in die Büchner sich mit *Dantons Tod* vertieft hatte – ihm gleich entschlossen, sich der Wahrheit der eigenen Geschichte auszusetzen, die man mit Phrasen zu übertönen sucht”. Fortgefahren wurde mit Brauns Aussage: “‘Ich studierte die Geschichte der Oktoberrevolution und watete durch das Blut der dreißiger Jahre. Ich spürte die Tinte der Lügen brennen auf meiner Haut’”.

Von Poschmann dürfte *Lenins Tod* vor allem wegen des Druckverbots genannt worden sein, denn im Drama geht es um die 1922/23 geführten partei-internen Auseinandersetzungen gegen oder für Stalin als Lenins Nachfolger. Die von ihm vorgenommene Parallelisierung der französischen Revolutions-Schreckensphase mit der russischen Oktoberrevolution im angeschlossenen Satz Brauns ist historisch nicht haltbar, lässt auch unbeachtet, dass Braun ausdrücklich von den “‘dreißiger Jahre[n]’” Jahren sprach und damit Bezug nahm auf Stalins grausige Herrschaft in dieser Zeit.

Für Poschmann drängten sich “Satz um Satz [. . .] die Analogien auf”. Er zitierte die von Braun gebrachte Büchner-Aussage über das “‘arme Volk’”, das “‘geduldig den Karren [schleppt], worauf die Fürsten und Liberalen ihre Affenkomödie spielen’”, und dessen Meinung: “‘Wenn in unserer Zeit etwas helfen soll, so ist es *Gewalt*’”. Poschmann fuhr fort: “Das ‘Muß’ und das Dagegenhalten kehren wieder, Geschichte und Vorgeschichte in Brauns Lesung nach Büchner werden zur Chiffre einer unabgeschlossenen, noch überbietungsfähigen Gegenwart”.

Da diese mageren Angaben nicht aufgefüllt wurden mit Einzelheiten zu Brauns Umgangsweise mit den Briefen, vor allem zu den von ihm hergestellten Verbindungen zwischen der Zeit Büchners und seiner eigenen, werden keine ‘Analogien’ sichtbar, entsteht keine ‘Chiffre’. Der Gesamtabschnitt zum Brief-Essay bleibt inhaltlich weitgehend leer.

Im *Büchner-Handbuch* ging Dietmar Goltschnigg im Abschnitt ‘Büchner im Zeichen der Wiedervereinigung’ kurz ein auf Brauns Essay.[3] Dass zahlreiche Kommentatoren die Verleihung des Büchner-Preises an Volker Braun im Jahr 2000 “als anachronistisches Ereignis” empfanden, wäre vor allem darin begründet gewesen, “dass kaum ein anderer Gegenwartsschriftsteller in seinem Werk auf eine so vielfältige, vier Jahrzehnte währende, produktive Büchner-Rezeption zurückblicken konnte”. Brauns vielfach “an den Essay *Büchners*

[3] Dietmar Goltschnigg: Büchner nach 1945. In: *Büchner-Handbuch*. S. 335–344. Hier: S. 343f.

Briefe (1977) anknüpfende [. . .] Dankrede *Die Verhältnisse zerbrechen*[4] bringt eine schonungslose Abrechnung mit dem vereinigten Deutschland und einer neuen, von einer einzigen Supermacht beherrschten [. . .] Weltordnung”. Büchners “vormärzlicher ‘Zeitenbruch’ wird mit der globalen Wende am Ende des zweiten Jahrtausends verglichen, und seine desillusionierenden, staatsgefährlichen, scharf wie ein Skalpell schneidenden, von Braun nach 25 Jahren abermals zitierten Sätze und Fragen erweisen sich nunmehr unterminierenden und subversiver denn je”.

Kein Bezug erfolgte auf meinen 2004 veröffentlichten Beitrag zu dieser Büchner-Preis-Rede.[5] Dort wurde, den Hinweis Brauns aufgreifend, mit einer Reihe von Textbezügen der Essay als eine Art Vorarbeit gezeigt, um mit einer Kurzfassung des politisch-ideologischen Unterschieds der beider Texte überzuleiten zur Behandlung der Rede.[6]

Als Herausgeber der Bände *Georg Büchner und die Moderne* informierte Dietmar Goltschnigg[7] in seinem den Wiederabdrucken der beiden Braun-Texte mit Büchner-Bezug [Brief-Essay; Dankesrede 2000] vorangestellten Teil über den historischen Ablauf der DDR-Rezeption Büchners. Nach ihm war der “Widerstand gegen die autoritäre Staatsgewalt unter Berufung auf den hessischen Dichterrevolutionär [. . .] das Hauptmotiv” des Brief-Essays. Brauns “Ausgangspunkt der Ausführungen” wäre “die rezeptionsgeschichtlich provozierende Erkenntnis, daß Dichter und Politiker im Beifall der Nachwelt ihre revolutionäre Sprengkraft einbüßen, obgleich ihre ‘kühnsten Reden’ ‘noch immer kaum zitierbar’ seien” [Müntzer, Heine und Lenin]. Als Textbasis

[4] Volker Braun: *Die Verhältnisse zerbrechen*. Rede zur Verleihung des Georg-Büchner-Preises 2000. Frankfurt a. M.: Suhrkamp 2000 (edition suhrkamp). S. 19–30.

[5] Gerd Labroisse: Interpretative Überlegungen zu Volker Brauns Rede zur Verleihung des Georg-Büchner-Preises 2000: *Die Verhältnisse zerbrechen*. In: *Volker Braun in Perspective*. Hg. von Rolf Jucker. Amsterdam-New York, NY: Rodopi 2004 (German Monitor 58). S. 239–257.

[6] “Stand Büchner in einem ‘Zeitenbruch[..]’, im ‘Moment der Krise des bürgerlichen Vorwärtsdenkens angesichts der Gewalt und Schmerzen des Epochengangs’ [S. 19–20], steht Braun zur Zeit dieser Rede selbst in einem […] gedoppelten Zeitenbruch: Die an die Oktoberrevolution 1917 geknüpfte menschheitliche Hoffnung ‘Sozialismus’ […] ist mit dem Zusammenbruch der marxistisch-leninistischen Realismus-Realisationen in DDR und Ostblockstaaten untergegangen. Damit verschwinden die politischen Aufschwünge, wie sie Volker Braun im Brief-Essay als das Neue sah”. Labroisse. Hier: S. 241.

[7] *Georg Büchner und die Moderne. Texte, Analysen,Kommentar*. Hg. von Dietmar Goltschnigg. 3 Bände. Berlin: Erich Schmidt 2001–2004. Hier: Band 3. S. 98f. (Ablauf-Positionierung); S. 456–463 (Textabdruck, als Nr. 83); S. 585–587 (Kommentar [Quellenangaben] zu Nr. 83).

hätten ihm achtzehn kürzere und längere Brief-Zitate gedient.[8] Braun rühme Büchner und die Mitverschwörer der 'Gesellschaft der Menschenrechte' als "'Propagandisten des sozialen Umsturzes, der materiellen Gleichheit aller'". Goltschnigg fuhr, Braun-Ausführungen aufnehmend, fort: "Gewalt sei dabei ein unverzichtbares politisches Kampfmittel: eine legitime 'Gegengewalt' gegen eine Willkürherrschaft, die auf Gewalt beruhe. Obschon in den sozialistischen Staaten die gewaltträchtige Klassengesellschaft mittlerweile beseitigt sei, bedürfe es auch hier noch einer – freilich 'feineren' – 'Gegengewalt', um zum Ziel einer 'Massenproduktion von Demokratie' zu gelangen". Das "durchgehende Leitmotiv der Zeitgenossenschaft Büchners" hätte sich "in Brauns Essay formal [manifestiert] als ständiger Wechsel von historischem Zitat und aktualisierender Paraphrase" [ohne nähere Angaben].[9] Braun fühlte sich "als literarischer Erbe und Fortsetzer Büchners".

Die von Goltschnigg im Kommentar-Teil vorgebrachten detaillierten Angaben sind in Anbetracht von Brauns Präsentationsweise der Briefstellen eine wichtige Hilfe für deren Zuordnung und das Verständnis des historisch-sozialen Umfelds.

In der überarbeiteten Neuauflage seines *Georg Büchner*-Bandes brachte Gerhard P. Knapp zur Rezeption des Briefwerks allein zwei kurze, aber für Brauns Ausführungen wichtige Zitate aus dem Essay:[10] die Verwunderung über die Aktualität dieser Briefe und Büchners Auffassung, dass [staatlich-gesellschaftliche] Gewalt einer Gegengewalt bedürfe. Letztgenanntes war bei Knapp eine gewisse politische Richtungsangabe durch den von ihm kurz davor behandelten Briefwechsel Büchners mit Gutzkow und ihren unterschiedlichen Gedanken zu den Erfordernissen der Zeit.

Ulrich Kaufmann schrieb im Vorwort seiner Arbeit *Dichter in 'stehender Zeit': Studien zur Georg-Büchner-Rezeption in der DDR*,[11] in Brauns Essay "fungiert Büchner als ideales Medium, um in einer für die DDR bis dato ungewohnten Direktheit und Härte die *Jetztzeit* zu analysieren". Im entsprechenden Abschnitt verstärkte er das mit der Angabe, der Essay "ist der tiefsinnigste und mutigste Versuch eines DDR-Schriftstellers, sich mit Georg Büchner auseinanderzusetzen. Bei dem Braunschen Kommentartext handelt es sich in seiner Genauigkeit und Schärfe um eine Analyse der DDR-Gesellschaft (des 'real existierenden Sozialismus' generell) ohne Beispiel".[12]

[8] Goltschnigg nannte nur die drucktechnisch herausgestellten Briefe. Mit dem innerhalb des Textes Gebrachten wird aus insgesamt 22 Briefen zitiert.
[9] Goltschnigg. S. 98. Vgl. Braun. 5. 297.
[10] Gerhard P. Knapp: *Georg Büchner*. Stuttgart: 3. überarb. Aufl. 2000 (Sammlung Metzler 159) Abschnitt II. 1. Das Briefwerk. S. 49–67. Hier: S. 67.
[11] Ulrich Kaufmann: *Dichter in "stehender Zeit": Studien zur Georg-Büchner-Rezeption in der DDR*. Jena: Universitäts-Verlag 1992. Hier: S. 11.
[12] Kaufmann. Hier: S. 113ff.

Zu den von ihm herausgehobenen Begriffen (Medium-Fungieren, Jetztzeit-Analyse, ‘real existierender’ DDR-Sozialimus) brachte er keine erläuternden Angaben. Insgesamt gab es nur sporadisch Hinweise, so auf eine “Zertrümmerung der Pyramide”, auf einen zeitlichen Rahmen des “thematisch” ausgearbeiteten Briefmaterials und Brauns “subjektive[..] Auswahl Büchnerscher Sätze”.

Jay Rosellini machte in seinem zur DDR-Zeit publizierten Beitrag “Kulturerbe und Zeitgenossenschaft: Volker Braun und Georg Büchner”[13] in dem knappen Abschnitt zum Essay aufschlussreiche ideologisch-gesellschaftskritische Aussagen: Der Essay würde “die Kluft zwischen Braun und den hauptamtlichen ‘Erbepflegern’” verdeutlichen. Brauns Auffassung, dass Büchner “‘nicht nur über den Horizont der bürgerlichen Revolution hinaus[griff], auch an schönen Punkten über den Horizont der sozialistischen’”, wäre “aus marxistisch-leninistischer Sicht reine Ketzerei” gewesen, denn hier träte uns “Büchner nicht als genialer Vorläufer, sondern als Zeitgenosse entgegen”. Aus einer Reihe von Einzelangaben folgerte Rosellini, Braun habe sich genau so wenig wie Büchner “mit einer auf halbem Wege stehengebliebenen Revolution abfinden” können: Für ihn war “eine friedlich-evolutionäre Entwicklung des ‘real existierenden Sozialismus’ undenkbar”, “ehe die ‘Pyramide der Verfügungsgewalt’ zertrümmert wird”. Das “‘Verhältniß zwischen Armen und Reichen’“, das von Büchner als “‘das einzig revolutionäre Element in der Welt’“ bezeichnet wurde, war für Braun in der eigenen Gesellschaft das zwischen “‘Ausführende[n] und Bestimmende[n]’”. Für Rosellini war das eine neue Form von “Entfremdung”. Doch nicht allein solche Details hätten den Essay nicht druckbar gemacht, “sondern vielmehr die Denkweise, in deren Rahmen diesen Details große Bedeutung beigemessen wird”. Braun hätte hier “von der alles vereinfachenden Teleologie der orthodoxen Marxisten Abschied genommen”,[14] hätte sich “bewußt zu den sogenannten ‘Links-Abweichlern’ und ‘Renegaten’ [gesellt], die nach einem ‘dritten Weg’ zwischen Staatsmonopolkapitalismus und Staatssozialismus suchen”.

Mit seinen Verkürzungen radikalisierte Rosellini die Braun-Aussagen und beachtete nicht dessen Verbinden der ideologisch-politischen Orthodoxie-Kritik mit einer neuartigen, moderner denkenden Form von Marxismus. Das war zwar auch ein anderer, ein verändernder Weg, doch kein ‘dritter Weg’ im Sinne von Rosellini.

[13] Jay Rosellini: Kulturerbe und Zeitgenossenschaft: Volker Braun und Georg Büchner. In: *The German Quarterly* 60 (1987). S. 600–616. Zum Essay: S. 604–606.

[14] Nach Rosellini waren “die Parallelen zwischen [Brauns] Vorstellungen und Gedankengängen Ernst Blochs [unübersehbar], der sich (so Oskar Negt) mit dem ‘Gegenwartsgehalt uneingelöster Fragestellungen der Vergangenheit’ befaßte” [Anm. 34 (S. 614f.) brachte längere Erläuterungen]. Hier: S. 606.

Die angeführten Beiträge zum Essay beschränkten sich auf das Nennen auffälliger kritischer Aussagen Brauns zur derzeitigen Lage in der DDR. Sie ließen weitgehend außer Acht, auf welche Weise er Büchners Briefe nicht allein in ihrer Zeit sah, sondern mit ihnen respektive über sie (als literarische 'Fundierung') seine Sicht auf die gegenwärtigen politischen Verhältnisse in der DDR vorbringen zu können.

Meine die Zusammenstellung der Briefe aufnehmende Behandlung des Essays will diese Arbeitsweise Brauns und ihre Aussage-Möglichkeiten näher untersuchen.

Zu Brauns Essay-Text

1.
Braun begann seinen Essay mit dem Nennen von historischen Persönlichkeiten, die wir "ehren", doch ohne recht zu wissen, "von wem wir reden". Er nannte "Müntzer" [den reformatorisch-revolutionären Prediger (um 1490–1525, hingerichtet)], "Heine" [(1797–1856), den in seiner Exilheimat Frankreich revolutionär denkenden politischen Schriftsteller und Dichter], und "Lenin" [(1870–1924), den herausragenden bolschewistischen Revolutionär, Politiker und Begründer der Sowjetunion].

Nach Braun wären die Genannten "noch immer kaum zitierbar". Die von ihm für Müntzer angeführten Reden *Prager Manifest* und *Ausgedrückte Entblößung* waren theologisch-reformatorische Nebenwerke, keine direkt politischen. Ihr Anführen dürfte wohl die Aufgabe haben, mit den Titelwörtern "Manifest" und "Entblößung" die Aufmerksamkeit zu lenken auf die zentrale Problematik von Revolution und Ideologisierung für Büchner.[15] Völlig anders gelagert war das mit den bei Lenin genannten *Aprilthesen* (1917). Für Braun wäre deren "bloßes Hersagen [. . .] eine Provokation", ein "Aufzählen der Mitglieder seines Politbüros ein diplomatischer Skandal" (294).

Solche Provokation hätte der Satz aus der zweiten der zehn *Thesen* sein können: der Übergang von der ersten zur nächsten Etappe der Revolution würde charakterisiert "durch ein Höchstmaß von Legalität" und "das Fehlen einer Gewaltherrschaft über die Massen".[16] Sie wäre eine Provokation nicht allein gegenüber der Staatsführung der DDR, sondern auch gegenüber der Sowjetunion, da diese Lenin-Ankündigung auch nicht nur annähernd realisiert

[15] Rosellini sah in der Nennung Müntzers nicht einfach das Erwähnen des Führers von Bauern und Entrechteten, für ihn hat Braun mit Müntzer auf den "'Theologen der Revolution' verwiesen, dem Bloch 1921 ein Denkmal setzte" (Ernst Bloch: *Thomas Münzer als Theologe der Revolution.* Frankfurt a. M.: Suhrkamp 1972). Hier: S. 606 (Titelangabe: S. 615. Anm. 35).

[16] W.I. Lenin: Über die Aufgaben des Proletariats in der gegenwärtigen Revolution ("Die Aprilthesen"). In: *Prawda* 7. (20.) April 1917.

worden ist. Ein öffentliches Nennen derjenigen Politbüro-Mitglieder neben Lenin, die zwischen 1936 und 1940 im Rahmen von Stalins Säuberungen hingerichtet oder, wie Trotzki (am 21.8. 1940 in Mexiko) ermordet wurden,[17] da sie seiner Machtpolitik im Wege standen, war Mitte der 70er Jahre international problematisch. Zwar hatte Chruschtschows Geheimrede auf dem XX. Parteitag der KPdSU 1956 eine Abkehr vom Stalinismus eingeleitet und den 'Personenkult' verworfen, wurden ab 1961 (XXII. Parteitag) die Terrormaßnahmen verurteilt, doch nach Chruschtschows Sturz (1964) kamen diese Ansätze zum Erliegen. Erst mit Gorbatschows Amtsantritt (1985) übte die sowjetische Führung wieder Kritik am Stalinismus.

In diese Reihe Geehrter stellte Braun auch Büchner. Dessen *Danton* (1835) käme [in der DDR] zwar "in Mode", doch "immer wieder banalisiert auf die dünne Essenz unseres eingeschränkten Denkens". Im *Hessischen Landboten* (1834) sähe man nur "ein staubiges Papier über Vorgeschichte, unter die wir bekanntlich den Strich gezogen haben", von Braun fortgeführt mit: "Wahrlich, die Losung der Ulbrichtzeit hat ihren Sinn: wir haben diese Leute *überholt*, ohne sie *einzuholen*" (294).[18] Der Sinn dieser [abgeänderten] Losung wäre "bestürzend wahr": beim Lesen von Büchners Briefen müsste man sich "mitunter mit Gewalt erinnern, daß es nicht die eines Zeitgenossen sind", hätte er doch "nicht nur über den Horizont der bürgerlichen Revolution hinaus[gegriffen]", an "schönen Punkten"[19] auch "über den Horizont der sozialistischen".

Die in Klammern gebrachte Zufügung, dass an solchen [öffnenden] Punkten "*immer noch* die offizielle Phrase über die Wirklichkeit hinweg" ginge, war eine zugespitzte, hier noch allgemein bleibende Aussage über die gängige offizielle Darstellung der Gegenwartsverhältnisse, jedoch verstärkt durch Gebrauch der Negativbesetzung des Begriffs 'Phrase'.[20] Für Braun waren

[17] Es handelte sich neben Trotzki um Kamenew, Sinowjew, Bucharin, Rykow, Krestinski, Sokolnikow, Serebrakow und Tomski, insgesamt 9 der 13 Mitglieder zur Zeit Lenins.

[18] Den unter Ulbricht gebrauchten Slogan für die Aufgabe der DDR gegenüber dem Westen: 'Einholen und Überholen', variierte Braun hier. Der Slogan ging zurück auf Worte Lenins in einem Aufsatz vom September 1917: "der Krieg ist unerbittlich, er stellt mit schonungsloser Schärfe die Frage: entweder untergehen oder die fortgeschrittenen Länder auch ökonomisch einholen und überholen". Zitiert nach: *Geflügelte Worte*. Hg. von Kurt Böttcher u.and. Leipzig: Bibliographisches Institut 1981. Schlagwort 3971.

[19] Eine literarisierte Formulierung für Punkte, die beste, öffnende Ausblicke auf Entlegenes bieten.

[20] Diese Kritik, bezogen auf jetzige Verhältnisse, richtete sich nicht gegen den marxistischen Sozialismus als solchen. Das widerspräche dem, was nachfolgend von Braun zu diesem vorgebracht wurde.

die Umstände von Büchners Denken zwar einem anderen politisch-sozialen Baukasten entnommen, "aber die Regeln, wonach sie sich zwangsläufig ordnen", wären "noch ganze Strecken in Kraft" (293f.).

Mit diesem Rückblick schuf Braun eine politisch-ideologische, marxistisch-sozialistisch ausgerichtete Grundierung für seinen weitgespannten Essay. Die von ihm ausgewählten 22 Briefe, aus denen er Passagen mit Büchners Einschätzungen der politischen Vorgänge zitierte, brachte er nicht in ihrer chronologischer Abfolge, sondern in einer, die es ihm ermöglichte, Büchners gesellschaftspolitische Sichtweise zu aktivieren für seine Behandlung der politischen Gegenwartslage.

2.

Die Brief-Behandlung selbst begann Braun mit Büchners im Dezember 1832 aus dem französischen Straßburg geschriebenen Feststellung:

> Für eine politische Abhandlung habe ich keine Zeit mehr, es wäre auch nicht der Mühe werth, das Ganze ist doch nur eine Comödie. Der König und die Kammern regieren, und das Volk klatscht und bezahlt.[21]

Dieses Zitat stellte er in die betreffende Zeit und einen weiter gefassten Kontext. Zu Beginn der 1830er Jahre waren "die Aristokraten gestürzt und eine neue Klasse an der Macht",[22] doch habe sich die "Überzahl des Volks, das sich auf den Barrikaden geschlagen hatte, [. . .] um den Lohn geprellt" gesehen. Die erbitterten Streiks von 1831, 1832 und 1833 signalisierten, "daß die Revolution am Hauptinteresse der Massen vorbeigeschritten war". Die "republikanischen Zierbengel mit rothen Hüten"[23] hätten die Parole 'Enrichissez-vous!' ausgegeben,[24] doch "adressiert an die Fabrikanten und

[21] In: Brief an die Familie. Aus Straßburg nach Darmstadt. Dezember 1832 (II. 365).

[22] Auf den durch die Pariser Revolution vom 27.–29. Juli 1830 gestürzten Bourbonenkönig Karl X. folgte der liberale 'Bürgerkönig' Louis-Philippe von Orléans. Während seiner Herrschaft (1830–1848) begann mit dem bürgerlichen Unternehmertum der ungeheure Wirtschaftsaufschwung Frankreichs. Parallel entstanden Ansätze eines modernen Proletariat (erste Regungen sozialistischer Ideen).

[23] In: Brief an die Familie. Aus Straßburg nach Darmstadt. Um Mitte April 1832 (II. 358). Vgl. Kommentar. 1069: mit modischen Reminiszenzen an die Jakobinerzeit stellten junge Leute in den 1830er Jahren gern ihre republikanische Gesinnung zur Schau.

[24] Louis Philippes Minister Francois Pierre Guizot bestärkte die Bestrebungen der Finanzbourgeoisie in seiner Rede vom 1.3. 1843 mit der Parole "Enrichissez-vous!". Vgl. *Geflügelte Worte*. Schlagwort 2862.

Bankiers", von Braun erweitert mit dem Hinweis: "wie dermaleinst zehn Jahre nach dem Oktober die Volkskommissare, gewandt an die NÖP-Bonzen".[25]

Der Kontext überschritt die Zeit der Brief-Abfassung mit der Nennung der Streiks von 1833, der Parolen-Ausgabe von 1843 und Lenins Konzept der NÖP-Politik ab 1921. Damit bezog sich das anschließende Satzgefüge "Die große Frage, die aus den neuen Verhältnissen schrie: *Hat die Revolution gelohnt? Was ist nun diese neue Epoche?*" (gefolgt von: "Die Frage immer, die eine kühle, illusionslose Antwort fordert" [295]) darauf, ob die Revolutionen von 1789, 1830 und 1917 jeweils das Erstrebte zu realisieren vermochten. Die nachfolgende Briefstelle war keine Antwort, sie war eine illusionslose Reaktion:

> Die politischen Verhältnisse könnten mich rasend machen. Das arme Volk schleppt geduldig den Karren, worauf die Fürsten und Liberalen ihre Affenkomödie spielen. Ich bete jeden Abend zum Hanf und zu d. Laternen.[26]

Nach Braun war es auf der anderen Seite des Rheins, im Großherzogtum Hessen und deutschen Kleinstaaten, ruhig geblieben. Eingefügt wurden Zitat-Teile: die Deutschen hätten dem "'alten ruhigen heiligen römischen Dunghaufen den Vorzug vor der gewaltigen Aktivität eines Volkes [gegeben], das die Ketten der Sklaverei mit starker Hand abwarf'" [Brief I]. Diese "'Nation von Theoretikern'" hätte sich lediglich bereit gefunden, "'ein neues System zu erfinden'", eine "'Bastardmonarchie'" [Brief III], "in der die Aristokraten die bürgerlichen Klasseninteressen durch gute (und geheime) Verwaltung befriedigten" (295f.). Für das Zitierte nannte Braun Friedrich Engels' Schrift *Deutsche Zustände*, doch ohne mitzuteilen, dass Engels die beiden genannten

[25] NÖP, Abk. für Neue Ökonomische Politik (russ. NEP), bezeichnete die nach den wirtschaftlichen Rückschlägen des 'Kriegskommunimus' 1921 von Lenin in der Sowjetunion vollzogene begrenzte Rückkehr zur Marktwirtschaft; auch unter Stalin bis 1927 fortgeführt. – Die Angabe "NÖP-Bonzen" weist hin auf die bei den quasikapitalistischen Wirtschaftsmaßnahmen entstandenen problematischen Machtverhältnisse zwischen reichen Wenigen (u.a. Großbauern) und der breiten Masse. – In Brauns Drama *T.* forderte Trotzki entgegen dem Befehl der Regierung, die Löhne einzufrieren, "die strengere Besteuerung der NÖP-Leute, deren Profit mit dem Schweiß der Arbeiter gemacht ist"; obwohl die "Steuer [. . .] den Rücken der Armen [zerbricht] und sie der Gnade der Kulaken aus[liefert]", übe die Regierung "die Parole: Bereichert euch!". Braun. Band 3. Hier: S. 203 (Abschnitt 4: Zentralkomitee).

[26] In: Brief an August Stöber. Aus Darmstadt nach Oberbronn. 9. Dezember 1833 (II. 375ff. Hier: 376f. Wortkürzung im Brief). Während der Französischen Revolution wurden von den Aufständischen Angehörige der herrschenden Aristokratie in Paris an Gaslaternen erhängt. Kommentar. 1097f. – Zur Verwendung der Begriffe "Comödie" und "Affenkomödie" vgl. Knapp. S. 58f. (Schlussfolgerung aus vier Stellen: "Im Bild der Komödie erscheint nunmehr ein unhaltbarer Zustand, dem nur durch Gewalt ["Hanf" und "Laternen"] abzuhelfen ist").

Briefe für die englische Wochenzeitung *The Northern Star* schrieb, dort erschienen 1845/46.[27]

In Klammern gesetzt, folgte Brauns Befremden, dass Engels dort sprach von einer neuen "'besonderen Klasse von administrativen Regierungsbeamten, in deren Händen die Hauptmacht konzentriert ist und die gegen alle anderen Klassen in Opposition steht'", für Engels die "'barbarische Form der Herrschaft des Bürgertums'" [dass Engels diese Beamten-Gruppe als "Klasse" bezeichnete, war eine uneigentliche und keineswegs marxistische Begriffs-Verwendung]. – Braun fuhr fort mit dem Hinweis: "Hundert Jahre später und östlich davon eine analoge Herrschaftsweise der Arbeiterklasse, wobei allerdings und entscheidendermaßen die administrativen Beamten nicht gegen alle Klassen [,] sondern für alle Klassen zu regieren suchen. Protosozialismus" (295f.).[28] An diese Langklammer schloss er zwei kurze Aussagen des DDR-Wirtschaftshistorikers Mottek und des Gießener Büchner-Freundes Becker an,[29] die wieder zurückführten zum "arme[n] Volk in Hessen" und zu der Feststellung Büchners:

> Meine Meinung ist die: Wenn in unserer Zeit etwas helfen soll, so ist es *Gewalt*:[30]

Braun ließ diesen, wie er es nannte, "Bekenntnis"-Satz isoliert stehen, unterteilte den hervorgehobenen Begriff in "Gewalt" und "Gegengewalt" und ordnete dieser Unterteilung das gesellschaftliche 'Oben' und 'Unten' zu: "Solange eine Gesellschaft [. . .] auf Gewalt beruht, nämlich solange es 'die da oben und die da unten'" gäbe, bedürfe es "der Gegengewalt, sie zu verändern". Der "Charakter dieser Gegengewalt" könnte sich "modeln", "feiner" oder, wie

27 Friedrich Engels: *Deutsche Zustände*. In: Ders.: *Werke*. Band 2. Berlin: Dietz 1972. S. 564–584. Brief I erschien in *The Northern Star* vom 25. Oktober 1845, Brief III am 4. April 1846. – Brauns Zuordnung ist ungenau: nur das anfangs gebrachte 'Dunghaufen'-Zitat stammt aus Brief I (S. 568), alle anderen Textstellen, auch die beiden noch folgenden, aus Brief III (S. 580f.).

28 Für Rosellini änderte Brauns Hinweis, sie regierten "für alle Klassen", nichts "an der Tatsache, daß die Macht in den Händen einer kleinen Elite liegt". Rosellini. S. 605.

29 Nach Mottek hatte sich in Hessen für die Bauern, sechs Siebentel der Bevölkerung, die Abhängigkeit von den Gutsherren kaum verändert. Die für Mottek angeführte Quelle wäre zu ergänzen: Hans Mottek: *Wirtschaftsgeschichte Deutschlands*. Ein Grundriß. Band 2. Berlin: Deutscher Verlag der Wissenschaften 1964 [fehlende Seitenangabe]. – August Beckers Worte im Verhör-Protokoll nach seiner Verhaftung im April 1835, die Bauern wären nicht einmal imstande, "'ihre Kartoffeln zu schmelzen etc.'", setzte Braun bissig fort mit: "waren immer noch bereit, sie zu fressen" [statt sich aufzulehnen gegen ihre Lage].

30 In: Brief an die Familie. Aus Straßburg nach Darmstadt. Um den 6. April 1833 (II. 366f. Hier: 366. Kursivierung im Brief). Zu "Gewalt": Kommentar. 1081.

"in sozialistischen Staaten gar freundlicher" werden, sollte aber "mitnichten nachgiebiger" sein.

Selbst wenn "das Oben und Unten sich nicht mehr in der archaischen Gestalt von *Klassen* gegenübersteht [nicht mehr im Zustand des historischen Klassen-Antagonismus], aber doch die verschiedene Stellung der Individuen in der Pyramide der Verfügungsgewalt anzeigt", ginge "der Kampf nicht mehr um den Platz an der Spitze, sondern um die Zertrümmerung der Pyramide". Braun musste sehen, dass selbst solche "Staaten, die fähig wären, ihre eigene Gegengewalt zu organisieren (mittels Volksvertretungen, Ausschüssen, Produktionsberatungen, Grundeinheiten der Partei)", sich noch "im Stadium des Großversuchs" befänden, was hieße: "die Massenproduktion von Demokratie ist noch nicht freigegeben". Obwohl das politische Ziel die Demokratie ist, bliebe dieses Ziel letztlich "ein Nebenprodukt – der [historischen] Jahrtausendarbeit, die vertikale Arbeitsteilung aufzuheben durch Umwälzung der Produktionsweise von Grund auf" (296f.).

Brauns "Gegengewalt"-Konstrukt, das die Marx-Engels-Konzeption eines antikapitalistischen Sozialismus moderner und weiter zu denken versuchte, hin zu einem Zertrümmerungs-Endzustand [Kommunismus] und damit der Befreiung des Menschen von Verfügungsgewalt schlechthin, blieb allgemein, berücksichtigte nicht die vielfältigen Schwierigkeiten beim Aufbau eines realen Sozialismus, verwies aber deutlich auf erhebliche Defizite der von ihm gemeinten Staaten.

Büchner selbst hatte dem "Gewalt"-Satz im Fortgang seines Brief an die Eltern eine Beschreibung der damaligen Lage angeschlossen, dabei auch Stellung bezogen zu dem offiziellen Vorwurf des Gewalt-Gebrauchs durch die jungen Leute, eine Gewalt gegen einen doch "'*gesetzlichen Zustand*'". Für ihn war das ein "'*Gesetz*'", das "'die große Masse der Staatsbürger zum fronenden Vieh macht, um die unnatürlichen Bedürfnisse einer unbedeutenden und verdorbenen Minderzahl zu befriedigen'".[31]

Braun fuhr fort mit einem weiteren Zitat aus letztgenanntem Brief an die Eltern, die von den allerneuesten Vorgängen in Frankfurt berichtet hatten:

> Wenn ich an dem, was geschehen, keinen Theil genommen und an dem, was vielleicht geschieht, *keinen Theil* nehmen werde, so geschieht es weder aus Mißbilligung, noch aus Furcht, sondern nur weil ich im gegenwärtigen Zeitpunkt jede revolutionäre Bewegung als eine vergebliche Unternehmung betrachte und nicht die Verblendung Derer theile, welche in den Deutschen ein zum Kampf für sein Recht bereites Volk sehen.[32]

[31] Ebd. (II. 366).

[32] Ebd. (II. 367). Vgl. zu "'die Verblendung Derer'": Kommentar. 1082. Die Frankfurt-Erwähnung hatte der erste Satz gebracht (II. 366).

Wie Braun berichtete, hatten dort am 3. April 1833 "Aufständische die Konstablerwache [. . .] gestürmt und die Wachmannschaften entwaffnet", waren aber am Abend von Soldaten in die Flucht geschlagen worden.[33] Büchner nannte dergleichen "'revolutionäre[. . .] Kinderstreiche'". Auf diese "'Gießener Winkelpolitik'" radikaler Schwärmer wollte er sich nicht einlassen und mied ihre Zirkel.[34] Wie Braun anführte, berichtete Karl Vogt in *Aus meinem Leben*, Büchner wäre ihnen "'nicht sympathisch'" gewesen, hätte sich "'gänzlich abseits'" gehalten, nur verkehrt mit dem verlotterten Genie August Becker. "'Seine Zurückgezogenheit wurde für Hochmut ausgelegt'".[35] Für Braun war das eine "Nüchternheit", und er fragte weiter, wer denn in den bevorstehenden Kämpfen dieseits und jenseits des Rheins die Kämpfe führen sollte: "Die Bauern, borniert in ihrem lokalen Dreck, die Kleinbürger, auf nichts erpicht als Konzessionen". Er verwies darauf, dass nur zehn Jahre vergehen mussten, bis Engels und Marx "die ungefügen, gewaltigen Regungen einer Klasse zu deuten vermochten, deren Elend allgemein genug war, daß sie aufs Ganze gehen könnte". Denn von ihr, "die nichts hatte, war *alles* zu hoffen". Büchner hätte nur "in ein Nichts" blicken können (297f.).

3.

Auf die selbstgestellte Frage: "wohin denn blicken wir?", gab Braun eine weit ausholende, die Büchner-Zeit verlassende Antwort. Hätten damals die "Kommunisten" nur "das neue Elend, die neue Quälerei wahrgenommen" und nicht auch "die neuen Qualitäten der sich rekelnden Bourgeoisie", die an der Ruhr "die ersten Dampfmaschinen montierte",[36] in den Labors der Gießener Universität "die künstliche Düngung erfand",[37] hätten sie nie "die neue Kraft erkannt, die, in Ketten, unter ihr aufwuchs". Denn "wenn nicht in den neuen Qualitäten der sozialistischen Arbeiterklasse",[38] wenn nicht "im berühmten

[33] Zu Einzelheiten der Vorgänge: Kommentar. 1079f.

[34] In: Brief an die Familie. Aus Straßburg nach Darmstadt. Juni 1833 (II. 369).

[35] Vgl. Karl (Carl) Vogt (1817–1895): *Aus meinem Leben*. Erinnerungen und Rückblick [unvollendet]. Stuttgart 1896 [ohne Seitenangabe].

[36] Franz Dinnendahl hatte bereits 1803 in Essen die erste Dampfmaschine gebaut, doch erst mit der Erhöhung der Wirtschaftlichkeit in den späten 30er/40er Jahren wurde sie voll eingesetzt (u.a. für den Eisenbahnbau).

[37] Justus von Liebig, Professor in Gießen, schuf mit der Befürwortung der Mineraldüngung neue Grundlagen der Agrikulturchemie und damit eine ungeahnte Ausweitung der Ernährungsbasis.

[38] Der "Bund der Kommunisten" (mit Marx und Engels) wurde 1847 in London gegründet, die erste Arbeiterpartei in Deutschland erst 1863 von Lassalle.

Neuen [. . .], sind wir dem radikalen Sprengstoff am nächsten?" (298f.). Er zitierte einen Büchner-Satz, in dem das zumindest anklang:

> Ich werde zwar immer meinen Grundsätzen gemäß handeln, habe aber in *neuerer* Zeit gelernt, daß nur das nothwendige Bedürfniß der großen Masse Umänderungen herbeiführen kann, daß alles Bewegen und Schreien der *Einzelnen* vergebliches Thorenwerk ist.[39]

Braun war der Meinung, dass zu diesem lapidaren Satz kein anderer im Juni 1833 imstande gewesen wäre, nicht einmal die "'literarische Partei Gutzkow's und Heine's'",[40] und fügte in Klammern an, dass Büchner schon tiefer geblickt hätte: "in den Abgrund". Er hätte den durch keine "'Tagesliteratur'" gekitteten [Formulierung Brauns] "'Riß'" gesehen "in der Gesellschaft", den "'Riß'", vor dem "'die Reform von selbst aufgehört hätte'".[41]

Braun montierte Büchner-Worte aus zwei Briefen und ordnete sie mit bestimmter Absicht. Er trennte Büchners Mitteilung an die Eltern, dass er keineswegs dem 'Jungen Deutschland' angehöre, der "'literarischen Partei Gutzkow's und Heine's'", die meinten, mit der "'Tagesliteratur'" eine "'Umgestaltung unserer religiösen und gesellschaftlichen Ideen'" herbeiführen zu können [II, 423], und schob den Begriff "'Riß'" zwischen die beiden Angaben. Diesen Begriff entnahm er dem Brief an Gutzkow und stellte ihn *vor* die Angabe "'die Reform von selbst aufgehört hätte'", so dass das Letztgenannte als Folge des Risses erscheint. – Im Gutzkow-Brief hatte Büchner die Meinung vertreten, die "'Gesellschaft mittels der *Idee*'" zu reformieren, sei unmöglich. Wäre Gutzkow mit den Freunden "'politisch zu Werke gegangen'", wäre er bald an den Punkt gekommen, wo dieser Versuch "'von selbst aufgehört hätte'", denn sie wären "'nie über den Riß zwischen der gebildeten und ungebildeten Gesellschaft hinausgekommen'" [II, 440]. Damit verblieben die Texte im zeitgemäßen politisch-literarischen Einteilungs-Schema.

Brauns Abänderung stellte eine direkte Verbindung her zum zuvor behandelten 'Neuen', dem Entstehen der bourgeois-kapitalistischen Wirtschaft mit Gewinnen für das gesellschaftliche 'Oben' und einer sich organisierenden sozialistischen Arbeiterklasse als Gegengewalt, als radikalen Sprengstoff im 'Unten'.

[39] In: Brief an die Familie. Aus Straßburg nach Darmstadt. Juni 1833 (II. 369. Kursivierung im Brief).
[40] In: Brief an die Familie. Aus Straßburg nach Darmstadt. 1. Januar 1836 (II. 422f. Hier: 423).
[41] In: Brief an Karl Gutzkow. Aus Straßburg nach Frankfurt am Main. Juni 1836 (II. 439f. Hier: 440).

Braun führte die Verbindung fort, indem er aus dem letzten Langzitat Büchners dessen Formulierung "'Bedürfniß der großen Masse'" aufgriff und der selbstgestellten Frage, wie dieses "Bedürfnis [. . .] notwendig" würde, als Antwort gab: "Wenn sich eine materielle Lage herausgebildet, in der deutlich nicht länger so zu leben ist". In den unentwickelten hessischen Verhältnissen wäre die drückende Not für die Masse "ungreifbar" und "unbegreiflich" gewesen, selbst der *Landbote* wäre bei dieser Verständnislosigkeit "an vernagelte Stirnen" geschrieben. Es musste erst "die Schmelze" des 1830er Aufbruchs "erstarren", wieder "feste, unausweichliche Strukturen" annehmen, um "wieder erkennbar – und unerträglich zu werden" (299f.).

Hier schob Braun den Hinweis ein, "in neuerer [gesperrt] Zeit", somit der der entwickelten DDR, hätte man "verlernt" [ohne Erläuterung], solch "notwendiges Bedürfnis der Masse, nur weil es sich noch nicht artikuliert", überhaupt für möglich zu halten: weil "die neuere Zeit die NEUE ZEIT ist (ich werde mir noch einige Blätter vor den Mund halten, eh ich davon rede)" (300).

Zwei Formulierungen und die Aussage in Klammern verwiesen auf etwas durchaus Vorhandenes: "verlernt" auf die von Regierungsseite her stillgelegte revolutionäre Haltung, auf ein verordnetes Sich-Abfinden mit dem bisher Erreichten, selbst wenn das eher 'prinzipiell' als 'real' der Fall war; "sich noch nicht artikuliert" deutet hin auf Probleme beim Verworten von Abweichendem; das In-Klammern-Stehende griff eine alte Theatersitte auf, derzufolge sich Schauspieler Blätter vors Gesicht hielten, damit sie für die Äußerungen nicht persönlich zur Rechenschaft zu ziehen waren.

4.

Braun nahm danach in einem längeren Abschnitt Stellung zu Büchners Denk- und Handlungsweise Anfang 1834. Gegenüber Bedenken seiner Familie schrieb er zur Selbstverteidigung:

> Ich verachte Niemanden [alles gesperrt], am wenigsten wegen seines Verstandes oder seiner Bildung, weil es in Niemands Gewalt liegt, kein Dummkopf oder kein Verbrecher zu werden, – weil wir durch gleiche Umstände wohl Alle gleich würden, und weil die Umstände außer uns liegen.[42]

Brauns Kommentierung, verkürzt wiedergegeben, konzentrierte sich auf die zur Sprache gebrachten "'Umstände'", darauf, dass der "Materialist" Büchner "die Natur der Leute aus den Verhältnissen", in denen sie leben, begriff, Verhältnisse, "die nur zu bedauern waren", an deren Veränderung aber "nicht zu denken war". Dessen In-Schutz-Nehmen der "Individuen [. . .] gegenüber

[42] In: Brief an die Familie. Aus Gießen nach Darmstadt. Februar 1834 (II. 378ff. Hier: 378).

den Umständen" sah er als "Verfremdung" des eigentlichen Büchner-Themas: "die *Umstände* menschlich zu bilden" [Hervorhebung G.L.]. Nach Braun "blamiert[e]" sich der letzte Halbsatz vor der beginnenden Zukunft: "die gleichen Umstände, die uns gleiche Möglichkeiten verschaffen, werden uns erst als Ungleiche zeigen (die Umstände in uns)". Da wäre "ein anderer [Schrift-Hervorhebung] *Woyzeck* zu schreiben", nicht "die Tragödie der Armut", sondern die "der Unfähigkeit. Ein härteres Elend, das nicht mehr mitleidige Blicke will, aber womöglich helfende Hände" (300f.).[43]

Im angeschlossenen Zitat beschrieb Büchner das Empfinden seiner Isoliertheit in Gießen, verschärft durch das Entbehren eines Briefes von seiner Braut:

> Meine Freunde verlassen mich, wir schreien uns wie Taube einander in die Ohren; ich wollte, wir wären stumm, dann könnten wir uns doch nur ansehen, und in neuen Zeiten kann ich kaum Jemand starr anblicken, ohne daß mir die Thränen kämen.[44]

Büchner hätte gewusst, dass er durch den "Standesdünkel" der akademischen Jugend von dieser getrennt blieb, auch von Weidigs, dem furchtlosen Flugschreiber,[45] Eintreten für eine "offene Einheitspartei aller Patrioten", da er "für die Masse" war. Immerhin hätten beide "'in *actenmäßiger Darlegung*'" des Hessischen Hofgerichtsrats Noellner zu jener hochverräterischen Partei gehört, die anstelle des unausführbaren Plans offener Gewalt übergegangen war zur "'Bearbeitung des Volkes'" durch "'Druckschriften'". Weidig musste seine Versuche, den *Hessischen Landboten* zu verbreiten, mit dem Leben bezahlen. Büchner wollte, so Braun, "wie in unseren Tagen Ernesto Che Guevara",[46] anstelle der "Heilbehandlung einzelner Gebresten" die "Operation an der Gesellschaft", sah sich jedoch wie dieser "allein in einem entsetzlichen Wald", wo jeder Schritt weiter "die Köpfe der Freunde" kostete. Braun schloss mit Worten Dantons zu Camille: "'Sei ruhig, mein Junge! Schlafe, mein Junge, schlafe!'" (301f.).[47]

[43] Die Formulierung "'mitleidige Blicke'" brachte der Brief-Schluss (II. 380).

[44] In: Brief an Wilhelmine Jaeglé. Mitte/Ende Februar 1834 (II. 380).

[45] Braun nannte dessen Schrift: *Leuchter und Beleuchter für Hessen, Oder der Hessen Nothwehr*. Erschienen ab Januar 1834.

[46] Zu Che Guevara (1928–1967), den Guerilla-Führer und Kampfgenossen Fidel Castros mit maßgeblichem Anteil an der revolutionären Umgestaltung Kubas, der 1965 nach Bolivien ging, um dort eine revolutionäre Bewegung zu organisieren, 1967 gefangen genommen und erschossen wurde, hatte Braun 1975 das Stück *Guevara oder der Sonnenstaat* geschrieben (U. 1977 Nationaltheater Mannheim). In: Braun. Band 5. S. 113–174.

[47] Vgl. *Danton's Tod*. Akt IV, 3. S. 78f. (Band I. S. 11–90. Hier: S. 78f.). Goltschnigg ging fehl mit dem Verweis auf die Zeile "Sei ruhig, bleibe ruhig, mein Kind" in Goethes 'Erlkönig'. Goltschnigg. S. 586.

Mit dem Nennen Guevaras bereitete Braun einen Gegenwartsbezug vor zu Büchners (und Dantons) schmerzlicher Einsicht des politisch-gesellschaftlichen Alleinseins:

> Ich studirte die Geschichte der Revolution. Ich fühlte mich wie zernichtet unter dem gräßlichen Fatalismus der Geschichte. Ich finde in der Menschennatur eine entsetzliche Gleichheit, in den menschlichen Verhältnissen eine unabwendbare Gewalt, Allen und Keinem verliehen. Der Einzelne nur Schaum auf der Welle, die Größe ein bloßer Zufall, die Herrschaft des Genies ein Puppenspiel, ein lächerliches Ringen gegen ein ehernes Gesetz, es zu erkennen das Höchste, es zu beherrschen unmöglich. [. . .] Das *muß* ist eins von den Verdammungsworten, womit der Mensch getauft worden. Der Ausspruch: es muß ja Aergerniß kommen, aber wehe dem, durch den es komt,[48] – ist schauderhaft. Was ist das, was in uns lügt, mordet, stiehlt?[49]

Braun nahm das Zitat als Gesamtkomplex und stellte dem sein eigenes Erfahren von Geschichte als Realität gegenüber, darstellungsmäßig parallelisiert und bildkräftig formuliert: "Ich studierte die Geschichte der Oktoberrevolution und watete durch das Blut der dreißiger Jahre. Ich sah mich gegen eine Wand von Bajonetten wandern. Ich spürte die Tinte der Lügen brennen auf meiner Haut. Es war wie ein Bad im Dreck, in Gedärm, in zerfetztem Gehirn. Ich schritt nackt und rückhaltlos draufzu: und fühlte mich gestärkt hervorgehn, mit der ganzen Wahrheit bewaffnet". Die Revolution von 1917 unter Lenins Führung war für Braun das, was die Französische Revolution für Büchner gewesen ist: die ideologisch-politische Basis. Braun hielt trotz des Stalinschen Terrors fest an der Wahrheit des Marxismus-Leninismus, denn diese Wahrheit "macht nicht schlapp, sie ist unsere Kraft". Die Fragen, die unter Stalin zu fragen tödlich sein konnten,[50] wären "heute ein Schnee". Für Braun war es die Geschichte, die die politischen Fragen zu Ende diskutiert; viele einst als 'Verräter' Bezeichnete wurden "wortlos rehabilitiert durch den Gang der Dinge" [doch ohne Widerruf und als bereits Tote]. Für ihn war der historische Gang "blutig, hart, irrational: solange wir geduckt gehen, blind, unserer

[48] Büchner zitierte hier Ev. Matthäus 18,7 (unter Fortlassen des Eingangssatzes: "Weh der Welt der Ärgernis halben!").

[49] In: Brief an Wilhelmine Jaeglé. Aus Gießen nach Straßburg. Mitte/Ende Januar 1834 (II. 377). Vgl. die Erläuterungen zu hervorstechenden Formulierungen. Kommentar. 1101–1106. – Der letzte Satz in *Dantons Tod.* Akt II, 5. Worte Dantons zu Julie (Band I. S. 49).

[50] Braun nannte die Probleme: der "Gesamtplan der Wirtschaft"; das "Tempo der Industrialisierung"; der "Sozialismus in einem Land" (eine Doktrin Stalins, in den 30er Jahren zur Staatsdoktrin der Sowjetunion erhoben). Nach Goltschnigg war die Formulierung "'die Partei ist kein Debattierklub'" eine Maxime Stalins, geäußert in Brauns *T.* [ohne nähere Angaben]. Goltschnigg. S. 584 (zu Anm. 37).

Schritte nicht mächtig". Er fordere "sinnlose[n] Opfer, weil wir die Gangart nicht beherrschen (es gibt notwendige Opfer). 'Personenkult' die feige Ausrede, die alles erklären soll, ein Augenwischen" (303).

Der Hinweis auf "notwendige Opfer", in Klammern gebracht, markierte diese als politische Ausnahme.[51] Damit waren sie abgesetzt von dem, woran mit "Personenkult" erinnert wurde: die von Stalin als dem 'Großen Führer' befohlene und deswegen hemmungslos befolgte Opferung riesiger Menschen-Massen als Zeichen seiner Macht.

Braun nannte die Möglichkeit zur Beherrschung der "Gangart": "Statt einzuhalten im fahrlässigen Marsch, das Gelände wahrzunehmen, die Bewegung zu trainieren. Das Training des aufrechten Gangs", verbunden mit Angabe des wesentlichen Unterschieds zu Büchner: "Die Wissenschaft, die in Büchners Tagen nicht komplett war; das Besteck, dessen sie sich bedient, lag noch nicht beieinander". Denn es musste erst der "*historische* Materialismus" kommen, um eine radikale Veränderung zu ermöglichen, die Braun formulierte in Umgestaltung des Zitats: "das *wird* ist eins von den Erlösungsworten, die uns in der Kinderkrippe buchstabiert werden. Es muß kein Ärgernis kommen. Wir sind dabei, aus der Welt zu reißen, was uns lügen, morden, stehlen macht" [Hervorhebungen im Original] (303).

Brauns 'Revolutions'-Parallelisierung brachte seine Sicht von dem, was im Rahmen des generell erkannten Geschichts-Großverlauf jetzt, in unserer Zeit, zu tun bleibt für jeden Einzelnen in den gänzlich veränderten gesellschaftlichen Verhältnissen: den ständig wieder einzuübenden 'aufrechten Gang' beim Bewältigen auftauchender neuer Anforderungen und gegebenenfalls nötiger Veränderungen des Vorhandenen mit Blick auf die angestrebte Sozialismus-Zukunft. Die Aktivität von Individuen könnte das Fortschreiten des historischen Fortschritts sicherstellen in den sich ständig wandelnden politisch-sozialen Welt-Verhältnissen. Auch wenn durch das revolutionäre 'Unten' die Beseitigung des kapitalistisch-ausbeuterischen 'Oben' errungen wurde, bestehen weiterhin änderungsbedürftige Abhängigkeiten.

Die Formulierung "Training des aufrechten Gangs" war ein Vorverweis auf den dann 1979 unter diesem Titel erschienenen Gedichtband,[52] mit dem eine Neu-Positionierung Brauns begann: Wiedergabe seiner ganz intensiven, existente Sozialismus-Formen kritisch einbeziehenden "Suche nach dem Stoff (zum Schreiben, zum Leben)", hier wie in den späteren Bänden

[51] Braun ging nicht ein auf die Problematik der 'Septembermorde' (2.–6. September 1792), den Massakern, für die Danton als Justizminister die Verantwortung übernahm, die er aber verstanden wissen wollte als Akt vorbeugender Notwehr. Vgl. Hintergrund-Angaben (I. 461) und die Diskussion selbst in *Dantons Tod* (I. 48f.).

[52] Volker Braun: *Training des aufrechten Gangs.* Halle-Leipzig: Mitteldeutscher 1979; Frankfurt a.M.: Suhrkamp 1979. Wiederabdruck in: Band 5. S. 57–112.

konzentriert in den mit 'Material' getitelten [und durchlaufend nummerierten] Gedicht-Komplexen.[53]

5.
Nach dieser philosophisch-allgemeinen Behandlung der Lage von damals und heute wandte sich Braun wieder der persönlichen Situation Büchners zu:

> Arbeiten ist mir unmöglich, ein dumpfes Brüten hat sich meiner bemeistert, in dem mir kaum ein Gedanke noch hell wird. Alles verzehrt sich in mir selbst; hätte ich einen Weg für mein Inneres, aber ich habe keinen Schrei für den Schmerz, kein Jauchzen für die Freude, keine Harmonie für die Seligkeit. Dies Stummsein ist meine Verdammniß. Ich habe dir's schon tausendmal gesagt: Lies meine Briefe nicht – kalte, träge Worte![54]

Zu diesem 'Stummsein' merkte er an, dass Büchner 1834 "ein Autor ohne Werk" war: "Wie sollte er schreiben mit dieser Einsicht in keine Aussicht?". Er verwies auf Alfred Mussets Erklärung der Ursachen der 'Krankheit' seiner Zeit: " 'Alles, was einst war, ist nicht mehr; alles, was einst sein wird, ist noch nicht' ".[55] Braun umschrieb unter Verwendung dieser Worte und einer nicht zu überhörenden Kritik die 'Krankheit' der eigenen Zeit [Kommentare G.L.]: "vieles, was einst war, dauert noch [trotz der grundlegenden sozialistischen Umgestaltung]; vieles, was einst sein wird, beginnt schon" [müsste eigentlich bereits vorhanden sein]. Dieser politische Zustand wäre "das Fieber, das uns schüttelt, die Spannung, die uns zerreißt", - sofern man [als Autor] sich nicht rettet "in Hochmut oder Zynismus", die Medizinen, "mit denen unsere größten Dichter heute sich am Leben fristen" [für Zynismus wäre hier an Heiner Müller zu denken].

Da Büchner annehmen konnte, dass bereits ganz Darmstadt wusste, "daß der Sohn des Hofgerichtspräsidenten Minnigerode, mit 150 Broschüren eines gewissen *Hessischen Landboten* auf der Haut, am Stadttor von Gießen gekascht worden war", beschrieb er, "stillschweigender Verursacher und

[53] Das Angeführte ist der Beginn des Textes "Definition". Ebd. S. 59. Hier: "Der Stoff zum Leben 1" ('Material I–IV'). – In Braun: *Langsamer knirschender Morgen* (1987). Wiederabdruck in: Band 8. S. 43–119. Hier: "Der Stoff zum Leben 2" ('Material V–IX'). – In Braun: *Der Stoff zum Leben 1–3*. Frankfurt a.M.: Suhrkamp 1990. Hier: "Der Stoff zum Leben 3" ('Material X–XIV'). Wiederabdruck in: Band 9. S. 65–92. – In Braun: *Tumulus*. Frankfurt a.M.: Suhrkamp 1999. Hier: "Der Stoff zum Leben 4" ('Material XV–XVI').
[54] In: Brief an Wilhelmine Jaeglé. Aus Gießen nach Straßburg. 8./9. März 1834 (II. 380ff. Hier 381).
[55] Als Quelle nannte Braun lediglich den Titel: *La Confession d'un enfant du siècle* [1836].

Verfasser", seinen Eltern zur Beruhigung seine plötzliche Reise – von Gießen Richtung Offenbach, um betroffene Freunde zu warnen – als eine ihn entspannende Wanderung:

> Ich benutze jeden Vorwand, um mich von meiner Kette loszumachen. *Freitag Abends* ging ich von Gießen weg; ich wählte die Nacht der gewaltigen Hitze wegen, und so wanderte ich in der lieblichsten Kühle unter hellem Sternenhimmel, an dessen fernstem Horizonte ein beständiges Blitzen leuchtete.[56]

Die zusätzlichen Angaben: "'Den kleinen Umweg machte ich, weil es von dieser Seite leichter ist, in die Stadt zu kommen, ohne angehalten zu werden'", war er doch nicht versehen "'mit den nötigen Papieren'",[57] waren für Braun eine Irreführung [als Schutzmaßnahme], "die gewohnte Komödie", genau wie der "herausrednerische[. . .] Brief zum *Danton*".[58] Doch trotz dieser Brief-Mitteilung war "den Kanzleien der Hofgerichte" der Grund des schnellen Verlassens von Gießen bekanntgeworden.[59]

Brauns Abwandlung der Cicero-Worte "O tempora! O mores" in den (nicht als Zitat markierten) Ausspruch "O Zeiten o Briefe",[60] gefolgt von "Wir schreiben ernstlich keine mehr", mit dem er Büchners Kommunikationsverhalten mit der Lage für DDR-Bürger verband, die damit rechnen mussten, dass der vom Staat gewährleistete Schutz von Post- und Fernmeldegeheimnis[61]

[56] In: Brief an die Familie. Aus Frankfurt am Main nach Darmstadt. 3. August 1834 (II. 387). Zu Einzelheiten: Kommentar. 1128f.

[57] Kommentar. 1129. Die zweite Zusatzangabe war nicht als Briefstelle markiert.

[58] Bezugnahme auf den Brief an die Familie. Aus Straßburg nach Darmstadt. 28. Juli 1835 (II. 409–411) [ohne Quellenangabe], in dem er den "'dramatischen Dichter'" als einen "'Geschichtsschreiber'" ansah, der über Letzterem steht, weil er die Geschichte "'zum zweiten Mal erschafft'", der uns "'statt Charakteristiken Charaktere'" gibt. Zugleich äußerte er sich zur unterstellten Unsittlichkeit seines Buches: "'Ich kann doch aus meinem Danton und den Banditen der Revolution nicht Tugendhelden machen!'" (II. 409–411. Hier: 410).

[59] Bereits in der Nacht vom 3. zum 4. August wurde das Wohnhaus bewacht, am Morgen erfolgte die Durchsuchung. Vgl. Kommentar. 1131.

[60] Mit dieser Wendung bezeichnete Cicero den Abschnitt der Geschichte der römischen Republik, "in dem die Widersprüche der Sklavenhaltergesellschaft [!] am schärfsten hervortraten" [3.–2. Jh. v. Chr.]. Vgl. *Geflügelte Worte*. Schlagwort 289/290.

[61] Vgl. *Strafgesetzbuch der Deutschen Demokratischen Republik* (1968). Art. 4. Schutz der Würde und der Rechte des Menschen: "Die Würde des Menschen, seine Freiheit und seine Rechte stehen unter dem Schutz der Strafgesetze des sozialistischen Staates. [. . .] Die Rechte der Persönlichkeit, das Post- und Fernmeldegeheimnis und die Unverletzlichkeit der Wohnung sind gewährleistet. Sie dürfen nur soweit eingeschränkt werden, als dies gesetzlich zulässig und unumgänglich ist".

keineswegs eingehalten wurde. Er war fortgefahren mit: “da es kein Postgeheimnis gibt – die Verfassungen mögen besagen, was sie wollen –, könnte man sich ebensogut gleich einvernehmen lassen”, eine mehr als deutliche Kritik am Staatsapparat.

Braun nahm nochmals die Zitatworte “‘Und so wanderte ich in der lieblichsten Kühle’” auf, schloss eine Einschätzung von Büchners Zustand an: “bleich, die Angst im Nacken”, und veränderte dessen Sicht auf ein “‘Blitzen’” in: “Am fernsten Horizont beständig die Revolution” (305), was überleitete zum Brief-Zitat:

> Die ganze Revolution hat sich schon in Liberale und Absolutisten getheilt und muß von der ungebildeten und armen Klasse aufgefressen werden; das Verhältniß zwischen Armen und Reichen ist das einzige revolutionäre Element in der Welt, der Hunger allein kann die Freiheitsgöttin [...] werden.[62]

Braun nahm Büchners Überlegungen gedanklich auf, wie er das schon einmal bei der Frage nach ‘Gewalt’ getan hatte (296f.), um seine Sicht auf die Revolutions-Problematik vorzubringen: Bereits zehn Jahre später hätte Marx dieses ‘Verhältnis’ “tiefer” erfassen können, als “Widerspruch von Kapital und Arbeit”, für Braun “der zeitgenössischste noch für jede Revolution”. Er sah das als “Verhältnis von Ausführenden und Bestimmenden, die wieder die Armen und Reichen sind (arm oder reich an Möglichkeiten, Fähigkeiten, Bedürfnissen)”, und dieses würde “das revolutionäre Element”:[63] der [marxistisch formuliert] “Hunger nach schöpferischer Tätigkeit wird die Fahne der Freiheit”. Für ihn würde es “das notwendige Bedürfnis der Masse werden”, die “alten Trennungen Kopfarbeit – Handarbeit, Stadt – Land, Lehre – Produktion usw. umzustürzen”, was hieße: ein durch eine “Revolution” nach oben gekommener “Apparat” muss jeweils “von der subordinierten Klasse aufgefressen (wir sagen sublimer: aufgehoben) werden” (306).

In Büchners Brief war der bildkräftig herausgestellte “‘Hunger’” weitgehend eingegrenzt auf die politischen Verhältnisse in Hessen nach der Julirevolution [neue Teilung in “‘Liberale und Absolutisten’”], und eher zu verstehen als ein physisch-reales Bedürfnis. Jedenfalls ging er von Seiten der Bauern nicht gepaart mit einem politischen Willen zur Umwälzung der bestehenden Machtverhältnisse, die die Ursache des Elends waren. Büchners Zusammenstellen von “‘revolutionäre[s] Element’”, “‘Hunger’” und

[62] In: Brief an Karl Gutzkow. Aus Straßburg nach Frankfurt a.M. Nach dem 19. März 1835 (II. 400). Vgl. Kommentar. 1152 (zur Dimension dieser Bewegung) und Kommentar. 1153 (zur Vertilgungs-Metapher).

[63] Rosellini übersteigerte das mit der Behauptung, für Braun wäre es “der Zündstoff, der schließlich dazu führen wird, daß die sogenannten ‘postrevolutionären Zustände’ östlich der Elbe in die Luft gesprengt werden”. Rosellini. S. 605.

“‘Freiheitsgöttin’” in Verbindung mit “‘aufgefressen werden’”, eine geradezu radikal-revolutionäre Aussage, müsste wohl eingegrenzt werden, wenn man die nicht zitierten, kurz darauf folgenden ganz real-politischen Schlusssätze einbezieht: “‘Mästen Sie die Bauern, und die Revolution bekommt die Apoplexie. Ein *Huhn* im Topf jedes Bauern macht den gallischen *Hahn* verenden’” [Hervorhebungen im Original].

6.
Mit einem längeren Briefzitat über Büchners Selbstverständnis als engagierter Autor gegenüber den ‘Idealdichtern’ leitete Braun seine Behandlung ein von dessen “zwei[ter] Hälfte[. . .] seines Lebens” nach der revolutionär-politischen ersten:

> Wenn man mir übrigens noch sagen wollte, der Dichter müsse die Welt nicht zeigen wie sie ist, sondern wie sie sein solle, so antworte ich, daß ich es nicht besser machen will, als der liebe Gott, der die Welt gewiß gemacht hat, wie sie sein soll. Was noch die sogenannten Idealdichter anbetrifft, so finde ich, daß sie fast nichts als Marionetten mit himmelblauen Nasen und affectirtem Pathos, aber nicht Menschen von Fleisch und Blut gegeben haben, deren Leid und Freude mich mitempfinden macht, und deren Thun und Handeln mir Abscheu oder Bewunderung einflößt.[64]

Da Büchner sich “‘vollkommen überzeugt’” hatte, dass in Hessen politisch nichts zu tun möglich war, “‘daß Jeder, der *im Augenblicke* sich aufopfert, seine Haut wie ein Narr zu Markte trägt’”,[65] war er fortgegangen nach Straßburg. Braun schloss seiner verdächtig positiven Formulierung: “Er genoß die Freiheit des unpolitischen Flüchtlings”, einen “heutigen Vers” an: “‘Jetzt bin ich ich, und liebe lehre dichte’” [ohne Quellenangabe].[66] Er verband das mit Hans Mayers Meinung: “‘Es war allerdings auch die Entscheidung für Verzicht und Resignation möglich. Dann hätte man statt des *Danton* und *Woyzeck* einen neuen *Datterich* erhalten,[67] ähnlich jenem, den der Darmstädter Kandidat Niebergall, der neben Büchner in Gießen studierte, [. . .] als Quintessenz hinterließ’”.[68] Braun übertrug diesen Gedanken auf seine Zeit: “Dergleichen

[64] In: Brief an die Familie. Aus Straßburg nach Darmstadt. 28. Juli 1835 (II. 409–411. Hier: 411).
[65] In: Brief an Wilhelm Büchner. Aus Straßburg nach Butzbach. April/Juli 1835 (II. 402).
[66] Letzte Zeile von Karl Mickels Gedicht ‘Gegensonett’. In: Ders.: *Odysseus in Ithaka.* Gedichte 1957–1974. Leipzig: Reclam 1976 (Nr. 664). S. 76.
[67] Ernst Elias Niebergall (1815–1843) verfasste 1841in darmstädter Mundart die biedermeierliche Lokalposse *Datterich* (U. 1862).
[68] Vgl. Hans Mayer: *Georg Büchner und seine Zeit.* Frankfurt a.M.: Suhrkamp 1972 (st 58). S. 148. – Dass Braun nach Erich Honeckers Grundsatzrede auf dem 11. Plenum des ZK der SED (16.–18. Dezember 1965), in der er Schriftsteller und Künstler angeprangert hatte, die künstlerisch freiere Ausdrucksformen versuchten

Niebergallen haben sich fortgepflanzt als die Nachtigallen unserer Presselyrik", Büchners "Aversionen sind aktuell", "noch durch keine soziale Revolution" wäre dieses "Elend der Literatur" besiegt worden.[69]

Büchner lieferte ihm gewissermaßen eine Bekräftigung seiner Ansicht:

> Daß übrigens noch die ungünstigsten Kritiken erscheinen werden, versteht sich von selbst; denn die Regierungen müssen doch durch ihre bezahlten Schreiber beweisen lassen, daß ihre Gegner Dummköpfe oder unsittlich sind.[70]

Weil solch Vorgehen auch für die DDR bekannt war, beließ es Braun bei: "Kein Kommentar".

Das direkt angefügte Kurzzitat bezog sich auf das Büchner nun möglich werdende Publizieren und eine frei zu gestaltende Lebensweise:

> Ich sehe meiner Zukunft sehr ruhig entgegen.[71]

Für die "nicht mehr zwei Jahre", die Büchner noch zu leben blieben, reihte Braun die Titel der literarischen und wissenschaftlichen Publikationen auf, die in Straßburg und später in Zürich entstanden waren,[72] und fügte dem, in Anknüpfung an den zitierten Satz, hinzu: "Seine Zukunft begann zwei Menschenalter später" (307f.).[73]

[gerichtet gegen die lähmende Ideologie-Orthodoxie], selbst nicht exilierte, auch nicht nach der Ausbürgerung Wolf Biermanns (November 1976), hatte zu tun mit der ganz anderen historisch-politischen Lage für Braun: als engagiert sozialistischer Autor sah er für sich in der sozialistischen DDR weiterhin Lebens- und Arbeitsmöglichkeiten ohne ein ihm in der Bundesrepublik drohendes Absinken in literarisch Unverbindliches.

[69] Brauns fügte an, dessen "Unfreude an der gezierten Künstlichkeit des Biedermeier" wie an der sich am Schrecken ergötzenden "brutalen Verwurstung", wäre geblieben. Der Satzbeginn mit "Also" legte einen Bezug nahe auf die für Zeitungs-Publikationen genehmigte Lyrik.

[70] In: Brief an die Familie. Aus Straßburg nach Darmstadt. 28. Juli 1835 (II. 409–411. Hier: 411).

[71] In: Brief an die Familie. Aus Straßburg nach Darmstadt. 20. April 1835 (II. 402). Der isoliert gebrachte Satz stand nach Mitteilungen über verbreitete Verhaftungen in Hessen und wurde gefolgt von Hinweisen auf Möglichkeiten in Straßburg, vom Schreiben leben zu können.

[72] Braun nannte *Leonce und Lena*, die Titel der beiden Hugo-Übersetzungen und der Dissertation, ein Kolleg über Cartesius, Philosophie-Exzerpte, *Aretino*, die *Woyzeck*-Fassungen, dann die Probevorlesung *Über Schädelnerven*.

[73] Knapp gab an, dass erst mit dem Büchner-Porträt von Karl Emil Franzos in der *Neuen Freien Presse* (1875), seinen publizistischen Beiträgen sowie der ersten Gesamtausgabe von 1879 (*Sämmtliche Werke*) "Büchner als Schriftsteller *und* als Revolutionär" begriffen wurde [Kursivierung im Original]. Erst im späten 19. Jh. hätten ihn Autoren wie G. Hauptmann, Naturalisten und Wedekind als Vorläufer entdeckt. Vgl. Knapp. S. 44.

In einem Einschub, der an die von Büchner erwartete Kritik durch "bezahlte [. . .] Schreiber" anknüpfte, konstruierte Braun eine moderne Kritik "im Stil einiger Scharfrichter vom Gewi-Institut", einer ideologischen Zentralinstanz der DDR:[74] Büchner hätte nicht die VOLLE DIALEKTIK der sozialen Kämpfe" begriffen, "ermannte sich nicht zu POSITIVER ZIELSETZUNG" und "mißdeutete die HISTORISCHE BESCHRÄNKTHEIT der Revolution fatal als Beschränktheit der menschlichen Natur" (308). Das drucktechnische Hervorheben ideologischer Schlüsselbegriffe und die damit einhergehende Reduzierung des literarischen Werks auf eine orthodox-marxistische Positionierung des Autors Büchners, legte es nahe, in der Konstruktion eine Parallele zu sehen mit einer DDR-Realität: den Negativ-Beurteilungen von literarischen Texten, die nicht den geltenden orthodoxen Vorstellungen entsprechen.

Braun knüpfte an das Letztgenannte der Konstruktion – die Beschränktheit der menschlichen Natur – an mit dem Satz: "'Jeder Mensch is ein Abgrund': Woyzeck",[75] und nannte Büchners historisch-ideologische Grundproblematik: "Er sah nicht weit, er sah in sie hinein. Sie mußten aus sich selbst heraus; das war sein Problem, das nicht er löste. Den Abgrund überspringen, konnte nicht der Einzelne im Ernst; der Sprung der Geschichte nur immer kann Lösungen bringen" (308). Die Möglichkeit für eine klassenkämpferische revolutionäre Lösung war zu dieser Zeit noch nicht gegeben.

Die harte Gegenwartslage für Büchner hätte sich beim Besuch des Christkindelmarkts in Straßburg gezeigt:

> Ich komme vom Christkindelsmarkt, überall Haufen zerlumpter, frierender Kinder, die mit aufgerissenen Augen und traurigen Gesichtern vor den Herrlichkeiten aus Wasser und Mehl, Dreck und Goldpapier standen. Der Gedanke, daß für die meisten Menschen auch die armseligsten Genüsse und Freuden unerreichbare Kostbarkeiten sind, machte mich sehr bitter.[76]

[74] 'Gewi-Institut' meinte die [ab Dezember 1976 dann] "Akademie für Gesellschaftswissenschaften beim Zentralkomitee der SED", dem "Leit- und Forschungszentrum für marxistisch-leninistische Philosophie, Wissenschaftlichen Kommunismus, Soziologie, Politische Ökonomie des Sozialismus, Internationale Arbeiterbewegung und Kultur- und Kunstwissenschaften". Vgl. *Kleines Politisches Wörterbuch*. 4. Aufl. Berlin: Dietz 1983. S. 25.

[75] Zitat aus: *Woyzeck*. Teilabdruck 2 (Szene 8): Woyzeck zu Louisel: "'Jeder Mensch ist ein Abgrund, es schwindelt einem, wenn man hinabsieht'" (Band I. S. 200).

[76] In: Brief an die Familie. Aus Straßburg nach Darmstadt. 1. Januar 1836 (II. 422f. Hier: 423). Da ein solcher Markt vom 18.12. 1835 bis zum 9.1. 1836 stattfand, könnte Büchner ihn am 1. Januar besucht haben. Vgl. Kommentar. 1835f. (Hier: 1186).

Braun war bei seinem Gang durch einen “Neubaukomplex” [in Berlin-Lichtenberg] einer völlig anders gearteten Form von Armut bei Kindern begegnet: “Scharen randalierender Halbwüchsiger”, ‘Schlüsselkinder’, die, “sich selbst ausgeliefert”, “die Zeit töteten [. . .] bis zur Dunkelheit”, bis die Eltern “sie mit lieblosen Worten abspeisten und Taschengeld und Flimmerkiste”. Er nahm “in dieser engagierten Gesellschaft” [eigentlich doch armutbefreiten] wahr, wie wenig “Geborgenheit, gemeinsame Freude” bestand (308).

Braun stellte den Büchner-Bezug wieder her mit der Angabe, der “rote Becker” hätte beim Verhör am 1. September 1837 zu Protokoll gegeben, Büchner wäre nicht so betrübt gewesen wegen des Druckverbots seiner Gedanken, sondern weil “ ‘viele tausend Familien nicht im Stande wären, ihre Kartoffeln zu schmelzen etc.’ ”. Für Braun war dieser Satz auch heute “noch lesbar”, waren doch weiterhin “viele tausend Arbeiter in elende primitive Produktionen gezwängt”. Allem Anschein nach war die fundamentale politische Veränderung der Gesellschaftsverhältnisse vielerorts noch nicht ökonomisch-sozial umgesetzt worden.

Büchners Selbstbeschreibung seiner neuen Exil-Lage war:

> Das Leben ist überhaupt etwas recht Schönes und jedenfalls ist es nicht so langweilig, als wenn es noch einmal so langweilig wäre.[77]

Braun übernahm diese Worte zur Beschreibung einer gegenwärtigen Haltung. Anstelle des von Büchner gebrauchten, damals gängigen modischen Begriffs ‘langweilig’ brachte er nach der neumodischen Übersteigerung “[d]as Leben ist überhaupt eins der schönsten!” eine gewisse Eingrenzung mit “es wäre schon gut, wenn es nur nicht [fortfahrend mit verdreifachter, geradezu verpflichteter Steigerung] immerzu schöner und schöner und schöner heißen müßte”.

Er beendete seinen Essay mit Textstellen aus den wohl letzten von Büchner geschriebenen Briefen an seine Braut:

> Ich sehe dich immer so halb durch zwischen Fischschwänzen, Froschzehen u.s.w. ist das nicht rührender, als die Geschichte von Abälard, wie sich ihm Heloise immer zwischen die Lippen und das Gebet drängt? O, ich werde jeden Tag poetischer, alle meine Gedanken schwimmen in Spiritus.[78]

> Du kommst bald? Mit dem Jugendmuth ist’s fort, ich bekomme sonst graue Haare, ich muß mich bald wieder an Deiner inneren Glückseligkeit stärken und Deiner göttlichen Unbefangenheit und Deinem lieben Leichtsinn und all Deinen bösen Eigenschaften, böses Mädchen.[79]

[77] In: Brief an Eugène Boeckel. Aus Straßburg nach Wien. 1. Juni 1836 (II. 436–439. Hier: 437).
[78] Brief an Wilhelmine Jaeglé. Aus Zürich nach Straßburg. 13. Januar 1837 (II. 464).
[79] Brief an Wilhelmine Jaeglé. Aus Zürich nach Straßburg. 27. Januar 1837 (II. 465f. Hier: 466).

Für Braun zeichneten die an die Braut geschriebenen Briefe von ihr ein "liebliche[s] Bild", "nur übertroffen von seiner Lucile, seiner Julie im *Danton*". Dass sie "alle Briefe (wie auch sein Tagebuch und vermutlich sein kühnstes Stück *Aretino*)" vernichtete, wir lediglich "Abschriften von Auszügen" hätten, war für ihn eine "Andenkenpflege" (immer noch geübt[80]), die "die herrlichsten Naturen erniedrigt auf den Horizont von Muckern".[81]

Seinen Essay schloss er mit den Worten: "Noch jeder Satz von ihm macht uns den Verlust vergessen und rasend bewußt". Doch uns bliebe – was er gerade gezeigt hatte: "Wir kennen Büchner, um uns unser Teil zu denken" (310).

Abschluss-Überlegungen

Die von Braun für seinen Essay ausgewählten Briefstellen wurden von ihm nicht 'bearbeitet', vielmehr eingebunden in die sozial-politischen Verhältnisse und Gedankengänge der Vormärz-Zeit. Sie wurden angereichert mit politischen Bezugnahmen, wodurch ein historischer Hintergrund entstand für die ideologisch-politische Behandlung der DDR-Jetztzeit.

Im Kontext der DDR-Literatur war der Essay eine ungewöhnliche Form der erwünschten 'Erbepflege' älterer deutscher Literatur, weil Braun seine Büchner-Aktualisierung hinführte zu dem bildkräftigen Gedanken-Komplex 'Abhängigkeitspyramide' und der Aufforderung, zwecks besserem Bewältigen der weiterhin vor uns liegenden Wegstrecke zur kommunistischen Zukunft den jeweiligen realen Untergrund zu studieren für das Gelingen eines aufrechten Gangs.

Die offizielle negative Reaktion betraf nicht nur Teile, sondern den Text insgesamt. Aufschlussreich sind Brauns Angaben in seinem Arbeitsbuch *Werktage 1*. Für den 27.6.77 notierte er einen Anruf des Cheflektors Henniger: "weist das büchner-nachwort entsetzt zurück". Am 28.6.77 hieß es: "abends bringt henniger das manuskript zurück: es gehe nicht um meine haare in der suppe, es sei der ganze kopf".[82]

[80] Als Beispiele führte er "Ernst Thälmann" und "Tamara Bunke" an, den einflussreichen KPD-Vorsitzenden (ab 1923), Mitglied des Reichstags (1886–1944, ermordet im KZ Buchenwald) und die umtriebige Guerilla-Kämpferin und Lebensgefährtin Che Guevaras (1937–1967, erschossen in Bolivien beim Fluchtversuch ihrer Gruppe).

[81] Vgl. die genauen und detaillierten Angaben im Abschnitt "Überlieferungsverhältnisse" (Band II. S. 1052–1064. Hier: S. 1058–1063).

[82] Volker Braun: *Werktage 1*. Arbeitsbuch 1977–1989. Frankfurt a. M.: Suhrkamp 2009 S. 65f.

'Haarig' waren schon die Ausführungen zu den unberücksichtigt bleibenden *Aprilthesen* Lenins (294) und zu Büchner, der für Braun bereits vor Marx über den Horizont der sozialistischen Revolution hinausgegriffen habe, zumal durch die Zufügung, dass an schönen Punkten weiterhin die offizielle Phrase über die reale Wirklichkeit hinweggehe (294).

'Haarig' war die Aussage, dass selbst in fortgeschrittenen sozialistischen Staaten die Massenproduktion von Demokratie noch nicht freigegeben [!] ist (297), mehr als nur das war die karikierende Konstruktion einer Einschätzung Büchners im Gewi-Stil.

Das an Büchner-Gedanken über politische Gewalt anknüpfende Konzipieren eines notwendigen Beseitigens der politisch-sozialen Differenz zwischen einem 'Oben' und einem 'Unten' durch Zertrümmern der Pyramide der Verfügungsgewalt, um das Endziel der definitiven Befreiung des Menschen erreichen zu können, war trotz aller Bezüge auf Marx zu radikal, für eine orthodoxe Gesinnung geradezu ketzerisch gedacht von diesem 'Kopf' mit Namen Volker Braun.

Das bloße Nichtgenehmigen der Drucklegung des Essays war die unauffälligste offizielle Reaktion nach dem öffentlichen Aufsehen, das die Biermann-Ausbürgerung im Jahr zuvor erregt hatte.

Paul Coates

"Where id was. . .": Danton According to Georg Büchner, Stanisława Przybyszewska and Andrzej Wajda

Where id was, there ego shall be. (Sigmund Freud)

Es ist doch was mit der Zahl Drei. (*Danton's Death*)

This essay investigates the possible fruitfulness of positing a primary alignment between the positions on the Danton-Robespierre clash adopted by Georg Büchner, Stanisława Przybyszewska and Andrzej Wajda with the ones identified as id, superego and ego respectively in Freud's allegory of consciousness. Although it would be facile to assert a complete identity between the authors' positions and these allegorical entities, it is argued that the inability of any one of them to adopt an even-handed position corresponds to a Romantic and post-Romantic tendency to filter the tragic conflict through a melodramatic and political one-sidedness at odds with Hegelian theory of tragedy. Where Büchner's work shows a libidinal consciousness at work through its preoccupation with corporeality, love-making and the illegal congress established by puns, and Przybyszewska's opts unequivocally for the Virtue of Robespierre, Wajda's version has the beleaguered position Freud attributed to the ego, at points adhering to the Przybyszewska play he adapts, at others subverting it.

I. Introduction

Facile though it would be to align the attitudes to Danton and the French Revolution adopted by dramatists Georg Büchner and Stanisława Przybyszewska and filmmaker Andrzej Wajda precisely with the ones Freud deemed characteristic of the psychic impulses he allegorized as id, superego and ego respectively, the degree of fit between them is suggestive. Büchner's *Danton's Tod* does indeed display a dream-like quality and sensuous investment in language that could be called libidinal, matching his focus on the French Revolutionary figure preminently identified with consumption and sensuality, Georges Danton. The investment is in the wit whose role in the play Paul Levesque emphasizes: "wit, far from being a mere ornament of the play, performs a crucial role in the text by working to undermine both the dominant language and the dominant politics of the ruling institutions portrayed in *DantonsTod*".[1]

[1] Paul Levesque: The Sentence of Death and the Execution of Wit in Georg Büchner's *Dantons Tod*. In: *The German Quarterly* 61.1 (1989). Pp. 85–95. Here: P. 85.

It is because, for Büchner, the Revolution is steeped in the libidinal, that love and revolt intertwine in his work, as Reinhold Grimm noted.[2] Its puns are unsanctioned assemblies in the public sphere of a language structured like the unconscious.

Conversely, the very title of Stanisława Przybyszewska's *The Danton Affair* implies placing Danton at a distance, as if viewing him through the eyes of the one for whom he constituted a problem: the Robespierre with whom Przybyszewska sympathised personally. Przybyszewska's play, born of an extensive research into the Revolution and its representations that included eleven readings of Büchner's play, is rightly termed a *Gegenstück* to it by Daniel Gerould,[3] and may be called "anti-libidinal" in its concern to do justice to The Incorruptible and to purely rational calculations of Revolutionary policy. This concern for Virtue suggests the super-ego as a dominant principle. Przybyszewska's private aspiration to the status of pure mind patently resists the pull of the libidinal. Where Danton is identified with the body and the biological, with an orality that first consumes promiscuously, then issues in a commanding voice, Robespierre represents the head he too, ironically, would lose, perhaps because of its very self-alienation from the regime of the corporeal.

The *Danton* of the Polish filmmaker Andrzej Wajda, meanwhile, based on Przybyszewska's play but stripping her lengthy text down to prevent its language from suffocating the pungent images that mattered equally to Wajda, with his Fine Arts training, could plausibly be assigned the position Freud accords the ego: that of a beleaguered parliamentarian caught between factions (image and word, id and super-ego; in other words, Danton and Robespierre?). They may also be negative and positive images both of Revolution and of Poland. If Solidarity, suppressed by the declaration of martial law on December 13th 1981, just before Wajda began filming in 1982, could be called a revolution by various figures,[4] including Wajda himself,[5] and Wajda himself had taken Gérard Depardieu to the Solidarity union offices in late 1981 to give him some idea of the hectic nature of actual revolution,

[2] Reinhold Grimm: *Love, Lust, and Rebellion: New Approaches to Georg Büchner.* Madison, Wisconsin: University of Wisconsin Press 1985. Here: Pp. 79–111.

[3] Stanisława Przybyszewska: *The Danton Case and Thermidor: Two Plays*. Trans. Bolesław Taborski. Evanston, Illinois: Northwestern University Press 1989. Here: P. 10.

[4] Timothy Garton Ash (Garton Ash): *The Polish Revolution: Solidarity.* New York: Vintage 1985.

[5] Wanda Wertenstein: *Wajda mówi o sobie: wywiady i teksty.* Kraków: Wydawnictwo literackie 2000 (1991). Here: P. 142.

it represented a positive version of social ferment, free of bloodshed. On the other hand, the Robespierre whose stiff carriage made many view him as an echo of General Jaruzelski, was clearly its self-consciously virtuous negative. Wajda's awkward negotiation of the space between the works of Büchner and Przybyszewska may be the near-inevitable concomitant of the filmmaker's simultaneous commitment to images and words: to the oneiric potential of the image (note Wajda's general indebtedness to Buñuel); and yet also to conscious statement, to a rallying of the Polish people, and to theatre (in which Wajda had often worked, for instance staging Przybyszewska's play in Warsaw's Teatr Powszechny). But although the triad of Büchner, Przybyszewska and Wajda can be conceived in terms suggestive of the tripartite Freudian allegory of consciousness, the synthesis Wajda pursued arguably yielded deadlock rather than resolution, and a work that, although fascinating, lacks the unity of purpose of its two predecessors.

II. Tragedy and politics

To speak of synthesis in the context of drama is to invoke the spectre of Hegelian theory, and therefore of the form in which it most resembles an Adornian "negative dialectic": Hegel's theory of tragedy, which – unlike his phenomenology – constitutively denies the possibility of synthesis.

As is well-known, according to this model, the tragic event involves a deadly clash of two equal rights. For Hegel himself the prototype of such conflict was that of Antigone and Creon in Sophocles' *Antigone*, where the opposed rights were those of state and individual. No longer is the cause of tragedy arguably located in an individual, as in Aristotle's *Poetics*; rather it lies in the situation that renders two individuals irreconcilable.

This theory suggests the nature of the fascination exerted by the encounter of Danton and Robespierre, which renders complex interchanges within the body politic of the French Revolution as a starkly impressive duality. Here, as in *Antigone*, the irreconcilable rights are those of individual (Danton) and state (Robespierre), though the conflict is rendered more complex still by the presentation of the rights as shadowed by "wrongs": on the one hand, self-assertion is also corruption; on the other, self-disciplining is as cruel to others as to the self. The Robespierre-Danton conflict fascinates by casting across an historical moment of intended escape from the mythical the ironic shadow of a hidden, shaping pattern of primal, atavistic opposition. It thereby illuminates the mechanism whereby the emancipatory force of Enlightenment-driven Revolution degenerated into an internecine struggle between revolutionaries condemned to mutual destruction. At the same time, however, the dramatists drawn to this material appear to sympathize with – or at least devote most of their attention to – only one of the opposed parties. If this clouding of an impersonal observation of the one-sidedness of each faction (in Bakhtinian terms, of dialogism) by the monologism that privileges a single one may also seem almost inevitable, it is because the very political passion that draws writers to this material thirsts to determine and ensure correct courses of action. For a Büchner, a Przybyszewska or a Wajda, the detachment of even-handed analysis appears to be intolerable, as it was, of course, for Hegel himself, who adored Antigone.[6] These artists' superimposition upon a classical model of tragedy of the revolutionary eighteenth-century form known as melodrama, with its division of dramatis personae into heroes and villains, mirrors, and arguably causes, the Romantic failure to generate an aesthetically satisfactory tragic theatre. (What emerged instead were unstaged and unstageable plays unfolding in a theatre that, in retrospect, seemed always really to have been one of the mind.) At the same time, these artists' piercing, non-melodramatic awareness that destroying one side inexorably shatters the other breathes profound anguish. That is why death pervades all these works: the death of one pre-eminent individual entailing that of another individual ineluctably linked to him, and then of the collective enterprise – the Revolution – once spearheaded by them.

III. Büchner: "Sprich deutlicher"

An interest in the French Revolution may seem only natural in the author of *Der Hessische Landbote*, which blesses cottages and declares war on the palace. That interest is over-determined, however, by the predilections of Büchner the medical student, for whom dissection also represents the production of a world of 'Glieder' (limbs, members). The body politic has been rent asunder, but its parts are inspected as in an anatomy lesson. In an echo-chamber of allusion that is surely an ante-chamber of the unconscious, guillotining becomes both the violent social dissection known as vivisection, and the modern incarnation of Classical myths of bodily disintegration. Primary among these are the stories of Medusa and Medea, two names whose co-presence in the play registers a dream-like process of lexical disintegration and expansion/foreshortening. The Medusa's head, of course, is a key image for Büchner, serving in *Lenz* to designate the transformation of life into an immobile image. Collot D'Herbois describes the busts of the Revolution's saints as turning traitors to stone like Medusa's heads (stone uncannily engendering stone); while Robespierre, shortly thereafter, apparently also caught up in the echoing that is Büchner's Shakespearean pursuit of the protean forms of a

[6] George Steiner: *Antigones.* New Haven: Yale University Press 1996. Here: P. 4: In his *Antigones*, George Steiner quotes Hegel's reference to "the heavenly Antigone".

single metaphor, speaks of the enemy being "tot, sobald ihr ihn erblickt habt" (FA 1: 22).[7]

Büchner's titling his work *Danton's Tod* may imply its placement in the execution chamber of drama itself, in a space as epic as dramatic, as "post-historical" as historical, as the outcome is predetermined. This merely enhances the mythical quality of the material: as in the Greek polis, the audience knows just how the protagonist's story will end. In foregrounding the imminence of death Büchner not only raises the bar on the task of the dramatist, but – as Julian Hilton notes[8] – implies a different conception of tragedy than the Aristotelean one. This conception becomes "Shakespearean" not just in the sense of frequently shifting locales, mingling "high" and "low" protagonists and employing a rich, even over-blown language; it also approaches a Baroque Triumph of Death. However, the separation embodied in Death is not the sole motor of the drama. Just as important is absorption. Where the former may be aligned with Thanatos, as life bleeds away between the separated limbs, the latter is Eros. The body is double: body politic and body erotic. Büchner's punning bawdy would doubtless locate stiffness as the quality they share – like the Second Citizen of Act one, who speaks of Simon as falling on a third leg "that then itself falls".[9] If this "Glied" can vanish without being cut off, might not the possibility of such a painless end motivate Danton's world-weariness, seduced by a metaphor and an almost Keatsian dream of "easeful death"? Thus the two meet when Lacroix evokes a nature that has chopped beauty into parts just as Medea did her brother, and defines Danton's philandering as a gathering up of the disparate parts. In the work's most virtuoso combination of love and destruction, a cross of Spoonerism and Freudian *Fehlleistung* that lengthens the string of "Glied" references mentioned above, Camille speaks shortly thereafter of "gliederlösende, böse Liebe" (FA 1: 16).[10] Just after Marion has described her own transformation into a sea that absorbed everything, Danton voices his own desire to enclose her beauty entirely ("ganz"). Beauty has not just been distributed amongst the women of society; it has also been disintegrated into the parts of a female body conceived in the terms of a surgeon, as an array of fragments. Unsurprisingly, Marion responds to Danton's words by saying "Danton, deine Lippen haben Augen" (FA 1: 28).[11] Lips and eyes are subsumed into one another by a

[7] Cf. Georg Büchner: *The Plays of Georg Büchner*. Trans. with an introduction by Victor Price. London-Oxford-New York: Oxford University Press 1971. Here: P. 14: "the moment you see him, he is a dead man".
[8] Julian Hilton: *Georg Büchner.* New York: Grove Press 1982. Here: Pp. 60–61.
[9] FA 1: 17: "dann fällt er auf das dritte, bis das dritte selbst wieder fällt".
[10] Cf. Büchner, *Plays* 7: "cruel, limb-slackening love".
[11] Cf. Büchner, *Plays* 18: "Danton, your lips have eyes".

surreal, proto-Cubist metaphorisation conceived anti-surgically, as a process of absorption that dialectically answers and undoes a prior disintegration. Not long after this, an analogous but even more violent short-circuiting of far-flung body parts will liken the face of Adelaide to a fig-leaf she holds before her whole body. Compared to a fig-leaf, the face is no longer conceivable as separate from the corporeal – no longer a possibly idealised distraction from a sexuality located both anatomically and conceptually well below it – but becomes its signifier. In essence, even as it is disembodied into a metaphor, the face becomes re-embodied, charged with that which lies outside it. The unification of the body's halves may seek to overcome the sense of separation that, for Danton, causes the taedium vitae of repetition he interprets as the sadness of reality: "daß wir noch obendrein aus zwei Hälften bestehen, die beide das Nämliche tun, so daß alles doppelt geschieht" (FA 1: 38).[12] The sense that the cleft runs between humans and their sexuality is evident also in Marion's analogous remark about the awakening of her own erotic desire, again using the word "Glieder": "[i]ch betrachtete meine Glieder; es war mir manchmal, als wäre ich doppelt und verschmölze dann wieder in Eins" (FA 1: 27).[13] Characteristically, Büchner's version of the ethereal Romantic *Doppelgänger* is worldly, material.

When face becomes fig-leaf (an image linked to Marion's comment on doubleness by her earlier mentions of shame and the Bible), what had lain at the edge of representability becomes extremely central, the public face of the private part. It also becomes anonymised, associated with a desire focussed not upon the individuality usually signified by the face but upon the interchangeable, the point where all Danton's grisettes are alike. Here too the key word is the "Glied" mentioned by Lacroix, who wonders "bei welchem Glied er [Danton] ist" (FA 1: 26).[14] His wonderment is not surprising, for a woman can describe the female lot as "Wir arbeiten mit allen Gliedern" (FA 1: 18).[15] Society and body may have been chopped into limbs or members, but Danton's member reconnects them: "Er sucht eben die mediceische Venus stückweise bei allen Grisetten des palais royal zusammen, er macht Mosaik, wie er sagt" (FA 1: 26).[16]

In the context of this complex of meanings and half-meanings clustered around the idea of disintegration, one may wonder why St-Just should advise

[12] Cf. Büchner, *Plays* 27: "we consist of two halves each doing identical things, so that everything happens twice over".
[13] Cf. Büchner, *Plays* 17: "I looked at my own limbs. Sometimes I felt as if I were two separate people, then the two melted into one again".
[14] Cf. Büchner, *Plays* 16: "which limb he's got to by now".
[15] Cf. Büchner, *Plays* 9: "we work with the whole of our body".
[16] Cf. Büchner, *Plays* 16: "[h]e's hunting down the Medici Venus piecemeal in all the *grisettes* of the Palais Royal. He calls it playing mosaics".

against the mutilation of Danton's corpse: "all ihre Glieder müßen mit hinunter" (FA 1: 36).[17] His statement that acting thus will render the Jacobins priest-like rather than murderers overlooks the fact that the instrument of killing works against such ingathering and itself mutilates. It is as if, himself fearful of the guillotine and intuiting the Revolution's proverbial, Saturnine aptitude for devouring its children, he is using metaphor to conceal from himself the reality of his own deed. It is also as if he wishes to preserve as indivisible the image of a Revolution generally identified with Danton himself – an identification to which even he may subscribe unconsciously. Such a lack of respect for the embodied Revolution could indeed rebound upon the surviving revolutionaries. Saint-Just's statement therefore is both politic and rational and yet is rendered eerily unreadable, both for himself and for the play's readers and spectators, by its metaphorisation. Rhetoric is always also an upsurge of the unconscious. No wonder that Robespierre, as if he himself were such a reader or spectator or one level of a single consciousness commenting on the speech of a more occult one, should say "Sprich deutlicher!" (speak more clearly). And little wonder that Saint-Just, incapable of such lucidity, should respond with another metaphor, likening Danton to a knight who ought to be buried in full amour.

Insofar as they can easily be made to bristle with an oneiric compression, images belong with the "thing-representations" of primary process, dreams and the id, evidence requiring decipherment by the Freudian "talking cure". "Where id was, there ego shall be" is perhaps the best-known, and certainly the most epigrammatic, of Freud's formulations of the intended mechanism of that cure. Büchner's play, whose central figure appears to be guided by an impulse Freud would hypothesize and allegorize as "the death-drive", Thanatos, underlines the degree to which that drive is also the inversion of rational argument and behaviour. The pervasive irrationality of action is matched by a similarly wide-spread dream-like density of utterance, which might be called "overdetermined". When an ordinary citizen speaks of the earth as a hollow crust one could fall through, the existential anxiety of the remark implies his participation in the death-directed consciousness of Danton himself, for whom any death-drive would also be erotic, as he identifies the peace found in the arms of Julie with that of the grave. As in the Freudian conception of the dream, the distinction between textual centres and peripheries is undermined: key remarks can be assigned to the margins. Or rather: there is neither margin nor centre; everything signifies but also, precisely because the centre-margin distinction has vanished, does so enigmatically. Insofar as the identification of death and eros emanates from Danton himself, it enacts his death-denying repeated reaction to the prospect of a trial: "they wouldn't dare". A death that

[17] Cf. Büchner, *Plays* 24: "all the limbs must go down together".

is eros is not death really, only metaphorically. If his anxiety may be manifested in a marginal character also, this feature of the play would justify the Expressionists' selection of Büchner as a precursor, the ideal parent who never achieved the age of the father they deemed so oppressive. As in their works, a single consciousness is dispersed across the stage, and the occult identity of characters correlates with the sense of the impossibility of drama: the balance of opposites does not drive events forward dialectically, but devolves into a Benjaminian "dialectic at a standstill". In other words: the focus is on death and its concomitant, disintegration. At the same time, though, the citizen's remark playfully invokes Shakespearean drama, becoming a joke about the thinness of the boards the actor bestrides, and beneath which realities as strange as the mole-like movement of Hamlet's father's ghost may be afoot. No wonder Danton can liken living to being in the theatre (his "wenn wir auch zuletzt im Ernst erstochen werden" [FA 1: 40] probably echoes Walter Raleigh's "Only we die in earnest, that's no jest").[18] It is surely significant that, just after his mention of the thinness of the earth's crust, the second gentleman advises the first to go to the theatre.

A simultaneity of absorption and disintegration structures the Expressionist drama anticipated in *Danton's Tod*, as well as the Freudian triad of ego, id and superego that is the contemporary echo of Expressionism. When Lacroix's metaphor likening nature's distribution of beauty across separate bodies to the actions of Medea recurs in the mouth of St.-Just, who sees the Revolution as tearing up the body of humanity in order to rejuvenate it (FA 1: 54–55), it uncannily indicates a subterranean symmetry of the two opposed sides, of Revolutionary Virtue and pleasure-seeking, as well as suggesting an Expressionist unity of fragments that only appear to be separate personalities. In each case, although the spectacle may simulate an interaction between separate characters, they are nameless allegories of impulses and energies ebbing and flowing within the self. "Outside" is also an inside, and an enfeebling of will has rendered the world an hallucinated representation. Drama is no longer dramatic, its personae having become mutually reinforcing, deadlocked personifications. Instead, it lives out a spectral after-life in the interchanges of characters whose separateness indicates the unhealed self-alienation of a single consciousness, be it individual body, body politic, or a humanity divided by its gendering (the Strindbergian battle of the sexes) or engendering (the mutual fear of father and son). The degree to which that consciousness is coloured by the unconscious becomes patent as, at night-time, Danton perceives his own cry of "September" as issuing from the world around him. The word surely recalls the September massacres for which the Girondists held Danton responsible, suggesting a fear of death. At the same time, the

[18] Cf. Büchner, *Plays* 28–29: "even though we're stabbed in good earnest at the end".

very use of this word suggests alienation from his earlier identity as "the man of August" – as if he already inhabits an after-life, symbolized by the month after August. (That very self-identification can be seen as a refusal to see himself as responsible for what followed in September; a refusal that turns back time, denying trauma, in the manner Freudians would deem fetishistic). Even as his unwillingness to accept this utterance as his own indicates his conscious reluctance to recognize his unconscious intuition of his own demise, because "September" carries autumnal associations, its dream-like condensation of meaning also evokes a decline it would be futile to resist: one with the natural quality of seasonal rhythms (that Keatsian, sensual "easeful death"). Moreover, a collapse of the Revolution (and hence, of course, of the man identified and self-identified with it) is suggested by the return of the old, pre-Revolutionary name for one of the months. The Revolution has begun to devour its children already, and the *ancien régime* is returning.

IV. Stanisława Przybyszewska's *The Danton Affair*: "Where id was, there super-ego shall be"

If Stanisława Przybyszewska, illegitimate daughter of the self-proclaimedly Satanist fin-de-siècle Polish writer Stanisław Przybyszewski, declared her desire to become pure intellect, the fact that her father's most famous statement of credo had been "in the beginning was sex" injects into her aspiration an element of the personal rivalry and aversion that almost inevitably feeds upon unconscious impulses, mixing baser ore with the alloy of intellectuality. And when, near the end of her short life (are the best dramatists of the Revolution instinctively drawn to an event whose hallmark was premature demise?), she said she had not been sufficiently pure, that statement could be seen as an acknowledgement of the Quixotic nature of her effort. The manner in which she transformed the spectacle of the French Revolution into the conflicted spectacle of the virtually-unstageable play, whose full staging would encompass about five hours, may also bespeak self-contradictoriness. Exemplary of that contradiction is her presentation of Danton's trial before the Revolutionary Tribunal. Passing up the opportunity for a theatrical tour de force of oratorical suasion of a crowd, and resolutely restricting the point-of-view to the vestibule of the Tribunal, her indirection at this key moment can seem perversely untheatrical. If it is classifiable as such, however, it suggests Przybyszewska's realization that the theatrical principle could easily be identified with the impressive voice and physical presence of Danton, whose corruption she loathed. Not only withholding the spectacle of dominance of the court-room on this occasion, but even reducing many of his statements to stage-direction summaries that avoid quoting them at all, she appears to be one with Robespierre in seeking to suppress that famous voice. It is as if, even when venturing into drama Przybyszewska manifests the urge to self-isolation – the denial of the self-imparting central to the dramatic – taken as paradigmatic of her life's trajectory by Jadwiga Kosicka and Daniel Gerould, whose biography of her is entitled *A Life of Solitude*.[19] Caught in the paradoxical position of a dramatist who shared the disdain for the crowd of the figures she idolized as exceptional, Przybyszewska appears doomed to frustrate her own prospective success by writing a drama exceeding the staging capacities of the first theatre interested in presenting it (Łódź), "bristling as usual at all talk of 'necessary cuts'" in the case of a prospective Berlin production, and unwilling to have any input into the process of its second Warsaw production.[20] When, in a series of events uncannily anticipatory of the reception of Andrzej Wajda's filmic transformation of the play, spectatorial habits of discerning contemporary relevance prompted some to liken Robespierre to Hitler, the "outraged" Przybyszewska "felt that attempting to defend her hero against such charges would only be insulting to the memory of the great man".[21]

Przybyszewska's attitude to her father was deeply contradictory, involving her in rewriting several of his later works: the attachment to them being countered by the belief that they called out for revision. Her approach to previous images of the French Revolution was similar:

> She [. . .] disparaged the approaches taken by Büchner and Romain Rolland in their dramas, who [sic], she felt, "had built their pictures out of irrelevant aspects, disregarding the very essence of the tragedy and wasting invaluable material. Both reduce the high point of the tragedy to an emotional conflict between a romantic Danton and a pedantic Robespierre." For all that, Stanisława confessed to having read *Danton's Death* eleven times, and under the impact of Büchner found herself incapable of drawing anything except Danton at various moments in his final days, most often on his way to be executed.[22]

It is as if she identified so deeply with Robespierre as to be haunted by what she felt had haunted him in the end: the Revolution's acknowledged failure. Thus, in a passage whose key status is signalled by its initial quotation of her own play's title, she gives Robespierre the following lines: "The Danton case is a dilemma. If we lose – the whole Revolution is as good as lost. And if we win . . . the same is probably true. [*a short pause*] Five – years – of struggle,

[19] Jadwiga Kosicka and Daniel Gerould: *A Life of Solitude: Stanisława Przybyszewska. A Biographical Study with Selected Letters.* London-Melbourne-New York Quartet 1986.
[20] Kosicka and Gerould 47–48.
[21] Kosicka and Gerould 48.
[22] Kosicka and Gerould 41.

suffering, innumerable victims . . . all for – nothing . . .".[23] The broken rhythm of the final sentence indicates the depth of the trauma associated with the nihilistic insight that preceded it. No wonder Przybyszewska denied that she was a Marxist, stating that "[t]he events which occurred between 1789 and 1794 do not inspire optimism".[24] No wonder also that Poland's best-known post-war filmmaker, Andrzej Wajda, should have been drawn to this play, first as a work for the theatre, as Polish society entered one of its recurrent cycles of public, yet necessarily indirect critique of its officially Marxist regime in the late 1970s; and then transposing it to film after Wojciech Jarzelski's imposition of martial law. For Przybyszewska's Robespierre, Danton was "the Beast" at the heart of humanity:

> Danton to kolos życia – to pierworodny syn Natury – to nieśmiertelna bestia w człowieku. [. . .] Póki człowiek nie przerośnie tej bestii w sobie – póty będzie się raz po raz buntować – krwawić – daremnie. Rewolucja nie dotrwa do celu ani za tym, ani za drugim, ani za piątym razem. Dantonowska korupcja, Dantonowe kłamstwo zawsze przeważą z czasem siłę rozpędu ku górze.[25]
>
> [Danton is the colossus of life – the first-born son of Nature – the immortal beast in man. [. . .] Until man outgrows this beast in himself, he will time after time rebel and bleed – in vain. Revolution will not survive to achieve its aim this time, or the second, or the fifth time. Danton's corruption, Danton's lie will after a while outweigh the upward momentum.][26]

That "Beast" does indeed resemble traditional conceptions of the libido as "animal". For Wajda, Danton is the natural man as the embodiment of life, and Robespierre a machine. With the centrality of accusations of corruption to the late 1970s Polish critique of the ruling Polish United Workers' Party, he could not possibly have presented Danton both as a credible counterweight to Robespierre and as corrupt.

V. Wajda contra Przybyszewska?

One of the first, tone-setting images of Wajda's 1982 film *Danton* shows the guillotine, viewed with alarm by Danton through his carriage window as he returns to Paris in the spring of 1794. For all his alarm, he cannot suspect the imminence of his own death in the April of that year. The dissonances and

[23] Przybyszewska, *Danton Case* 155. Cf. Stanisława Przybyszewska: *Sprawa Dantona* (*Kronika Sceniczna*). Kraków: Universitas 2003. Here: P. 230: "Sprawa Dantona to dylemat. Jeśli przegramy – cała Rewolucja na nic. A jeśli wygramy . . . prawdopodobnie też. (*chwila przerwy*) Pięć – lat – walk, cierpień, niezliczonych ofiar . . . na – nic . . .".
[24] Quoted in Kosicka and Gerould 43.
[25] Przybyszewska, *Sprawa Dantona* 308.
[26] Przybyszewska, *Danton Case* 206.

prolonged low notes of Jean Prodromides's score breathe a horrified sense of the Revolution's transformation into nightmare. Its capacity to generate pervasive violence, both public and private, both spectacular and small-scale, becomes apparent as Robespierre's housekeeper repeatedly slaps the hand of a naked small boy standing in a bathtub whenever he stumbles in his recital of the Rights of Man and the Citizen. Przybyszewska's decision to set her play late in the Revolutionary day would have suited Wajda's long-standing interest in the endgames of struggles. It corresponds to a philosophy of history that occludes the possibly hopeful early stages of a conflict, preferring to present it at a stage when resistance has become near-futile. A paradigmatic example is the opening sequence of his second feature, *Kanał* – his first after the de-Stalinizing "Thaw" of October 1956 – whose opening voiceover instructs spectators to observe closely the protagonists picked out successively in a long tracking shot. Hearing that these are the last days of the Warsaw Uprising, spectators know the insurgents will shortly be confronted with death or defeat. By this stage, action is no longer possibly effective. We have entered a last act that is a form of the execution that tests the existential mettle of the person ascending the scaffold. The only gestures still possible are the symbolic ones whose best hope is to forge an inspiring, sustaining legend. Few have been as well-equipped by historical accident and biological endowment to claim such legendary significance as the Georges Danton charismatically incarnated in Gérard Depardieu.

Although Wajda's *Danton* originates in Przybyszewska's *The Danton Affair*, it arguably owes as much to Büchner's conception as to that of the Polish playwright. For instance, the idea of including David among the participants may stem from his mention as "cold-bloodedly drawing" in *Danton's Tod*, while Lucile's tying of the red thread round her neck after Camille's execution in *Danton* has a suicidal bravado that echoes the self-sacrifice of Büchner's Julie and Lucile. At the stylistic level, meanwhile, Wajda's penchant for imagistic terseness matches Büchner's Shakespearean epigrams more than Przybyszewska's intense rationalism. A cursory comparison of the opening of Wajda's film and of Przybyszewska's play demonstrates a shifting of accents from the very outset: Danton's return to Paris in a carriage frames Wajda's very first scenes, whereas Przybyszewska shows no such thing. Instead, her beginning shows a street scene followed by examples of the human side of Robespierre, as Eleanore declares her love for him and his subsequent dialogue with Saint-Just indicates his reluctance to shed blood or execute either Danton or Camille Desmoulins ("nie urządzimy bezmyślnej jatki, póki istnieje prostszy sposób").[27] Not until Przybyszewska's third scene does

[27] Przybyszewska, *Sprawa Dantona* 38. Cf. Przybyszewska, *Danton Case* 41: "we will not have a senseless slaughter, when a simpler way exists".

Danton appear, his first visitor being an agent of Pitt and the English crown. Little of these three scenes is preserved in Wajda's film, and the street scene's privileging of the crowd's centrality to the Revolution is undermined by interleaving it with shots of Danton. Where Przybyszewska presents a self-sacrificing Robespierre and an essentially corrupt Danton, dreaming of dictatorship, Wajda's first depiction of Robespierre suggests envy (his small image peers down from his window at a crowd hailing Danton) and vanity, as his barber arrives. A different basis for contrast pervades Przybyszewska's play, becoming blatant in the fifth act, where Robespierre describes dictatorship as a terrible necessity, while Danton still hopes to take over a ready-made dictatorship from his adversary. Given the length of her play, whose full staging would require five hours, cutting was of course inevitable. Yet even the small cuts that seem easy to defend can be highly significant: when Robespierre hesitates after Billaud has proposed arresting Camille Desmoulins, and requests a day's delay, Wajda omits the statement from Saint-Just that prompts Robespierre's agreement: "cóż za broń w ręku dantonistów, chociażby przez jeden dzień!".[28] Excising this prudent rationale diminishes the impression of Robespierre's loyalty to his friend Camille.

Since the play's length made cuts imperative, additions become all the more potentially significant. The Danton of Wajda and scriptwriter Jean-Claude Carrière tells Philippeaux that he wishes to end the Terror because he feels partially responsible for it – a sentiment never voiced by Przybyszewska's Danton. The dialogue with Philippeaux is shot to establish Danton's pre-eminence by according him larger close-ups throughout. Shortly thereafter Danton tells his followers that "Robespierre n'a qu'un seul point faible: sa police, sa police secrete, détestée par tout le monde" ("Robespierre has one weakness. His secret police. Everyone hates them"). Both this speech and Bourdon's subsequent denunciation of the police to the Convention are new material. Similarly, during the private meeting between Danton and Robespierre, in the chambre separée of the Café du Foy, the majority of the dialogue – including Danton's statement that he would rather be a victim than an executioner, or his mockery of Robespierre as not really masculine – owes nothing to Przybyszewska. Another, typical addition is Danton's claim, during his conversation with Camille after that meeting, that he refused to shake Robespierre's hand because it was too bloody. In other words, although some scenes (for instance, that at which the Committee of Public Safety determines to arrest Danton and his accomplices) are followed quite closely, albeit in edited form, for much of the time Wajda does not so much adapt the play as undermine it from within. Since he had already staged it, to great acclaim,

[28] Przybyszewska, *Sprawa Dantona* 135: "What a weapon in the hands of the Dantonists, even if only for a day!".

his motives for treating his source in so cavalier a manner, and possibly jeopardising the coherence of his own work, need to be weighed. (Only in one case are additions necessary: when, as mentioned above, Przybyszewska depicts the opening stages of the trial from the vestibule of the Revolutionary Tribunal, she offers at most only snatches of Danton's words, and even uses stage directions such as "Danton wtrąca się gwałtownie; DUMAS wpadając w pasję [. . .]"[29]or "Ryk Dantona płynie w tryumfie na spienionych bałwanach wrzasku [. . .]".[30] However bold the conception of presenting the historic event from history's ante-chamber, more information is needed about just what is being said. Wajda, by way of contrast, not only provides words, but – happy to give Danton an opportunity to grandstand – insists on entering the chamber. In this he resembles the scene's journalist from Rheims, with whose fact-finding pugnacity he identifies, as he had with that of the heroine of his own *Man of Marble*.)

The privilege Wajda accords Danton clearly reflects a belief, often voiced in the new dialogue, that Danton's corruption betokens a humanity and genuine identification with the people lacking in his adversary. And, for all Wajda's protests to the contrary, this belief could only be reinforced by his inevitable, if also equally inevitably unspoken, awareness of the extreme probability of the identification of the stiff-backed Incorruptible with the militarily erect Wojciech Jaruzelski, and of the Danton who proclaims his distaste for bloodletting being taken as representing the Solidarity upheaval, a "self-limiting revolution" (to use Jadwiga Staniszkis' term) that renounced violence. Equally important, however, may be Wajda's respect for Gérard Depardieu, and his belief that that actor's charismatic conviviality created an audience empathy that would have rendered Przybyszewska's interpretation implausible. Consider, for example, the following interview with Wajda:

> Natomiast z całą świadomością, i żaden przypadek nie mógł na to wpłynąć, poprowadziłem w filmie postać Dantona. Już w wersji teatralnej skreśliłem scenę, w której Przybyszewska pokazuje naszego trybuna ludu jako angielskiego agenta i sprzedawczyka. Następnym skreśleniem, którego dokonałem już dla filmu, były kwestie, w których Danton nazywa lud tanim materiałem, budulcem historii, mówi o motłochu. [. . .] Cała reszta, która odróżnia Dantona teatralnego od postaci filmowej – jest dziełem aktora. [. . .] To aktor przybliżył Dantona widowni i dodał jego sprawę wagi, nie wymagającego dialogowego wsparcia.
>
> [I was quite deliberate – with no possible contribution by chance – in my presentation of the figure of Danton in the film. Even when staging it in the theatre I had crossed out the scene in which Przybyszewska presents our people's tribune

[29] Przybyszewska, *Sprawa Dantona* 218. Cf. Przybyszewska, *Danton Case* 147: "DANTON interrupts forcefully; DUMAS falls into a rage".
[30] Przybyszewska, *Sprawa Dantona* 220. Cf. Przybyszewska, *Danton Case* 148: "DANTON'S roar floats in triumph on the foaming waves of shouting".

> as an English agent and hireling. The next cut, this time for the film, concerned the points at which Danton terms the people a cheap material for constructing history, a rabble. [. . .] Everything else, which distinguishes the Danton of the theatre from the figure of the film, is the work of the actor. [. . .] It was the actor who won spectators over for Danton and gave his cause a weight that had no need of support in dialogue].[31]

Wajda's generous homage to Depardieu is partly disingenuous, as it underplays his own cutting and editing of the dialogue to support such an interpretation of Danton, but it usefully suggests the degree to which he conceived of Danton as much as an impressive visual image as a speaker. It is here that Wajda identifies with the David he inserts, in part self-questioningly, as a kind of double. It is possible, of course, that, having staged the play successfully already, Wajda aimed to create a *Gegenstück* to his own work as much as to Przybyszewska's, for instance by foregrounding the more physically imposing, mercurial and therefore apparently more "filmic" of his two leads. Although it is a moot point whether Wajda can be described as star-struck, or as demonstrating a certain "Polish syndrome" that seeks recognition by the West, it is certainly true that ever since directing Zbigniew Cybulski, "the Polish James Dean", in his own best-known film, *Ashes and Diamonds*, he had frequently expressed a longing for a co-operation with an actor of similarly energising force. In many respects, the yearning for encounter with that force is one for a successful incarnation of the masculinity that is struck down in armed struggle in so many of Wajda's Polish-language films. The peroration on conspiring for peace accorded Danton by Wajda and Carrière in his final speech to the Tribunal sees the camera glued in medium close-up to Depardieu's prowling round the courtroom. There is little sense of the crowd-presence emphasized by Przybyszewska, still less of its division for and against Danton. It is as if Depardieu's Danton, the body itself, with its extraordinary vocal powers, suggests the warrior's utopian, fantasised possibility of an inalienable weapon, until he himself falls hoarse. The fact that the production circumstances, requiring a shoot in France, meant that, of the two leads, only the Pole Wojciech Pszoniak is dubbed, inevitably favours a fuller manifestation of the acting talents of Depardieu. Depardieu has ample opportunity to demonstrate a range of moods, as against Pszoniak, whose consistently unblinking stare suggests both a martinet rigidity and an inward, horrified recoiling before the terror he himself embodies: his stiffness as a freezing before a Medusa's head of Revolution that becomes his own as he contemplates it.

If it is no understatement to say that Wajda's treatment of Robespierre is largely negative, there may be another cause, to be added to those adduced

[31] Maria Janion *et al.*: Dyskusja. In: *Kwartalnik filmowy* 15–16 (Autumn-Winter 1996–1997). Pp. 92–103. Here: P. 95.

above. It is suggested by the terms in which Przybyszewska's Saint-Just describes his position:

> dyktatury nie zazdrości się nikomu. To nie korona królewska, z przepychem, z wygodami, z wszystkim, do czego wzdycha nędzna ludzka próżność. To stanowisko straszne.[32]
>
> [dictatorship is not something to be envied. It's not a royal crown with pomp, comforts, everything that miserable human vanity can long for. Dictatorship is a terrifying position.][33]

Consequently, Przybyszewska's Robespierre breaks down upon learning that hundreds have been bribed to participate in the conspiracy to free Danton, and that capital punishment awaits such numbers; so he asks his fellow committee members to try him in order to determine "ten punkt, gdzie zaczął się mój błąd".[34] This dictator, who suffers for the people, may recall Dostoevsky's Grand Inquisitor. Hippolyte Taine's account of the Revolution sees Robespierre in these terms: "the sonorous words justice, humanity, mean to him piles of human heads, the same as a text from the gospels means to a grand inquisitor the burning of heretics".[35] Is it significant for Wajda's anti-Robespierre stance that *The Brothers Karamazov*, which contains Ivan Karamazov's tale of such an Inquisitor, should be the only one of Dostoevsky's four major novels never adapted by him?

Danton may therefore be seen as a patchwork in which scenes subversive of Przybyszewska's drama border others – for instance, Robespierre's warning visit to his erstwhile friend Camille Desmoulins – that follow it quite closely. Frequently the result is a density which approaches the condensation Freud attributed to the dream. It is thus hardly surprising that the Polish literary historian Maria Janion should have described the film as "historical-phantasmagoric".[36] If, as in the Freudian dreamwork, with its endless clashes and compromises between primary and secondary processes, image and word are in sharp interplay in *Danton* also, a good example of their subterranean dialectic occurs early on in the film, in the pregnant, Eisensteinian juxtaposition of a spoken sentence with an image it appears to cue in: a man in the street remarks that a young count being escorted to his execution will find

[32] Przybyszewska, *Sprawa Dantona* 294.

[33] Przybyszewska, *Danton Case* 196.

[34] Przybyszewska, *Sprawa Dantona* 260–261. Cf. Przybyszewska, *Danton Case* 173: "that point where my error began".

[35] Hippolyte Adolphe Taine: *The Origins of Contemporary France.* Ed. and introduction Edward T. Gargan. Chicago-London: University of Chicago Press 1974. P. 272.

[36] Maria Janion: Znajdźcie ten punkt, gdzie zaczął się błąd. In: *Kwartalnik filmowy* 15–16 (Autumn-Winter 1996–97). Pp. 85–91. Here: P. 85.

it hard to walk back, while another adds that he could do so with his head under his arm (a moment that in Przybyszewska's play is almost dream-like in its condensation of the count's image with that of France's patron saint of St. Denis, whom legend describes as *cephelophore*, carrying his head). The spoken comment is followed by an image of Danton seated in his carriage, adjusting his wig. It is as if the wig, that badge of privilege, were itself not just a metonymy of the head that bears it but, in the looseness of its attachment, a sign of that head's own detachability. When, a moment later, Danton looks through the window at the menacing guillotine, which the camera circles as if caught up in a malign spell, the appearance of his wife's face beside his underlines the sense that he is displaying an *attendrissement* usually identified with femininity, even as its embodiment in a separate figure allows the possibility of denial, of conscious maintenance of the self-assertion culturally associated with masculinity.

The issue of the status of masculinity, mentioned only incidentally up to this point, deserves closer inspection. One may wonder whether Wajda's reaction against Przybyszewska's reaction to and against Büchner involves a return, by double negation, to a Büchnerian position on masculinity. If it is possible that, inasmuch as Virtue has long been coded feminine, and women are named after virtues more frequently than men, Przybyszewska's privileging of Robespierre involves a covert exaltation of femininity, her simultaneous privileging of Reason embraces another principle stereotypically – and therefore questionably – identified as "masculine". It is arguable that the dialectic of the three dramas does not so much unfold between the protagonists as between them and such abstractions, which they never embody fully. Virtue and corruption, passivity and action, and femininity and masculinity criss-cross one another in a manner that undermines the binary opposition of Danton and Robespierre, making them resemble indeed the spirit-held swords to which Büchner's Danton likens humans. The true drama lies in the way the binaries fail to line up in an unproblematically traditional fashion, as Robespierre is virtuous, active and in a sense "feminine", while Danton is corrupt, passive and masculine.

For Wajda, one measure of Danton's heroic stature is the identification with the people he attributes to him. This causes him to excise Danton's repeated derision of the crowd in Przybyszewska's work: as he puts it,

> [w] moim przekonaniu, gdyby Danton tak myślał o swoim społeczeństwie, to nie mógłby być przywódcą. Ktoś, kto chce porzuszyć masy i kierować nimi, nie mośe tak myśleć o nich.

> [it is my conviction that if Danton had thought of his society this way, he could not have been a leader. Someone who wishes to move and direct the masses cannot think of them in this way.[37]]

[37] Janion et al. 95.

Another measure of heroic stature, left unmentioned by Wajda, appears to be Danton's lack of sustained and meaningful ties with women. Whereas the two other main figures of the drama, Robespierre and Desmoulins, have significant interchanges with women, Danton's wife Louise is stripped of the extensive dialogues and resentful motives accorded her by Przybyszewska. Wajda's intent here may be to suppress an indictment, as Przybyszewska's Danton is shown forcing himself upon Louise, who describes their first intercourse as a rape, but the effect is also to suggest a model of masculinity whereby heroism entails isolation and taciturnity vis-à-vis women. As he has nothing to say, speech between them collapses. Louise sits mutely beside him in the arriving carriage at the outset, and recoils equally silently as he approaches her bed just before his arrest. Sexual desire – the need for bodily contact with the other sex that would compromise isolation –, may be strongly present in the conceptions of Danton of both Büchner and Przybyszewska, but it is absent from Wajda's: one sees neither the mutual desire Büchner depicts nor the obvious foisting of his attentions upon Louise presented by Przybyszewska. Paradoxically, given Danton's denunciation of Robespierre as not really a man, Wajda seems to conceive of masculinity as diminished by desire for sexual contact. His adherence to the idealizing tradition associated with Polish Romanticism and denounced by Büchner conflicts with his valorization of the intense corporeality displayed by Danton. As in so many of his other films, the ideal appears to be a sublimation of desire into the sphere of public struggle.

In an interview for *Kino* whose publication was aborted by that magazine's closure under martial law, Wajda speculated in advance of the filming that it was probably appropriate for him to make a film about revolution because he was a first-hand witness of the one underway in Poland.[38] Nevertheless, although at the time of the film's release widespread speculation aligned Danton with Lech Wałęsa (a true man of the people) and Robespierre with General Jaruzelski, the film aims less at oblique topicality than at etching a composite image of revolution as nightmare. The practices Wajda attributes to Robespierre have their closest parallel in those of the Soviet Revolution imposed upon Poland in Wajda's youth; and, of course, his father's death at Soviet hands during World War Two, as one of the Polish officers executed in the forests of Katyń, had given Wajda even more reason to dislike its regime. Thus he amends Przybyszewska's play to present a Robespierre icily indifferent to legality. When the Committee of Security members arrive and remonstrate against Danton's proposed arrest, their objections include the statement that it would be illegal for the other Committee to appropriate its power of

[38] Wertenstein 142.

preventive arrest (Przybyszewska's Robespierre said the Convention had approved such a practice); and, later, in an added scene depicting jury-selection, Robespierre is prepared to use a jury comprising only the seven persons he deems reliable, rather than the legally-mandated twelve. Like a Soviet dictator indeed, Robespierre rides roughshod over protections enshrined in the Constitution. Moreover, Soviet historiographic practices are evoked explicitly in the added scene of Robespierre ordering the painter David to rework his outline of the Tennis Court oath by excising Fabre, because he proved a traitor. Thus Wajda creates a typology of revolution whose master-narrative is less the French prototype than the later Bolshevik version, with Robespierre to a large extent a scapegoat for the Stalin and Stalinists into whose ranks he is assimilated. Little wonder perhaps that the recently-elected French socialist President, François Mitterand, was reportedly outraged by Wajda's version. Polarizing Robespierre and Danton in a manner closer to melodrama than drama, Wajda projects a revenge fantasy of the former's engulfment in a nightmare he himself has invoked. In its laconic rage, it is a dream of the collapse both of the Soviet empire and of the Polish state that metonymises that larger whole.

Nevertheless, although Wajda's reworkings of Przybyszewska's dialogue are overwhelmingly tendentious and ideologically-motivated, his *mise-en-scène* obeys a primary commitment to dramatic effects and a harsh articulation of images poised between surrealist shock tableaux (for instance, the arresting, hasty expulsion of the tranced participants of a séance before Danton's Café de Foy meeting with Robespierre) and the blows of an Eisensteinian "montage fist". Here Wajda relentlessly taps the possibilities of mobile staging and framing offered by cinema, particularly by bringing off-stage figures into the action through cross-cutting. Thus, when Bourdon rushes to save himself by proposing that the Convention acclaim the indictment, an intercut shot shows Camille's wife looking down on him; and when, sweating and shaken, he subsequently leaves the Convention she meets him beyond the half-drawn curtain marking the exit, and slaps him for his craven time-serving. Similarly, when Camille refuses to meet Robespierre after the latter has come to the Palais de Luxembourg, and Fabre jokingly tells the guard to inform the visitor that Camille is not at home, Wajda splices in a shot of Robespierre himself, revealing the laughter's cutting effect: he turns on his heels instantaneously, the tense, dapper man's fear of mockery preventing him staying for a verbal answer. Wajda's continual emphasis on the physicality of the action, which prompts him to have Danton call for wine on entering the Palais de Luxembourg or coo over the dishes he offers Robespierre during their one face-to-face meeting, exemplifies Georg Lukács' statement that the arrival of cinema had shifted the accent of drama from the soul to the body.[39] That shift, of course, cannot but unseat the preferred emphases of Przybyszewska, who aspired to be pure, disembodied intellect, and neglected her own body to the point of self-destruction. At the same time, though, she too had a passion for cinema, and some have termed her work cinematic.[40] It is particularly so in the frequent passages where multiple characters speak simultaneously, which anticipate the multiple sound-tracking of Robert Altman, and also suggest verbal equivalents of those moments in the films of Kurosawa Akira (like Przybyszewska, preoccupied with the disparity between grandiose achievers and their Lilliputian followers) when retainers fall over one another, comically cowed by the imperiousness of Great Ones. Given her passion for cinema, so often identified as the medium best-suited to display the proverbial "cast of thousands", as well as her command of German, one may wonder whether Przybyszewska might have been wiser had she written film scripts, imitating (perhaps) the scenarist of that more abstract, science fiction study of Revolution, *Metropolis*: Thea von Harbou.

Alongside the expansion of stage space into the off-stage easily performed by cinema, Wajda exploits another luxury denied theatre: passages without dialogue. Insertions of silence of course also contravene the bias of Przybyszewska's argument-driven work, reducing still further the likelihood of all its speeches finding their way into the normative two-hour-plus film length observed by Wajda. As so often in cinema, such dialogue-free passages are often underpinned by music. Prodromides' menacing score, utilized to underline the nightmarishness of the vision of the guillotine at the outset, reappears when the members of the two committees sign the arrest warrants one by one, when Danton sits silently just before his arrest, or when he first scans the site of his detention, the Palais de Luxembourg. The music suggests a staring into the waters of history with the fascinated, appalled intimation that something is rising from below, and will soon become visible, first vaguely, then in terrifying fullness. If the backwash of Robespierre's own future death swirls around him palpably at the film's end, that moment does no more than mark the breaking of the work's surface by a nightmare that has flowed beneath it consistently, as the uncanny underground stream of its score.

[39] Georg Lukács: Gedanken zu einer Ästhetik des Kinos. In: *Theorie des Kinos*. Ed. by Karsten Witte. Frankfurt a. M.: Suhrkamp 1973. Pp. 142–48. (Quote P. 146: "Der Mensch hat seine *Seele* verloren, er gewinnt aber dafür seine *Körper.*").
[40] Kosicka and Gerould 40.

Herbert Wender

An den Grenzen der Konjekturalphilologie: Zu einigen offenen Fragen der Büchneredition

This essay illuminates some of the editorial blind spots in the discussion of Büchner philology in past decades. In particular, the constitution of the 'IV. Act' in Danton's Tod *represents a conjecture that is not conclusive, but rather necessitates weighing alternatives. When considering the manuscripts of* Woyzeck, *editors have lost sight of the fact that the appearance of the so-called 'clean copy' changes significantly after a few pages. This gives reason to believe that later notes were added into a space initially left open. A likewise unsolved mystery is the expansion of the gap in the* Lenz*-text, created on the one hand by the setting of vague geographical and temporal markers in the first sentence, and on the other hand by the absence of a historically concrete framework of reference for the narrative as a whole. A final section raises anew the old question of how plausibly Ludwig Büchner's 1850 edition represents Büchner's letters to his fiancée. The texts of the letters in the group "Briefe an die Braut, aus Gießen, 1833 und 1834" are informed by misunderstandings, resulting from the editor's unauthorized use of copies without knowledge of the originals.*

I.

Mit javanischen Kampfhähnen hat man eine Spezies deutscher Editionsphilologen verglichen, die in verschiedenen Forschungsfeldern für Aufsehen sorgte, insbesondere aber in den Kontroversen der Hölderlin-, der Kleist- und der Kafka-Edition. Die schärfste Zuspitzung der Unbedingtheit editorischer Dogmatik wie der Unerbittlichkeit im Verfechten solcher Prinzipien war zuletzt auf dem Feld der Büchnerforschung zu verzeichnen, als der Streit zwischen den Hauptherausgebern der Marburger historisch-kritischen Büchnerausgabe (MBA) zu einer veritablen Tragödie eskalierte.[1] Ich kann darüber nicht unbefangen urteilen, bin ich doch selbst, meinen Grundsätzen folgend, keinem Streit ausgewichen. Um so glücklicher aber bin ich, dass mich mit Gerhard Knapp seit unserer Zusammenarbeit bei der Aktualisierung der Leseausgabe im Goldmann-Verlag[2] eine dauerhafte Freundschaft verbindet.

[1] Als ich diesen Satz niederschrieb, lebte Thomas Michael Mayer noch; der Gründungsvorsitzende der Georg Büchner-Gesellschaft und Initiator wie maßgeblicher Ideengeber der Marburger Forschungsstelle ist am 17. Juni 2010 verstorben, wenige Wochen vor der Fertigstellung dieses Beitrags.

[2] Georg Büchner: *Gesammelte Werke*. Hg. sowie mit e. Nachwort, e. Zeittafel zu Büchner, Anmerkungen u. bibliograph. Hinweisen versehen von Gerhard P. Knapp und Herbert Wender. München: Goldmann 2002 (Goldmann 7510).

Wenn ich hier noch einmal – zum ersten Mal nach langer krankheitsbedingter Pause und auf ältere Ausarbeitungen aus den 1990er Jahren zurückgreifend – zu Problemen der Büchneredition Stellung nehme, so möchte ich damit meinen Dank abstatten für das große Vertrauen, das er mir seinerzeit entgegenbrachte.

An vier Beispielen soll im Folgenden gezeigt werden, wie dünn das Eis ist, auf dem sich bewegt, wer Büchners Werk zum Gegenstand literaturwissenschaftlicher Auseinandersetzung wählt: an zwei Dramen mit extrem unterschiedlicher Überlieferungslage, an Büchners einzigem (und einzigartigen) Erzähltext, dessen Fragmente wir nur in fremder Redaktion kennen, sowie an einem zentralen Stück des Briefwerks, das in bedeutenden Teilen ebenfalls nur sekundär überliefert ist.

II. *Danton's Tod*

Leseausgaben sind gemeinhin nicht der passende Ort, um editorische Neuerungen einzuführen, die einer ausführlichen philologischen Begründung bedürfen. So hatten wir darauf Rücksicht zu nehmen, dass in allen Ausgaben sowie in der gesamten wissenschaftlichen und didaktischen Literatur der letzten Dekaden für die Akt- und Szenenzählung in Büchners Revolutionsdrama ein Referenzsystem benutzt wird, das eine Gliederung des Stücks in vier Akte unterstellt. Den Bezugnahmen auf die Szenenfolge IV, 1 bis IV, 9 ist nicht anzusehen, dass es sich bei der Konstitution eines 'vierten' Aktes um das Ergebnis eines editorischen Eingriffs in den zugrunde gelegten Text handelt. An der Aktgrenze aber ist in den aktuellen Ausgaben, die durchweg die überlieferte Handschrift (H) als Textgrundlage wählen, die Emendation als solche kenntlich gemacht.[3] Eingeführt hat diese Art der 'Berichtigung' des Dramentexts Fritz Bergemann, der 1922 in den Lesarten seiner historisch-kritisch intendierten Ausgabe den emendierten Textfehler folgendermaßen beschrieb:

> [Vierter] Akt: *In* H *(Bg. 18, S. 1) steht* III. Akt *[sic H.W.], offenbar ein Flüchtigkeitsfehler, da es schon Bg. 12, S. 4 [. . .]* III. Act *heißt.*[4]

Etwas schwieriger ist es, die analoge Beurteilung in der Marburger Ausgabe zu finden, denn in dem fein gegliederten Editionsbericht ist den Emendationen kein eigener Abschnitt gewidmet. Textfehler wie die Doppelung

[3] Vgl. beispielhaft Henri Poschmanns Verfahren in FA 1: 77: "<VIERTER AKT>"; dazu Stellenkommentar S. 569: "In H versehentlich 'III.' In E keine Aktangabe".

[4] Georg Büchner: *Sämtliche Werke und Briefe*. Auf Grund des handschriftlichen Nachlasses Georg Büchners. Hg. von Fritz Bergemann. Leipzig: Insel 1922. S. 675 zu S. 68, Z. 1.

der Angabe 'III. Act.' werden in der abschließenden Beurteilung der Handschrift am Ende des Abschnitts "2.3.2.3. Korrekturschichten?" erwähnt:

> *Insgesamt vermittelt H den Eindruck eines in mehreren Teil- und Gesamtdurchsichten sorgfältig korrigierten Manuskripts. Die Anzahl stehengebliebener gröberer Irrtümer ([. . .]; p. 139,1:* III. Act.*; [. . .]) ist gering.*[5]

Die dem Texteingriff zugrunde liegende Argumentation muss der Leser erschließen: Wenn am Ende des Arbeitsprozesses die drei im Manuskript durch Aktangabe markierten Zäsuren die von Büchner intendierte Dramenstruktur definierten – und das wird von den Herausgebern angenommen –, dann hätte nach der letzten Zäsur die Angabe 'IV. Act.' stehen müssen.

Nun ist dies offensichtlich nicht die einzige Möglichkeit, den Befund eines Fehlers in der Aktzählung – 'I. Act.', 'II. Act.', 'III. Act.', 'III. Act.'[6] – zu deuten.[7] Im 19. Jahrhundert ist jedenfalls niemandem in den Sinn gekommen, der Autor hätte ein 'Drama in 4 Akten' intendiert haben können. Bergemanns Konjektur '[Vierter] Akt' passte zwar gut in den Kontext der seinerzeit aktuellen Diskussion um einen 'offenen' Typus künstlerischer Werke, nicht aber zum Anspruch einer *historisch*-kritischen Ausgabe, die nicht ignorieren sollte, was in der Entstehungszeit des Dramas gängige Praxis war. Im Stück selbst wird das wie selbstverständlich vorausgesetzt, wenn Camille Desmoulins sarkastisch kommentiert, was sich auf den Bühnen abspielt: Man "lässt das Ding sich drei Akte hindurch herumquälen, bis es sich zuletzt verheiratet oder sich totschießt" (II, 3).

Es ist zumindest nicht von vornherein auszuschließen, dass Büchner an *beiden* Stellen, im 12. wie im 18. Bogen, zum jeweiligen Zeitpunkt der Niederschrift der Aktangabe jeweils den dritten und letzten Akt an genau dieser Stelle beginnen lassen wollte. Wenn die Niederschrift des Dramentexts linear in der Folge der vom Autor bezifferten 21 Bogenlagen voranschritt, wie gemeinhin angenommen wird, wäre die frühere Angabe durch die spätere identische Angabe überholt; Büchners 'Versehen' bestünde darin, die obsolete

[5] MBA 3.2: 272.

[6] Vgl. die Reproduktion der Handschrift in MBA 3.1: 11 (p. 3), 119 (p. 57), 192 (p. 94) und 283 (p. 139); letzte beschriftete Seite: 336 (p. 166).

[7] Im Zusammenhang der Erörterung des Vorabdrucks im *Phönix* (j) wird im Editionsbericht der MBA erwähnt, dass Karl Gutzkow, der nach Voraussetzung das mit dem Fehler behaftete Manuskript *H* von Büchner erhalten hatte, die letzte Aktangabe "offenbar aufgrund einer anderen Beurteilung der doppelten Vergabe von 'III. Act.' [. . .] getilgt" (MBA 3.2: 280) hatte. Darauf ist weiter unten noch genauer einzugehen.

Aktangabe p. 94 nicht gestrichen zu haben.[8] Wenn man dagegen annähme, dass die Reinschrift des Dramenschlusses, beginnend mit der 18. Bogenlage, bereits relativ früh, jedenfalls vor der Fertigstellung des Mittelteils und damit vor der Niederschrift der Angabe 'III. Act.' in der 12. Lage, beendet war, müsste man als 'versehentlich stehen geblieben' die Aktangabe p. 139 tilgen. Bei der Abwägung dieser Möglichkeiten müsste dann auch die im Manuskript durch Bezifferung am Seitenrand angewiesene Szenenumstellung p. 139f. erörtert werden, zumal die Herausgeber der Marburger Ausgabe ihre Hypothese, es handele sich dabei um Spuren einer Überarbeitung nach der Drucklegung,[9] mittlerweile aufgegeben haben.[10]

Zu fragen ist schließlich auch nach dem Status der abweichenden Aktgliederung in den Drucken von 1835: Übereinstimmend ist im Vorabdruck des *Phönix* (j) wie in der Buchausgabe (e) der Beginn des zweiten Akts – verglichen mit der überlieferten Handschrift – um eine Szene vorverlegt, und der dritte und letzte Akt beginnt bereits mit der ersten Gefängnisszene.[11] Franzos und Bergemann, die sich nicht vorstellen konnten, dass die stark überarbeitete Handschrift, die zudem keinerlei Benutzungsspuren seitens des Verlags oder der Druckerei aufweist, dem Erstdruck zugrunde lag, hätten eigentlich der Redaktion Karl Gutzkows folgen müssen, denn es wäre doch ziemlich unwahrscheinlich, dass ein späteres Mundum einen derart gravierenden Textfehler des beim Autor zurück bleibenden Brouillons wiederholt. Folgt man dagegen der herrschenden Auffassung, die sich auf einen Indizienbeweis Werner R. Lehmanns – ergänzt um Beobachtungen Thomas M. Mayers – stützt, wonach nur die Eigenarten der überlieferten Handschrift einige Besonderheiten des Erstdrucks zu erklären vermögen,[12] dann wäre zumindest Gutzkows Verschiebung der ersten Aktgrenze als ein nicht autorisierter Eingriff zu beurteilen, während man im Tilgen der letzten Aktangabe den Versuch anerkennen müsste, den fehlerbehafteten Text der Vorlage zu 'heilen'. Als Anschlussfrage ergibt sich dann allerdings, ob das Fehlen einer Richtigstellung in den von Büchner kursorisch bearbeiteten Widmungsexemplaren

[8] Unter dieser Prämisse hat offenbar Karl Emil Franzos den Text eingerichtet. Georg Büchner: *Sämmtliche Werke und handschriftlicher Nachlaß. Erste kritische Gesammt-Ausgabe*. Eingeleitet und hg. von Karl Emil Franzos. Frankfurt a.M.: Sauerländer 1879. S. 81: "Dritter Akt. / Ein Zimmer. / Julie, ein Knabe".

[9] Vgl. MBA 3.2: 296f.

[10] Vgl. das Referat der Tintenanalyse in MBA 7.2: 91: "*Danton's Tod* ist demnach mit einer oder zwei – offenbar Darmstädter – Tinten geschrieben. Das gilt auch für die Späteinträge". – Die Frage, wie spät die sogenannten "Späteinträge" eingetragen wurden, ist demnach offen.

[11] Vgl. den Apparat in MBA 3.2: 24 und 30 bzw. 68.

[12] Vgl. MBA 3.2: 273f.

als Indiz für die nachträgliche Autorisierung der Texteinrichtung des Erstdrucks gewertet werden kann.

III. *Woyzeck*

Wenn schon für das Revolutionsdrama, für das eine vollständige Niederschrift vorliegt, nach Lage der Dinge nicht zweifelsfrei zu bestimmen sein wird, welche Aktgliederung der Dichter letztlich intendierte, so erscheint die Beantwortung einer entsprechenden Frage im Falle des Sozialdramas als völlig aussichtslos. Paradoxer Weise erleichtert das aber die Arbeit des Herausgebers einer Leseausgabe: Für einen "Lese- und Bühnentext" des *Woyzeck* hat sich nämlich keine solche Übereinstimmung herausgebildet wie für die Darbietung von *Danton's Tod* in vier Akten. Auch hinsichtlich der chronologischen Ordnung der sukzessiv entstandenen Entwurfsteile, die dem seit den 1960er Jahren gebräuchlichen Siglen-System zur Differenzierung der Handschriften H1 bis H4 zugrunde liegt und die durch Gerhard Schmids Maßstäbe setzende Faksimile-Edition[13] zusätzliche Autorität erlangte, ist erneut kritisch zu prüfen. Denn nachdem der Versuch gescheitert ist, das von Henri Poschmann aus inhaltlicher Analyse entwickelte Gegenmodell[14] durch Tintendifferenzierung mit Hilfe eines naturwissenschaftlichen Verfahrens zu widerlegen,[15] ist es deutlich schwieriger geworden, die alten Bezeichnungen beizubehalten.[16] Man darf gespannt sein, ob die weitere Diskussion in einem allgemein akzeptierten neuen Siglen-System konvergieren wird.

Die derzeitige Lage ist misslich, weil die beiden auf dem Buchmarkt verfügbaren Faksimiledrucke der *Woyzeck*-Handschriften[17] dem alten Schema

[13] Georg Büchner: *Woyzeck. Faksimileausgabe der Handschriften*. Bearb. von Gerhard Schmid. Leipzig [desgl. Wiesbaden] 1981 (Manu scripta 1). Neben der reprographischen Nachbildung der Überlieferung enthält die Mappe als weitere Teile: *Transkription*, *Kommentar*, *Lesartenverzeichnis*.

[14] Poschmann hat bereits in der Leipziger Insel-Ausgabe des Dramas (Georg Büchner: *Woyzeck*. Nach den Handschriften neu hergestellt und kommentiert von Henri Poschmann. Leipzig: Insel 1984 [Insel-Bücherei 91]) dargelegt, weshalb er die beiden auf dem einzelnen Quartblatts entworfenen Szenen als 'Ergänzungsentwurf' beurteilt, der *nach* der 'Hauptfassung' einzuordnen ist und gültigen Text enthält. Vgl. jetzt FA 1: 688–695 (1991).

[15] Vgl. MBA 7.2: 95f. ("Züricher Tinten").

[16] Indiz dafür ist die differenzierende Betrachtung von H4 im Editionsbericht der MBA 7.2: 128f.; darauf ist weiter unten noch einzugehen.

[17] Bereits vor dem *"Woyzeck"*-Band der Marburger Ausgabe (MBA 7.1–2, 2005) ist eine Hybrid-Ausgabe (Buch u. CD-ROM) mit Schwarzweißreproduktionen des Handschriftenbestands erschienen (Georg Büchner: *Woyzeck. Faksimile, Transkription, Emendation und Lesetext*. Hg. von Enrico De Angelis. München: Saur 2000 [2001]).

folgen und damit in fester Bindung eine Hypothese zur Entstehungsfolge fixieren, die nach aktuellem Forschungsstand überholt ist. Wer daran festhalten wollte, dass die Szene "Der Hof des Professors" (im alten System als H3, 1 eingeordnet) vor dem Eintritt in die Arbeitsphase einer 'vorläufigen Reinschrift' auf einem einzelnen Quartblatt niedergeschrieben wurde, müsste plausibel machen, warum zu diesem Zeitpunkt nicht der letzte Bogen der Foliohandschrift benutzt wurde, in dem mehr als drei Seiten leer geblieben sind.

Man wird also nach wie vor auf Gerhard Schmids Edition zurückgreifen, wenn man sich ein Bild davon machen will, wie Büchners Entwürfe überliefert sind und wie sich die einzelnen Teile der Überlieferung zueinander verhalten. Der Faksimileteil dieser Archivausgabe bildet das Konvolut der verschiedenformatigen Papiere nach, indem die 5 Foliobogen sowie die 6 Doppelblätter und das Einzelblatt im Quartformat je einzeln reproduziert werden. Nur die Paginierung des Konvoluts beruht auf der problematisch gewordenen Anordnung, so dass es dem Benutzer dieser Ausgabe möglich ist, die Papiere in anderer Anordnung zusammenzustellen, um die in der Forschung diskutierten Alternativen handgreiflich nachzuvollziehen.

Breitet man das Material vor sich aus, um sich eine Vorstellung zu bilden, welche Rolle die einzelnen Entwürfe nach den verschiedenen Hypothesen in den aufeinander folgenden Stadien des Entstehungsprozesses gespielt haben sollen, fällt auf, dass die 24 seitige Quarthandschrift – 3 Lagen (aus je 2 ineinander liegenden Doppelblättern)[18] – so homogen nicht ist, wie es die verwendeten funktionalen Bezeichnungen (HA: "vorläufige Reinschrift"; FA: "Hauptfassung") vermuten lassen könnten. Am deutlichsten hat dies Klaus Kanzog[19] in einer grafischen Darstellung anschaulich gemacht, indem er die randlose Niederschrift von Entwürfen auf den drei Blättern, bei denen kein Rand umgebrochen ist, in der schematisierenden Übersicht entsprechend kenntlich machte. Gerhard Schmid sah in dem Befund eine "charakteristische Ausnahme" im Erscheinungsbild der Handschrift, die er folgendermaßen beschrieb und erklärte:

> Die Ausnahme findet sich bei der für die Szene H 4, 3 freigelassenen Seite I, 5, hinter der dann – vielleicht versehentlich – auch das letzte Blatt der Lage I und das erste Blatt der Lage II ungefalzt geblieben ist. Dementsprechend hat Büchner die Seiten I, 5 – II, 2 ohne Rand beschrieben, und zwar – was zu beachten ist – mit den neu entworfenen Szenen H 4, 4–6.[20]

[18] Zum Vergleich: Für den oben diskutierten so genannten 'IV. Akt' von *Danton's Tod* benötigte Büchner 28 Seiten im selben Format.

[19] Klaus Kanzog: Wozzeck, Woyzeck und kein Ende. Zur Standortbestimmung der Editionsphilologie. In: *Deutsche Vierteljahrschrift für Literaturwissenschaft und Geistesgeschichte* 47 (1973). S. 420–442.

[20] Schmid: Kommentar 41f.

Ich kann auf Schmids Darstellung hier nicht im Einzelnen eingehen, das wäre Sache des Editionsberichts einer historisch-kritischen Ausgabe, die sich mit der Forschungsgeschichte auseinandersetzt. Die Marburger Ausgabe indessen hält den bei Schmid erreichten Diskussionstand offenbar für definitiv. In der Diskussion der Entstehungsfolge wird die unterschiedliche Zurichtung und Verwendung der Papiere innerhalb der 'Einheit' "Quarthandschrift H4 (Lage I/II)" und folglich auch die von Schmid erwogene Erklärung der Anomalie nicht erwähnt. Vielmehr "gilt" der MBA "als sicher":

> Innerhalb der Einheiten H4, H4 (Lage I/II) und H4, H4 (Lage III) erfolgte die Beschriftung jeweils in der Reihenfolge der heutigen Szenennumerierungen. Lage I wurde vor Lage II beschrieben, weil der Text der letzten Seite der Lage I (p. 30) unmittelbar auf p. 31 (Lage II) überläuft [. . .].[21]

Dies ist wohl etwas zu kurzschlüssig, denn aus dem Überlaufen des (randlos geschriebenen) Textes ist ja zunächst nur zu schließen, dass S. I, 8 unmittelbar vor S. II, 1 verwendet wurde. Wahrscheinlich ist, dass dies im Zusammenhang der Passage geschah, die S. I, 6 beginnt und neu entworfene Szenen enthält. Bezweifeln aber kann man mit guten Gründen, dass dies unmittelbar im Anschluss an die Niederschrift auf den Seiten I, 1 bis I, 4 und dem Freilassen von S. I, 5 geschah.

Betrachten wir zunächst, was die von Schmid vertretene Hypothese der linearen Beschriftung von S. I, 1 über I, 8 und II, 1 bis S. II, 8 für die Rekonstruktion des Schreibprozesses bedeutet. Im Nachwort einer Studienausgabe schreibt Burghard Dedner:

> Er [Büchner] notierte zunächst H4, 1 und H4, 2 als Überarbeitung von H2, 1 und H2, 2, ließ nach der Szenenüberschrift "Buden. Lichter. Volk." zwei Drittel dieser Seite sowie die folgende Seite unbeschriftet, und zwar offenbar in der Absicht, das in H1, 1–H1, 3 sowie in H2, 3 und H2, 5 vorliegende Material gelegentlich zu überarbeiten. Er schrieb neu die Szenen H4, 4–H4, 6 [. . .]. Er versetzte die überarbeitete Konfrontationsszene H2, 8 (jetzt H4, 6) weiter nach vorn und ließ die überarbeitete Doktor-Szene (H4, 7) folgen, woran wie schon in H2 eine Straßenszene anschließt, deren Schluß Büchner jedoch, da er die Handlungsfolge geändert hat, nicht aus H2 übernehmen konnte und einstweilen offen ließ.[22]

Schon in Schmids Darstellung fand ich die Annahme wenig überzeugend, Büchner wäre bereits kurz nach dem Beginn der Zwischenreinschrift, die eine neue Phase in der Werkentstehung darstellt, zu neuer Entwurfstätigkeit übergegangen und hätte dabei, ausgelöst durch das Freilassen der ersten

[21] MBA 7.2: 128.

[22] Georg Büchner: *Woyzeck. Studienausgabe*. Nach der Edition von Thomas Michael Mayer. Hg. von Burghard Dedner. Stuttgart: Reclam 1999. S. 184.

Recto-Seite in der zweiten Hälfte von Lage I, die seiner Arbeitsgewohnheit entsprechende Markierung eines breiten Seitenrands “vielleicht versehentlich” (Schmid) unterlassen. Überdies müsste mit “der Absicht, das in H1, 1–H1, 3 sowie in H2, 3 und H2, 5 vorliegende Material [zum Jahrmarktsgeschehen] gelegentlich zu überarbeiten” (Dedner), zugleich die Vorstellung verbunden gewesen sein, dass für die überarbeitete Fassung der Szenen weniger als zwei Quartseiten benötigt würden. Das erscheint schwer vorstellbar.

Wahrscheinlicher erscheint mir eine große Arbeitslücke, die durch das Unterlassen des Umbrechens kenntlich war. Ich schlage deshalb vor, als alternative Hypothese zur Beschriftungsfolge in Erwägung zu ziehen, dass die neuen Entwürfe in eine 7–8 seitige Arbeitslücke erst eingetragen wurden, als das Projekt einer ‘vorläufigen Reinschrift’ bereits aufgegeben und Büchner nach der überarbeitenden Abschrift früherer Entwürfe in eine neue Phase originärer Entwurfstätigkeit eingetreten war, in deren Ergebnis auch das einzelne Quartblatt benutzt wurde, das im Erscheinungsbild den Entwürfen auf den Seiten I, 6–II, 2 entspricht. Vor dem Neuansatz hätte man dann die Quarthandschrift durchaus als ‘vorläufige Reinschrift’ mit großer Arbeitslücke bezeichnen können, besser aber mit dem Zusatz: ‘am Ende in Entwurf übergehend’. Welchen Status diese Papiere nach der Benutzung der nach Hypothese frei gebliebenen Seiten hatten, bleibt zu diskutieren. Und zu fragen ist dann auch, ob die Reihenfolge, in der die neuen Szenen in die Arbeitslücke eingetragen wurden, bereits die intendierte Handlungsfolge vorwegnimmt. Diese aus der neuen Hypothese sich ergebende Unsicherheit haben wir genutzt, um das überlieferte Material in einer Lese- und Bühnenfassung stringenter anzuordnen, als es sonst möglich wäre. Büchners *Woyzeck* ist aus der Überlieferung nicht zu rekonstruieren. Wir sollten der Versuchung widerstehen, den fragmentarisch bezeugten Entstehungsprozess mit ästhetischen Maßstäben des 20. Jahrhunderts zur Arbeit am ‘offenen Drama’ zu stilisieren.

IV. *Lenz*

Der einzig in einem frühen, posthumen Druck überlieferte Erzähltext stellt im literarischen Schaffen Georg Büchners die Ausnahme dar, so dass es für die Arbeitsweise des Erzählers Büchner keine unmittelbaren Vergleichsmöglichkeiten gibt. Der Plan zur Bearbeitung des Lenz-Stoffs war möglicherweise sogar älter als das erste Dramenprojekt, denn es ist nicht klar, ob sich August Stoebers Bemerkung, der Freund habe “sich schon in Straßburg lange Zeit mit dem Gedanken” getragen, “Lenz zum Helden einer Novelle zu machen”,[23] auf

[23] *Der Dichter Lenz und Friedericke von Sesenheim. Aus Briefen und gleichzeitigen Quellen; nebst Gedichten und Anderm von Lenz und Göthe.* Hg. von August Stoeber. Basel: Schweighauser'sche Buchhandlung 1842. S. 11

Büchners ersten oder seinen zweiten Straßburg-Aufenthalt bezieht. Jedenfalls waren ihm, als er im Frühjahr 1835 den Fluchtort Straßburg erreichte, zumindest die "Mittheilungen" bekannt, die Stoeber, angeregt durch Tiecks Elsässer Recherchen zum Sturm und Drang sowie insbesondere durch dessen Lenz-Ausgabe von 1829, im Stuttgarter *Morgenblatt für gebildete Stände* 1831 unter dem Titel *Der Dichter Lenz* veröffentlicht hatte.[24]

Lange Zeit konnten sich Mutmaßungen über die stoffliche Grundlage von Büchners Erzählprojekt nur auf Stoebers Mitteilung, er habe dem Freund "alles, was [er] an Handschriften besaß",[25] gegeben, sowie auf Rückschlüsse aus Äußerungen in Gutzkows Briefen stützen, wo es bereits in einer Rückfrage vom Mai 1835 heißt:

> Ihre Novelle *Lenz* soll jedenfalls, weil Straßburg dazu anregt, den gestrandeten Poeten zum Vorwurf haben?[26]

Und als er zu Beginn des folgenden Jahres noch einmal den Plan einer "Novelle *Lenz*" anspricht, erinnert er sich:

> Schrieben Sie mir nicht, dass Lenz Göthes Stelle bei Friederiken vertrat. Was Göthe von ihm in Straßburg erzählt, die Art, wie er eine ihm in Commission gegebene [Geliebt]e zu schützen suchte, ist an sich schon ein sehr geeigneter Stoff.[27]

Die relativ unspezifischen Hinweise auf Büchners Materialbasis konnte Jan-Christoph Hauschild vor einigen Jahren durch die genauere Beschreibung in einer zeitgenössischen Aufzeichnung ergänzen:

> Wie aus den Tagbüchern Georg Feins hervorgeht, [. . .] hatte Stoeber seinem Freund neben den 'Actenstücke(n) Oberlins über Lenz' auch 'die Briefe von Lenz an Salzmann im Morgenblatt und das Protokoll der deutschen Gesellschaft in Straßburg, bei welcher Lenz Sekretär war', zur Verfügung gestellt.[28]

[24] Vgl. den Teilabdruck in MBA 5: 246–256.
[25] Ebd.
[26] BW 113: 68 (12. Mai 1835).
[27] BW 148: 94 (6. Febr. 1836).
[28] Jan-Christoph Hauschild: *Georg Büchner. Biographie*. Stuttgart-Weimar: Metzler 1993. S. 501. – Vgl. Stoebers Angabe zu den "Quellen" seiner "Mittheilungen" im *Morgenblatt*: "Briefe von Lenz selbst, Aufsätze und mündliche Nachrichten von einigen wenigen noch lebenden Freunden und Bekannten, und ein zum Theil von Lenz geführtes Protokoll der Straßburger Gesellschaft für deutsche Sprache" (MBA 5: 246). In den 1772 geschriebenen Briefen berichtet Lenz von seinen Besuchen in Sesenheim und schwärmt für Friederike Brion.

Noch der weniger anspruchsvolle Plan vom Herbst 1835, “einen Aufsatz in der deutschen Revue erscheinen zu lassen”, stützte sich offenbar auf die von Stoeber zur Verfügung gestellten Dokumente:

> Ich habe mir hier allerhand interessante Notizen über einen Freund Goethe’s, einen unglücklichen Poeten Namens *Lenz* verschafft, der sich gleichzeitig mit Goethe hier aufhielt und halb verrückt wurde.[29]

In keinem der bekannt gewordenen Lebenszeugnisse, die in der Zeit vor Büchners Tod ihren Ursprung haben, findet sich ein Hinweis darauf, dass sein Schreibvorhaben auf die Darstellung des knapp dreiwöchigen Aufenthalts von Lenz bei Pfarrer Oberlin im Steintal beschränkt gewesen wäre. Erst nach einer ersten Sichtung von Büchners Nachlass heißt es, man habe “unter seinen hinterlassenen Schriften [. . .] das Fragment einer Novelle” gefunden, “welche die letzten Lebenstage [sic] des so bedeutenden als unglücklichen Dichters Lenz zum Gegenstande hat”.[30] Präzisiert wird dies dann, als August Stoeber 1839 Oberlins Aufzeichnungen zu den Ereignissen Anfang 1778 erstmals vollständig veröffentlichte:

> Mein seliger Freund, [. . .] G. *Büchner*, hat auf den Grund dieses Aufsatzes eine Novelle geschrieben, die aber leider nur Fragment geblieben ist [. . .].[31]

[29] Georg Büchner: *Nachgelassene Schriften*. [Hg. von Ludwig Büchner.] Frankfurt a.M.: Sauerländer 1850. S. 271 (an die Familie, “im October 1835”). – Zu diesem Schreibvorhaben war Büchner von Gutzkow gedrängt worden: “ich spekulierte auf lauter Jungfernerzeugnisse, Gedankenblitze aus erster Hand, Lenziana, subjektiv & objektiv [. . .] lieber Büchner, häuten Sie sich zum 2ten Male: geben Sie uns, wenn weiter nichts im Anfang, *Erinnerungen an Lenz*: da scheinen Sie Thatsachen zu haben, die leicht aufgezeichnet sind” (BW 134: 82 [28. Sept. 1835]).

[30] Wilhelm Schulz: Nekrolog. In: *Schweizerischer Republikaner.* Zürich, den 28. Febr. 1837 (Nr. 17). In seiner Besprechung der *Nachgelassenen Schriften von Georg Büchner* erwähnt Schulz 1851 “die Sammlung der Notizen zu seinem Novellenfragmente und dessen Ausarbeitung” (zit. nach MBA 5: 138). Es ist zwar nicht ganz auszuschließen, dass in diesen “Notizen” auch ein biographischer Hinweis auf Lenz’ trauriges Ende in Moskau (1791) enthalten war; für unwahrscheinlich halte ich jedoch, dass auch zu diesem Lebensabschnitt ein von Büchner ausgearbeitetes ‘Bruchstück’ existiert hätte.

[31] In einer Fußnote zum vollständigen Abdruck von Büchners Hauptquelle in der Zeitschrift *Erwinia* (Januar 1839); hier zit. nach MBA 5: 230 (Anm. zu Z. 1f.) – Aufschlussreich hinsichtlich der zeitgenössischen Terminologie zur Unterscheidung der Textsorten ist, wie Stoeber hier (und schon 1831) Oberlins Text charakterisiert: “Dieser rührende, schlicht und herzlich geschriebene Aufsatz ist aus Pfarrer Oberlin’s Papieren gezogen” (ebd.); in französischsprachigen Quellen steht entsprechend ‘relation’ (vgl. S. 287: “parmi les papiers d’Oberlin une relation détaillée”).

Dass allerdings in den engen Grenzen der Steintal-Episode das ‘zweite Buch’, von dem im Briefwechsel zwischen Gutzkow und Büchner schon früh die Rede war,[32] hätte entstehen können, erscheint unwahrscheinlich. Aus den zitierten Briefäußerungen hat Paul Landau den Schluss gezogen,

> daß Büchner nur die erhaltene Oberlin-Episode für den Abdruck [in der noch vor dem Erscheinen der ersten Nummer verbotenen *Deutschen Revue*] bestimmt hatte, eine künstlerische Ausgestaltung und Abrundung sich für später aufsparte. Doch auch dieser eine Teil des ganzen Werkes ist nicht fertig geworden, er setzt mitten in der Erzählung ein und bricht jäh ab.[33]

Nachdem wir genau wissen, wie umfangreich Büchners Materialbasis war, kann man Landaus Hypothese dahingehend präzisieren, dass die geplante “Novelle” den Bogen von der Ankunft des Livländers in Straßburg 1771 über die Sesenheim-Besuche des Folgejahrs und seine Tätigkeit als Schriftführer in der Straßburger Deutschen Gesellschaft 1774 und 1775 bis zur Verbringung aus dem Elsass im Februar 1778 spannen sollte.[34]

Ungeachtet aller Spekulationen über den Gesamtumfang des intendierten Erzähltextes ist aber vielleicht doch auf der Grundlage der Überlieferung schlüssig zu beantworten, ob Georg Büchner den Satzbeginn “Den 20. ging Lenz durch’s Gebirg” als Eingangssatz einer faktengestützten Erzählung niederschrieb. Die genaue Datierung von Lenz’ Ankunft in Waldersbach war nicht nur in den “Mittheilungen” seines Freundes August Stoeber, sondern auch in der ebenfalls 1831 erschienenen Oberlin-Biographie von dessen Vater veröffentlicht.[35] Dass Büchner die Situierung des erzählten Geschehens in Lenz’ Leben hätte offen lassen wollen, darf man demnach wohl ausschließen, und da die erste tagesgenaue Datierung nach Monatswechsel “Am dritten Hornung” lautet, kann die Textkritik der – von Landau meines Erachtens schlüssig beantworteten – Frage nicht ausweichen, weshalb die Angabe des Monats Januar im Eingangssatz des überlieferten Textes fehlt und weshalb auch das Jahr nicht genannt wird, das bei der Verwendung des bestimmten Artikels im Texteingang vorausgesetzt ist. Zwar beginnt auch der Text im Manuskript *Herr L. . . . . .*, das von Hubert Gersch und seinen Studenten

[32] BW 122: 73 (23. Juli 1835): “Geben Sie bald ein zweites Buch: Ihren *Lenz*”.
[33] Georg Büchner: *Gesammelte Schriften*. In zwei Bänden. Hg. von Paul Landau. Berlin: Cassirer 1909. Hier: 2: 90.
[34] Vgl. jetzt auch meinen Beitrag “Müdigkeit spürte er keine . . .” – Wie ein saarländischer Lehrfilm Büchners *Lenz* auf den Kopf stellt. In: *Saarbrücker Hefte* 106 (Winter 2011/12). S. 103–110.
[35] D[aniel] E[hrenfried] Stœber: *Vie de J. F. Oberlin, pasteur à Waldbach au Ban-de-la-Roche.* Strasbourg: Treuttel et Würtz 1831. S. 215: “C’est dans cet état de dérangement mental qu’il [sc. Lenz] arriva au Ban-de-la-Roche, le 20 janvier 1778”.

aufgefunden wurde,[36] ohne Jahresangabe ("Den 20[.] Jan. kam er hieher."), doch steht dort als Ordnungshilfe am Kopf der ersten Seite noch vor der Überschrift die Angabe "1778".[37]

Es ist und bleibt ein Torso, was von Büchners einzigem Erzähltext überliefert ist, und mutmaßlich war bis zum Abbruch des Projekts auch nicht mehr entstanden als die beiden Textstücke, die von Gutzkow – durch einen horizontalen Strich getrennt und eingebettet in redaktionellen Vor- und Nachtext – als "Reliquie" veröffentlicht wurden. Zu dieser Form der Textdarbietung sehe ich – in Übereinstimmung mit der herrschenden Meinung – bis heute keine Alternative.[38]

Offen bleibt aber die Frage, ob und, wenn ja, wie man das – offenbar nicht-intendiert – Fragmentarische des Texts kenntlich macht und wo der historische Zeitbezug mitgeteilt wird, den Gutzkow seinerzeit nicht hatte ermitteln können. Gegen die Möglichkeit, den Titel um die Zeitangabe "Januar/Februar 1778" zu erweitern und das Fehlen des Vortexts, der diesen Zeitbezug hergestellt hätte, durch ein Auslassungszeichen zu signalisieren, spricht nicht nur die lange Tradition des von Gutzkow eingeführten Titels, sondern auch die Zweideutigkeit des Herausgebersignals: Es kann ja nicht weggelassen werden, was gar nicht vorhanden ist. In unserer Leseausgabe haben wir deshalb die vorausgesetzten Informationen, als Herausgeberzusatz gekennzeichnet, unmittelbar vor den überlieferten Text gestellt: "[Januar 1778]".

[36] Hartmut Dedert, Hubert Gersch, Stephan Oswald u. Reinhard F. Spieß (Hg.): J.-F. Oberlin: Herr L . . . . . . Edition des bisher unveröffentlichten Manuskripts. Ein Beitrag zur Lenz- und Büchner-Forschung. In: *Revue des Langues Vivantes* 42 (1976). S. 357–386.

[37] Das entspricht offenbar dem Usus in Oberlins persönlichen Aufzeichnungen. Zu vergleichen ist insbesondere das zeitgleiche Manuskript *Schuhl- u. Erziehungsreise* ("Am 26. Jan.1778 halb 3 verreisst"); vgl. Robert Jung: Ein bisher unbekanntes Manuskript J.-Fr. Oberlins aus dem Jahre 1778. In: *Cahiers Alsaciens* 2 (1913). S. 266–277. Eine Seite dieses Manuskripts ist reproduziert bei Wilhelm Heinsius: J. Fr. Oberlins Schul- und Erziehungsreise in die Markgrafschaft Hochberg. In: *Schau-ins-Land* 70 (1951/52). S. 88–99. Weitere Angaben bei Michael Will: *"Autopsie" und "reproduktive Phantasie". Quellenstudien zu Georg Büchners Erzählung "Lenz"*. 2 Bände. Würzburg: Königshausen & Neumann 2000 (Epistemata Literaturwissenschaft 254). Hier: 1: 62 (Anm. 8).

[38] Zur Kritik des Marburger Versuchs, den überlieferten Text 'genetisch' zu dekonstruieren, vgl. Herbert Wender: Zur Genese des Lenz-Fragments. Eine Kritik an Burghard Dedners Rekonstruktionsversuch. In: *Georg Büchner Jahrbuch* 9 (1995–99). S. 350–370, sowie daran anschließend Replik (S. 371–377) und Duplik (S. 378–381).

V. Briefe an die Braut, aus Gießen, 1833 und 1834

Wie die beiden Textstücke aus dem aufgegebenen *Lenz*-Projekt liegen auch die erstmals 1850 abgedruckten Auszüge aus Briefen, die Georg Büchner zwischen dem Semesterbeginn im Herbst 1833 und Ostern 1834 an die spätere Verlobte Minna Jaeglé in Straßburg geschrieben hatte, in doppelt gebrochener Überlieferung vor: Nicht nur die Originalbriefe sind nicht erhalten, sondern auch die daraus von der Empfängerin aus den Originalen abgeschriebenen Exzerpte, die dem Erstdruck in Ludwig Büchners Nachlass-Ausgabe (N)[39] zugrunde lagen. Diese Briefauszüge waren für Karl Gutzkow bestimmt, der im Juni 1837 einen Nachruf veröffentlicht hatte,[40] woraufhin Wilhelmine Jaeglé Kontakt zu ihm aufnahm. In dem späteren Nachtrag zu einer überarbeiteten Fassung des Nachrufs heißt es:

> Die schönste Belohnung, die ich für diesen Nachruf erhalten konnte, waren die saubern Abschriften des poetischen Nachlasses Büchners von der Hand seiner Geliebten. Es ist ein vollendetes Lustspiel *Leonce und Lena* [. . .]. Sodann das Fragment des *Lenz* und ein Heft von Briefen, die ohne Absicht geschrieben und doch voll künstlerischen und poetischen Werthes sind. Es findet sich wohl Gelegenheit, einen dieser Schätze nach dem andern bekannt zu machen.[41]

Diese Aussage war indessen in mehrerlei Hinsicht ungenau: Der Sendung mit den Abschriften war ein sondierendes Schreiben von Wilhelmine Jaeglé vorausgegangen, von Briefen war erst in Gutzkows Antwortschreiben die Rede, und schließlich enthielt das angesprochene “Heft” keine vollständigen Brieftexte, sondern eben solche “Brieffragmente”,[42] wie sie – Büchners Briefen an Gutzkow entnommen – auch in dem Nachruf enthalten waren.

Während wir im Fall der *Lenz*-Bruchstücke davon auszugehen haben, dass abgeschrieben wurde, was vom Ausarbeitungsgrad her als zumindest annähernd reif zur Veröffentlichung erschienen war, bedarf es bei den Brieftexten weiterer Bemühungen, um belastbare Hypothesen zu den Motiven der Auswahl und zum Umfang der mitgeteilten Texte formulieren zu können. Für die Beurteilung der Überlieferungslage ist es also von herausragender Bedeutung, die Zeugnisse auszuwerten, die über Anlass und Intention(en) des Exzerpierens Auskunft geben. Die erste gründliche Auseinandersetzung mit diesen

[39] *Nachgelassene Schriften* 281–287. Zitatnachweise im Folgenden unter der Sigle *N* mit Seitenangabe im laufenden Text.

[40] K[arl] G[utzkow]: Ein Kind der neuen Zeit. In: *Frankfurter Telegraph* 42–44 (1837). S. [379]–382, [337]–340 u. [345]–348.

[41] Karl Gutzkow: *Götter, Helden, Don-Quixote. Abstimmungen zur Beurtheilung der literarischen Epoche*. Hamburg 1838. S. 49f.

[42] Ebd., S. 47: “die von mir mitgetheilten Brieffragmente” (im Erstdruck S. 347).

Dokumenten findet sich in der Dissertation von Jan-Christoph Hauschild,[43] dessen Darstellung die folgenden, in erster Fassung bereits Mitte der 1990er Jahre formulierten Überlegungen angeregt hatte.

Zentral sind drei Briefe Gutzkows an Wilhelmine Jaeglé, die – offenbar aus dem Nachlass der Briefempfängerin stammend – bereits Ende des 19. Jahrhunderts veröffentlicht wurden, gemeinsam mit 13 Briefen, die Gutzkow zwischen Februar 1835 und Juni 1836 an Georg Büchner geschrieben hatte.[44] Gleich zu Beginn seines ersten Briefes, vom 30. August 1837, bedauert Gutzkow, dass ihm bis dato vom Privatleben Büchners nichts bekannt war:

> Geehrtes Fräulein!
> In den Erinnerungen, welche mich an den so früh vollendeten Büchner ketten, fehlte mir bis jetzt jener Theil seines Lebens, dessen Mittelpunkt Sie waren. Mußt' ich in dem Augenblicke erst mit ihm bekannt werden, wo Büchner nicht mehr ist! Verzeihen Sie mir, wenn ich nicht sogleich an den Zweck Ihres Briefes komme [. . .].[45]

Als diesen "Zweck" nennt er dann "die Sache mit Büchners Nachlaß", die er "nun ganz praktisch, ohne alle weitre Störung der gemüthlichen Rücksichten", angehen wolle, und er geht sogleich aufs Ganze:

> Vertrauen Sie mir Alles an, was Sie von Büchner haben! Ich bin gewiß, daß ich das kleine Denkmal, was ich ihm schon zu setzen versuchte, damit noch zu einem größern, seines Namens würdigeren ausbauen kann. Sind wirklich noch Produktionen, fertige und Fragmente, vorhanden, haben Sie Briefe, die Sie einer fremden Discretion (aber der *meinigen*, der Discretion eines Freundes!) anvertrauen könnten, Briefe, aus denen sich Gemüthszustände und Ideen entnehmen ließen; so geben Sie mir dies Material; ich will es sichten, ordnen, und in die literarische Welt als ein Ganzes einführen![46]

Dass Gutzkow auf der Grundlage des erbetenen Materials nicht nur seinen Essay "ausbauen" will, sondern sofort auch an eine selbständige Veröffentlichung denkt, geht aus einer späteren Bemerkung im selben Brief hervor:

> Die Censur ist allerdings ein Stein des Anstoßes; in meinem Nachrufe an Büchner hat sie stark aufgeräumt und die originellsten Stellen aus seinen Briefen an mich weggestrichen; allein da wir ein Buch geben und dies ohnedieß stärker als 20 Bogen werden dürfte, so wird sie milder verfahren.[47]

[43] Jan-Christoph Hauschild: *Georg Büchner. Studien und neue Dokumente zu Leben, Werk und Wirkung*. Mit zwei unbekannten Büchner-Briefen. Königstein/Ts.: Athenäum 1985 (Büchner-Studien Band. 2).
[44] Briefe von Gutzkow an Georg Büchner und dessen Braut. Mitgeteilt von Charles Andler. In: *Euphorion* 4 (1897). Erg.-H. 3. S. 182–193. Die Handschriften dieser Briefe werden heute im Goethe- und Schiller-Archiv, Weimar, aufbewahrt; soweit möglich zitiere ich nach Hauschild, der die Handschriften verglichen hat.
[45] Ebd., S. 190.
[46] Ebd.; vgl. Hauschild 64.
[47] Ebd., S. 190f.; vgl. Hauschild.

Vermutlich hatte Wilhelmine Jaeglé die "saubern Abschriften des poetischen Nachlasses" bereits vorbereitet, so dass sie sich nur noch der Bitte um Mitteilung von Briefen widmen musste. Anders ist nämlich kaum zu erklären, dass Gutzkow bereits 14 Tage nach seinem ersten Schreiben "das kürzlich angekommene Paquet" einer ersten Durchsicht unterzogen hatte. Unter dem Datum des 14. September 1837 bittet er um weitere Unterstützung:

> Ohne Ihre Hülfe komm' ich natürlich zu keinem Ziele. Die Briefe sind mir vor allem wichtig. Sie sind so zart, so tief! Ich will davon öffentlich nur das benutzen, was auf *seine* Person geht. Für Sonstiges, was sie enthalten, ist die Zeit noch zu jung und frisch. Ueberaus wichtig aber ist, daß Sie mir an der Spitze der Briefexcerpte immer angeben, wann und wo sie geschrieben sind, wo möglich auch, in welcher Stimmung, unter welcher Constellation von Hoffnungen, Schwierigkeiten und dergl.[48]

Im Begleitschreiben zu dieser Sendung hatte Wilhelmine Jaeglé offenbar nicht nur *Woyzeck*-"Fragmente",[49] sondern auch eine Fortsetzung der Auszüge aus Büchners Briefen in Aussicht gestellt, für die sich Gutzkow die Mitteilung der Randinformationen wünschte, ohne die er als Außenstehender – im Unterschied etwa zum späteren Herausgeber Ludwig Büchner, der von der Familie unterstützt wurde, – mit den Fragmenten wenig anfangen konnte. Zu einer weiteren Sendung ist es jedoch nicht mehr gekommen.[50] Es ist hier nicht der Ort, nach den Gründen für das Stocken der Korrespondenz zu fragen,[51] denn für das editorische Problem ist allein von Bedeutung, dass für die überlieferten Brieffragmente keine Angaben zu Ort und Datum der Briefe, aus denen die Exzerpte stammten, bekannt geworden sind. Auf die sich daraus ergebende Sonderstellung des entsprechenden Textteils in Ludwig Büchners Ausgabe, insbesondere gegenüber den am Ende des Vorworts mitgeteilten, tagesgenau datierten Briefen aus Zürich, hat bereits Hauschild

[48] Ebd., S. 192; vgl. Hauschild 66.

[49] Ebd., "Welche Fragmente eines Dramas versprechen Sie noch?"

[50] In Gutzkows drittem Brief, vom 26. Juni 1838, wird Minna Jaeglés "langes Stillschweigen" beklagt und, das eigene Verhalten rechtfertigend, resümiert: "Die gehofften Materialien und Notizen blieben aus: was konnte ich thun und vorbereiten?" (S. 193; vgl. Hauschild 72).

[51] Jan-Christoph Hauschild vermutete "zwei außerhalb ihrer [sc. Minna Jaeglés] Verantwortung liegende Ursachen: zum einen und unmittelbar der Tod ihres Vaters [. . .]; zum andern aber die 1838 mit einem Schlag veränderte Situation. Denn jetzt kam noch eine dritte Partei ins Spiel: die Büchners" (Ders.: *Georg Büchner. Studien und neue Quellen*. S. 67). Vielleicht war dem Projekt aber auch Gutzkows offenherzige Charakterisierung seines Vorhabens abträglich: "Das schöne Buch von Mundt, Charlotte Stieglitz, [. . .] soll mir als Vorbild gelten" (Briefe Gutzkows 191; bei Hauschild 66).

im Zusammenhang seiner Recherchen zu den verschiedenen Überlieferungswegen hingewiesen.[52]

Wie die Briefauszüge nach Darmstadt und in die Hände des Herausgebers Ludwig Büchner gelangten, ergibt sich aus einer 1877 notierten Erinnerung Luise Büchners, die 1842 beim Auspacken von Gutzkows Umzugskisten half. Dieser überließ ihr "mehrere Blätter [. . .], die von Minna herrührten und Auszüge aus ihren Briefen enthielten":

> Ich legte diese Papiere zu Hause zu den Briefen und Schriftstücken Georgs, und dabei fand sie Louis, als er den Nachlaß herausgab. Da sich Minna damals schon sehr seltsam benahm, widersetzte ich mich der Benutzung der mir gegebenen Auszüge, jedoch vergebens, obgleich ich einsah, daß sie eine große Lücke ausfüllten.[53]

Ludwig Büchner benutzte das Material, um den Briefteil seiner Ausgabe, der sich sonst auf das hätte beschränken müssen, was er *Aus den Briefen an die Familie* (N 237–280) drucken durfte, einen Abschnitt von sieben Seiten unter der Überschrift *Briefe an die Braut, aus Gießen, 1833 und 1834* anzufügen.

Wie im Falle der *Lenz*-Bruchstücke ist auch bei den von Wilhelmine Jaeglé exzerpierten Brieffragmenten die einfachste, am nächsten liegende Vermutung, dass gedruckt wurde, was in "saubern Abschriften" vorlag. Es ist aber wenig wahrscheinlich, dass Ludwig Büchner das "Heft", von dem Gutzkow gesprochen hatte, von der ersten Seite an benutzt hätte. Denn vermutlich hat Wilhelmine Jaeglé, um der Bitte um Mitteilung von Brieftexten nachzukommen und damit zugleich dem Korrespondenzpartner einen Eindruck von Büchners Liebesbeziehung zu vermitteln, zunächst das Bündel mit den Briefen aus der ersten Zeit der Trennung vorgenommen und Stück für Stück – und doch wohl in chronologischer Ordnung – noch einmal gelesen sowie (sogleich oder später, in einem zweiten Durchgang) Stellen ausgewählt, "aus denen sich Gemüthszustände und Ideen entnehmen ließen", wie Gutzkow gebeten hatte. Nun hatte aber Büchner Straßburg bereits am 31. Juli 1833 verlassen und verbrachte die Sommerferien in Darmstadt, bevor er sich am 31. Oktober an der Universität Gießen immatrikulierte. Die Serie der überlieferten Briefauszüge beginnt aber mit einem Text, der sich bereits auf Gießen und Umgebung bezieht. Wer annimmt, dass Ludwig Büchner die gesamte Vorlage zum Druck befördert hat, muss folglich annehmen, dass Minna in den Gießener Briefen der Monate August bis Oktober 1833 keine mitteilbaren Stellen gefunden hat. Wer dagegen der Hypothese folgen kann, dass die Exzerpte aus den ersten Monaten

[52] Hauschild 102.

[53] Beilage zu einem Brief Ludwig Büchners an Karl Emil Franzos vom 7. April 1877; zit. ebd., S. 81.

der Trennung weggelassen sind, wird dem Herausgeber des Erstdrucks eine geschickte Wahl der Zäsur für den Texteinsatz konzedieren, denn wie die pauschale Datierung in der Überschrift das Problem der unbekannten Briefdatierungen umgeht, gibt die Ortsangabe vor, was zum Verständnis der Deixis zu Beginn des ersten gedruckten Fragments notwendig ist:

> Hier ist kein Berg, wo die Aussicht frei sei. Hügel hinter Hügel und breite Thäler, eine hohle Mittelmäßigkeit in Allem; ich kann mich nicht an diese Natur gewöhnen, und die Stadt ist abscheulich. (N 281)

Wenn das Exzerptheft umfangreicher war als der entsprechende Abschnitt in Ludwig Büchners Ausgabe, liegt eine weitere Schlussfolgerung nahe. Es ist ja nicht unwahrscheinlich, dass bereits Wilhelmine Jaeglé eine Überschrift mit Pauschalangaben zu Ort und Zeit vor die Briefauszüge gestellt hatte. Diese hätte dann eine doppelte Ortsbestimmung enthalten müssen: 'Darmstadt und Gießen'. Dann aber ist bei Ludwig Büchner sogar mit zwei Fehlerquellen bei der Einrichtung des Erstdrucks zu rechnen: In jedem Fall ist zu prüfen, ob Fehler bei der Abgrenzung verschiedener Briefe unterlaufen sein könnten; zusätzlich aber wäre zu fragen, ob in das Exzerptheft vielleicht auch das Fragment eines Darmstädter Briefs aus dem Dezember 1833 eingetragen war. Denkbar wäre dann, dass Ludwig Büchner ein solches Textstück unter der verkürzten Angabe "aus Gießen" druckte, weil der Text keinen Hinweis auf den wirklichen Absendeort enthielt.

Mein Eindruck ist, dass diese Fehler tatsächlich gleich zu Beginn der Textwiedergabe unterlaufen sind. Man hat bisher zu wenig auf mögliche Textbrüche geachtet und deshalb übersehen, dass vermutlich *beide* französischsprachigen Äußerungen, diesseits und jenseits der ersten Absatzgrenze, am Ende je eines Briefes von Georg Büchner bzw. von Wilhelmine Jaeglé standen:

> Lieb Kind, was macht denn die gute Stadt Straßburg? Es geht dort allerlei vor, und du sagst kein Wort davon. Je baisse [sic] les petites mains, en goûtant les souvenirs doux de Strasbourg. –
>
> 'Prouves-moi [sic] que tu m'aimes encore beaucoup en me donnant bientôt des nouvelles.' Und ich ließ Dich warten! Seit einigen Tagen [. . .]. (N 281)

Minnas Aufforderung, bald zu antworten, zitierte Büchner aus ihrem vor "einigen Tagen" eingetroffenen Brief, und sie stand dort zweifellos am Ende des Textes. Man sollte also erwarten, dass der mit der Antwort Säumige seinen Brief mit der auf das "bientôt" zu beziehenden Entschuldigung beginnt. Auffällig ist außerdem, dass vor der Absatzgrenze das liebevolle 'Küssen der kleinen Hände' etwas unvermittelt auf die leicht vorwurfsvolle Frage nach Straßburger Neuigkeiten folgt. Am Ende eines Briefes wäre das entschieden weniger auffällig als in dem gegebenen Kontext, wo es die fällige

Entschuldigung unnötig aufzuschieben scheint.[54] Auch die Beobachtung, dass Büchner in einem anderen Brief erst am Ende des Textes in die französische Sprache wechselt, stützt die Vermutung, dass das Evozieren der "souvenirs doux de Strasbourg" am Schluss eines Briefes stand. Die erste Absatzgrenze in dem von Ludwig Büchner gebotenen Text würde dann eine Stelle markieren, an der die Abschreiberin beim Exzerpieren von einem Brief zum nächsten überging, wobei sie – wie Gutzkows Reaktion bezeugt – vor dem Folgetext weder Ort noch Datum angab.

Vorbehaltlich der Lösung des 'meteorologischen' Problems[55] lautet meine Ausgangshypothese: Der Text des ersten Absatzes im Erstdruck ist von Wilhelmine Jaeglé als eigenständiges Fragment eines Gießener Briefs, mutmaßlich vom November 1833, in das Exzerptheft eingetragen worden, während der Folgetext aus einem späteren Brief stammt. Dabei ist zu erwägen, dass dieser Brief aus Darmstadt geschrieben wurde, wo sich Büchner von Anfang Dezember bis zum Jahreswechsel aufhielt. Am 9. Dezember 1833 erklärte Büchner in einem Brief an August Stoeber, weshalb er Gießen so schnell wieder verlassen hat:

> 5 Wochen brachte ich daselbst halb im Dreck und halb im Bett zu. Ich bekam einen Anfall von Hirnhautentzündung; die Krankheit wurde im Entstehen unterdrückt, ich wurde aber gleichwohl gezwungen nach Darmstadt zurückzukehren, um mich daselbst völlig zu erholen. (BW 32)

In dieser Zeit der Rekonvaleszenz widmete sich Büchner offenbar dem Studium der Revolutionsgeschichte, wobei er sich nicht zuletzt auf die im Elternhaus verfügbare Literatur stützen konnte. Aber auch darüber hinaus

[54] Vgl. Thomas Michael Mayer: Büchner und Weidig – Frühkommunismus und revolutionäre Demokratie. Zur Textverteilung des Hessischen Landboten. In: *Georg Büchner I/II*. Hg. von Heinz Ludwig Arnold. München: edition text + kritik 1979 (Text + Kritik. Sonderband). S. 16–298; hier: S. 95f.

[55] "Bei uns ist Frühling, ich kann deinen Veilchenstrauß immer ersetzen, er ist unsterblich wie der Lama" (N 281). Vgl. Max Zobel von Zabeltitz: *Georg Büchner: sein Leben und sein Schaffen.* Berlin: Grote 1915 (Bonner Forschungen N.F. 8). S. 125f. (Anm. 2): "Brief 1 könnte noch am ehsten 1833 geschrieben sein, wenn die Erwähnung von Frühling u. Veilchen sich vielleicht nicht wörtlich nehmen lassen kann, denn Büchner schildert seiner Braut Gießens Gegend wie etwas Neues und ihr noch Fremdes". Dass man es zumindest ab Weihnachten 1833 wörtlich nehmen darf, konnte Hauschild aus der *Großherzoglich Hessischen Zeitung* vom Neujahrstag belegen: "Hier in Darmstadt hatte man auf Weihnachten blühende Veilchen" (*Biographie* 270).

sind die Parallelen zwischen dem im Original überlieferten Brief an Stoeber und dem Text des so genannten Fatalismusbriefs auffällig:

N 281f.	An August Stoeber, 9.12.1833 (BW 32f.)
“Hier [in Gießen] ist kein Berg, wo die Aussicht frei sei. Hügel hinter Hügel und breite Thäler, eine hohle Mittelmäßigkeit in Allem; ich kann mich nicht an diese Natur gewöhnen, und die Stadt ist abscheulich.”	“Manchmal fühle ich ein wahres Heimweh nach Euren Bergen. Hier [in Darmstadt] ist Alles so eng und klein. Natur und Menschen, die kleinlichsten Umgebungen, denen ich auch keinen Augenblick Interesse abgewinnen kann.”
“Schon seit einigen Tagen nehme ich jeden Augenblick die Feder in die Hand, aber es war mir unmöglich, nur ein Wort zu schreiben. Ich studirte die Geschichte der Revolution.”	“Ich bete jeden Abend zum Hanf und zu d. Laternen.”
“Seit ich über die Rheinbrücke ging, bin ich wie in mir vernichtet.”	“Seit ich Euch am Mittwoch Abend vor 5 Monaten zum letzten mal die Hände zum Kutschenschlag hinausstreckte, ist’s mir als wären sie mir abge<storben>.”

Unter der Annahme, dass der von Büchner zitierte Brief Minnas wenige Tage nach dem 9. Dezember bei ihm eingetroffen war, ergibt sich ein zusammenhängendes Bild der Korrespondenz zu Beginn der Darmstädter Rekonvaleszenz. Der Brief an Stoeber trägt nämlich keinen Poststempel, so dass man vermuten darf, dass er jenem Brief an einen in Büchners Liebesverhältnis eingeweihten Straßburger Freund[56] beigelegen hat, mit dem dieser beauftragt worden war, die Geliebte über die bis zum 9. Dezember eingetretene gesundheitliche Besserung zu unterrichten:

> B. wird dich über mein Befinden beruhigt haben, ich schrieb ihm Ich verwünsche meine Gesundheit. Das Fieber bedeckte mich mit Küssen und umschlang mich wie der Arm der Geliebten. (N 282)

Die Annahme, dass diese Zeilen erst “Mitte/Ende Januar 1834” geschrieben wären, wie seit Hauschilds Neudatierung[57] angenommen wird und auch in unserer Leseausgabe noch als Ansetzungsdatum erscheint, ist deutlich weniger plausibel als eine Datierung auf ‘Mitte Dezember 1833’, weil die Erinnerung an die Gießener fiebrigen Phantasien zu diesem Zeitpunkt noch frisch waren.

[56] Vermutlich Eugène Boeckel; vgl. dessen Bemerkung über “Melle jolis pieds et jolies mains” im Brief vom 7. September 1832 (BW 15).
[57] Jan-Christoph Hauschild: Neudatierung und Neubewertung von Georg Büchners “Fatalismusbrief”. In: *Zeitschrift für Deutsche Philologie* 108 (1989). S. 511–529.

Auch an einer weiteren Stelle des Briefwechsels, im Februar 1834, kommt es zu einer plausibleren Abfolge, wenn man die Zäsur innerhalb des Textstücks, das Ludwig Büchner zum Fragment eines Briefes zusammengezogen hat, als Grenze zwischen zwei Briefauszügen auffasst, die Wilhelmine Jaeglé verschiedenen, aufeinander folgenden Briefen entnommen hat:

> Ich hätte Herrn Callot-Hoffmann sitzen können, nicht wahr, meine Liebe? Für das Modellieren hätte ich Reisegeld bekommen. Ich spüre, ich fange an, interessant zu werden. –
>
> Die Ferien fangen morgen in vierzehn Tagen an; verweigert man die Erlaubniß, so gehe ich heimlich, ich bin mir selbst schuldig, einem unerträglichen Zustande ein Ende zu machen. Meine geistigen Kräfte sind gänzlich zerrüttet. (N 284)

An diesem Beispiel lässt sich auch erläutern, weshalb Ludwig Büchners Konstitution von nur fünf Brief-Einheiten so lange Bestand hatte. Sein Arbeitsprinzip zielte offenbar auf möglichst lange Texteinheiten,[58] während Minna Jaeglé, die auf Gutzkows Antwortschreiben umgehend reagieren wollte, darauf bedacht war, in einer relativ kleinteiligen Folge von Briefauszügen die Geschichte zu erzählen, die in der heimlichen Reise (und späteren Verlobung) ihren Fluchtpunkt hatte. Die Bezugnahmen auf diese Reise am Ende des einen und am Anfang des anderen Exzerpts veranlasste anscheinend den Herausgeber der Nachlass-Ausgabe, die beiden Abschnitte der Vorlage als aufeinander folgende Absätze ein- und desselben Briefes zu betrachten, und die Leser des so konstituierten Fragments sind ihm, weil eine Alternative nicht zur Diskussion stand, gefolgt, obwohl es nicht gerade nahe liegt, dass Büchner das Thema seiner 'geistigen Zerrüttung' zweimal im selben Brief, und zwar diesseits und jenseits einer deutlichen Zäsur, angesprochen hätte.

Löst man dagegen den mutmaßlich vom Editor hergestellten Konnex der beiden Abschnitte auf, ergibt sich zusammen mit dem voraus gehenden Fragment eine regelmäßige Abfolge der Briefe, die exzerpiert wurden: Zuerst schreibt Büchner in einem Abstand von "sechs Wochen" (N 283) zu den Osterferien, zwei Wochen später imaginiert er, das Reisegeld als Modell Callot-Hoffmanns zu verdienen, und wieder um zwei Wochen später sind es nur noch vierzehn Tage bis zu den Osterferien.

Unabhängig von der vorgeschlagenen Aufspaltung der dritten Texteinheit im Erstdruck, wohl aber abhängig von der Prämisse, dass die erste Texteinheit aus Briefen vor Weihnachten 1834 stammt, ist festzustellen, dass jeweils etwa ein Drittel des überlieferten Texts: 1. aus der Zeit vor dem Jahreswechsel, 2. aus den vier Wochen zwischen Anfang Februar und Anfang März 1834 und 3. aus einem vergleichsweise kurzen Zeitraum stammt, nämlich aus Briefen,

[58] Auffällig ist, dass die beiden kürzeren Einheiten jeweils mit eindeutiger Abschiedsformel enden: "Lebe wohl, meine Seele" (N 283) bzw. "Adieu" (N 284).

die in den letzten vierzehn Tagen vor dem Antritt der Osterreise geschrieben wurden. Das gilt zwar nur unter der Annahme, dass Ludwig Büchner der Abfolge im Exzerptheft folgte, aber ich sehe keinen Anlass, daran zu zweifeln.

Wenn man nun die vorgeschlagene kritische Betrachtung der Überlieferung bis zum Schluss fortsetzt, wird eine weitere Absatzgrenze im Erstdruck verdächtig:

> Will ich etwas Ernstes thun, so komme ich mir vor, wie Larifari in der Komödie; will er das Schwerdt ziehen: so ist's ein Hasenschwanz. . . . . .
>
> Ich wollte, ich hätte geschwiegen. Es überfällt mich eine unsägliche Angst. Du schreibst gleich, doch um's Himmelswillen nicht, wenn es dich Anstrengung kostet. Du sprachst mir von einem Heilmittel; lieb Herz, schon lange schwebt es mir auf der Zunge. Ich liebte aber so unser stilles Geheimniß, – doch sage deinem Vater Alles [. . .]. (N 286f.)

Wie bei der ersten Zäsur, im so genannten Fatalismusbrief, nimmt der Briefschreiber auch hier erst nach dem Einschnitt Bezug auf das letzte Schreiben der Briefpartnerin. Das enthielt offenbar außerordentlich beunruhigende Nachrichten, denn sie gaben Anlass, das Schweigegelübde, durch das sich die beiden gebunden hatten, zu modifizieren. Und in dieser Situation sollte Georg zwar gleich zu Beginn seines Briefes geschrieben haben, er wisse, was Minna "heilte", sich dann aber doch mit dem "Heilmittel" so viel Zeit gelassen haben, dass noch Raum war für "Bedlam" und "Larifari"? Das fällt schwer zu glauben, zumal man sich fragen muss, worauf eigentlich die Bemerkung "Ich wollte, ich hätte geschwiegen" zu beziehen ist. Wenn man hier eine Zäsur zwischen zwei Briefen voraussetzt, bezieht sich das nicht zuletzt auf den Larifari-Vergleich, der die Adressatin in der gegebenen Situation wohl kaum amüsiert haben dürfte.

So komme ich abschließend zu der Vermutung, dass in den Text des Erstdrucks mindestens drei weitere Trennstriche einzufügen und statt bisher fünf mindestens acht Briefe Georg Büchners anzusetzen sind, die zwischen Anfang November 1833 und Ende März 1834 geschrieben wurden, wobei die Verkürzung der zeitlichen Distanzen zum Ende hin der dramatischen Zuspitzung der Ereignisse geschuldet ist. Es hat den Anschein, als habe Wilhelmine Jaeglé die in das Exzerptheft eingetragenen Brieffragmente so gewählt, dass sie zusammenhängend als Geschichte des Liebesverhältnisses gelesen werden konnten. Es ist die Geschichte eines Geheimnisses, das zwar im Zuge der förmlichen Verlobung im Kreis der beteiligten Familien offenbar wurde, aber nach dem unausgesprochenen Willen der hinterbliebenen Braut nicht öffentlich ausgebreitet werden sollte. Dass von der Familie in Darmstadt die "stillen und heiligen Herzensangelegenheiten vor das Publicum gebracht worden sind ohne daß man zuvor die zunächst (und wahrhaftig allein) betheiligte Person um Erlaubniß gefragt hätte", wurde in Straßburg verständlicherweise als "unverantwortliche Indiscretion"[59] betrachtet, die den Zugang zu den Originalen endgültig unmöglich machte.

Nicht weniger brutal als die unbefugte Veröffentlichung des Materials, das einst "einer fremden Discretion" – Gutzkow: "aber der meinigen, der Discretion eines Freundes!" – anvertraut wurde, war das Auseinanderreißen der von Wilhelmine Jaeglé komponierten Collage von Briefauszügen, die nur im Zusammenhang gelesen eine Annäherung an Minnas Erinnerungsbild erlauben. Der überlieferte Text ist zuallererst ein Werk Wilhelmine Jaeglés, ein Werk, das mit Strophen eines Sesenheimer Liedes von Lenz endet:

Denn immer, immer, immer doch
Schwebt ihr das Bild an Wänden noch,
Von einem Menschen, welcher kam
Und ihr als Kind das Herze nahm.

[59] Edouard Reuss, Straßburg, 21.10.1877; zit. nach Hauschild: *Studien und neue Quellen*. S. 81.

Henri Poschmann

Zwischen Überlieferung und Rezeption. Umdenken in der *Woyzeck*-Philologie. Zum Fragmentstatus von Büchners wirkungsmächtigstem Werk

Scholarly editions of Büchner's Woyzeck *are faced with the difficult task of mediating between the elusive condition of the manuscripts and the demand of readers for an accessible text. Over the years, various editions have presented vastly divergent reconstructions of the play, resulting in a confusing assortment of texts available to scholars, readers, and theater troupes. Higher standards for textual editing, in conjunction with the seemingly desolate state of the manuscripts, appeared to suggest that an authentically reconstructed text was unattainable. However, after careful re-examination, the manuscripts reveal that* Woyzeck *is textually and compositionally closer to completion than previously thought. This assessment, made by the author in 1984, paved the way for a validated reconstruction of the drama presented in his Frankfurt Edition in 1992. A rebuttal, which the Marburg group attempted by analyzing the use of ink in the manuscripts, led to a reaffirmation of the 1984 findings. This essay gives an account of the fallacies and shortcomings of other* Woyzeck *editions, in particular those stemming from the Marburg Edition.*

I.

Büchners letztem Drama wurde selbst ein dramatisches Textschicksal zuteil.[1] Es waren Schriftsteller und Verleger, Theaterreformer und -kritiker, die es an Stelle des Autors, den der Tod daran hinderte, auf den Weg brachten. Die Literaturwissenschaft nahm das Thema nur zögernd und zunächst sehr am Rande auf. Vor dem ersten Weltkrieg gab es lediglich zwei Dissertationen zu Büchner, davon eine, die auch das spät aus dem Nachlass veröffentlichte Werk behandelt.[2] 90 Jahre danach stellt Gerhard P. Knapp fest: "*Woyzeck* ranks among the most heatedly debated texts in German literature".[3] Er hat selbst dazu beigetragen, dass es so kam. Sein langes, produktives, und kritisch begleitendes Mitwirken in dem Diskurs ließ ihn zu einer zuverlässigen Orientierungsgröße in der bis zur Unüberschaubarkeit angewachsenen

[1] Bei dem vorliegenden Beitrag handelt es sich um den einleitenden Teil einer ausführlichen Bearbeitung des Themas.

[2] Rudolf Majut: *Farbe und Licht im Kunstgefühl Georg Büchners*. Greifswald: Abel 1912.

[3] Gerhard P. Knapp: Rezension von *David G. Richards: Georg Büchner's Woyzeck, A History of Its Criticism*. Rochester, New York: Camden House 2001. In: *The German Quarterly* 75.4 (2002). S. 445–446. Hier: S. 445.

Forschungsliteratur werden. Sie lässt nicht vergessen, dass jegliche wissenschaftliche Beschäftigung mit Gegenständen der Literaturgeschichte sich stets zugleich im Spannungsfeld aktueller gesellschaftlicher Interessen und Wahrnehmungseinstellungen bewegt.

Lange war Büchner relativ wenigen nur als "der Dichter von *Danton's Tod*", dem einzigen zu Lebzeiten erschienenen literarischem Werk, bekannt. Inzwischen ergibt sich seine sprichwörtlich gewordene Gegenwärtigkeit überwiegend aus der offenbar noch immer steigerungsfähigen Wirkung von *Woyzeck*. Der fragil überlieferte 'Spätling' des Dreiundzwanzigjährigen hat nach dem langwierigen auf die Welt Kommen, begleitet von teils peinlich betroffener, teils empörter Zurückweisung, einen fulminanten Einzug in die Spielpläne aller Theater-Sparten in x-fach umgemodelter Gestalt geschafft. Wellen von Mal zu Mal weiter reichender Wirkung wechselten mit Zweifeln an seiner philologisch rechtmäßigen Existenz. Die kehren wieder. Wie kein Werk aus dem 19. Jahrhundert sonst regte es neue Schreibweisen im 20. an, wie kein anderes einzelnes Theaterstück nach Shakespeare treibt es das Schauspiel der Neuzeit dazu an, sich ein weiteres Mal zu erneuern. Ungeachtet der labilen Textlage, die zu beliebiger Bedienung aus dem lose überlieferten Bestand einlädt, erreicht es ein noch wachsendes Publikum in den fernsten Regionen, wird zunehmend häufig übersetzt und adaptiert, prägt das Schaffen von Autoren bis in die Gegenwart und strahlt auf andere Künste aus.

Und doch echot es auf das Stichwort "Jahrhundertdrama *Woyzeck*" aus dem weltweiten Raum in 0,14 Sekunden einige tausend Mal: "eigentlich hat es das 'Jahrhundertdrama' *Woyzeck* nie gegeben". Die Unken, die es weitersagen, können sich auf Prominente vom Fach berufen. Passend zum Abgesang auf die 68er-Bewegung, die vom "Büchner-Bazillus" infiziert war, von dessen Virulenz Hans Mayer 1964 gesprochen hatte ("In der Tat, er ist virulent in unserer Literatur und Wirklichkeit, der Büchner-Bazillus". Symptom: "unruhestiftendes Fragestellen"[4]), gab Klaus Kanzog 1973 die Devise aus: "Es gibt keinen *Woyzeck* -Text, sondern nur eine *Woyzeck*-Partitur".[5] Entschieden infragegestellt wurde die Tragfähigkeit der Textgrundlagen des von Büchner philologisch zweifelhaft hinterlassenen Werkes, das von so weit her

[4] Hans Mayer: Der Büchner-Bazillus in unserer Literatur. In: *Die Zeit* 30.10.1964.

[5] Klaus Kanzog: Wozzeck, Woyzeck und kein Ende. Zur Standortbestimmung der Editionsphilologie. In: *Deutsche Vierteljahrsschrift für Literaturwissenschaft und Geistesgeschichte* 47 (1973). S. 420–442. Hier: S. 430; Ders.: *Thesen zur Edition des 'Woyzeck'-Bandes im Rahmen der geplanten Marburger Büchner-Ausgabe.* Vortrag beim Editions-Kolloquium Georg Büchner in Marburg/Lahn am 24. März 1983; Ders.: *Faksimilieren, transkribieren, edieren. Grundsätzliches zu Gerhard Schmids Ausgabe des* "Woyzeck". In: *Georg-Büchner-Jahrbuch* 4 (1986). S. 280–294. Hier: S. 289.

wieder den Nerv einer anderen Zeit trifft, als sich herausstellte, dass, wie die Ausgabe Bergemanns, auch die Lehmanns nur eine falsche Sicherheit bot.

II.

Man ist geneigt, den Schicksalslauf des Textes als Pendant der früh abgebrochenen Lebensgeschichte des Autors zu lesen. Der Typhus, dem die durch Arbeitsüberforderung geschwächten Abwehrkräfte des Körpers nicht standhielten, hatte das kurz vor der tödlichen Erkrankung angekündigte Vorhaben des Autors, er werde das Werk "in längstens acht Tagen" zusammen mit *Leonce und Lena* und noch einem Drama "erscheinen lassen" (FA 2: 461), durchkreuzt.[6] Unter den Papieren des Toten fanden Wilhelm und Caroline Schulz, die, neben noch anderen politischen Flüchtlingen aus Hessen, im selben Haus wie Büchner wohnten, zusammen mit Wilhelmine Jaeglé, der aus Straßburg angereisten Verlobten, neben dem fertigen Lustspiel-Manuskript *Leonce und Lena* "ein beinahe vollendetes Drama", womit nur Woyzeck gemeint sein konnte.[7] Es würde zusammen mit den anderen hinterlassenen Schriften "demnächst im Druck erscheinen", kündigte Wilhelm Schulz in seinem *Nekrolog* vom 28. Februar 1837 an.

Es kam anders. Mehrere Jahrzehnte lang verblieb das in einem losen Komplex teilweise schlecht lesbarer Handschriften mit Teilen der Handlung auf unterschiedlichen Stufen der Entstehung ohne abschließend vereinende Reinschrift und ohne Titel enthaltene Werk ungehoben in den nachgelassenen Papieren des Autors. Die vertrackte Überlieferungslage war nicht der einzige Hinderungsgrund, auf den das lange Unterbleiben der Veröffentlichung zurückzuführen ist. Abgesehen von unmittelbar politischen Gründen, die zumindest mit ausschlaggebend waren für das Nichtzustandekommen der 1837 geplanten Herausgabe der hinterlassenen Schriften durch Karl Gutzkow, kamen prinzipielle Gründe inhaltlicher und formaler Art hinzu. Vor allem die Vermittelbarkeit einer Ästhetik, die sich markant abhebt von den geläufigen sowohl klassischen wie auch romantischen Mustern literarischer Formen- und Verbalsprache, bereitete die größten Schwierigkeiten. Das nach damaligen Begriffen Literaturunwürdige des Sujets, insbesondere des Milieus der Handlung, die den hohen Kunstanspruch einer Tragödie unterläuft, kommt am unmittelbarsten in der Anstößigkeit des Sprachgebrauchs der Figuren

[6] FA 2: 1222 zur Datierung der Mitteilung Büchners an Wilhelmine Jaeglé 1837 und FA 1: 695.

[7] Wilhelm Schulz: Nekrolog. In: *Schweizerischer Republikaner* No 17. Zürich 28. Februar 1837. Nachdruck in: Walter Grab unter Mitarbeit von Thomas Michael Mayer: *Georg Büchner und die Revolution von 1848*. (Büchner-Studien. Band 1). Königstein/Ts.: Athenäum 1985. S. 139–141.

zum Ausdruck. Allen Anzeichen nach scheint der Grund, der die lange geübte Zurückhaltung geraten sein ließ, sogar in erster Linie die Angst vor dem Skandal der Sprache gewesen zu sein.[8]

Die von Ludwig Büchner besorgte Ausgabe der *Nachgelassenen Schriften* seines Bruders erschien 1850 ohne *Woyzeck.*[9] Ein "ziemlich weitgediehene[s] Fragment eines bürgerlichen Trauerspiels ohne Titel" nennt Ludwig Büchner, der ungenannte Herausgeber, das Werk in der Einleitung seiner Ausgabe (N 39). Seine Entscheidung, es nicht aufzunehmen, begründete er damit, die Schrift sei zum größten Teil "durchaus unleserlich" und die entzifferten Szenen wären durch das Ausfallende nur "wenig unter einander in Zusammenhang zu bringen" (N 39). Später räumte er andeutungsweise die substanziellen Gründe für den Ausschluss ein: der Text enthalte "viel Triviales" und "Cynismen".[10] Der Gefährdung, vor dem Auftauchen aus dem Nachlass verloren zu gehen, wie die ebenfalls darin befindlich gewesenen originalen Überlieferungsträger von *Lenz* sowie von *Leonce und Lena* und ein Tagebuch,[11] entging *Woyzeck* durch die von Karl Emil Franzos vier Jahrzehnte nach Büchners Tod engagiert durchgesetzte Herausgabe.[12] Zum dafür gezahlten Preis gehören unausgewiesene Texthinzufügungen des Herausgebers zur Überbrückung von unentzifferten Stellen in den Handschriften, deren Weigerung, ihren Sinn preiszugeben, auch durch chemische Gewaltanwendung nicht zu brechen war. Verbindende Zusätze fügte Franzos auch da ein, wo die zeitübliche Dramaturgie Fehlstellen vermuten lässt, die sich indessen als von Büchner bewusst gesetzte funktionale Leerstellen erwiesen. Signifikant betroffen davon ist der nach klassischem Formverständnis fehlende Schluss, den das Stück erst dadurch bekam, dass der Herausgeber den Protagonisten durch eine kurze Regieanweisung eigenmächtig in dem Teich ertrinken lässt, in dem er sich nach dem Mord das Blut abwäscht und das Messer versenkt.

[8] Henri Poschmann: Textgeschichte als Lesergeschichte. Zur Entzifferung der Woyzeck-Handschriften. In: *Wege zu Georg Büchner.* Internationales Kolloquium der Akademie der Wissenschaften (Berlin/Ost). Hg. von Henri Poschmann unter Mitarb. von Christine Malende. Berlin-Bern-Frankfurt a. M.-New York-Paris-Wien: Lang 1992. S. 193–203 (zuerst in: *Weimarer Beiträge* [1989] II. S. 1796–1805).

[9] *Nachgelassene Schriften von Georg Büchner.* [Hg. von Ludwig Büchner.] Frankfurt a. M.: Sauerländer 1850.

[10] Karl Emil Franzos: Über Georg Büchner. In: *Deutsche Dichtung* 29 (1901). S. 195–203 und 289–300. Hier: S. 293.

[11] Bezeugt durch Wilhelm Schulz in seinem *Nekrolog* vom 28. Februar 1837.

[12] *Georg Büchner's Sämmtliche Werke und handschriftlicher Nachlaß.* Erste kritische Gesammt-Ausgabe. Hg. von Karl Emil Franzos. Frankfurt a. M.: Sauerländer 1879.

1920 wurde der Überlieferungsbestand der Wissenschaft zugänglich. Seitdem ist bekannt, dass der Regietext "ertrinkt", den Franzos Büchner unterschob und mit ihm alle Herausgeber anderer Ausgaben, die seinem Text folgen, in Büchners Handschrift nicht enthalten ist. Dennoch geistert das Drama mit dem falschen Schluss, so wie der ebenfalls von Franzos arrangierten klassischen Eröffnung mit der Szene, in der Woyzeck den Hauptmann rasiert, weiter umher in Online-Textangeboten. Da die intendierte Reihenfolge der Szenen aus dem noch unerforschten Text-Knäuel der Handschriften nicht ersichtlich war, konnte er sie nur selbst herstellen. Aber auch als man es schon besser wusste, nahm Fritz Bergemann, der Herausgeber der ersten wissenschaftlichen Gesamtausgabe der Werke und Briefe Büchners (1922), in die Auflagen ab 1926 eine Lesefassung mit dieser Eröffnungsvariante auf – nach der Vorgabe der frei arrangierenden Fassung von Ernst Hardt. Nach der von Franzos bildete diese Ausgabe im 20. Jahrhundert die am längsten tragende Grundlage der Rezeption.[13]

Dass Büchner einen quasi klassischen Dramenschluss mit dem Ertrinken Woyzecks nicht beabsichtigte, konnte man wissen, seitdem die Handschriften zugänglich waren. Denn Büchner hat noch eine Szene geschrieben, in der Woyzeck nach der Szene am Teich, von dort kommend noch einmal auftritt. Gezeichnet vom Geschehenen, möchte er sich seines Kindes annehmen, dessen Mutter, seine Geliebte, er umgebracht hat – mit Messerstichen, die die Welt und ihn mit hätten vernichten sollen. Das Kind wendet sich schreiend ab und läuft ihm mit dem schwachsinnigen Begleiter davon. Es ist die von Büchner ganz zuletzt geschriebene Szene, die letzte des Dramas, das keinen anderen Schluss als diesen prototypisch offenen haben sollte.

Das war durch die genetische und dramaturgische Analyse des überlieferten Materials zu erschließen. Zwanzig Jahre lang, genauer seit 1990, wurde es bestritten, weil davor hundert Jahre lang im Gegenteil angenommen worden war, die Szene gehöre zusammen mit einer anderen auf demselben Blatt einer frühen Entwurfsstufe an und sei durch vermeintlich später Geschriebenes überholt. Man glaubte das, weil man bei allem Eifer im Ausräumen der durch Franzos verfälschten Tradierung nicht bemerkte, dass eine Konjektur, die alle späteren Editionen übernahmen, Folge eines dieser Operation fatal anhaftenden Missverständnisses war. Erst die Verdrehung

[13] *Georg Büchners sämtliche Werke und Briefe, auf Grund des handschriftlichen Nachlasses Georg Büchners*. Hg. von Fritz Bergemann. Leipzig: Insel 1922; *Georg Büchner. Werke und Briefe. Gesamtausgabe*. Hg. von Fritz Bergemann. Frankfurt a. M.: Insel 9. berichtigte Aufl. 1962 [12. Aufl. 1974]; *"Woyzeck". Eine Tragödie von Georg Büchner*. Nach den neu entzifferten Handschriften für Leser und Bühne hergestellt. Hg. von Ernst Hardt. Leipzig: Insel [1921] (Insel-Bücherei Nr.92).

der anzunehmenden Entstehungsfolge der Handschriften, die der Eingriff bewirkte, brachte die Anmutung unauflöslicher Widersprüchlichkeit und Fragmenthaftigkeit auf relativ früher Entstehungsstufe mit sich. Die Einschätzung verschob sich von "ein beinahe vollendetes Drama" (Wilhelm Schulz 1837) bei unbefangener ersten Inaugenscheinnahme (was sich besser mit Büchners Ankündigung vor der Erkrankung Anfang 1837 verträgt, er werde es "in längstens acht Tagen […] erscheinen lassen"), bis zur Bezweiflung der Möglichkeit, aus dem überlieferten Textbestand eine philologisch verantwortbare Werkfassung zu edieren.

Letztendlich aber haben die Materialität der Handschriften vergleichende Analysen dem alten Glauben, zu dessen Stützung sie von den Marburger Büchner-Editoren angefordert worden waren, den Boden entzogen und das Resultat der Textanalyse bestätigt, die der *Woyzeck*-Edition in der Frankfurter Ausgabe zugrunde liegt.[14] Unterdessen hat die Forschungsrichtung, die sich von der Fehlannahme, in der die *Woyzeck*-Philologie von Witkowski bis Schmid, bei ansonsten erheblicher Differenz, unisono Franzos gefolgt war, nicht abbringen lassen mochte, diesen Konstruktionsfehler, der schon die Editionen von Bergemann und Lehmann, ebenso wie die von Krause und Bornscheuer, zum Schiffbruch verurteilt hatte, auch in den Bauplan der Marburger Ausgabe implementiert.[15] Doch nun tut sie sich schwer damit, den Schiedsspruch der Tintenanalysen zu verarbeiten. Die Folgen sind diesmal desaströser als in den vorgängigen Fällen.

Das zeigt: der Preis, den Franzos mit seinen das Werk rettenden Notoperationen zahlte, belastet die *Woyzeck*-Edition nachhaltig als eine

[14] *Georg Büchner. "Woyzeck".* Nach den Handschriften neu hergestellt und kommentiert. Hg. von Henri Poschmann. Leipzig: Insel 1984 (Insel-Bücherei Nr. 1056); Frankfurt a. M.: Insel 1985 [2. Aufl. 1987]; FA 1; 143–219; Georg Büchner: Woyzeck. Hg. von Henri Poschmann. Frankfurt a. M.: Suhrkamp 2008 (Suhrkamp BasisBibliothek 94).

[15] *Georg Büchner: Woyzeck. Nach den Handschriften des Dichters.* Hg. von Georg Witkowski. Leipzig: Insel 1920; *Georg Büchner. "Woyzeck". Faksimileausgabe der Handschriften. Transkription, Kommentar, Lesartenverzeichnis.* Hg. von Gerhard Schmid. Leipzig: Edition 1981; dass.: Wiesbaden: Reichert 1981; *Georg Büchner. Sämtliche Werke. Historisch-kritische Ausgabe mit Kommentar.* Hg. von Werner R. Lehmann. 2 Bände. Hamburg: Wegner 1967–1971; *Georg Büchner. Woyzeck. Texte und Dokumente.* Hg. von Egon Krause. Frankfurt a. M.: Insel 1969; *Georg Büchner, "Woyzeck". Kritische Lese- und Arbeitsausgabe.* Hg. von Lothar Bornscheuer. Stuttgart: Reclam 1972; *Georg Büchner: Sämtliche Werke und Schriften.* Historisch-kritische Ausgabe mit Quellendokumentation und Kommentar. Marburger Ausgabe. Band 7.1: *Woyzeck.* Text. Hg. von Burghard Dedner und Gerald Funk unter Mitarb. von Per Röcken. Band 7.2: Text, Editionsbericht, Quellen, Erläuterungsteile. Hg. von Burghard Dedner unter Mitarb. von Arnd Beise, Ingrid Rehme, Eva-Maria Vering und Manfred Wenzel. Darmstadt: Wissenschaftliche Buchgesellschaft 2005.

schwere Hypothek. Mit der unbestreitbar erfolgreichen philologischen Berichtigungsarbeit hielt man sie, hundert Jahre nach dem Erstdruck, zu früh für bereits abgetragen. Ein unterschätzter Restbetrag ist unbeglichen geblieben. Es zeigt auch, wie wenig man in Marburg aus der Geschichte der *Woyzeck*-Edition gelernt hat. Im Übrigen wäre es angesichts der Lage, die der erste Herausgeber vorfand, sachlich falsch und ein Verkennen des Verdienstes von Franzos, wollte man ihm die ursächliche Schuld für so gut wie alle Verirrungen der Editionsgeschichte zuweisen. Auch die professionellen Herausgeber haben so manches in den Text hineingelesen, was nicht drinsteht, und vieles verschüttet.

III.

Was die *Woyzeck*-Editionsphilologie in extremer Weise herausfordert, ist die Verquickung von Defiziten der Produktion im Erscheinungsbild der Überlieferung auf der einen Seite mit konstitutiven Momenten innovativer Gestaltung auf der anderen. Dazu gehören die Geteiltheit und Offenheit der Sprache zugunsten von Inhalten und Ausdruckswerten, die in herkömmliche Formmuster eher keinen Eingang fänden, so wie auch eine episodisch erweiterte Handlungsstruktur, die gegenüber einspurigem Verlauf komplexere Determinierungen des Verhaltens und der dramatischen Verwicklung aufweist. Welche Elemente im Zweifelsfall auf den einen oder auf den anderen Grund zurückzuführen sind und damit nach der Seite von Unvollständigkeit und frühem Entwurfsstadium hin ausschlagen oder nach der Seite des Innovativen, ist abhängig von der maßgeblichen Gattungsnorm und der für sie historisch gegebenen Toleranzbreite. Dabei wirkt sich im vorliegenden Fall die erhebliche Differenz zwischen dem historischen Kontext der Entstehung im Vormärzjahr 1837 und dem des Erscheinens 1875/1879 gravierend auf das Textschicksal aus. Unterdessen trat infolge der Normablösungen im 20. Jahrhundert eine den Blickwinkel erweiternde Verschiebung des Bezugsrahmens ein. In Kenntnis der modernen Dramen und besonders der Brechts zeichnet sich der Zug zur offenen Form deutlich als übergreifender Trend der Innovation ab. An einer historischen Bruchstelle zwischen Klassik und Neoklassizismus potenzierte Büchner in diesem Trend, was er dazu an Ansätzen vom Sturm und Drang (Lenz) her vorfand. In dieser Perspektive relativiert sich die weitgehende Einschränkung des Werkstatus auf Fragment – im Wandel der allgemeinen Lektüreeinstellung freilich ungleichmäßig nachvollzogen.

Erst als der große Bankenkrach 1873 von Wien über Berlin bis New York die Gründerjahre schon eingeholt und das neue deutsche Kaiserreich ebenso wie das alte österreichische in eine jahrelange Wirtschaftskrise gestürzt hatte, begann die wechselvolle Druckgeschichte des Werkes. Karl Emil Franzos, dem österreichischen Erzähler aus der Ghetto-Welt der Juden Galiziens, kommt das Verdienst der späten Erstveröffentlichung zu. Nach dem von ihm verlesenen Namen des Protagonisten erschien *Wozzeck. Ein Trauerspiel-fragment*, 1875 in Auszügen, 1878 vollständig als Zeitungs- und Journal-Vorabdruck und 1880 in der ersten Gesamtausgabe – wiederum nur entschärft und mit Fremdtext aufbereitet, wie seinerzeit (1834 und 1835) *Der Hessische Landbote* und *Danton's Tod.*[16]

Dessenungeachtet hätte, wer 1878, als die vom "Gründerkrach" ausgelöste Krise mit der größten Zahl von Banken- und Firmenpleiten gerade ihren Tiefpunkt erreichte, in dem druckfrischen Text Büchners las: "Selbst das Geld geht in Verwesung über", denken können, es wäre eben erst geschrieben worden. Und wenn der Handwerksbursche, der das im Schnapsdusel äußert, in derselben Wirthausszene singt: "Ich hab ein Hemdlein an, das ist nicht mein, /meine Seele stinket nach Branntewein", legte das fatale Assoziationen nahe – in dem Augenblick, wo viele Arbeiter, die man während der Aufschwungsphase der Industrialisierung in die Fabriken und auf Baustellen geholt hatte, wieder auf die Straße geworfen und mit ihren Familien akutem Elend ausgeliefert wurden. Eine wachsende Produktion von billigem Branntwein (aus Kartoffeln) lieferte schon in den früheren Jahrzehnten des Jahrhunderts den Stoff, der die Angehörigen der "leidenden Klasse" ihr Elend vergessen machen sollte. Als der ärmste tragische Held, dem je ein Drama gewidmet war, durchzudrehen droht, weil er nicht damit fertig wird, dass ihm seine Liebe kaputtgemacht wird, das einzige, was er hat in seinem fremdbestimmten Leben, da sagt sein treuherziger Kamerad in der Kaserne, wo es nur ein Bett für je zwei Soldaten gibt, auch zu ihm: "Du mußt Schnaps trinke". Die Stelle lässt Franzos in seiner Fassung aus.

Die Begegnung mit einem so defizitären, psychisch gestörten "Helden", verstört von Halluzinationen wie der historische Woyzeck, musste irritierend wirken auf ein Publikum, das es gewohnt war, von Gestalten anderen Formats beeindruckt zu werden. Verwirrt von allerhand mystischen Erzählungen, die man das Volk glauben lässt, ist er offenbar ohnehin, aber nicht ohne Verstand, nicht dümmer als sein Dienstherr, der Hauptmann, der sich etwas einbildet auf das bisschen Schulwissen, zu dem sein Untergebener keinen Zugang hatte. Ihm fehlt von vornherein die sprachliche Kompetenz, mitreden zu können, gar mit der von einem Bühnenhelden erwarteten Eloquenz die Szene zu beherrschen. Eine verfängliche Quelle der Irritation besteht darin, dass Büchner mit der Bloßstellung des Missbrauchspotentials der Vorführpraxis gleichzeitig auch die Verfügung über die Sprache sozialkritisch problematisiert. Er

[16] Aus Georg Büchner's Nachlaß. Wozzeck. Hg. von Karl Emil Franzos. In: *Neue Freie Presse*. 5. und 23.11.1875; "*Wozzeck*". Ein Trauerspiel-Fragment von Georg Büchner. Hg. von Karl Emil Franzos. In: *Mehr Licht! Eine deutsche Wochenschrift für Literatur und Kunst*. 5., 12., 19.10.1878. S. 5–7, 21–24, 39–42.

überdeckt die Kluft nicht, die den Dialog, von dem das Theater lebt, im Grunde gar nicht zulässt, sondern zeigt sie auf: in der Sprachnot der Figur. Seinen Protagonisten lässt er nicht Worte nachsprechen, mit denen er ihm aushelfen könnte, mutet dem geknechteten Ungebildeten nicht zu, in der Sprache seiner Herren zu radebrechen. Als der Hauptmann ihn moralisch belehren möchte, hält er ihm aus seiner Erfahrung und der seinesgleichen ("arme Leut' ") heraus mit einem Wort entgegen, was die Gesellschaft in oben und unten teilt: "Geld, Geld! Wer kein Geld hat! –". Mit dem Selbstbild der Gesellschaft, das sich in der Pracht der zu der Zeit erbauten Theaterhäuser spiegelt, vertrug sich das schlecht. Der Zeitgeschmack im Zeichen des nachrevolutionären Arrangements von Bürgertum und Adel unter dem Schirm von Thron und Altar verschloss sich der Wahrnehmung so "niederer" Bereiche der Lebenswirklichkeit, die das Stück zumutet. Nur eine geringe Anzahl der gedruckten Exemplare von Franzos' Büchner-Ausgabe fanden Käufer.

Der von ihm edierte Text machte dennoch Geschichte. Andere Ausgaben, die sich seiner im 20. Jahrhundert bedienten, verhalfen ihm mit der Zeit zu durchdringender Wirkung. Noch eines weiteren Generationswechsels bedurfte es bis zum Sprung auf die Bühne. Der ästhetische Tabubruch des Naturalismus, dem die Innovationsschübe des Symbolismus, der Neoromantik und des Expressionismus unmittelbar folgten, begünstigte ihn.

Noch immer zur Unzeit und doch gerade rechtzeitig als Faustpfand für die Zukunft, kam *Wozzeck* zunächst heraus. Ibsen (*Stützen der Gesellschaft*, dt. 1877), Hauptmann (*Vor Sonnenaufgang*, 1889) und Wedekind (*Frühlings Erwachen*, 1891) waren noch weit vor den Toren. Man schwelgte noch in epigonaler Poesie eines Emanuel Geibel (1815–1884).

Das Theater war weiter denn je entfernt von dem, was Büchner vorgeschwebt hatte. In dekorativ überladen ausgestatteten Aufführungen beherrschte das restaurierte Modell des klassizistischen Dramas nach neu normierter Bühnenaussprache in deklamatorisch betonter "Hochlautung" die Bühne. Gustav Freytag setzte in seiner Dramenlehre *Die Technik des Dramas*, mit der er die Form- und Gehaltsbestimmungen des klassischen Dramas der geschlossenen Form für den Gebrauch in dem veränderten geschichtlichen Kontext festschrieb, einen Markstein, an dem man ablesen kann, welche uneingeholte Grenz-Überschreitung Büchner bereits vollzogen hatte, ermöglicht durch den Zeitvorsprung seiner Erfahrung der Klassenkämpfe in Frankreich nach 1830 und seine naturwissenschaftlich disponierte Schreibweise.[17] Zugleich ist daran zu ermessen, auf welche historisch durch den Entwicklungsrückstand Deutschlands gegebenen Hürden über die ungeahnt

[17] Gustav Freytag: *Die Technik des Dramas*. Leipzig: Hirzel 9. Aufl. 1901 [1. Aufl. 1863].

schwierige Erschließung der Überlieferung hinaus die Edition vor allen von Büchners unveröffentlichtem Theaterstück stieß.

Freytags Maßgaben, nicht nur für den Aufbau, sondern auch für die inhaltlichen, das Sujet und den Protagonisten des Dramas betreffenden Vorschriften lesen sich wie maßgeschneiderte Ausschlussbestimmungen des Theaters für ein Stück wie *Woyzeck*. Aus dem Axiom, dass der Gegenstand eines ernsten Dramas "ein hoher" und seine "Behandlung eine würdige" sein müsse, folgt, dass der Held, um dem Publikum eine entsprechend "hohe Anteilnahme" abzugewinnen, außer seiner Natur nach auch durch sein Lebensumfeld und einen "reichlichen Anteil an der Bildung, Sitte, der geistigen Tüchtigkeit seiner Zeit" diesem Anspruch genügen müsse. Entscheidend für die Eignung zum Dramenhelden sei, ob der Betreffende "ein großes Ziel hat und ob das Gegenspiel eine entsprechende, achtungswerte Tätigkeit entwickelt". Unentbehrlich ist, dass er "die Fähigkeit besitzt, sein Inneres in großartiger Weise mit einer gewissen Reichlichkeit der Worte auszudrücken".[18]

> Deshalb sind solche Klassen der Gesellschaft, welche bis in unsere Zeit unter dem Zwang epischer Verhältnisse stehen, deren Leben vorzugsweise durch die Gewohnheiten ihres Kreises gerichtet wird, welche noch unter dem Druck solcher Zustände dahinsiechen, die der Hörer übersieht und als ein Unrecht verurteilt, solche endlich, welche nicht vorzugsweise befähigt sind, Empfindungen und Gedanken schöpferisch in Rede umzusetzen, zu Helden des Dramas nicht gut verwendbar.[19]

Vorbeugend wird eindringlich gewarnt:

> Wenn vollends ein Dichter die Kunst dazu entwürdigen wollte, gesellschaftliche Verbildungen des wirklichen Lebens, Gewaltherrschaft der Reichen, die gequälte Lage Gedrückter, die Stellung der Armen, welche von der Gesellschaft fast nur Leiden empfangen, streitlustig und tendenzvoll zur Handlung eines Dramas zu verwerten, so würde er durch solche Arbeit wahrscheinlich die Teilnahme seiner Zuschauer lebhaft erregen, aber diese Teilnahme würde am Ende des Stückes in einer quälenden Verstimmung untergehen.[20]

Offenbar sah Freytag voraus, dass Gestaltungen des Grundwiderspruchs der kapitalistisch neu klassengeteilten Gesellschaft auf die Bühne drängen würden. Die nach 1848/49 ausgeblendete "soziale Frage", die die Revolution auf die Tagesordnung gesetzt hatte, wuchs sich infolge der extensivierten Ausbeutung der lohnabhängigen Bevölkerung zum Problem mit bedrohlich anwachsender Sprengkraft aus. Freytag vertrat zusammen mit Julian Schmidt maßgeblich das bürgerlich-liberale Programm des Realismus, das auf Stoffe

[18] Freytag 58.
[19] Freytag 58f.
[20] Freytag 59.

aus der Wirklichkeit der eigenen Zeit hinlenkte und daran die Forderung poetischer Verklärung des Dargestellten knüpfte. Hinsichtlich des Formprinzips war das im Nachmärz entwickelte Programm eine nur mäßig abgewandelte Nachauflage des Weimarer Klassizismus, und als solches mit dem "durch Blut und Eisen" (Bismarck) in drei aufeinander folgenden Kriegen Preußens geschaffenen gesellschaftlich-politischen System konform. Dieses Realismus-Programm aktualisierte die ästhetische Frontlinie, gegen die Büchner angeschrieben hatte. Musterhaft verwirklicht in Freytags monumentalem Zeitroman *Soll und Haben* (1855), der 1926 die 128. Auflage erreichte, war es in der Tat außer gegen die Romantik prononciert gegen die noch radikalere literarisch-ästhetische Revolution Büchners gerichtet. Julian Schmidt hat schon bei Gelegenheit seiner Rezension der *Nachgelassenen Schriften* das überragende Format Büchners erkannt, gleichzeitig seine ästhetische Orientierung dezidiert als eine gegnerische ausgemacht, und zwar als "eine, die wir nicht genug bekämpfen können".[21] Die ästhetische Konfrontation deckt sich bei ihm lückenlos mit der politischen. Zum Schluss seiner Rezension denunziert er Büchners Rolle "an der Spitze einer ziemlich verbreiteten geheimen Gesellschaft, welche Brandpamphlete in die Hütten des Volks schleuderte, um einen Krieg der Armen gegen die Reichen zu erregen".[22]

Der Prototyp des sozialen Dramas hatte vorerst bestenfalls zurechtgestutzt auf bürgerliches Trauerspiel-Format die Chance, gedruckt zu werden. Die Zurückweisung des Werks auch in dieser Gestalt als "tolles, wüstes Zeug" durch die Kritik entsprach folgerichtig den Kriterien, die ein Drama Freytag zufolge zu erfüllen hatte.[23] Den Anpassungszwang der Erwartungseinstellungen, denen Franzos sich ausgesetzt sah, verstärkten Bedenken der Familie Büchner, die eine Rufschädigung durch Veröffentlichung des Textes befürchtete. Angesichts dessen spricht der Tatbestand der "überwiegenden Aufnahme von *Wozzeck* als soziales, revolutionäres Drama"[24] von der Uraufführung 1913 bis um die Mitte der 1920er Jahren nach der Vorlage von Franzos, für sich. Noch der Rezeption der Expressionisten und ursprünglich der Brechts liegt die Textvorlage von Franzos zugrunde. Überdauert hat sie als Libretto in Bergs Oper *Wozzeck* (UA 1925), deren Erfolg Büchner rund um die Welt bekannt machte.

Das Werk war schon nicht mehr wegzudenken aus den aktuellen ästhetischen, gesellschaftspolitischen und naturwissenschaftlich orientierten Diskursen, als

[21] Julian Schmidt: Nachgelassene Schriften von G. Büchner. In: *Die Grenzboten* (1851). S.121–128. Hier: S. 123.
[22] Schmidt 127.
[23] Erich Schmidt. In: *Deutsche Litteraturzeitung*. 11.12.1880.
[24] Wolfgang Viehweg: *Georg Büchners 'Woyzeck' auf dem deutschsprachigen Theater*. Krefeld: Selbstverlag 2008. 2. Teil. Band 1. S. 13.

sich der von Franzos edierte Text 1920 als extensiv eingreifende Bearbeitung herausstellte. Der Wechsel des Titelnamens *Wozzeck*, mit dem der Erstherausgeber das Stück notgetauft hatte, zu *Woyzeck* nach dem 1914 von Hugo Bieber entdeckten Quellenmaterial zu dem historischen Fall wurde zum Signum einer ersten Krise, in der die Editionsphilologie mit einem schon zum Besitzstand gewordenen Anspruch der Rezeption akut in Konflikt geriet. Die Handschriften, nach denen Georg Witkowski den Text neu edierte, waren dadurch zugänglich geworden, dass Anton Kippenberg die Reste des Büchner-Nachlasses, die sich bis 1918 noch im Besitz der Familie befanden, für den Leipziger Insel-Verlag zur Auswertung erwarb. 1924 überließ er sie dem Goethe- und Schiller-Archiv in Weimar.

Witkowski konnte in seiner Edition den Wortlaut der einzelnen Handschriften weitgehend berichtigt wiedergeben, aber wegen ihrer noch unklaren Ordnung keine zusammenhängende Werkfassung vorlegen. Diesem Bedürfnis suchte Fritz Bergemann in einem Kompromiss mit der Respektierung der unterschiedlichen Autorisation, die die Teilhandschriften aufzuweisen schienen, gerecht zu werden. Doch weder den vollständigen Entzug der 27 Szenen, die bei Franzos und in populären Nachfolge-Ausgaben das ganze Drama ausmachen, noch die Verbannung einer ganzen Reihe davon in die Anmerkungen, wollte die Leser- und Theater-Gefolgschaft Büchners sich gefallen lassen. Für sie bestand Arnold Zweig in der Begründung seiner Büchner-Ausgabe 1923 darauf, den unverkürzten *Wozzeck* von Franzos nicht gegen einen aufführungsuntauglichen *Woyzeck* von Witkowski und auch nicht gegen einen gekappten von Bergemann eintauschen zu wollen.

Da nun *Wozzeck* eines der ganz wenigen Dramen deutscher Zunge ist, deren Vorhandensein auf der Bühne von bedingungslosester Notwendigkeit ist, mußte der Versuch von Franzos und Landau weitergeführt und die Szenenfolge nach den Gesetzen dramatischer Gestaltung von der Überlieferung abweichend bestimmt werden, so, daß keine Szene wegzufallen brauchte, und die erschütternde und erhabene Kraft der Dichtung trotz ihrer unvollendeten Gestalt voll in Erscheinung trat.[25]

Als *Wozzeck* präsentierten auch die erfolgreicheren Ausgaben, die sich des von Franzos bearbeiteten Textes bedienten, das Werk. Die Freiheit, die Abfolge der Szenen ohne Akteinteilung zu ändern, nahmen sich die Herausgeber, weil Franzos sich dabei ebenfalls nur auf sich selbst angewiesen fand. Der unklare Zusammenhang der Handschriften mit den ungewöhnlich kurzen Szenen, die ihm austauschbar vorkamen, ließ ihn annehmen, Büchner habe sie nicht in der Reihenfolge der Handlung, sondern ungeordnet, wie es ihm

[25] *Georg Büchners sämtliche poetische Werke nebst einer Auswahl seiner Briefe.* Hg. und eingel. von Arnold Zweig. München-Leipzig: Rösl & Cie. 1923. S. XLIX.

gerade eingefallen sei, niedergeschrieben. Namentlich waren das die Werkausgaben von Paul Landau 1909, Rudolf Franz 1912 und Wilhelm Hausenstein 1916 mit dramaturgisch verbesserter Szenen-Anordnung.[26] Die Ausgabe Landaus im 1908 in Berlin gegründeten Verlag von Paul Cassirer präsentierte Büchner im Verlagsprogramm quasi als Zeitgenossen der kulturellen Avantgarde, zusammen mit Frank Wedekind, Ernst Toller, Carl Sternheim, Heinrich Mann, Georg Lukács und Ernst Bloch neben Else Lasker-Schüler, Max Liebermann, Ernst Barlach, Max Beckmann, Marc Chagall, Rudolf Grossmann, Ludwig Meidner und Oskar Kokoschka. Die Ausgabe von Rudolf Franz (1912), der an der Szenenfolge von Franzos festhielt, diente dem Projekt der von Hugo von Hofmannsthal initiierten und mitgestalteten Uraufführung am Münchner Residenztheater am 8.11.1913 (Hand in Hand mit Alfred Roller, dem Bühnenraumgestalter, der in Zusammenarbeit mit Gustav Mahler seit 1905 mit der Einführung eines modernen Aufführungsstils die Wiener Hofoper entrümpelte).

IV.

Durch die starke Deutungsbedürftigkeit der Überlieferungslage bedingt, stellt das Werk auch nach der Ablösung der Ära Franzos durch die Etablierung der Ausgaben Fritz Bergemanns im Insel-Verlag sich höchst ungleich im Umfang dar, mit Abweichungen in den Bestandteilen der Handlung und in der Reihenfolge der Szenen. Der Umfang schwankt von 16 bis 31 Szenen. Das Drama beginnt mit der Szene, in der Woyzeck den Hauptmann rasiert. Oder es wird, wie Fritz Bergemann 1922 richtig erkannte, eröffnet mit der Szene "Freies Feld. Die Stadt in der Ferne", in der Woyzeck mit seinem Kameraden Stöcke schneidet und sich durch Wahrnehmungstäuschungen von apokalyptischen Vorstellungen verstört zeigt.

Nach aristotelischer Spielart hätte an dieser Stelle eine Exposition in die Konstellation einzuführen, aus der sich die Verwicklung des Protagonisten in einen Konflikt mit einem zentralen Gegenspieler entwickelt. Auch die Dramatiker des Naturalismus, die Büchner, was die Stoffwahl und den Inhalt angeht, näher stehen als dem klassischen Modell, erfüllen diese Erwartung noch. Woyzeck dagegen liegt von Anfang an im Clinch mit einer komplexen Übermacht, die ihm unheimlich, weil unergründlich, ist.

In der ersten Niederschrift Büchners eröffnet die Rummelplatz-Szenerie das Drama, wo die Begegnung der weiblichen Hauptperson Marie (in der

[26] *Georg Büchners Gesammelte Schriften in zwei Bänden*. Hg. von Paul Landau. Berlin: Cassirer 1909; Georg Büchner: *Dramatische Werke*. Mit Erklärungen. Hg. von Rudolf Franz. München: Birk 1912; Georg Büchner: *Gesammelte Werke, nebst einer Auswahl seiner Briefe*. Eingeleitet von Wilhelm Hausenstein. Leipzig, Insel 1916.

ersten Teilhandschrift war der Name noch Margreth) in Begleitung des Protagonisten (in der Sprecherangabe zuerst nur "Soldat", dann die Teilhandschrift mit der Eifersuchts- und Mordhandlung hindurch "Louis") mit dem Tambourmajor den Konflikt der zentralen Handlung anbahnt. Der Rivale war hier noch "Unteroffizier"; diese Bezeichnung geht in einem Teil der Foliohandschrift, der sich auf der zweiten Ausarbeitungsstufe befindet, auf den Begleiter über, den der Rivale, nun "Tambourmajor", an die Seite bekommt.

Das Drama endet in keiner Version mit der schrecklichen Tat, als einer alles beendenden Katastrophe (nichts im überlieferten Textmaterial gibt dazu eine Handhabe). Es endet je nach Herausgeberentscheidung nach der Ermordung der Geliebten mit dem Ertrinken des Mörders im Teich, wo er sich vom Blut reinigte und das Tatmesser versenkte, oder mit seiner Rückkehr von dort zum Kind der Ermordeten, das auch seins ist. (Eine Begegnung, die schlimmer ist, als jedes Ende in Schrecken es sein könnte.) Oder es schließt daran noch die Szenenskizze "Gerichtsdiener, Barbier, Arzt, Richter" als groteskes Nachspiel an, von dem nur die eine Replik ausgeführt ist, die den "guten", "echten", "schönen" Mord vom Standpunkt der Systemstützen moralisch, wissenschaftlich und ästhetisch selbstzufrieden lobpreist. Im Brennspiegel der Wahrnehmungseinstellung wird die im teleologischen Weltverständnis 'höhere' Rechtfertigung der gnadenlosen Verwertung von Menschen wie Sachen Empörung evozierend gebrandmarkt. Ob Büchner den schockierend zynisch klingenden Schlussakkord beibehalten hätte, lässt der aus den Handschriften ersichtliche letzte Stand der Arbeit nicht ganz ohne einen Rest von Wahrscheinlichkeit offen.

V.

Man war im literaturgeschichtlichen Vorverständnis verschiedentlich kurzschlüssig davon ausgegangen, dass "Büchner sich in die gegen-klassische Tradition der Mitleidspoetik einreiht",[27] in der Lessing (expliziert 1767 in der *Hamburgischen Dramaturgie*) Impulse der Empfindsamkeit kultivierenden Strömung der Aufklärung verarbeitete. Diese Einordnung gehört auch zu dem von Burghard Dedner geäußerten Vorverständnis bei seiner Herausgabe von *Woyzeck*.[28] Büchner teilte aber nicht mehr die Epochenzugehörigkeit Lessings und damit die vorrevolutionäre Illusion der Reformierbarkeit der Gesellschaft durch moralische Aufklärung. Als kritischer Zeitgenosse der

[27] Hans Jürgen Schings: *Der mitleidigste Mensch ist der beste Mensch. Poetik des Mitleids von Lessing bis Büchner*. München: Beck 1980. S. 79. Vgl. dazu: Henri Poschmann: *Georg Büchner. Dichtung der Revoultion und Revolution der Dichtung*. Berlin-Weimar: Aufbau 1983 [3. Aufl. 1988]. S. 268-285.

[28] Burghard Dedner: "Wie ein Mensch der stirbt": Über Schreib-Lern-Prozesse in Büchners "Woyzeck". In: *Der Deutschunterricht* 54.6 (2002). S. 34–46.

modernen Gesellschaft der 1830er Jahre in Frankreich steht er Brecht näher als Lessing. In seinem Erfahrungsbericht über die Schwierigkeiten, das Theater den neuen Beziehungen der Menschen entsprechend zu verändern, schrieb Brecht 1929 in *Über Stoffe und Formen*, dass damit begonnen werde, für die zu erforschenden neuen Stoffe neue dramatische und theatralische Formen zu entwickeln. Es dreht sich bei dem, was die Handlungen bewegt, nicht mehr um Tugend, sondern um Geld, besonders darum, ob die Person im Zentrum des Geschehens welches hat oder nicht, und wenn nicht, wie sie, mit welchen Einsatz und Risiko zu etwas kommt, um überhaupt zu leben.

Es mag Zufall sein, dass im selben Jahr 1929 das Buch erschienen war, in dem Erwin Scheuer beschrieb, welchen Weg Büchner zur Lösung der Aufgabe beschritt.[29] Doch ist es ein deutlicher Hinweis auf den Ort Büchners im historischen Prozess, der sich auf die Rezeption auswirkt und der für die Edition angemessen in Rechnung zu stellen ist. Brechts Erfahrung, dass Arbeitslosigkeit und Wirtschaftskrise sich gegen die fünf Akte sträuben, und sein Bemerken, dass es lächerlich wäre, in Jamben über Geld zu sprechen, ging Büchners Verarbeitung der Pluralität der Abhängigkeitsverhältnisse des unter dem Existenzminimum lebenden, mehrfach beschäftigten Woyzeck in einem nichtaristotelischen Drama voraus. Die drei Einheiten (Handlung, Zeit, Ort) brechen auf. Bei den stoffbedingt komplexer werdenden Vorgängen widersetzt das Drama sich einem ultimativen Schluss. Heiner Müller macht aus der "Not von gestern" eine "Tugend von heute", wenn er findet: "Die Fragmentierung eines Vorgangs betont seinen Prozesscharakter, hindert das Verschwinden der Produktion im Produkt, die Vermarktung macht das Abbild zum Versuchsfeld, auf dem Publikum koproduzieren kann".[30]

Für Ludwig Büchner, ebenso noch für Franzos, ergab sich zwangsläufig die Einordnung von *Woyzeck* in die Gattung bürgerliches Trauerspiel. Sie hatten gar kein passenderes Anschauungsmuster, es war für sie das modernste. Wenn man ihrer Zuordnung 2002 folgt, wie Burghard Dedner es tut,[31] ist dies etwas anderes – eine eher historistisch als historisch zu nennende Anschauungsweise, die sich einem Verständnis der Gegenwärtigkeit von Gegenständen der Vergangenheit verschließt. Die Kommunizierbarkeit von

[29] Erwin Scheuer: *Akt und Szene in der offenen Form des Dramas dargestellt an den Dramen Georg Büchners*. Berlin: Ebering 1929.
[30] Heiner Müller: Ein Brief. In: H. M.: *Theater-Arbeit*. Berlin: Rotbuch 1975 (Texte 4). S. 125. Vgl. Michael Braun: "*Hörreste, Sehreste*". *Das literarische Fragment bei Büchner, Kafka, Benn und Celan*. Köln-Weimar-Wien: Böhlau 2002. S. 26. Dazu auch: Ulrich Kaufmann: Noch immer rasiert Woyzeck seinen Hauptmann. . . . Zum Problem des Fragmentarischen bei Georg Büchner und Heiner Müller. In: *Georg-Büchner-Jahrbuch* 7 (1988/89). S. 329-336 und Günter Hartung: Die Technik der Woyzeck-Entwürfe. In: *Wege zu Büchner*. S. 204-233. Hier: S. 204 und 233.
[31] Dedner, "Wie ein Mensch der stirbt".

Woyzeck nachgerade als Gegenwartsliteratur, die die fulminante Rezeptionsgeschichte belegt, kann in dieser Sicht nichts anderes als ein Missverständnis sein. Vermittels von Momenten, die der freilich sehr anderen damaligen Zeit und der Gegenwart gemeinsam sind, ist sie indessen unbestreitbare Realität. In ihrer Einführung in das bürgerliche Trauerspiel und das soziale Drama hat auch Franziska Schößler *Woyzeck* noch 2003 ein "bürgerliches Trauerspiel" genannt.[32] 2009 indessen beschreibt sie Büchner, der einen depravierten "Protoproletarier" zum Protagonisten wählt und den Schwerpunkt vom Standeskonflikt auf die Ökonomie verlagert, als den "'Diskursbegründer' des sozialen Dramas", der mit dem Tugendkonzept des bürgerlichen Trauerspiels bricht, das den seit Lessing erweiterten Kreis ästhetisch repräsentationsfähiger Gesellschaftsklassen gegen die Unterschicht "abriegelt".[33]

Dedner bestreitet mit seiner gattungsgeschichtlichen Zurückdatierung von *Woyzeck* auf die Dramenpoetik des 18. Jahrhunderts – zuerst in dem Aufsatz *Die Handlung des "Woyzeck": wechselnde Orte – "geschlossene Form"* – zugleich die Zugehörigkeit von *Woyzeck* zum Strukturtyp des Dramas der offenen Form, und damit implizit Büchners Position im Traditionszusammenhang mit Lenz und Brecht.[34] Das Unterfangen stößt auf Widerspruch.[35] Wesentliche Strukturmerkmale der offenen Form, die *Woyzeck* offenkundig aufweist, übergeht Dedner. Die Anmeldung einer Gegenposition gegen die Neubewertung der Textgrundlagen, die der kombinierten Werkfassung in der Leipziger, aus den Handschriften neu hergestellten Ausgabe von 1984 zugrunde liegt, ist offenkundig das eigentliche Ziel. Den Ansatz dazu bildete aber nicht, wie zu erwarten, eine eigene Analyse des zur Debatte stehenden genetischen Zusammenhangs der Handschriften, sondern die hypothetische Konstruktion einer geplanten Handlung auf einer Zeitachse von nicht mehr als 48 Stunden, die gegen die angeblich unterstellte offene Form beweisen soll, dass Büchner im Begriff gewesen sei, sein Drama dem Modell der geschlossenen Form folgend aufzubauen. Ungeachtet der vorliegenden Gegenbeweise wird die von Bergemann angenommene und von Lehmann unter der Siglenreihe H 1 bis H 4 festgeschriebene Stufenfolge der Teilhandschriften (für die Foliohandschrift H 1 und H 2, das einzelne Quartblatt H 3, die umfängliche Quarthandschrift H 4) von Dedner als sakrosankt vorausgesetzt. In Umkehr

[32] Franziska Schößler: *Einführung in das bürgerliche Trauerspiel und das soziale Drama*. Darmstadt: Wissenschaftliche Buchgemeinschaft 2003 [2. durchgesehene Aufl. 2008]. S. 37.
[33] Franziska Schößler: Exkurs: Soziales Drama. In: *Büchner-Handbuch*. S. 118-122. Hier: S. 118 und 119.
[34] Burghard Dedner: Die Handlung des 'Woyzeck': wechselnde Orte – "geschlossene Form". In: *Georg-Büchner-Jahrbuch* 7 (1988/89). S.144-170.
[35] Schößler: Exkurs: Soziales Drama 220.

der Logik des Sachverhalts sollte die konstruierbare Geschlossenheit der Handlung und Einheit der Zeit den genuinen Überlieferungszusammenhang beweisen.[36] Aufgrund dessen dürfte zur Konstituierung der Handlung nur die in sich geschlossen zu erhaltende Szenenreihe der Quarthandschrift – ergänzt durch die erste Teilniederschrift in der Foliohandschrift, aber ohne Berücksichtigung des einzelnen Quartblatts – verwendet werden. Das konstruierte "gesamte zeitliche Gerüst des Dramas" stand und fiel mit dem "Dilemma", wie Dedner einräumte, dass "für die Szene mit Professor und Studenten schlechterdings kein Platz" blieb.[37]

Ein solches Dilemma, das dazu zwänge, wesentliche Teile des Textbestandes als nicht letztgültig aus einer Werkfassung auszuschließen und anderes als fehlend zu deklarieren, was zu einem vollständigen Drama gar nicht fehlt, tritt bei der 1984 gefundenen Lösung nicht ein. Sie reduziert den in eine Werkfassung einsetzbaren authentischen Text nicht, sie erweitert vielmehr den integrierbaren Bestand von vordem maximal 27 nur eingeschränkt zu rechtfertigenden Szenen auf 31, die als voll autorisiert gelten dürfen.[38] Das wirkliche Dilemma war die falsch eingeschätzte Stellung des Quartblatts im Entstehungszusammenhang der Handschriften. Mit der Verwechslung der Entstehungsfolge von "H 3" und "H 4" hatte die *Woyzeck*-Edition sich selbst gehandicapt. Es liegt kein Befund vor, aus dem zu schließen wäre, dass die Szene "Der Hof des Professors" als vom Autor aufgegeben zu werten oder durch andere Gegebenheiten der Überlieferung überholt sei. Dennoch nimmt die Studienausgabe 1999 diese spekulative Logik auf, die den Werkzusammenhang destruiert. Dank des institutionellen Hintergrunds ihres Herausgebers nimmt sie privilegierten Einfluss auf die Lehre und den Schulunterricht.[39]

Die seit Anfang der 90er Jahre in mehreren Anläufen versuchten und schon verkündeten Widerlegungen der philologischen Rechtfertigung unserer Lösung, die seit 1992 auch dem Text in der Frankfurter Ausgabe zugrunde liegt, sind gescheitert; endgültig 2005, gerade zu dem Zeitpunkt, als Dedners Konstruktion zur Widerlegung unserer Berichtigung der Einstufung von "H 3" die *Woyzeck*–Edition in der Marburger Ausgabe schon vor die Wand gefahren hatte. Die hypothetische Konstruktion eines geschlossenen Zeitrahmens der Handlung kann vor der Gegebenheit der Überlieferung nicht bestehen.

[36] Dedner: Die Handlung des 'Woyzeck' 147.
[37] Dedner: Die Handlung des 'Woyzeck' 162.
[38] Vgl. zuletzt: Georg Büchner: *Woyzeck*. Hg. von Henri Poschmann. Frankfurt a. M.: Suhrkamp 2008 (Suhrkamp BasisBibliothek 94). S. 134-146.
[39] *Georg Büchner. Woyzeck*. Studienausgabe. Nach der Edition von Thomas Michael Mayer. Hg. von Burghard Dedner. Stuttgart: Reclam 1999.

Mit derselben entstellenden Auswirkung auf die Unterschätzung des Vollendungsgrades des Werks wie aus den verfehlten formtypologischen Erwartungen ist aus Büchners eindringlichem Umgang mit den von ihm aufgegriffenen Stoffen auf eine nahezu sklavische Quellenabhängigkeit geschlossen worden. Folgenreich irreführend geht bereits Thomas Michael Mayer in seiner Lese- und Bühnenfassung in dem *Woyzeck*-Comic-Band von Dino Battaglia (1990) vor.[40] Darauf beruht die Lese- und Bühnenfassung in der neun Jahre später von Burghard Dedner herausgegebenen *Woyzeck*-Studienausgabe, die sich ihrerseits im Nachwort als "ein Vorgriff auf den *Woyzeck*-Band der Historisch-kritischen Ausgabe der Sämtlichen Werke und Schriften Georg Büchners" deklariert.[41] Einseitig fixiert auf die Hauptquelle, wie dann auch im *Woyzeck*-Band (2005) der Marburger Ausgabe, verlängerte Mayer die mutmaßlich von Büchner geplante Handlung über alles in anderen Ausgaben des Dramas hinaus Angebotene. Danach wäre Büchner noch mit der anschließenden Verhaftung Woyzecks, dem Prozess, seiner Verurteilung und vielleicht noch Hinrichtung der historischen Wirklichkeit gefolgt. Dem Fragment fehlte – am weitesten entfernt vom Resultat unserer Analyse der Handschriftenverhältnisse – noch unverhältnismäßig viel bis zur Vollendung.

VI.

Seit dem Erscheinen von *Woyzeck* 1920 in der kritischen Ausgabe von Georg Witkowski hat die *Woyzeck*-Philologie nur noch Phasen trügerischer Ruhe zwischen erreichten Fortschritten und ernüchternden neuen Einsichten in die Untiefen der Überlieferungsverhältnisse durchgemacht. Die neuen Lesungen Witkowskis brachten den originalen Wortlaut unter der überfremdenden Bearbeitung von Franzos ein beträchtliches Stück weit zum Vorschein. Die Anordnung der Szenen in einzelnen Handschriften mit jeweils unvollständigen Teilen der Handlung aber erschien auch dem Philologen, namentlich in der Foliohandschrift, wie Franzos, in ungeregelter Folge niedergeschrieben worden zu sein, weil auch er deren Zusammensetzung nicht durchschaute. Die in der Foliohandschrift enthaltenen Niederschriften deklarierte er wie Franzos als "Die Entwürfe", die der Quarthandschrift ebenso wie dieser als "Die Ausführung". Das einzelne Quartblatt identifizierte er als dritten eigenständigen Überlieferungsträger und brachte es unter der Bezeichnung "Vereinzelte Szenen" richtig an letzter Stelle.

Aus der getrennten Wiedergabe der Teilhandschriften ein ganzheitliches Werk für Leser und Theater zu rekonstruieren, das sowohl den Intentionen

[40] Dino Battaglia,: *Woyzeck*. Stuttgart: Altamira 1990.
[41] *Georg Büchner. Woyzeck*. Studienausgabe. Nach der Edition von Thomas Michael Mayer. Hg. von Burghard Dedner. Stuttgart: Reclam 1999. S. 210.

des Autors als auch dem berechtigten Rezeptionsbegehren gerecht würde, blieb eine Aufgabe, die der Quadratur des Kreises gleichzukommen schien. Die übernahm Fritz Bergemann für den Insel-Verlag. Der Kompromiss, zu dem er sich durchrang, kam den Lesern nicht weit genug entgegen, fand der Verleger. Also wurde ein dritter hinzugezogen, der Schriftsteller Ernst Hardt. Dessen freihändig zusammengestellte Werkfassung (1921) wurde Bergemann zur Richtschnur für die Lesefassung in der Gesamtausgabe des Insel-Verlags 1926 und die mehrfach verbesserten Nachauflagen.

Die Theater fühlten sich durch die schwankende Textlage auf dem Marsch Richtung Regietheater umso mehr zum autonomen Umgang mit dem Stück legitimiert. Die einschränkende Bedeutung des Etiketts "Fragment", das *Woyzeck* anhaftet, verlor sich mit der Zeit, bis sie unter dem Einfluss des Dekonstruktivismus neu aufgeladen wurde. Canetti, der im Sommer 1931 in der Ausgabe von Arnold Zweig noch "*Wozzeck*" las ("das größte Drama der deutschen Literatur"), empört sich über die Bezeichnung: "Fragment! [. . .] Was darin fehlt, ist noch besser, als was in den besten anderen Dramen da ist. Man möchte sich mehr solche Fragmente wünschen".[42] Positiv, wie die Romantiker, aber anders als sie, fasst Brecht den Begriff "Fragment" als eine von Gattungsnormen unabhängige Form für sich, die Vollkommenheit nicht ausschließt. Sie signalisiert Überschreitungen der Grenzen von Kunst, wo auf Gegenstände zugegriffen wird, die mit den traditionellen Mitteln nicht erfassbar sind.

Fritz Bergemann klärte die ungekennzeichnete Bogenanordnung der Handschriften auf. Dass er die Teilung der Foliohandschrift in die erste Niederschrift (H 1) des noch einlinigen Beziehungsdramas von Mann und Frau und die zweite (H 2) mit determinierend hinzukommenden Nebenhandlungen, erkannte, führte einen großen Schritt weiter. Übel wirkte sich dagegen aus, dass er den Fehlschluss, der Franzos veranlasst hatte, den von Büchner zusätzlich eingeführten Professor der Figur des Doktors einzuverleiben, mitvollzog und in Wechselwirkung damit den Status des einzelnen Quartblatts nicht erkannte. Deshalb wies er die zuletzt entstandene Handschrift (in Frankfurter Ausgabe H 4) als schon vor der Quarthandschrift entstanden aus. So war die Verdrehung der Handschriftenverhältnisse entstanden, die sich in der Folge als das größtmögliche Desaster der *Woyzeck*-Philologie auswirkte.

VII.

Das heterogene Erscheinungsbild der Überlieferung täuscht. In der festgestellten entstehungsgeschichtlichen Reihenfolge gelesen, heben sich die scheinbaren Unvereinbarkeiten der Teilniederschriften in einem handlungslogisch

[42] Elias Canetti: *Das Augenspiel. Lebensgeschichte 1931–1937*. Berlin: Volk und Welt 1986. S. 17.

folgerichtig entwickelten Gesamtzusammenhang annähernd restlos auf. Verglichen mit der prekären Textsituation von *Leonce und Lena* und *Lenz* ist die Überlieferungslage zu *Woyzeck*, dem "Schmerzenskind der Forschung"[43] in Wirklichkeit geradezu ein Glücksfall. Wir besitzen die originalen Überlieferungsträger mit nachweislich autorisiertem Text, dem außer einer zusammenfassenden Reinschrift und dem Titel nichts von einem vollständigen Drama fehlt, und in einem damit die in dem Handschriftenkomplex bezeugten Stufen der Entstehung.

Die mehrfach behauptete Widerlegung der seit 1984 zur Debatte stehenden Neubewertung der Textgrundlagen ist ausgeblieben. Vielmehr ist die inhaltliche und archivarische Analyse, auf der unserer Edition beruht, durch die zu ihrer Widerlegung angestellten Papier- und Tintenanalysen bestätigt worden.[44] Vor den Konsequenzen daraus sucht der federführende Herausgeber des MBA-*Woyzeck* nach Auswegen, die den Überlieferungsbefund desolater denn je erscheinen lassen.[45] Eine Selbstberichtigung war fällig. Sie erfolgte stillschweigend als De-facto-Eingeständnis 2007 in einer Nachauflage der Lesefassung der Studien-Ausgabe Dedners von 1999. Die seinerzeit aus falsch verstandener "Treue zur handschriftlichen Überlieferung" ausgeschlossenen zwei Schlüssel-Szenen auf dem zuletzt entstandenen Ergänzungsblatt finden im Lesetext des Reclam-Hefts mit *Woyzeck* und *Leonce und Lena* 2007 nun doch Platz.[46] Die Szene "Der Idiot. Das Kind. Woyzeck." darf jetzt an der Stelle des Schlusses stehen, wo Woyzeck Schlimmeres als ein tragisches Ende geschieht und der Weg seines Kindes beginnt, auf den das Märchen der Großmutter vorausdeutet. Darüber hinaus bemerkenswert im Hinblick auf den umstrittenen Werkzusammenhang ist die Rehabilitierung der in der MBA besonders schnöde abqualifizierten Szene "Der Hof des Professors".[47] Die Figur des Professors bekommt das ihr bis 1984 (Poschmann) und erneut seit 1990 (Mayer) abgesprochene Daseinsrecht endlich unbestritten zugestanden. Die Franzos von der Forschungsliteratur unisono nacherzählte Mär der "Figurenumwandlung" des Professors in den Doktor, aus der die Missdeutung des Entstehungszusammenhangs der Handschriften resultierte, gehört damit einschließlich ihrer Folgen für den Fragmentstatus des *Woyzeck* einem beendeten Kapitel der Editionsgeschichte an.

Ist der Sache damit Genüge getan? Nein. Ein Stück weiter sind Autor und Leser zu ihrem Recht gekommen, nicht weit genug. Dedners bescheidenste

[43] Bergemann (1922) 784.
[44] MBA 7:2, 130.
[45] Vgl. MBA 7:2, 117; 128-130.
[46] *Georg Büchner. Woyzeck. Leonce und Lena*. Hg. von Burghard Dedner. Stuttgart: Reclam 2007.
[47] Vgl. MBA 7:2, 129f.

Woyzeck-Ausgabe, die Lesefassung in dem Reclam-Heft 2007 enthält zwar einen vollständigeren Text als die von 1999, sie stimmt besser mit dem jetzt gesicherten genetischen und inhaltlichen Zusammenhang der Handschriften überein und bringt einen dementsprechend festeren Werkzusammenhang der Teilniederschriften zur Geltung als die große *Woyzeck*-Edition der MBA. Bedauerlich ist aber die Halbherzigkeit der Selbstkorrektur. Im Begleittext[48] übergeht der Herausgeber nicht nur die Umkehr seiner früheren Entscheidung. Er gibt dort an: "Diese Ausgabe beruht in ihrem Textbestand auf der Studienausgabe von 1999".[49] Der Käufer muss denken, der Textbestand beider Ausgaben sei identisch. Den Besitzern der Studienausgabe wiederum bleibt verhohlen, dass in ihrer Lesefassung zwei für die Handlung konstitutive Szenen fehlen.

Vor allem bleibt die Selbstkorrektur inkonsequent, weil sie die Klammerfunktion der beiden Szenen des Ergänzungsblatts, das den letzten dokumentierten Arbeitsgang Büchners repräsentiert,[50] ignoriert. Unserer Erklärung der Entstehung des Ergänzungsblatts mit den beiden Szenen zu verschiedenen Abschnitten der auf die Handschriften verteilten Handlung hat der MBA-Herausgeber nichts entgegenzusetzen als die Ausflucht seiner Vorgänger, der er sich anschließt: die Niederschriften zusammen auf demselben Blatt seien "nur zufällig"[51] erfolgt. Ihre gemeinsame Existenz auf demselben letzten Überlieferungsträger in der Entstehungsfolge beurkundet aber die Ausdehnung ihrer Autorisation auf den gesamten Textbestand der Teilniederschriften.

Zwei Beispiele mögen abschließend andeuten, was die MBA der Literaturwissenschaft und der Allgemeinbildung vermittelt. Roland Borgards 2009: "Genaues und Verlässliches ist uns nicht bekannt", außer, "dass es ein fertiges, vollendetes und autorisiertes Drama namens *Woyzeck* nicht gibt". Alles, was "wir heute haben", sei nur "ein Haufen äußerst schwer lesbarer Handschriften".[52] Dem vom Verlag vorgegebenen Text zugrunde liegt die (vom Herausgeber 2007 selbst verstohlen als überholt ausgewiesene!) Reclam-Ausgabe Dedners von 1999. – Arnd Beise erteilt Interpretationshilfe Suchenden 2010 die Auskunft: "Im Grunde kann man *Woyzeck* so wenig interpretieren, wie es das Drama als solches gibt".[53]

[48] Vgl. Dedner (2007) 81-86.
[49] Dedner (2007) 82.
[50] Vgl. FA 1: 692-695.
[51] MBA 7:2, 130.
[52] Roland Borgards: *Georg Büchner: Woyzeck*, Braunschweig: Schroedel 2009. S. 25.
[53] Arnd Beise: *Einführung in das Werk Georg Büchners*. Darmstadt: WGB 2010. S. 116.

Russell T. Harrison

Thomas Bernhard's Comic Materialism

Class, Art, and «Socialism» in Post-War Austria

Oxford, Bern, Berlin, Bruxelles, Frankfurt am Main, New York, Wien, 2012. XII, 194 pp.
German Life and Civilization. Vol. 55
Edited by Jost Hermand
ISBN 978-3-0343-0286-9 · pb.
CHF 50.– / €D 38.– / €A 39.10 / € 35.50 / £ 32.– / US-$ 53.95

€D includes VAT – valid for Germany · €A includes VAT – valid for Austria

Twenty-two years after his death, Thomas Bernhard's work continues to fascinate, irritate, and please readers. This book analyzes Bernhard's writings in the light of post-war Austrian history, challenging the prevailing formalist and psychological reception of his work. It does so by revealing the close connection between individual texts and contemporaneous economic and political events, such as the relationship of the 1969 story *Watten. Ein Nachlass* to the incipient decline of the social-partnership state, or the connection of the 1970 novel *Das Kalkwerk* to the shifting balance of power between bourgeoisie and proletariat. Furthermore, the book argues that much of Bernhard's engagement in public life was an attack on the «pseudo-socialism» of the Austrian socialist party and especially of Bruno Kreisky. Bernhard's critique is effected through what the author terms a «comic materialism» – an unrelenting focus on the material aspects of life – evident in his protagonists' ludicrously obsessive fixation on the objects of everyday life and in his comic critique of Viennese society.

RUSSELL T. HARRISON is Assistant Professor of Writing Studies and Composition at Hofstra University. He was previously Senior Fulbright Lecturer in American Literature at Palacky University in Czechoslovakia (1987–9) and at Minsk State Linguistic University in Belarus (1996–8).

PETER LANG AG · International Academic Publishers
Moosstrasse 1 · P.O. Box 350 · CH-2542 Pieterlen · Switzerland
Tel: +41 (0)32 376 17 17 · Fax: +41 (0)32 376 17 27
info@peterlang.com **www.peterlang.com**